普通高等学校学前教育专业系列教材

学前儿童发展

主　编　王晓丽

副主编　王小卫　马雪琴　郭亨贞

编　委（按姓氏笔画排序）

马雪琴　王小卫　王晓丽

王　楠　孙瑞莉　赵芳芳

俞　芳　郭亨贞　彭红琴

复旦大學 出版社

内容提要

本书分三编共十三章，系统介绍了学前儿童发展的整个进程。全书采取纵横结合的方法编排结构，将学前儿童的发展按年龄阶段分为：第一编，导论（包括生命的开始）；第二编，婴儿的发展；第三编，幼儿的发展。每编在结构安排上，将学前儿童发展分为生理发展、认知发展和社会发展三大领域，具体涵盖学前儿童身体动作发育发展、认知的发生发展、情绪情感、个性、社会性及道德发展等多方面的理论与实践知识；在内容选择上，既涉及发展的各个方面的综合论述，又抓住不同阶段发展的重点问题，并结合国内外最新研究成果拓展视野。

本教材结合《教师教育课程标准（试行）》和《幼儿园教师专业标准（试行）》，在系统阐述理论的同时，突出操作性与应用性，重点突出促进学前儿童发展的指导策略。同时，本教材通过"自己做研究"板块引导学生将所学理论与教育教学实践相结合，真正实现学以致用。配套课件中的"学前儿童发展研究方法应用"则为每章提供完整的研究与设计案例，供学生学习借鉴，以充分体现教材的引导和启发作用。

本教材体系完整、内容全面、观点科学、案例丰富、实用性强，可用作高等师范院校和高职高专院校学前教育专业学生的教材，也可作为幼儿教师资格证考试的参考用书，还可作为各级各类教师培训的教学材料，或供相关专业人员、幼儿园教师及家长阅读参考。

复旦学前云平台
数字化教学支持说明

　　为提高教学服务水平，促进课程立体化建设，复旦大学出版社学前教育分社建设了"复旦学前云平台"，以为师生提供丰富的课程配套资源，可通过"电脑端"和"手机端"查看、获取。

【电脑端】

　　电脑端资源包括 PPT 课件、电子教案、习题答案、课程大纲、音频、视频等内容。可登录"复旦学前云平台"www.fudanxueqian.com 浏览、下载。

　　Step 1　登录网站"复旦学前云平台"www.fudanxueqian.com，点击右上角"登录 / 注册"，使用手机号注册。

　　Step 2　在"搜索"栏输入相关书名，找到该书，点击进入。

　　Step 3　点击【配套资源】中的"下载"（首次使用需输入教师信息），即可下载。音频、视频内容可通过搜索该书【视听包】在线浏览。

【手机端】

PPT 课件、音视频、阅读材料：用微信扫描书中二维码即可浏览。

扫码浏览

【更多相关资源】

更多资源，如专家文章、活动设计案例、绘本阅读、环境创设、图书信息等，可关注"幼师宝"微信公众号，搜索、查阅。

平台技术支持热线：029-68518879。

"幼师宝"微信公众号

学前教育是国民教育体系的重要组成部分,是终身教育的开端,幼儿教师教育担负着学前教师职前培养和职后培训、促进教师专业成长的双重任务,在教育体系中具有职业性和专业性、基础性和全民性的战略地位。

自1903年湖北幼稚园附设女子速成保育科诞生始,中国幼儿教师教育走过了百年历程。可以说,20世纪上半叶中国幼儿教师教育历经从无到有、从抄袭照搬到学习借鉴的萌芽、创建过程;新中国成立以后,幼儿教师教育在规模与规格、质量与数量、课程与教材建设等方面得到较大提升与发展。中国幼儿教师教育历经稳步发展、盲目冒进、干扰瘫痪、恢复提高和由弱到强的发展过程。

1999年3月,教育部印发《关于师范院校布局结构调整的几点意见》,幼儿教师教育的主体由中等教育向高层次、综合性的高等教育转变;由单纯的职前教育向职前职后教育一体化、人才培养多样化转变;由独立、封闭的办学形式向合作、开放的办学形式转变;由单一的教学模式向产学研相结合的、起专业引领和服务支持作用的综合模式转变。形成中专与大专、本科与研究生、统招与成招、职前与职后、师范教育与职业教育共存的,以专科和本科层次为主的,多规格、多形式、多层次幼儿教师教育结构与体系。幼儿教师教育进入由量变到质变的转型提升进程,由此引发了人才培养、课程设置、教学内容等方面的重大变革。课程资源,特别是与之相适应的教材建设成为幼儿教师教育的当务之急。

正是在这一背景下,"全国学前教育专业系列教材"编审委员会在广泛征求意见和调查研究的基础上,开始酝酿研发适应幼儿教师教育转型发展的专业教材,这一动议得到有关学校、专家的认同和教育部师范教育司有关领导的大力支持。2004年4月,复旦大学出版社组织全国30余所高校学前教育院系、幼儿师范院校的专家、学者会聚上海,正式启动"全国学前教育专业系列"教材研发项目。2005年6月,第一批教材与广大师生见面。此时,恰逢"全国幼儿教师教育研讨会"召开,研讨会上,教育部师范教育司有关领导对推进幼儿教师教育优质课程资源建设作出指示:一是直接组织编写教材,二是遴选优秀教材,三是引进国外优质教材;开发建设有较强针对性、实效性、反映学科前沿动态的、幼儿教师培养和继续教育的精品课程与教材。

结合这一指示精神,编审委员会进一步明确了教材编写指导思想和教材定位。首先,从全国有关院校遴选、组织一批政治思想觉悟高、业务能力强、教育理论和教学实践经验丰富的专家学者,组成教材研发、编撰队伍,探索建立具有中国幼儿教师教育特色、引领学前教育和专业发展的、反映课程改革新成果的教材体系;努力打造教育观念新、示范性强、实践效果好、影响面大和具有推广价值的精品教材。其次,建构以专科、本科层次为主,兼顾中等教育和职业教育,多层次、多形式、多样化的文本与光盘相结合的课程资源库,有效满足幼儿教师教育对课程资源的需求。

经过十年来的教学实践与检验,教材研发的初衷和目的初步实现。截至2014年6月,系列教材共出版170余种,其中8种教材被教育部列选为普通高等教育"十一五"、"十二五"国家级规划教材,16种教材入选

"十二五"职业教育国家规划教材,《手工基础教程》被教育部评选为普通高等教育"十一五"国家级精品教材,《幼儿教师舞蹈技能》荣获教育部教师教育国家精品资源共享课,《健美操教程》获得教育部"改革创新示范"教材;系列教材使用学校达600余所,受益师生数十万人次。

伴随国务院《关于当前发展学前教育的若干意见》和《国家中长期教育改革和发展规划纲要(2010—2020年)》的贯彻落实,幼儿教师准入制度和标准的建立、健全,幼儿教师教育面临规范化、标准化、专业化和前瞻化发展的机遇与挑战。一方面,优质学前教育资源已成为国民普遍地享受高质量、公平化、多样性学前教育的新诉求。人才培养既要满足当前学前教育快速发展对幼儿师资的需求,还要确保人才培养的高标准、严要求以及幼儿教师职后教育的可持续发展;另一方面,学前教育专业向0—3岁早期教育、婴幼儿服务、低幼儿童相关产业等领域拓展与延伸,已然成为专业发展与服务功能发挥的必然趋势。这一发展动向既是社会、国民对专业人才的要求与需求,也是高等教育服务社会、培养高层次专业人才的使命。为应对机遇与挑战,幼儿教师教育将会在三个方面产生新变化:一是专业发展广义化,专业方向多元化,人才培养多样化,教师教育终身化;二是课程设置模块化,课程方案标准化,课程发展专业化和前瞻化;三是人才培养由旧三级师范教育(中专、专科、本科)向新三级师范教育(专科、本科、研究生)稳步跨跃。

为及时把握幼儿教师教育发展的新变化,特别是结合2011年10月教育部颁布的《教师教育课程标准(试行)》,编审委员会将与广大高校学前教育院系、幼儿师范院校共同合作,从三个方面入手,着力打造更为完备的幼儿教师教育课程资源与服务平台,并把这套教材归入"全国学前教育专业(新课程标准)'十二五'规划教材"系列。第一,探索研发应用型学前教育专业本、专科层次系列教材,开发与专业方向课程、拓展课程、工具性课程、实践课程和模块化课程相匹配的教材,研发起专业引领作用的幼儿教师继续教育教材;第二,努力将现代科学技术、人文精神、艺术素养与幼儿教师教育有效融合并体现在教材之中,有效提升幼儿教师综合素养;第三,教材编写力图体现幼儿教师教育发展趋势与专业特色,反映优秀中外教育思想、幼儿教师教育成果,全面提高幼儿教师教育质量;第四,建构文本、多媒体和网络技术相互交叉、相互整合、相互支持的立体化、网络化、互动化的幼儿教师教育课程资源体系,为创建具有中国特色的幼儿教师教育高品质专业教材体系贡献我们的力量。

"全国学前教育专业系列教材"编审委员会

2014年6月

FOREWORD | 前 言

教育部在新颁的《教师教育课程标准(试行)》和《幼儿园教师专业标准(试行)》中明确规定和要求幼儿教师不仅要了解儿童发展的主要理论和儿童研究的最新成果,了解儿童身心发展的一般规律、影响因素及个体差异等,更应具备有关幼儿发展知识及掌握促进幼儿全面发展的策略与方法,了解幼儿发展中容易出现的问题与相应对策。本教材的编写正是以《教师教育课程标准(试行)》和《幼儿园教师专业标准(试行)》为指导,以教学经验和实践研究为基础,吸收国内外近年来学前儿童发展研究的新成果,系统阐述学前儿童的发育与成长、养育和教育的全过程。

基于上述考量,我们在编写这本《学前儿童发展》时力求做到既能满足使用者的需求,又能跟上时代的步伐,彰显现代教育的特色,并突出以下特点。

1. 优化教材结构

在教材结构编排上,采取纵横结合的方法。全书共三编,十三章。首先,将儿童的发展按年龄阶段分为三编:第一编,导论(包括生命的开始);第二编,婴儿的发展;第三编,幼儿的发展。其次,在每编的结构上,又将儿童发展从内容上分为:生理发展、认知发展、社会发展三大领域,具体从身体动作发育发展、认知的发生发展、情绪情感、个性、社会性及道德发展等多方面加以阐述。这样编排,既可以使学生更好地把握学前儿童发展的年龄特点,理解同一年龄段学前儿童身心发展之间的相互联系和影响,又有利于学生掌握学前儿童各个方面发展的基本脉络和基本特点,而且有助于教师在讲授时更好地把握知识内容的完整性和逻辑性。

2. 合理选择内容

在内容的选择方面,注重完整性和侧重性的结合。全书系统介绍了学前儿童发展的整个进程,既有对学前儿童发展的各个方面的全面综合的阐述,又有针对不同发展阶段重点问题的详细论述。例如,在学前儿童发展现状中增加了热点问题探讨;对胎儿、新生儿的阐述较以往教材更为细致;婴儿发展部分共三章内容,根据婴儿发展特点与规律重点分析了科学育婴的理念与对策;幼儿部分共八章内容,较为全面系统地阐述了幼儿发展的各个方面。尤其是针对以往教材只注重学前儿童心理发展过程的现象描述,本教材结合《教师教育课程标准(试行)》和《幼儿园教师专业标准(试行)》,重点突出了促进学前儿童发展的指导策略——既包括促进学前儿童全面发展的策略与方法,又就个体发展差异提出相应的指导与建议,而且还特别针对学前儿童发展中容易出现的问题、误区给出适宜性指导对策。

3. 注重实践应用

本书的编写密切联系学前儿童教育的实践,在阐述学前儿童发展时,凡是涉及发展的关键点,不仅深入分析了影响该方面发展的因素,而且引用了大量相关资料,结合案例分析与讨论,提出合理的教育建议和可行性对策,将儿童发展的理论问题融入教育实践之中,强化培养学生的应用能力。

4. 体例实用新颖

教材不能只是教师上课的"参考书",也应该是学生学习的依据。因此,本书在体例设计上尽量同时满足教师教学和学生学习的需要。

在每章的开始部分,设计了"知识结构",以结构组织图的形式呈现每章节及一级标题的内容,让学习者从整体上感知知识的系统性与全貌。

在每章正文的开头,设计了"引入",以案例讨论或问题设疑导入,引起学习者的探究兴趣。

在每章的正文部分,穿插"拓展阅读"与相关"案例",介绍与正文相关的国内外前沿研究或能佐证正文内容的资料等,以拓展学习者的研究视角,进一步加深对所学内容的理解。

在每章结束部分,设计了"本章小结"、"思考与练习"和"自己做研究"。"本章小结"对本章基本概念、核心理论、重点领会等问题进行综述;"思考与练习"帮助学生理解和巩固本章所学基本知识点;"自己做研究"旨在引导学生走出课堂,深入实践,通过观察、组织幼儿活动、实验验证、研究设计、访谈等方式针对所设计的问题进行实际操作与思考分析,提高学生解决问题的能力。同时,配套课件还提供学前儿童发展研究方法应用方案,通过提供完整的研究与设计案例让学生学习借鉴,以充分体现出教材的引导和启发作用。

参与教材提纲讨论和编写的学校有兰州城市学院、西北师范大学、河西学院、晋中学院、苏州高等幼儿师范学校、青海民族大学。编写人员长期从事学前教育专业的教育教学与科研工作,具有较扎实的专业理论基础和丰富的教学实践经验,为教材质量提供了很好的保证。我们对本书的编写设计以教材结构的系统化和形式的多样化为特色,以期带给学生(读者)全新的体验。

本书在编写过程中参考了部分相关教材和有关论文论著,借鉴和引用了国内外学者的研究成果,在此表示最诚挚的感谢。当然,由于撰写时间仓促,作者水平有限,难免存在着一些不足和缺憾,恳请同行专家和广大读者批评指正,提出宝贵意见和建议,以便今后进一步修订和完善。

最后,感谢复旦大学出版社黄乐女士和孙程姣女士为这本书的编辑及出版所做的大量工作,也感谢其他所有在我们撰写此书过程中给予帮助的朋友们。

本书可用作高等师范院校和高职高专院校学前教育专业学生的教材,可作为各级各类教师培训的教学材料,还可作为幼儿教师资格证考试的参考用书,也可供相关专业学者、幼儿园教师及家长阅读参考。

编者

2014 年 5 月

CONTENTS | 目 录

第一编 导 论

第二编 婴儿的发展

第三编 幼儿的发展

第一编　导　　论

　　导论部分主要介绍学前儿童发展概况和生命的开始。包括第一章和第二章,重点阐述学前儿童发展的基本问题、学前儿童发展研究的相关理论知识以及学前儿童发展的主要理论。在此基础上,探讨生命的开始,了解个体新生命是如何形成和发展的。这些内容将为后面学习婴幼儿的发展奠定理论基础。

第一章　学前儿童发展概述

 知识结构

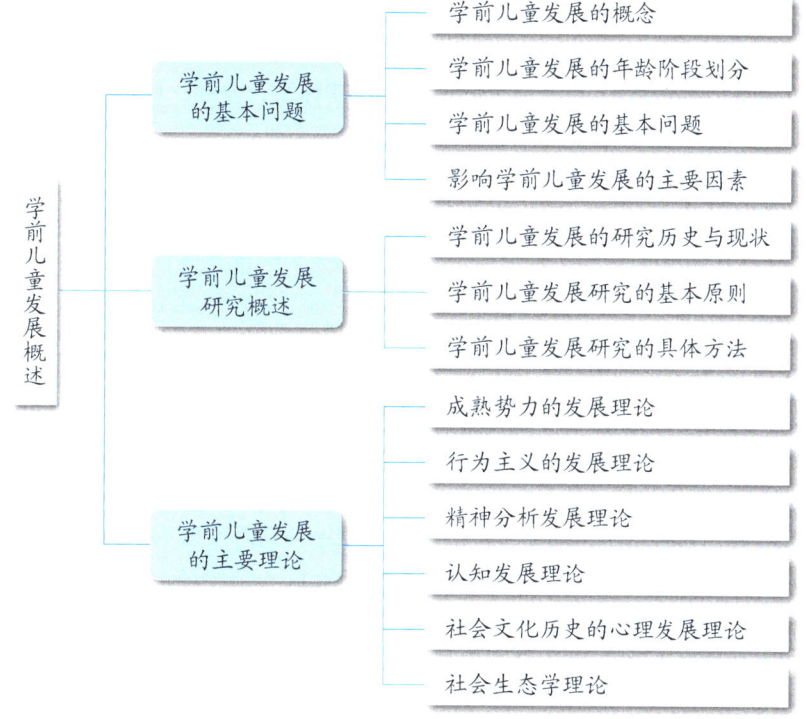

　　当我们学习学前儿童发展这门课程时,可能会想到上述案例中所反映的诸多问题:什么是发展? 如何理解学前儿童发展的内含? 哪些因素影响着学前儿童发展? 学前儿童发展这门课程到底研究和关注什么问题? 学前儿童发展是一个更大范畴的学科——发展心理学(developmental psychology)的一部分,其包括我们在整个生命进程中经历的全部变化。这一领域中的丰富而又多样的内容吸引着很多致力于学前儿童发展研究者的兴趣和关注。让我们带着这些问题进入本章的学习吧。

第一节　学前儿童发展的基本问题

一、学前儿童发展的概念

(一) 发展的含义

"发展"与"发育"或"成长"的含义并不完全等同,后者一般是指生理方面的生长成熟,主要是量的增长,而"发展"的含义更为广泛,是指个体身心整体的连续变化过程,既有量的变化,又有质的变化;有正向的变化,也有负向变化。如发展包括身体结构发生变化,也包括心理方面如智力、性格的变化等。人的智力随着年龄发展的过程包括:从婴儿期到青年期,智力都是不断上升,成年期的某个阶段到达顶点,而后开始缓慢下降,到了老年期则迅速下降。由此可见,发展是一种变化,是一种连续的、稳定的、不可逆的变化。而且,这种变化是在个体内部进行的,在个体之外的变化不能称之为发展。例如,一个人从学校走到家里,空间位置发生了变化,但他并没有得到发展①。

广义的发展除了研究人类个体心理发展,还要研究人类心理的种系发展。而狭义的发展主要是指人类个体的发展,即指个体从出生、成熟、衰老直至死亡的整个生命进程中所发生的一系列身体和心理的变化,是个体随年龄的增长,在相应环境的作用下,整个反应活动不断得到改善,日趋完善、复杂化的过程,是一种体现在个体内部连续而又稳定的变化。

个体发展具体包括生理发展、认知发展、情感和社会性发展三个方面。具体来讲,生理发展包括个体躯体的尺寸、身体比例、外貌和各种躯体系统功能的变化,大脑的发展,知觉和运动能力的发展,以及生理健康发展等;认知发展包括知觉、言语、学习、记忆、问题解决、想象力、创造力等心理过程的变化和连续性;情感和社会性发展包括动机、情绪、人格特质、人际交往技能和人际关系、在家庭内外所承担的社会角色、道德推理及行为等方面的变化和持续性。

为了研究的便利,我们通常将个体的发展按照一定的顺序分别对发展不同领域进行探讨。实际上,发展的各个领域或方面并非截然分离,而是相互联系、紧密结合成一个整体,造就出活生生的、成长着的儿童。而且,每个领域不断影响其他领域,同时也受到其他领域的影响。例如,新的运动能力,如触、坐、爬、走的发展(生理),很大程度上归功于婴儿对周围环境的认识(认知)。到婴儿有了更强的思维、动作能力后,成人就开始用游戏、语言和取得新的进步后赞许的表情对他们加以刺激(情绪和社会性),这些丰富的经历又促进了发展的所有方面②。

(二) 学前儿童发展

发展是一个连续的过程,体现在个体从出生直至死亡的各个阶段。学前儿童发展主要指儿童从出生到学龄前(0～6岁)在生理、认知、情绪和社会性等方面发生的变化。学前儿童发展是个体发展历程中的一部分,也是个体发展的第一个阶段。这一阶段的发展对个体一生的发展起着至关重要的作用,也是发展心理学关注的领域③。

学前儿童发展具有其区别于其他年龄段个体发展的典型特点。首先,学前儿童发展不同于动物的发展,他们从一开始就生活在特定的社会环境中,并朝人类社会成员的方向发展。儿童从出生的时候起,就过着社会生活,在成人长期抚养和教育下,通过跟成人交际、系统地学习,掌握人类已有的社会经验。其次,学前儿童发展不同于其他年龄阶段个体的发展,尤其不同于成人的发展。从人的社会性来说,学前儿童跟成人基本相同的,但从发展的水平来说,他们之间却存在很大差别。学前儿童的发展从生理、认知、情感和社会性等方面来看都不成熟。如学前儿童的脑的结构和机能是不成熟的,其思维也不同于成人的思维。而这一时期却是人类个体生长特别旺盛的时期,是个体长身体、长知识的时期,是可塑性最大的时期,因而也是受教育最好的时期。

---

① 李红主编. 幼儿心理学[M]. 北京:人民教育出版社,2007:8.
② [美] 劳拉·E·贝克著,吴颖等译. 儿童发展(第五版)[M]. 南京:江苏教育出版社,2002:3.
③ 但菲,刘彦华. 婴幼儿心理发展与教育[M]. 北京:人民出版社,2008:3.

二、学前儿童发展的年龄阶段划分

心理学所研究的"儿童"的概念，略不同于日常生活中所说的儿童，即年龄跨度为 0～18 岁的儿童。广义的学前期指的是 0～6 岁的儿童，狭义的学前期等同于幼儿期，指的是 3～6 岁的儿童。由此可见，学前儿童发展的研究对象是 0～6 岁儿童生理、认知、情感和社会性的发展，其年龄阶段具体可以划分为两个时期，即婴儿期和幼儿期。

（一）婴儿期

国内外对婴儿期的划分没有一致的观点。婴儿到底是指哪一个年龄范围的儿童，人们在不同的历史时期，从不同的角度出发会形成不同的理解。英语中的婴儿一词 infant 来源于拉丁文 infans，其原意指不会说话。因此，在早期的科学文献中，把不会说话的 1 岁前的孩子称作婴儿。直到 20 世纪七八十年代，美国心理学家查普林(J. Chaplin,1976)主编的《心理学词典》和法国心理学家李博(A. Reber,1985)主编的《心理学词典》中，均把婴儿期限定为"生命的第一年的儿童"。进入 20 世纪 80 年代以来，婴儿研究领域扩大到思维中的表象水平、言语发展和社会交往行为等方面。学者们试图把婴儿的某种水平的认知策略、同伴关系发展、个性特征的显露等方面纳入婴儿期中，于是婴儿期扩展到 0～3 岁。这一趋向突出反映在奥索夫斯基(Osofsky,1987)主编的《婴儿发展手册》和墨森等(P. Mussenet et al.,1990)编著的《儿童发展与个性》一书中。我国 1995 年出版的《心理学百科全书》中也明确界定婴儿期指"个体从出生到 3 岁以前的时期"，这也是现在人们在儿童心理研究和早期教育研究中被大家普遍接受的界定[①]。所以在本教材中，将婴儿期定义为 0～3 岁的婴儿。

（二）幼儿期

幼儿期，即狭义的学前期，是指儿童从 3 岁到六七岁这一时期，是儿童正式进入学校以前的一个时期。又因为这时儿童进入幼儿园，所以称之为幼儿期。

这一时期是在婴儿期发展的基础上，在新的生活条件和教育条件的影响下发展起来。经过三年的婴儿期发展，已从一个软弱无能的个体发展到能够直立行走，广泛操纵物体，进行初步的言语交际，并且能从事一些最初步的游戏活动的幼儿。由于身心各方面的发展，幼儿初步产生了参加社会生活的愿望，成人也对幼儿提出了比以前更高的要求，开始要求幼儿从事一些力所能及的社会生活活动，这在一定程度上促进了幼儿身心各方面的快速发展。同时，我们也应该看到，幼儿期的孩子能力还是非常有限的，他们还不能很好地掌握自己的行动，它们的知识经验还非常缺乏，还不能很好地控制自己，使自己的行为服从于比较远大的目的。因此，就在幼儿渴望独立参加社会实践活动这种新的需要与从事独立活动的经验及能力之间产生了矛盾，这是幼儿期心理发展的主要矛盾。因此，幼儿期发展具有这一时期的典型特点和规律，我们将在后面的章节中逐一阐述。

三、学前儿童发展的基本问题

在学前儿童发展的基本原理或规律问题上，心理学家们最为关注的问题主要有以下五个。对这些问题的研究引发了各种心理学派别之间的争论和不同的心理学观点。

（一）关于遗传与环境的争论

影响个体发展的因素要么是遗传，要么是环境，这两个因素究竟在个体心理发展中占据多重的分量？两者在个体心理发展中是如何起作用的？这一问题从提出至今，贯穿发展心理学研究的整个历史，涉及了几乎每一个领域。其大致经历了三个阶段：绝对决定论；共同决定论；相互作用论。

1. 绝对决定论

绝对决定论阶段，争论的双方对遗传、环境所持的观点是完全对立的，要么认为心理发展完全是由遗传决定的，要么认为心理发展完全是由环境决定的。

（1）遗传决定论的观点。遗传决定论的代表人物是优生学的创始人——英国的高尔顿(F. Galton)和美国心理学家霍尔(G. S. Hall)。他们坚持以遗传的观点来解释个体差异，认为遗传在发展中起决定作用，儿童的心理与品性早在生殖细胞的基因中就已经决定了，发展只是这些内在因素的自然展开，环境和教育只起引发作用。如高尔顿曾在其《天才的遗传》(1896)一书中写道："一个人的能力乃由遗传得来，其受遗

---

① 池瑾，冉亮. 学前儿童发展[M]. 北京：中国社会科学出版社,2007：2.

传决定程度如同机体的形态和组织之受遗传决定一样。"霍尔也指出,"一两的遗传胜过一吨的教育"。这些观点都将遗传的作用夸大到了极致。

(2)环境决定论的观点。环境决定论的代表人物是美国行为主义心理学家华生(J. Waston)。他认为儿童心理发展完全是后天环境影响的,遗传在这儿没有它的立足之地,由此片面地强调和机械地对待环境教育的作用。华生有一句著名的言论:"给我一打健康的婴儿和一个我自己可以给予特殊培养的世界。我保证在他们中间任意选择一个,训练成我想要培养的任何一种专家:医生、律师、艺术家、大商人,甚至是小偷、乞丐,而不管他的天赋、爱好、能力、倾向性以及他祖宗的种族和职业。"虽然其言论过于夸张,但从中可以反映出华生坚持环境决定论的极端思想。

2. 共同决定论

随着研究的深入,极端的遗传决定论和环境决定论逐渐失去影响力。因为许多事实证明,儿童心理发展不可能没有遗传的作用,也不可能没有环境的作用。于是,既承认环境影响,又承认遗传影响的共同决定论出现了。

共同决定论的代表人物是德国心理学家斯特恩(L. W. Stern)和美国心理学家格赛尔(A. Gesell)。斯特恩认为,心理的发展并非单纯是天赋本能的渐次出现,也非单纯由于受外界影响,而是内在本性和外在条件结合的结果。先天遗传和后天环境两种因素同为发展的不可缺少的成分,虽然其所占的比重可因事而异。格赛尔认为支配儿童心理发展的因素有两个:成熟和学习,一旦准备好了,学习就会生效。

3. 相互作用论

相互作用论的观点是现代心理学家们普遍认可的观点。它摒弃了绝对决定论的极端、片面,改变了共同作用论的孤立、机械,以一种辩证的观点来解释遗传与环境的关系。其代表人物是瑞士心理学家皮亚杰(Piaget)和原苏联社会文化历史学派的学者们。如皮亚杰假设人天生具有一些基本的心理图式,在个体与环境作用时,利用"同化"和"顺应"的机制,不断改变和发展原有的心理图式,最后达到较高层次的结构化,使儿童对环境的适应能力越来越强。

相互作用论的主要观点可归纳如下。

(1)遗传与环境是相互制约、相互依存的,一个因素作用的大小、性质依赖于另一个因素。如具有精神分裂症潜在倾向的个体发病与否取决于个体遇到的环境压力,而没有这种遗传倾向的个体,即使环境压力再大也不易发生这类疾病。

(2)遗传与环境的作用是相互渗透、相互转化的。遗传有时可以影响或改变环境,而环境也可以影响或改变遗传。从种系进化的角度看,遗传和环境本身就是互相包容的。遗传是种系与环境长期作用的结果,或者说是种系以机能机构的形式巩固下来的环境作用的反映。从个体发展的角度看,从受精卵形成的一瞬起,遗传和环境两个因素的作用就纠缠在一起,无法真正分离。

(3)遗传与环境对发展的作用是动态的,不同的心理和行为,不同年龄阶段,遗传和环境作用的大小均不相同。年龄越小,遗传的影响越大。低级的心理机能受环境制约小,受遗传影响大;越是高级的心理机能,受环境的影响就越大。

(二)发展的连续性和阶段性

在儿童心理学上长期存在的一种争论是:儿童心理的发展是分阶段的还是连续的,抑或是连续性与阶段性共存。

1. 发展的连续论

连续论的代表是行为主义学派和社会学习学派。他们强调发展是由外部环境决定的,认为发展是儿童习得行为不断增加的过程,是一个平稳而连续的过程,只有量的累进,不存在什么阶段,儿童与成人的差别可能仅仅在于其行为数量和复杂程度。

2. 发展的阶段论

阶段论的代表是精神分析学派和认知结构学派。他们强调内部因素、生物学因素对发展的制约作用,认为发展是突然发生的,由不连续的阶段构成,发展没有量变,只有质变,儿童每到一个新的发展阶段就会发生快速的改变,而后又恢复常态。他们还认为,阶段是超越世界和文化的,即认为任何地方的儿童发展都遵循着相同的次序,每一个进程都是全新的开始。

3. 连续性与阶段性的统一

现代发展心理学家对这一问题的观点趋于折中,认为儿童心理的发展既不是单纯地连续、渐进,也不是只有阶段、间断,而是一个既有连续性又有阶段性的过程,不仅有量变,更重要的是质变。如学前儿童思维的发展,两岁左右的时候以直觉行动思维为主,随着表象和语言的发展,到了幼儿期开始以具体形象思维为主,但其直觉行动思维并没有消失,只是在这个阶段不占主导地位而已。这说明学前儿童心理的发展是一个有序的、连续的、阶段的发展过程。

(三)发展的稳定性与可变性

儿童心理发展的稳定性和可变性是辩证统一的。稳定性和可变性的关系,实际上就是共性和个性的关系,属于某一年龄阶段的儿童都具有这一年龄阶段的占主导地位的、典型的、本质的心理特征,这是心理发展的稳定性,即共性。然而不同的儿童在心理发展的速率、潜能和优势领域又是千差万别的,这种差距显示了心理发展的不稳定性,即个性。儿童的心理年龄特征正是从许许多多具体的、个别的儿童心理发展的事实中概括出来的。共性包含于一切个性之中,无个性即无共性,而共性又制约着个性变化的限度或范围,两者是辩证统一的。

(四)儿童的主动性和被动性

儿童发展的主动性和被动性之争实际上是一个关于学前儿童心理发展动力的问题,即学前儿童对待环境是主动去改造还是被动去适应。或者说在学前儿童心理发展中,是内因更重要还是外因更重要。

1. 内因说

坚持内因说的研究者认为,学前儿童是一个能动的个体,促进学前儿童发展的真正原因是其内部矛盾的产生,是其主动改造自然的结果。在学前儿童发展过程中,环境与教育对其发展的作用是微乎其微的。

2. 外因论

遗传论者、环境论者坚持认为儿童发展的外因论,他们都将学前儿童视为消极被动的个体,儿童心理的发展要么是受外部环境所驱使,要么是被内部生物学因子所规定,这中间,没有儿童自我的力量。在教学中,具体表现为:(1)不从儿童的实际出发,而从教育者的需要和想象出发,把知识硬性地塞给儿童;(2)不考虑调动儿童自身的积极性,只强调单纯的外部奖励和惩罚;(3)在教学上强调注入式,不重视启发式和诱导式;(4)不尊重儿童的兴趣、爱好和个性特点,不把儿童看成独立的个体,强调盲目的听话、服从[①]。在这种外因论思想的指导下,儿童思维的独创性、深刻性等发展受到了极大的阻碍。

3. 相互作用论

现代心理学家在儿童发展的主动性与被动性问题上持一种辩证的观点,即认为学前儿童心理的发展是内外因不断相互作用的结果。在儿童主体性和外在环境相互作用的过程中,社会和教育向学前儿童提出的要求所引起的新的需要和学前儿童已有的心理水平或心理状态之间的矛盾,是儿童心理发展的内因或内部矛盾,它是儿童心理不断向前发展的动力。离开了儿童主动性和环境的相互作用,离开了儿童不断积极的活动,也就没有儿童心理的内部矛盾可言。所以,我们既要重视儿童心理发展的外因,又要重视内因,儿童身心发展是主动的,外因要通过内因才能发挥作用[②]。

(五)发展的关键期

形态学家发现,只有在植物衍生的某个特定时期,加上某种条件才会产生特定形态的变化,这个时期就叫植物的敏感期。

奥地利动物习性学家劳伦兹(Lorenz)在研究小鸭和小鹅的习性时发现,它们通常将出生后第一眼看到的对象当作自己的母亲,并对其产生偏好和追随反应,这种现象叫母亲印刻(见图1-1)。心理学家将母亲印刻发生的时期称为动物认母的关键期。

心理学家定义的关键期是指,人或动物的某些行为与能力的发展有一定的最佳时间,如在此时给以适当的良性刺激,会促使其行为与能力得到更好的发展;

图1-1　印刻现象

①　刘金花主编.儿童发展心理学[M].上海:华东师范大学出版社,1997:14.
②　李红主编.幼儿心理学[M].北京:人民教育出版社,2007:19.

反之,则会阻碍其发展甚至导致行为与能力的缺失[1]。

关于人的关键期的争论主要围绕如下两方面进行:关键期是否存在;关键期的缺失是否不可弥补。一般而言,运用关键期这一概念,通常意味着若缺失了关键期内的有效刺激,就会导致认知能力、语言能力、社会交往能力低下,且难以通过教育与训练得到改进,如狼孩的例子。但有的研究者认为,关键期的缺失对人类发展的负面影响,通常并非不可弥补,对于人类大部分心理功能而言,也许用"敏感期"这个词更为合适。各种心理功能在其敏感期内个体比较容易接受某些刺激,比较容易进行某些形式的学习。而在这个时期以后,这种心理功能产生和发展的可能性依然存在,只是可能性较小,形成和发展起来比较困难。

四、影响学前儿童发展的主要因素

(一)遗传的作用

遗传因素就是指从自己父母的遗传基因中获得的生物特征。遗传是影响学前儿童发展的重要因素,学前儿童的发展离不开遗传物质的作用,它是心理发展的自然条件和必要的物质前提。它在心理发展上的作用一方面表现在通过素质影响能力和智力的发展;另一方面表现在通过气质类型的因素影响儿童的情绪和性格的发展。儿童出生时,就通过遗传从父母那里继承下来了神经系统的特征,特别是大脑的结构和机能的特点,以及每个人特有的高级神经系统类型的特点。其不同的差别,我们在产房里就可以观察到,如有的婴儿安静些,容易入睡;有的婴儿脚乱动,大声啼哭,等等。遗传对儿童的生理特征有着重要影响,儿童从父母亲的遗传基因中遗传了父母亲的一些生理特点,如神经系统的特征差异造成婴幼儿先天气质类型的不同。儿童的体型、身高、外貌等等都会在一定程度上与儿童的父母亲存在一定的相关。

遗传虽然如此重要,但并不是决定一切。因为遗传只是提供了事物发展的可能性,要使可能性变成现实,还需要具备一定的生活条件和教育,否则,再好的遗传基础也是没有用的。况且,遗传素质对心理发展的不同方面,在不同年龄阶段,它的作用和影响也不完全相等。据心理学家研究,遗传素质在感知觉和气质方面有较大的影响。而在个性品质、道德行为习惯方面,遗传素质影响就比较小。从年龄阶段来说,一般年龄越小,遗传素质的影响相对比较大,年龄越大,它们影响就小。

(二)环境与教育的作用

1. 环境对人身心发展的影响

环境是指影响人的身心发展的全部外在因素的总称。广义的环境(即包括教育在内的环境)对人的身心发展的影响主要表现在:以遗传提供的个体发展的可能性为基础,把发展的可能性变成发展的现实性,最终决定个体发展的方向、内容和水平。

学前儿童的成长离不开环境,环境对儿童发展的影响是极其深远的。我国古代对此就有精辟的论述,如"近朱者赤、近墨者黑"就是强调环境对人的感染作用。又如"孟母三迁"的故事说明培养人才要重视环境的选择,古代教育家颜之推认为,环境是通过潜移默化的方式对儿童产生影响的,而这种影响是深而持久的。瑞士心理学家皮亚杰认为,人的潜力行为就是适应能力,环境是儿童发展最重要的因素之一。所以说环境对儿童的发展作用是重要的,是不可替代的。对于学前儿童来说,他们不具备成人对环境具有的那种选择、适应、改造等能力,这就决定了儿童对环境具有广泛的接受性和依赖性,因此,创设良好的幼儿园环境、家庭环境、社会环境对学前儿童的发展是至关重要的。

2. 教育是影响人的身心发展的起主导作用的因素

教育(指学校教育)是专门为人的身心发展而有意组织起来的特殊环境,它对人的身心发展起主导作用。所谓教育对人的身心发展起主导作用,其基本含义如下。

一是从影响力的大小讲,比起遗传素质和自发的社会环境的影响,教育对人的发展的影响力更深刻;二是从影响的结果讲,教育能把遗传所提供的人的发展的可能性和环境为人的发展所提供的后天条件充分地运用起来,促进人的身心发展。这是由教育本身的特点决定的。因为教育是有目的、有计划地专门为人的发展组织起来的,它对人的发展的影响,是依据科学原理来进行的。同时,教育活动是由受过专业训练、懂得教育科学规律的教师来实施的。

---

① 桑标.当代儿童发展心理学[M].上海:上海教育出版社,2003:56.

（三）遗传和环境的关系

1. 遗传、环境是儿童发展的必要条件，它们不是对立的而是互为前提的

良好的遗传因素和生理发育是儿童认知发展的物质基础，没有这个条件发展将失去自然前提。但无论多么优良的遗传因素都只提供了发展的可能性，而环境和教育才能把这种可能性变成现实。1970 年在美国加利福尼亚州发现了一名长期与外界隔绝的女孩，尽管被人类养大，但由于被剥夺了与人类交往和受教育的机会（食物由人送入但不与其交流），当 13 岁被发现时，根本没有正常的生理和心理发展。可见，对人的发展影响较大的不是物质环境而是社会环境，尤其是有意识的教育活动。

2. 遗传与环境是相互渗透、相互作用的

遗传和环境因素只是人们为了研究的方便而界定的，在现实的作用中往往难以明确地区分。因为从种系进化的角度看，人的某些遗传素质正是人类在进化的过程中适应环境、改造自然的结果，人与自然界长期相互作用形成的机能，有的便以基因的形式巩固下来构成遗传基因，即人的遗传带有明显的环境影响的痕迹。从这个意义上说，遗传与环境是相互包含、相互转化的。

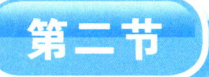
第二节　学前儿童发展研究概述

一、学前儿童发展的研究历史与现状

（一）学前儿童发展的研究对象和任务

学前儿童发展的研究可以突出地以"WWW"来表示，即 what（是什么），揭示或描述心理发展过程的共同特征与模式；when（什么时间），这些特征与模式发展变化的时间表；why（什么原因），对这些发展变化的过程进行解释，分析发展的影响因素，揭示发展的内在机制。

具体来讲，可以将学前儿童发展的主要研究内容概括为以下几个方面。

1. 描述儿童发展的普遍行为模式

行为模式是指个体在成长（或解决问题的活动）过程中所表现出来的现实的心理发展水平，它既包括外显的行为特质，也包含内隐的心理特征。

真正的心理发展模式应该具有普遍意义，即能反映生活在各种社会文化背景下儿童共同具有的发展过程。如儿童的动作发展模式、语言获得模式、皮亚杰所描述的儿童思维发展阶段等，都是儿童发展的普遍模式。

2. 解释和测量学前儿童发展的个别差异

尽管心理发展遵循相同的模式，必须注意到发展的个体差异是巨大的，不仅发展的速度、最终达到的水平各不相同，各种心理过程和个性心理特征也不相同。刚刚出生的孩子，就有明显的个体差异。心理学家认为，儿童是带着先天气质特征降临于世的，这些先天气质特征更多地受儿童神经系统活动类型的影响，也部分的反映了胎儿期受到的环境刺激状况。在儿童智力发展领域，个体差异以不同的方式体现：有的儿童早慧，有的儿童天生有智力缺陷，有的儿童擅长言语，有的儿童则在推理方面具有优势。儿童的性格更是体现出多姿多彩的特征：有的活泼、外向、热情，喜爱交往；有的沉稳、内向、不太合群。儿童个体间的差异是如何造成的？这些差异怎样才能得到准确的评估？如何科学地解释儿童彼此之间的个体差异？这正是学前儿童发展要解决的基本问题。

3. 揭示学前儿童发展的原因和机制

学前儿童发展的研究任务之一是揭示学前儿童发展的原因和机制，解决生理心理等发生发展的一般理论问题，从而建构学前儿童发展的理论体系。要揭示学前儿童发展的原因和机制，就需要探讨诸如遗传和环境在发展中的作用问题、发展的内外因问题，以及发展的连续性和阶段性等问题。这样才能既科学地解释学前儿童持续的发展趋势，又探讨了不同年龄阶段发展的特征。例如，皮亚杰对儿童思维发展机制的揭示就大大丰富了我们对儿童思维过程的认识。对儿童语言获得的内在机制及其影响因素的研究，则使我们更加科学地认识儿童语言的发展，准确把握语言发展的关键期问题，从而促进儿童语言的发展。对学前儿童发展原因和机制的揭示，不仅有助于我们构建有关发展的理论体系，更好地遵循儿童发展的规律，

也使我们对儿童发展的培养与干预具有了科学的依据。

4．探究不同的外在环境对学前儿童发展的影响

遗传的作用在儿童出生时就已经充分体现了，环境则在儿童成长过程中不断地施加影响。学前儿童生活的环境各种各样，这些环境因素也被视为儿童行为的生态圈。在这些生态环境中，儿童接触时间最长、影响最大的几个因素分别是家庭、幼儿园和社区。在儿童成长的不同阶段，这些生态环境因素会产生哪些不同的影响呢？如就家庭而言，父母的养育方式会对儿童个性及社会性的发展产生什么影响？家园共育应如何促进儿童更好地发展等等？了解影响儿童发展的这些生态环境因素既可以进一步揭示学前儿童发展的原因和机制，又能更好地为学前儿童发展提供指导策略。

5．提出帮助与指导学前儿童发展的具体方法

描述儿童发展的普遍模式，测量和解释发展的个别差异，揭示儿童发展的原因和机制，以及探究不同的外在环境对发展的影响，其最终目的是为了帮助儿童顺利地度过每个发展阶段，帮助儿童解决发展中遇到的困难或暂时的障碍。例如，通过对儿童早期依恋现象的探讨，可以提出有助于儿童形成安全依恋的有效方法；通过对学龄初期儿童认知与行为特点的探讨，可以提出培养儿童注意力集中、行为自我控制的有效手段，从而减少儿童的多动行为。

（二）学前儿童发展的研究历史

1．西方早期的儿童观

在西方早期，儿童多半被认为是成人的雏形，只是比较小、比较弱、比较笨的成人。随着年龄的增长才变得强壮聪明起来，显露出成人特征。在古希腊、古罗马社会，儿童被作为未来的公民看待，接受成人式的训练任务。人们从来没想过儿童的天性是什么。《旧约全书》中的观点是，儿童是被剥夺权利的、邪恶的人，他们生来就有原罪。这些天生的罪人需要严加管制，以免变得更为邪恶。《新约全书》中则提到，儿童天生是无罪的，是善良的，只要环境不影响他们的正常成长，长大就是好人。公元 14 世纪到 17 世纪，文艺复兴运动的强有力冲击引起了社会结构和家庭观念的更替，进而导致儿童观的变革。到 15 世纪末，出现了很多关心儿童利益与教育的趋向，有关儿童护理与教育的文字材料都流传开来。到 17 世纪以后，一种全新的儿童概念逐渐形成，人们开始注意到儿童甜蜜、纯洁、逗人喜爱的天性，把儿童作为有个性的人来了解和抚爱了。从此以后，养育健康而又有成就的孩子就成为父母最关心的事情[1]。

拓展阅读1－1 **现代儿童观**

1．儿童是一个社会的人，他应该拥有基本的人权。

2．儿童是一个正在发展的人，故而不能把他们等同于成人，或把成人的一套强加于他们，或放任儿童自然、自由发展。

3．儿童期不只是为成人期作准备，它具有自身存在的价值，他们应当享有快乐的童年。

4．儿童是具主体性的人，是在与各种丰富的活动之中不断建构他的精神世界的。

5．每个健康的儿童都拥有巨大的发展潜力。

6．幼儿才能的发展存在递减法则，开发得越早开发得越多。

7．儿童的本质是积极的，他们本能地喜欢和需要探索学习，他们的认识结构和知识宝库是其自身与客观环境交互作用过程中自我建构。

8．实现全面发展与充分发展，是每个儿童的权利，其先天的生理遗传充分赋予了实现全面发展的条件，只有全面发展才能充分发展。

9．儿童的学习形式是多种多样的，如模仿学习，交往学习、游戏学习、探索学习、操作学习、阅读学习。成人应尊重幼儿各种学习形式，并为他们创造相应的学习条件。

（资料来源：桑标.当代儿童发展心理学［M］.上海：上海教育出版社，2003：10—11.）

---

① 桑标.当代儿童发展心理学［M］.上海：上海教育出版社，2003：10.

2. 科学儿童发展心理学的产生

科学儿童心理学的产生，以1882年德国生理学家和心理学家普莱尔(W. Preyer)的《儿童心理》一书的出版为标志。《儿童心理》是第一部科学、系统的儿童心理学著作，包括儿童感知的发展、儿童意志(或动作)的发展、儿童理智(或言语)的发展。在该书中，普莱尔通过对自己孩子从出生到3岁的系统观察与描述，肯定了儿童心理研究的可能性，并阐述了遗传、环境、教育在儿童心理发展中的作用。普莱尔也因此被誉为科学儿童心理学的奠基人。科学儿童发展心理学的产生继普莱尔后，美国心理学家霍尔于20世纪初首次用问卷法对儿童青少年的行为、态度、兴趣等作了广泛、系统的调查研究，在西方社会掀起了一股"儿童研究运动"，对儿童发展心理学的学科发展起了极大的推动作用。法国的心理学家比纳(A. Binet)首创用智力量表进行个体差异鉴别，美国儿科医生格塞尔(A. Gesell)提出了婴幼儿发育常模，以及行为主义心理学的代表人物华生建立的儿童情绪的条件反射理论等，都对学科的形成与完善作出了贡献。

3. 我国的儿童发展心理学研究历史

虽然我国古代有丰富的心理学和儿童心理学思想，但是科学儿童心理学则是在近代随着中国的被迫开放和知识分子的探索而从西方引入中国的。中国最早的儿童心理学开拓者当属陈鹤琴，他以自己的儿子为对象进行了长期的研究，在1925年出版了《儿童心理之研究》一书。1949年前，在儿童心理学研究上贡献较大的除了陈鹤琴外，还有黄翼、艾伟、肖孝嵘、陆志韦、朱智贤等人。这一时期的特点是以学习和介绍西方儿童心理学为主，国内自己的研究在水平和质量上都很有限。1949年以来，中国的儿童心理学在经历了多次的起起落落之后，有了很大的发展，当今的儿童发展心理学研究已经非常活跃和繁荣。

(三) 学前儿童发展的研究现状

20世纪70年代以来儿童发展的研究出现了一些新的突破性进展，也显现出如下发展趋势。

1. 揭示婴儿心理发展能力

在20世纪60年代以前，传统的观点多认为新生儿是软弱无能、消极被动的生物个体。后来由于方法学上的突破，大量的研究揭示了新生儿就具有了不起的适应环境的能力和反应外界刺激的能力，例如，新生儿、婴儿具有惊人的感觉能力。

2. 儿童社会化的问题受到普遍重视

对儿童社会性发展的研究取得了越来越多的丰富的资料。许多著名学派的新兴派别几乎都修正了原有学派忽视儿童社会性发展的缺点，重视儿童社会性的研究。

3. 儿童认知发展阶段的理论获得了新的突破

一些新的研究改变了皮亚杰的实验设计，降低了实验的难度，修改了实验方法，结果发现儿童认知发展的阶段并非是截然区分开的，同时发现年幼儿童已经具有很多重要认知能力。

(四) 学前儿童发展研究的热点问题

1. 幼儿生命教育及其研究

1968年美国的一位学者出版了《生命教育》一书，探讨必须关注人的生长发育与生命健康的教育真谛。日本、英国、中国台湾、中国香港等地区竭力倡导生命教育，各种学术团体也因此纷纷建立。

生命教育是在生命活动中进行教育，是通过生命活动进行教育，是为了生命而进行教育。从事生命教育的肖敬在《浅谈生命教育读本》中认为生命教育是以生命为核心，以教育手段，倡导认识生命、珍惜生命、尊重生命、爱护生命、享受生命、超越生命的一种提升生命质量、获得生命价值的教育活动。随着部分青少年物质追求的迷失、社会道德的衰落、身心发展的龃龉、有限岁月的虚度，加之自杀行为频繁发生，我国推行生命教育变得刻不容缓。

幼儿生命教育的相关研究揭示了如下问题。

(1) 幼儿家长和教师对死亡和生命教育的态度处于矛盾之中。教师和家长对生命教育功能的认同和对生命教育方法内容的质疑说明他们对死亡和生命教育的态度处于矛盾之中。其实这两方面的问题也是在实施这方面课程中所要重点关注的。怎样把好的想法通过恰当的方式去实施是一件需要技巧的事情。《比比和朋友》[①]的课程为大家展示了如何更好实施的平台，它解决了教师和家长的担忧。同时，在实施课程中也应该注意到教师和家长的情绪情感反应，使教师和家长能够在课程中受益，能够欣然地接受这个课

_____

① 《比比和朋友》是由香港汇丰银行资助，香港教育学院、儿童好拍档和华东师范大学学前教育研究所共同引进上海幼儿园的一项课程，该课程着重培养儿童情绪情感和社会交往能力的发展。

程,以免造成心理的压力和矛盾。尤其是教师,应该接受专门的培训,使他们首先具有正确的态度及应对的措施,才能真正作为指导者实施好该课程。

(2)生命教育的实施需要考虑文化背景。中国幼儿的家长和教师对生命教育处于双重认识中,既想实现它的积极意义,又担心它的消极意义,这带有西方外来文化和中国传统文化交融的痕迹。因此,在实施课程中,应考虑到中国传统文化对生命教育的独特观点,在尊重传统文化的基础上,运用适当的符合中国人习惯和认识的方法实施关于生命教育的内容。真正使生死教育课程成为对幼儿有益的教育。

2.儿童哲学

(1)儿童哲学简介。儿童哲学是一门发展至今约40年的新兴学术领域,目前在世界各地正蓬勃发展。儿童哲学作为一门学科,除了是哲学的一个分支领域外,也可视为一种"儿童研究"或"儿童学"。什么是"儿童研究"或"儿童学"呢?就是以儿童为研究对象的学术,确切地说,是以"研究儿童身心发展、人格特质、行为表征和思想的一门有组织、有系统的学问"。如果按照研究的领域,可以粗略分为哲学的与心理的,前者包括儿童人类学与儿童哲学,后者包括儿童心理学与儿童发展。

儿童哲学的三种内涵包括:第一,认识与意识到儿童的思维特性,尊重并欣赏儿童的创意与表现;第二,大人愿意花时间和精力陪伴儿童一起从事哲学思考活动,愿意以儿童为核心的方式在各种具体情境中一起做哲学;第三,灵活运用并开发适当教材教法,包括如何叙事、如何说故事、如何提问、如何理清问题、如何讨论、如何对话等之规划,引导儿童从事哲学思考活动。

(2)儿童哲学的目的。儿童哲学的目的是引导与启发儿童原有的思考潜力,即由团体合作和借助与他人的对话来发展讨论的能力,进而培养儿童推理、判断与创造的能力,让儿童避免过度的独断,以帮助自己做自主的思考;同时在个人独立思考与经验合作的历程中,学得尊重别人的意见,并且能合理判断他人意见的价值观,相信可信任的证据,体验做哲学思考的过程。所以儿童哲学就是要教育孩子学习的态度,培养他们推理、判断、创造的思考能力,并养成随时反省、检视自我、为自己思考、寻求意义的哲思习惯。

李普曼(Lipman)认为儿童哲学的主要目的在帮助儿童学习如何为自己思考,他在《教室里的哲学》一书中曾明确指出儿童哲学欲达成的具体目标有以下五点。

——改进推理能力:当儿童开始问"为什么"时,就开始在进行哲学性的推理。哲学性的推理在于帮助儿童发现关系,练习辨别,培养儿童的洞察力。儿童哲学意在创造一个鼓励儿童推理的环境,帮助他们界定现象,辨别推理上的错误,并鼓励做更好的推理。

——发展创造力:传统的教育认为要训练严密的逻辑,必须牺牲想象及创造力。儿童哲学却认为创造性的活动会促进逻辑思考,而发展逻辑的能力也会增进创造力,两者相辅相成。

——增进个人及人际关系的成长:对儿童而言,与他人的讨论过程及讨论之后的反省是学习哲学思考的适当时机,讨论会使儿童觉察他人的人格特质、兴趣、价值观、信念及成见。这种敏感性的增益是讨论最有价值的副产品,有助儿童对跟他分享的他者做合理的判断,这是儿童社会性发展的首要条件。

——发展伦理的理解力:儿童哲学强调采用伦理的探究,而非少数成年人的特定道德规则。李普曼认为让儿童使用逻辑性的推理有助其解决各项问题,包括道德层面的问题。因此要鼓励儿童去了解合理的道德判断的重要性,并要求儿童伦理的敏感性及伦理关怀的发展。

——培养发现意义的能力,其中有以下七个方向。

① 探索替代性:养成儿童考虑相反意见的习惯,并认为相反的意见也有可能是正确的;

② 探索公平性:发现每个不同的角度都有正确的可能性,使得儿童产生更客观、更公正的态度;

③ 发现一致性:发现文字、言行和行为本身的一致性并发现生活经验的意义;

④ 探讨支持想法的理由的可能性:鼓励儿童向彼此的想法挑战;

⑤ 探索理解力:帮助儿童将所有想法联结起来,建立自己整体的主张、思考和价值体系,能够面对未来的生活;

⑥ 探索情境:学习掌握情境中的重要因素,并将其做正确的解读;

⑦ 探索部分和整体的关系:协助儿童将部分建构成全体,发现属于自己的生活哲学。

由上可知,儿童哲学除了增进思考能力,训练思考技巧,还兼顾人际互动的关系,以及强调理论和生活的结合,可以协助儿童知识、技能、情意均衡发展。我国一些地方已经开展了幼儿园儿童哲学教育活动,取得了理论上和实践上的成就。

二、学前儿童发展研究的基本原则

(一)客观性原则

客观性原则要求研究者要尽可能地把握所揭示的各种现象的客观性和对现象解释的客观标准。首先,研究课题的设计、方法的确定、结果的处理等都要坚持科学性和严格要求。其次,从研究者本身来说,必须严守科学态度,严防测试从主观期待和主观印象出发进行推论。更不允许根据研究者个人对结果的"期望"而故意删舍数据。再者,所得的材料也可能渗入研究者的主观成分,从而使结果受到人为的影响。以上各方面都是遵守客观性原则所必须注意的。比如学前儿童各个年龄阶段的心理和生理发展水平是客观的,具有普遍性的规律,在做教育评价的时候要尊重这种客观规律,科学合理的评价。

(二)发展性原则

个体在不同的年龄阶段有着不同的表现特点和发展水平,如一种心理品质的形成,虽然具有较大的稳定性,但随环境和实践活动的变化也会有一定的发展。

在儿童发展研究中,必须以发展的观点看待任何现象,了解影响儿童发展的各种制约因素,要注意防止把各种现象看作静止的、凝固的和僵化的东西。这对于预测学前儿童发展的前景和方向,做好当前的教育工作有着极其重要的意义。

通过"给不同年龄的小朋友讲故事"的事例,可以很好地理解发展性这一原则:小明把巧克力放到碗橱里,然后出门去玩了。妈妈回家后,看到碗橱里有巧克力,便把它放到一个抽屉里,然后出去买菜了。小明玩累了,回到家里,想吃巧克力。此时,向小朋友提问:小明会到哪儿找巧克力? 是碗橱里,还是抽屉里? 结果,对于 3 岁多的儿童来说,由于他们很难区分自己所知与他人所知的不同,因而他们的典型反应是:小明将到抽屉里找巧克力,因为巧克力现在就放在里面(这是他们所知的)。然而,对 4 岁左右的儿童来说,由于他们已经可以将自己所知与他人所知区分开来,他们可以正确地预测一个人的行为是依赖该人所想或所知的,因而大多可以正确地预测:小明将到碗橱里找巧克力,因为小明以为巧克力还在里面(小明有了错误信念)。4 岁的时候儿童才能正确理解"错误信念",获得心理理论水平。

(三)教育性原则

对学前儿童的研究一定要符合教育的要求,不应该采取任何对学前儿童身心发展不利的措施;不允许向学前儿童出示与教育目的和任务相矛盾的问题、作业和图片材料;更不允许有与道德教育相违背的各种形式的现象出现。因此选择研究方法、设计方案都要考虑到是否有利于学前儿童的身心健康、有利于学前儿童的心理发展、有利于教育这一重要原则。

(四)理论联系实际原则

在科学研究中,理论占有极其重要的地位,经过证实的科学理论就是科学知识本身。理论在科学研究中的重要性在于它能将零散的知识综合起来,形成系统的知识体系,能够解释现象、预测未来和指明新的研究方向。学前儿童发展既是一门基础学科,也是一门应用学科,因此在研究中既要重视理论研究,找出解释学前儿童发展的规律和一般性原则。同时,也必须结合儿童发展与教育存在的实际问题进行研究,为促进儿童的身心健康发展提供指导性意见。

(五)伦理性原则

人的发展问题有时并不完全是心理问题,还与伦理道德与社会相关。因此,在研究学前儿童发展与教育的问题时,不能违反社会的伦理道德原则。

遵循伦理性原则,就是要求当伦理性原则与科学性原则相冲突时,首选坚持伦理性原则;研究必须有利于身心健康发展;被试有权选择参加或退出研究;当涉及个人或父母隐私的时候,研究者有义务保守秘密。华生经典的艾伯特恐惧实验被后人批判违反了伦理性原则,对艾伯特的身心健康造成了不良的影响。

(六)生态化原则

20 世纪 80 年代后,在西方心理学界开始出现了心理学的生态学运动,即强调在自然与社会的真实生态环境中重视研究被试的心理特点。

人类是在真实的自然与社会生态环境中成长起来的,他们的心理发展不可避免地受到社会环境中各种因素的影响,而这些因素又是相互作用、相互影响的,是一个完整的系统。人类的心理发展水平、特点和变化,都是该系统中各种因素相互作用的综合效应。因此,在学前儿童发展研究中,应该将被试放到现实的社会环境中加以考察,从他们和社会的相互作用中,从社会环境各因素的相互作用中,揭示他们发展变

化的规律。例如，对幼儿某个发展变量的考察，要考虑到家庭、社区、社会、幼儿园、同伴等种种因素，从而科学合理地做出判断。

三、学前儿童发展研究的具体方法

(一) 观察法

观察法是有目的、有计划地通过观察记录被试者的言语和行为表现，并以此为依据分析儿童发展特征和规律的研究方法。观察法是学前儿童发展研究最基本的方法。进行观察研究必须目的明确、选择适合对象、制订周密计划、做好记录。根据需要可采取每隔一定时间记录一次的时间记录法，也可采用事件记录法等。记录要准确，不能概括地记，更不能用观察者个人的主观想法去猜测判断儿童的行为表现。有关的内容不要漏记，最好同时采用录音和录像，可以由两人同时记录，以便考察记录的信度。观察时尽可能减少外界干扰，最好设观察室，通过单向玻璃并利用现代化设备进行观察。

图 1－2 自然观察法的使用①

观察法的优点是所得材料比较客观、真实，因为是在自然生活和活动条件下进行观察，所以对言语表达和行为操作有困难者较为适宜，如婴幼儿、弱智儿童或其他心理障碍者。观察法的缺点是不容易控制条件，有时可能观察不到所要求的行为，也不易深入到内部过程，有时观察到的行为表现可能出自于偶然。

观察法可分为直接观察和间接观察。

直接观察：由研究者直接观察受试者的外部行为，以了解他们的活动。直接观察又可分为自然观察（现场观察，见图1－2）和实验室观察两种形式。

间接观察：研究者不必直接见到被试者，而是通过某种媒介了解被试者，以取得儿童发展资料的观察法可以统称为间接观察法。例如，分析儿童的作业及年幼儿童的图画、年长儿童的学科成绩等。

(二) 实验法

实验法要求安排一定的情景，严格控制条件，使其中的各项条件保持不变，只变化某一条件（自变量），以探查其他变化（因变量）。一般实验法需设实验组和控制组，以进行比较。

实验法通常分为实验室实验和自然实验。

实验室实验是在具有专门设备的实验室中进行的，这种实验条件控制严密，且可以重复。这种方法，一般偏于应用在生理机制和感知记忆等心理过程的研究。对幼小儿童曾有过条件反射法、眼动法和去习惯化法等需要特别记录反应的方法。

自然实验是在儿童的自然生活中或教育条件下进行的。研究中只要求改变或控制必要的自变量因素，其他条件都保持现实的环境条件。实际上，这是一种控制观察法。它具有实验室实验和观察法的一些优点，也在很大程度上弥补了两者的不足，其局限性在于现场背景难以把握，样本的代表性不易控制。

(三) 调查法

调查法是指从某一总体中按照一定的规则抽取一定的样本，收集这些研究对象的相关资料，进而通过对样本的分析研究来推论总体情况。调查可采用两种不同的方式进行：问卷法及访谈法。

1. 问卷法

问卷法是研究者用统一、严格设计的问卷，来收集儿童心理和行为的数据资料的一种研究方法。使用这种方法研究学前儿童发展时，一般是让父母、幼儿教师或熟知儿童的成人来回答问题。

问卷法和访谈法都是收集儿童心理和行为的数据资料的基本方法，在发展心理学的研究中，它们经常结合在一起使用。只是问卷法的问卷比结构访谈更具目的性、内容更加详细完整、设计更为缜密科学。问卷法的特点是标准化程度较高，是严格按照统一设计和固定结构的问卷进行研究，避免了研究的盲目性和

---

① 图片来源：［美］罗伯特·费尔德曼、黄希庭著，黄希庭等译.《心理学与我们》[M].北京：人民邮电出版社，2008：文前彩页.

主观性。问卷法的另一特点是能在较短的时间内收集到大量的资料,由于问题和答案都预先进行了操作化和标准化设计,因此,所得资料也便于进行定量分析。

问卷的设计是问卷研究的关键环节,直接涉及研究结果的科学性,并在很大程度上决定着问卷的回收率和有效率。问卷一般包括前言和指导语、问题、选择答案和结束语等几部分。

问题是问卷的核心,在设计问卷时,设计者应根据研究目的和具体情况选择适当类别的问题,问题表达时语词使用要得当,问题排列方式和回答方式也应根据研究需要精心设计。只有这样才能设计出结构科学、内在逻辑性强的高质量问卷。

作为学前儿童发展研究常用的方法,问卷法有很多突出的优点。它的内容客观统一,处理分析简洁方便,节省了人力、物力和经费,取样较大,对于描述一个总体的性质是很有意义的。另外,问卷法匿名性强,回答真实,那些不宜用访谈法进行当面询问的问题,涉及被试内心深处的情感、动机等问题适合用问卷法来研究。问卷法的缺陷在于对被试的言语发展水平有一定要求,因而不适于年幼被试。另外,被试的回答还带有一定的主观性,因而由此获得的有些数据资料还需用其他方法加以印证。

2. 访谈法

访谈法是通过口头交谈了解、收集被研究者有关心理发展和问题的资料的一种方法。访谈法有结构访谈和非结构访谈。前者,谈话的内容、过程都设计好统一的要求和结构,后者则不需要。居于两者之间的谈话法也称为半结构访谈。为了更好地发挥访谈法在学前儿童发展研究中的作用,访谈者必须事先作好周密的计划:首先营造一个融合亲近的和谐氛围以利于和儿童沟通,充分信任并尊重儿童;其次掌握因势利导的交谈技巧,客观地听取儿童的陈述;再次灵活全面地作好当场记录,记录时可借助录音;最后和儿童谈话的时间最长不超过50分钟,一般以30分钟左右为宜。访谈法的优点是便于交谈,可以遵循特定的目的,按计划层层深入,有针对性地收集资料。其局限性是访谈效果受访谈者自身素质的影响,访谈结果不易量化等。

总体来看,调查法的优点是能够收集到大量的资料,使用方便,并且效率高。其缺点是研究结果难以排除某些主、客观因素的干扰,为了进行科学的调查、得出恰当的解释,必须有经过预先检验过的问卷、有受过培训的调查者、有能够反映总体的样本,以及采用正确的资料分析方法。

调查法与观察法一样,只能有助于了解事实现象是什么,不能解释为什么。因此,还需要采用其他方法(如实验法)来弥补其不足。

(四)测验法

测验法是通过测验量表来研究儿童发展规律的一种方法,即采用标准化的题目,按照规定程序,通过测量的方法来收集数据资料。

编制测验量表需要经过编制测验题目、预测、项目分析、合成测验、取得信度与效度资料、建立常模等标准化过程。应用经过标准化的测验量表对儿童进行测量,将其得分与常模分数相比较,就可以清楚地了解儿童的发展水平。测验法既可用于测查儿童发展的个别差异,也可用于了解不同年龄阶段儿童发展水平的差异。

目前,国内已有一些较好的有关学前儿童发展方面的测验量表,研究者可以根据自己的需要从中加以选用。下面是和学前儿童有关的几种常用测验。

中国比纳测验。我国早在1924年已有陆志韦修订的"中国比纳西蒙智力测验",1936年进行了第二次修订,1982年吴天敏作了第三次修订,称作"中国比纳测验"。"中国比纳测验"的内容包括说出物体、辨别图形、推断情景、指出缺点、计算等51个项目,分为语言、数学、解题和技巧四类。适用于2~18岁的儿童。

韦克斯勒智力量表。国内常用的韦克斯勒量表包括"韦克斯勒儿童智力量表修订版"(WISC - R)、"韦氏成人智力量表修订版"(WAIS - RC)和"中国—韦氏幼儿智力量表"(C - WYCSI - R)三种,它们都是我国心理学家对相应的韦氏智力量表修订后提出的修订版。

瑞文测验。瑞文测验是英国心理学家瑞文1938年编制的一种非文字测验。张厚粲主持修订的称为"瑞文标准推理测验(中国城市修订版)",包括五个系列,60个题目。1988年,李丹将瑞文测验的标准型和彩色型联合使用,称为"瑞文测验—联合型(RT)",共六个系列72题。这套测验适用于5~75岁的幼儿、儿童、成人和老年人,有城市常模和农村常模。

测验法的优点主要表现在测验量表的编制十分严谨,结果处理方便,量表有现成的常模,可以直接进行对比研究。量表的种类较多,可以适应不同研究目的的需要。测验法存在的不足是使用灵活性差,对主

试的要求较高,结果难以进行定性分析,被试的成绩也可能受练习、测验经验的影响等。所以,测验法只是了解儿童发展的方法之一,还应与其他方法配合使用。

(五)临床法

临床法又叫诊断法,是自然主义的观察、测验和精神病学的临床诊断法的合并应用,包括对儿童的观察、谈话与儿童的实物操作三个部分。临床法是皮亚杰率先卓有成效地运用的研究方法。他认为用单纯观察、单纯测验等单一方法不能全面地了解儿童。临床法的独到之处或者主要特点是:从整体的观点研究儿童,比较全面和细致;比较灵活,不拘一格;不仅观察儿童认识什么,也探讨他如何认识,从而了解儿童的认识发展过程。

一般做法为:由主试提出任务(以口头、实物和口头相结合的方式),由被试者回答(以口头、操作与口头结合的方式),主试者根据回答情况进一步提出问题,以深入了解儿童未能表达出的心理活动。如此连续要求被试者做出解释,直到主试者感到满意为止。这种方法对主试者有较高的要求。要求主试者具有高度的机敏,善于恰当地提出问题,立即作出判断,并迅速提出新的问题;主试者必须熟悉所研究的领域,同时要求了解并熟悉被试者的一般情况。

第三节 学前儿童发展的主要理论

一、成熟势力发展理论

成熟势力发展理论的代表人物是美国心理学家格塞尔(1880~1961)。格塞尔研究兴趣集中于儿童生理成熟、成长和心理发展的同步关系,他广泛而详尽研究了儿童(包括婴儿)的神经运动发展,提出了心理发展的成熟势力说,简称成熟论。

(一)发展的本质

格塞尔认为个体的生理和心理发展,都是按基因规定的顺序有规则、有秩序地进行的。他将发展看成是一个顺序模式的过程,这个模式是由机体成熟预先决定和表现的。而成熟则是通过基因来指导发展的机制,即是一个由遗传因素控制的过程,通过从一种发展水平向另一种发展水平突然转变而实现。

格塞尔强调基因决定的时间表,强调成熟的顺序,年龄是儿童发展的时间指标。但是年龄本身并不是发展变化的原因,它只是一个便于观察和把握的形式指标。

(二)影响发展的因素

格塞尔认为支配儿童心理发展的因素有两个:成熟和学习。成熟是由一个内部因素控制的过程,它的基本方面不可能受到像教育这样一些外部因素的影响。成熟是发展的重要条件,决定机体发展的方向和模式,因此成熟是推动儿童发展的主要动力。而学习并不是发展的主要原因,因为引起变化的原因是成熟的顺序或机体的机制所固有的,学习只是给发展提供适当的时机而已。

格塞尔的这种观点主要来源于其著名的双生子爬楼梯实验。具体实验步骤如下:双生子 T 和 C 在不同年龄开始学习爬楼梯。T 从出生后第 48 周起接受爬楼梯训练,每日练习 10 分钟,连续 6 周;C 则从出生后第 53 周开始,仅训练 2 周,就赶上了 T 的水平。由这个实验得出结论:儿童的学习取决于生理的成熟,没有足够的成熟就没有真正的发展,而学习只是对发展起一种促进作用。格塞尔认为,儿童在成熟之前,处于学习的准备状态。所谓准备,就是由不成熟到成熟的生理机制的变化过程,只要准备好了,学习就会发生。所以,发展的过程不可能通过环境的变化而改变。

(三)行为周期

格塞尔发现,在发展过程中,儿童表现出了极强的自我调节能力。当儿童突然向前进入一个新领域后,又会适度退却,以巩固取得的进步,然后再往前进。所以在儿童的成长过程中便形成了发展质量较高的年头与较低的年头有序交替的现象,格塞尔称其为"行为周期"。对教师和父母来说,当儿童处于发展质量较高的阶段时,应该更严格地要求他们;当儿童处于发展质量较低的阶段时,应该现实地看待他们,等待和帮助他们度过这一阶段,避免因粗暴和急躁而伤害他们。

格塞尔将成熟概念用于自己的理论中,突出了成熟机制对于发展的重要性,使得心理过程中的生物因

素变得更为确切和具体。成熟势力的发展理论证明,在任何行为后面都潜藏着它自身的生物学基础,成熟机制在复杂的发展程序和自我调节的过程中有着重要作用。成熟决定了心理与行为的发展,尽管儿童行为的习得离不开学习、教育和社会影响等环境因素,但脱离成熟而奢谈教育是不妥的,甚至是有害的。当然,格赛尔的成熟势力理论也存在缺陷,即过分夸大了生理成熟的作用,而忽视了儿童心理发展的其他条件。

二、行为主义的发展理论

(一)华生的行为主义观

1. 华生的心理观

美国心理学家华生(1878~1958)是行为主义观的创始人。他认为心理的本质就是行为,心理学研究的对象就是可观察到的行为。华生否认遗传在个体成长中的作用,认为一切行为都是刺激(S)—反应(R)的学习过程,通过刺激可以预测反应,通过反应可以推测刺激。

2. 华生的发展观

华生对待儿童心理发展的基本观点源于洛克的"白板说",认为儿童生来其心理类似一块"白板",日后心理的发展就是在这块"白板"上学习建立起 S - R 联结的过程。发展是行为模式和习惯的逐渐建立和复杂化,是一个量变的过程,因而不体现出阶段性。

3. 华生的经典研究

华生运用条件反射理论所做的婴儿恐惧实验,为心理发展的行为决定论作了最有力的说明。男孩艾伯特 11 个月时与小白鼠玩了 3 天,后来,当艾伯特开始伸手去触摸白鼠时,脑后突然响起了钢条的敲击声。艾伯特受到了惊吓,但没有哭。第二次,当他的手刚触摸到白鼠时,钢条又被敲响,他猛然跳起,向前摔倒,开始哭泣。如此反复多次,以后当白鼠单独出现时,艾伯特会表现出极度恐惧,转过身去,躲避白鼠。在这个实验里,白鼠成为剧烈声响的替代刺激,引发了艾伯特的条件反应。

华生将行为作为心理学的研究对象,摒弃内省法,而把条件反射作为心理学研究的重要方法,从而扩大了心理学的研究范围,规范了心理学的研究,使心理学消除了主观性、取得了客观性。然而他否认意识是心理学的研究对象,甚至把高级心理过程也归于行为,这就把复杂的心理现象简单化、庸俗化了;而且用单一的方法研究复杂的心理现象,势必不利于心理学的研究。另外,他强调对儿童行为的控制,主张从小培养儿童的良好习惯,但是他否认遗传的作用,扩大了环境和教育对个体发展的影响,忽略了儿童的主观能动性。

(二)斯金纳的行为主义观

美国心理学家斯金纳(B. F. Skinner,1904~1990)传承了华生的行为主义基本信条。与华生不同的是,斯金纳用操作性条件作用来解释行为的获得。在斯金纳看来,经典性条件作用的反应是一种应答,是由刺激自动引起的,大多数这样的应答都是简单的反射。他感兴趣的是操作性的行为,是对环境的主动操作。个体在环境中可能有多种反应,哪些行为保留下来或更可能再次发生,取决于行为发生之后所得到的强化。

1. 斯金纳的白老鼠试验——操作性条件反射

斯金纳的操作性条件作用论,基于他的白鼠实验研究。他发明了一种特殊装置——斯金纳箱。该装置是一种特殊条件的控制箱,箱内装有一套杠杆和喂食器及其他装置,只要在箱内按压杠杆就会有食物出现。食物奖励强化了白鼠按压杠杆的行为,使老鼠按压杠杆的频率增加。斯金纳把白鼠学会按压杠杆来取食物的条件反射,叫作操作性条件反射。白老鼠主动地发现无关刺激,主动地进行自我强化,并为得到食物而采取主动的行为,可以认为这是一种有目的的行为,人类的行为大多是此类行为。

2. 强化机制与儿童行为矫正

儿童之所以要做某件事,就是想得到成人的注意,如果一个行为发生后,成人立即予以注意,如加以赞扬,或加以呵斥,都会起到强化的作用。如果一个儿童出现不良行为,如愤怒发作或无理取闹,成人可暂不予理睬,采取"冷处理",通过这种"忽视"达到不予强化的目的,从而纠正这种不良行为。一个偏食的儿童,只吃肉,不吃蔬菜。积极强化:当儿童吃一口蔬菜,立即予以表扬,并夹给他一块肉。消极强化:如果儿童坚持不吃蔬菜,就坚持不给他吃肉。两种强化共同作用,可以有效地克服儿童偏食的不良习惯。

斯金纳的行为发展观在行为矫正和教学实践中也产生了巨大的积极影响。成人对儿童的良好行为的及时强化、对不良行为的淡然处之,以及在程序教学过程中的小步子信息呈现、及时反馈与主动参与等,至

今仍然是强化与影响个体行为发展的有效措施。事实上,斯金纳的努力使人们对行为的认识更接近现实。因此,斯金纳的理论无论在理论上还是在实践上都有重要的借鉴意义。但是,斯金纳的行为发展观将儿童心理的发展归因于外部的强化,忽视了儿童自身的内在发展规律,这显然是有局限性的,儿童自身的发展有其独有的规律,环境的外部强化只能够起到某种促进作用,这是不能否认的。

三、精神分析的发展理论

精神分析(phychoanalysis)是西方现代心理学的主要流派之一,其词含义是指用于治疗心理障碍的精神治疗体系,着重揭露导致病人心理障碍的无意识想法,因其创始人是弗洛伊德(S. Freud),所以精神分析理论又叫作弗洛伊德主义。在发展心理学方面有代表性观点的是弗洛伊德和埃里克森(E. H. Erikson)。

(一)弗洛伊德的心理发展理论

弗洛伊德(1856～1939)是奥地利的精神病学家和心理学家,他根据其对病态人格进行的研究提出了人格及其发展理论。这种理论的核心思想是提出存在于潜意识中的性本能是人的心理的基本动力,是决定个人和社会发展的永恒力量。如果说行为主义观强调对外在行为的研究,精神分析论则着重对无意识的探究。

1. 弗洛伊德关于心理结构的划分

在弗洛伊德的早期著作中,心理结构分为意识、前意识和潜意识三个部分,其中潜意识主要被解释为压抑的愿望与本能冲动,前意识是平时并未被意识但随时可以进入意识的观念。在他的后期著作中,弗洛伊德将人格划分为三个部分,分别称为本我(id)、自我(ego)和超我(superego)。

本我,又称伊底,是人格中最原始的部分,由一些与生俱来的冲动、欲望或能量构成,仿佛像一锅沸腾的兴奋物。本我不知善恶、好坏,不管应该不应该、合适不合适,只求立即得到满足,是无意识的、非道德的,它受快乐原则的支配,是人格中的生物成分。快乐原则使个体减少紧张到能够忍受的程度,如性欲的满足、饥饿的消除都能产生快乐。

自我,是个体出生以后,在满足本我需要时与外部环境的相互作用下形成的。自我遵循现实原则,是人格的心理成分,它一方面使本我适应现实的条件,从而调节、控制或延迟本我欲望的满足,另一方面还要协调本我和超我的关系。

超我,是个体在社会道德规范的影响下,特别是在父母的管教下将社会道德观念内化而成的。超我包括自我理想和良心。自我理想是一套引导儿童努力发展的理想标准;良心则由父母的禁令(如你不应该)构成。儿童由于畏惧父母或成人的惩罚,不得不接受他们的规则并自觉地遵守它,并把它转变为自己行为的内部规则,便形成了良心。超我遵循的是至善至美原则,是人格的社会成分。

本我、自我和超我的关系:自我既要满足本我的需求,同时还要接受超我的监督。弗洛伊德有这样一个比喻:本我是马,自我是马车夫。马是驱动力,马车夫给马指方向。自我要驾驭本我,但本我可能不听话,两者就会僵持不下,直到一方屈服。自我像一个受气包,处在"三个暴君"(即外部世界、超我和本我)的夹缝里,努力调节三者之间相互冲突的要求,所以说自我是永远的矛盾产物。

2. 弗洛伊德的心理发展阶段论

心理性欲发展阶段理论是弗洛伊德关于心理发展的主要理论。弗洛伊德既提出了划分心理发展阶段的标准,又具体规定了心理发展阶段的分期。这一理论也是20世纪最能引起争议而同时又富有影响的学说。

弗洛伊德以性欲的发展作为划分心理发展阶段的标准。心理发展的各个阶段之所以有区别,是由于其性生活的发展所造成的。弗洛伊德这里所说的性生活的内容,不仅包括两性关系,也包括使身体产生舒适、快乐的情感。对儿童来说,快感是非常普遍和弥漫的,在实际生活中的吮吸的快乐、手淫、排泄等等都能包括在内。弗洛伊德认为,身体上的绝大多数部位都能成为快感带,但在儿童时期,主要的快感带区域是口腔、肛门和生殖器,这三个区域以特有的阶段次序成为儿童的兴奋中心,于是产生相应的心理发展阶段。弗洛伊德将儿童心理发展划分为以下五个阶段。

(1)口唇期(0～1岁)。这一时期,性欲的发展集中在口唇部位,婴儿会时时将手指头或其他东西放到嘴里吮吸,即使他并不饥饿。口唇期又分为初期和晚期。在口唇初期(出生至8个月),快感主要来自嘴唇和舌的吮吸和吞咽活动。在口唇晚期(8个月至1岁),此时婴儿长了牙齿,快感主要来自撕咬和吞咽等活动。从出生到成年以后,出现的因吮吸或咬东西(如吸奶嘴、吃指头、咬铅笔、嚼口香糖等)的愉快,或抽烟、

喝酒、贪吃等,都是口唇期快感的延续。

（2）肛门期（1～3岁）。这一时期,性欲的发展集中在肛门部位。排泄过程和排泄后肛门区域（包括尿道口）的感觉使儿童产生愉悦。儿童以排泄或玩耍粪便为乐。这一时期,应对儿童进行便溺训练,使儿童学会控制排泄过程,以符合社会的要求。

（3）性器期（3～5岁）。这个时期的儿童注意到两性器官上的差异,抚摸生殖器可产生快感。这一时期的性感区是生殖器。性器期还指幼儿对异性的父母一方的恋爱,即女孩产生恋父情结,男孩产生恋母情结。由于儿童惧怕自己的同性父母一方的惩罚,便必须压抑这种情结,而被迫与他们认同,此时,超我便产生了。继而在认同同性父母一方的过程中,形成与各自性别相符的价值观和性格。

（4）潜伏期（5～12岁）。这个时期,一方面由于超我的发展,另一方面由于儿童活动范围的扩大,儿童的性欲被移植为替代性的活动,例如学习和体育等。其性欲对象为年龄相仿的同性别者,并有排斥异性的倾向。总之,6岁以后,儿童很少再有性欲的表现,性欲的发展呈现出一种停滞或退化现象。

（5）生殖期（11或13岁开始）。这是性本能发展的最后阶段。个体在经历短暂且风平浪静的潜伏期后,青春期的惊涛骇浪就来临了。女孩约11岁,男孩约13岁开始,随着性的成熟,性的能量像成人一样涌动出来,生殖器成为主要的性感区。此时性欲对象不再是儿童时期的同性朋友,而是异性,并且希望与之建立两性关系。在本阶段,青少年努力摆脱成人的束缚,想要建立自己的生活,就不免与成人产生摩擦。生殖期持续时间最长,从青春期直至走向衰老为止。

弗洛伊德的心理发展理论是关于儿童人格发展的理论,这一理论高度重视家庭中父母与子女的关系对儿童人格健康发展的重要性,并开创性地提出儿童的早期经验对成年人格发展的决定性影响,引起人们对儿童早期身心健康发展的重视,这是弗洛伊德对心理学的一大贡献。当然,弗洛伊德的理论也有其局限性。首先,他过分强调了性在人的发展中的作用,忽略了社会、文化、意识、教育对人的重大作用,以及遗传因素和社会生活条件对人格的影响。其次,弗洛伊德的理论是建立在成人性压抑问题的基础之上,它的形成有其特殊的时代背景。因此,该理论的应用范围十分有限。

（二）埃里克森的心理社会发展理论

埃里克森（1902～1994）是美国的精神分析医生,也是美国现代著名的精神分析理论家之一。埃里克森的祖籍是丹麦,生于法国,师承弗洛伊德的女儿安娜·弗洛伊德,1933年起定居美国。

与弗洛伊德不同,埃里克森认为,人格的发展包括有机体成熟、自我成长和社会关系三个不可分割的过程,经受着内外部的一切冲突。其发展顺序按渐成的固定顺序（即有机体的成熟程度）分为八个阶段,每一阶段都存在着一种发展危机。危机的解决标志着前一阶段向后一阶段的转化。顺利地度过危机是一种成功的解决,反之是一种不成功的解决。成功的解决有助于自我力量的增强和对环境的适应;不成功的解决则会削弱自我的力量,阻碍对环境的适应。埃里克森心理社会发展的八个阶段中,前五个阶段是针对弗洛伊德的心理发展的五阶段对应提出的。同时,这五个阶段都处于儿童个体的成长期,具有较大的儿童发展心理学意义,本章着重介绍埃里克森心理社会发展的前五个阶段。

1. 信任对不信任（0～1.5岁）

这一阶段为婴儿期。本阶段儿童的主要发展任务是满足生理上的需要,发展信任感,克服不信任感,体验希望的实现。这一时期,如果母亲对婴儿给予爱抚和有规律的照料,婴儿将在生理需要的满足中,体验到身体的康宁、环境的舒适,从而感到安全,产生信任感;如果母亲的爱抚和照料有缺陷,婴儿将产生不信任感。埃里克森认为一定比率的不信任感有利于儿童躲避危险,但是信任感应当超过不信任感。这一原则也适用于其他阶段。

如果成功解决了本阶段的发展危机,儿童的人格中便形成了希望的品质,这种儿童敢于冒险,不怕挫折和失败,容易成为易于信赖和满足的人。如果危机不能成功解决,儿童的人格中便形成了恐惧的特质,这种儿童胆小懦弱,易成为不信任他人、苛刻无度的人。

2. 自主行动对羞怯疑虑（1.5～3岁）

这一阶段为儿童早期。本阶段儿童的主要发展任务是获得自主感,克服羞怯与疑虑,体验意志的实现。自主性意味着个人能按自己的意愿行事的能力。此时的儿童控制自己的大小便,反复使用"我"、"我的"等字眼,凡事想亲力亲为,表现出强烈自主的意愿。但是,成人不可能允许儿童为所欲为,而是要按照社会的需要来要求他们。如果儿童受到过于严格的训练和不公平的对待,就会产生羞怯和疑虑。因此,明智的父母对儿童的态度应当掌握好分寸,既要给儿童足够的自主空间,又要在不伤害儿童自尊心的前提下

给予其必要的节制。

本阶段危机的成功解决,将会在儿童的人格中形成意志品质。埃里克森认为,所谓意志就是进行自由选择和自我抑制的不屈不挠的决心。如果不能成功解决危机,则形成自我怀疑的人格特征。顺利度过本阶段,对于个人今后对社会组织和社会理想的态度将产生重要的影响,有利于个人为未来的秩序和法制生活做好准备。

3. 主动自发对退缩愧疚(3～6岁)

这一阶段为学前期或游戏期。本阶段儿童的主要发展任务是获得主动感,克服内疚感,体验目的的实现。埃里克森认为,顺利度过前两个阶段的儿童已认识到自己是人,在这一阶段中,他们面临的问题是他们能成为什么样的人。他们充满想象力,其行为也更具目的性和主动性。在日常生活的游戏中,他们积极地体验各种限制,确定什么是允许的,什么是不允许的。这一时期的儿童有了性别的意识,也认识到成人社会中男女两性的角色不同。因此,在自我观念上已开始向他所喜欢的人去模仿认同。在行为表现上常常是有目的的讨好父母,希望藉此得到对方的支持。

在本阶段,如果父母鼓励儿童的主动性和想象力,他们便会发展较多的主动性和进取精神,获得"正视和追求有价值的目的的勇气"。如果儿童的想象力和创造性表现受到成人的嘲笑和挖苦,他们就会产生内疚感,丧失自信心。

4. 勤奋感对自卑感(6～12岁)

这一阶段为学龄期。本阶段儿童的主要发展任务是获得勤奋感,克服自卑感,体验能力的实现。这一时期的儿童进入学校,学习文化知识和基本技能。在学习过程中,儿童一方面努力追求着自身的完善,促生了勤奋感;另一方面,儿童在努力追求的过程中伴随着一种害怕失败的自卑感。因此,勤奋感对自卑感便构成了本阶段的发展危机。

学业的成功、家长和教师的认可、同伴的接纳都可以使儿童产生勤奋感。勤奋感占优势的儿童在生活和学习中常常能体验到"灵巧和智慧在完成任务时的自如运用",即能力的实现。如果儿童的表现不能合乎家长和教师的期望、本身不被同伴所接纳就会对自己感到失望,体验到自卑感或无能感。

5. 同一性对同一性混乱(12～18岁)

这一阶段为青春期。本阶段个体的主要发展任务是建立自我同一性,防止同一性混乱,体验忠实的实现。青少年因为生理的急剧变化,以及新的社会冲突和要求,而变得困扰和混乱。这里的同一性是一个内涵非常丰富的概念,主要是指一个人知道自己是怎样的一个人——包括过去的、现在的、将来的自己,了解自己的需要、理想和责任,清楚自己的社会角色,以及运用自己的方式把握事件时的内在自信等各方面的协调整合。

在自我同一性的形成过程中,青少年会体验到忠诚的实现,即尽管会遇到不可避免的矛盾,但也会忠于自己的誓言。这样,青少年最终能忠诚地献身于社会和职业。

以上五个时期的社会发展,也正是个体出生后一直在家庭与学校环境中形成的人格发展。此后,第六个时期发展的危机是友爱亲密对孤独疏离(18～25岁),第七个阶段是精力充沛对颓废迟滞(25～65岁),第八个阶段是自我整合对悲观绝望(65岁以后)。这三个时期所指向的是个体成年以后的社会发展。

在有关精神分析人格发展理论中,埃里克森的理论更具实质性的进展。首先,埃里克森的人格发展渐成说,不再过分强调弗洛伊德的本能论和泛性论,而是强调自我与社会环境的相互作用,重视家庭、社会对儿童教育的作用。这无疑是精神分析学派的一大进步。其次,埃里克森在弗洛伊德理论的基础上增添了三个成人期的新阶段,把发展界定为终身的任务,还将弗洛伊德的每一阶段的内涵扩大,给出了新的解释。再次,埃里克森在对各阶段相互关系的解释上体现了一定的辩证思想。总之,埃里克森的理论较以往的发展理论更全面、更丰富,把精神分析学说的发展观提升到了一个新的高度。

四、认知发展理论

认知发展理论的代表人物是瑞士心理学家皮亚杰(1896～1980)。皮亚杰是当代著名的儿童心理学家,发生认识论的开创者,日内瓦学派的创始人。皮亚杰具有生物学和哲学的知识背景,这些学科的观念对他的理论和儿童发展研究有着重大的影响。他研究的主要兴趣在于"认识是怎样形成和发展的"。具体说来,就是研究人类的认识(认知、智力、思维、心理)的发展和结构。皮亚杰认为,认知发展是生物发展的扩展,其中,智力发展控制着情绪、社会性以及道德发展。

(一)发展的实质和原因

1. 皮亚杰的认知发展观

皮亚杰认为发展是个体在与环境不断相互作用中的一种建构过程,其内部的心理结构是不断变化的。在对儿童本性的看法上,皮亚杰认为人作为生物有机体,他的活动是自发的、内生的,发展的动力来自儿童的内部,而不是外部经验。生活经验只是影响其发展快慢的因素,而不是发展的基本原因。他认为儿童不是机械地对环境的刺激作出反应,被动地通过强化作用获取知识,相反,儿童生来就是环境的主动探究者,他们通过对客体的操作活动与周围环境打交道,积极地建构知识。关于儿童发展的过程,皮亚杰认为发展是分阶段的,每一阶段都有区别于别的阶段的质的特点。

2. 心理发展的本质和原因

皮亚杰认为,心理发展的本质既不是起源于先天的成熟,也不是起源于后天的经验,而是起源于主体的动作。这种动作的本质是主体对客体的适应。主体通过动作对客体的适应,是心理发展的真正原因。

皮亚杰从生物学的观点出发,对适应作了具体的分析。他认为,个体每一个心理的反应,不管指向于外部的动作,还是内化了的思维动作,都是一种适应。适应本质在于取得机体与环境的平衡。

根据生物学的观点,皮亚杰认为适应是通过两种形式实现的:一个是同化,即把环境因素纳入机体已有的图式结构之中,以加强和丰富主体的动作。另一个是顺应,即改变主体动作以适应客观变化。如从吃奶改为吃饭,这就需要改变原来的机体动作,采取新的动作,以适应环境。这样,个体就通过同化和顺应这两种形式来达到机体与环境的平衡。如果机体和环境失去平衡,就需要改变行为以重建平衡。这种不断的平衡、不平衡、平衡……的过程,就是适应的过程,也就是心理发展的本质和原因。

(二)影响儿童认知发展的因素

皮亚杰对影响儿童认知发展的因素进行了分析,他认为支配心理发展的因素有四个,即成熟、练习与经验、社会性经验和平衡。成熟是指个体的成长,特别是神经系统的成熟。成熟是儿童的某些行为模式出现的必要条件,为发展提供了可能性。练习与经验是指个体对物体做出动作过程中的练习和习得的经验。它是儿童发展中的必要因素,但不是决定因素。社会经验是指社会上的相互作用和社会传递。如幼儿园、学校中的教育教学活动,儿童在家庭中的亲子关系、同伴交往、书籍、报纸、电视以及信息网络等,都是社会传递的途径。但是社会经验只有被儿童主体同化才能对儿童认知发展产生重要影响。平衡是指不断成熟的内部组织和外部组织的相互作用。它是儿童心理发展的决定因素,它调节成熟、练习与经验及社会经验对个体发展的作用,通过从一个平衡状态向另一个更高水平的平衡状态发展的动态的平衡来实现儿童心理活动的不断变化和发展。

(三)认知发展的阶段论

皮亚杰的发展观,突出地表现在他的阶段理论的要点上,其理论要点可概括为以下六个方面。

(1)心理发展过程是连续的。心理发展过程是一个内在结构连续的组织和再组织的过程,过程的进行是连续的;但由于各种发展因素的相互作用,儿童心理发展就具有了阶段性。

(2)每个阶段有其独特结构。各阶段都有它独特的结构,标志着一定阶段的年龄特点;由于各种因素,如环境、教育、文化以及主体的动机等的差异,阶段可以提前或推迟,但阶段的先后次序不变。

(3)各阶段的出现有一定次序。各阶段的出现,从低到高是有一定次序的,且不能逾越,也不能互换。

(4)前阶段是后阶段的结构基础。每一个阶段都是形成下一个阶段的必要条件,前一阶段的结构是构成后一阶段的结构的基础,但前后两个阶段相比,有着质的差异。

(5)两阶段间非截然划分。在心理发展中,两个阶段之间不是截然划分的,而是有一定的交叉。

(6)新水平的构成。心理发展的一个新水平是许多因素的新融合、新结构,各种发展因素由没有系统的联系逐步组成整体。

这种整体结构又是从哪儿来的呢?皮亚杰认为,在环境教育的影响下,人的动作图式经过不断的同化、顺应、平衡的过程,就形成了本质不同的心理结构,这也就形成了心理发展的不同阶段。皮亚杰把儿童心理或思维发展分为四个阶段,即感知运动阶段(0~2岁);前运算阶段(2~7岁);具体运算阶段(7~12岁);形式运算阶段(12岁以后)。

皮亚杰的认知发展理论摆脱了遗传和环境的争论和纠葛,旗帜鲜明地提出内因和外因相互作用的发展观,即心理发展是主体与客体相互作用的结果。由于皮亚杰对儿童心理学的全面、系统和开创性的研究,直到今天,凡是有关儿童认知发展的研究,无论对皮亚杰的理论持赞成或反对意见的人都要提到皮亚

态的研究。

五、社会文化历史的心理发展理论

社会文化历史理论的代表人物是原苏联心理学家维果茨基（L. Vygotsky, 1896～1934），他是社会文化历史学派的创始人。社会文化历史学派将低级心理机能与高级心理机能作了区分。所谓低级心理机能，是依靠生物进化而获得的心理机能，它是在种族发展的过程中出现的，如感知觉、不随意记忆、形象思维、情绪等心理过程等均属于低级心理机能。高级心理机能是社会历史发展的结果，它以人类社会特有的语言和符号为中介，受社会历史发展规律所制约，思维、有意注意、高级情感、逻辑记忆等心理过程则属于高级心理机能。

（一）维果茨基的心理发展观

维果茨基强调环境和社会因素在儿童发展中的作用，提出心理发展的实质是在环境和教育的影响下，个体的心理在低级心理机能的基础上逐渐向高级心理机能转化的过程。发展大部分得益于由外向内，即个体通过内化从情境中吸取知识，获得发展。儿童的许多学习发生在与环境的相互作用中，这个环境决定了大部分儿童内化的内容。内化说是维果茨基心理发展观的核心思想。

（二）最近发展区

维果斯基认为儿童在发展过程中同一时期具有两种能力，一种是儿童真正的发展水平，也就是在没有任何帮助的情况下，能够独立完成任务难度的上限；另一种是儿童的潜在发展水平，是儿童在比自己有能力的人的帮助下可以完成任务难度的上限。儿童真实发展水平与潜在发展水平之间的区域，维果斯基称为"最近发展区"（zone of proximal development）。为了获得儿童发展的真实水平，应该对他们单独完成任务和在帮助下完成任务的能力进行评估。一般情况下，儿童在成人帮助下比自己独立操作情况下能完成更困难、更复杂的任务。

任何儿童的最近发展区都会随时间而改变，是动态的，不断变化的，当一些任务被掌握，另一些刚出现的更为复杂任务就取代了原先最近发展区的位置。应该给予儿童具有挑战性的任务，这样才能更好地促进儿童的认知发展。当然，也不能给予幼儿不可能完成的任务，当任务难度超过了最近发展区的上限，对于儿童的发展也是无益的。

六、社会生态学理论

社会生态学理论的代表人物是美国心理学家布朗芬布伦纳（Urie Bronfenbrenner, 1917～2005），他是美国问题学前儿童启蒙计划的创始人。布朗芬布伦纳提出了著名的生态系统理论，认为儿童成长发展的环境包括微观系统、中间系统、外层系统和宏观系统（见图1-3）。

（一）微观系统

微观系统处于社会生态系统的中心点，是指儿童在即时环境中的作用系统。在这个系统中儿童自己主动接受和探索外部信息，属于一种相对封闭的自为系统。其行为带有很强的个体色彩，这就是他们的生理能力、气质体系以及外部塑造的心理行为体系。

（二）中间系统

中间系统处于微观系统的外围，相对于微观系统它的交互作用范围更大一些，包括伙伴、父母、居家邻居、托幼学校、诊所、社区活动场所等即时环境。儿童和这些环境要素相互影响，每种状态都是双方共同作用的结果，儿童和大人以及伙伴一样都是主动的，直到建立一种氛围和价值的平衡。中间系统保证了家庭氛围中社会因素的加入。

（三）外层系统

外层系统在中间系统的外围，是儿童环境中那些正式组织和非正式组织要素，是儿童非即时性的环境，包括父母单位、社区邻居、亲朋、各种媒体、机关、医疗机构等。正式组织，如父母的工作室、宗教机构和社团的健康福利服务。非正式的组织，如父母的社会网络——提供建议、友谊和经济帮助的朋友和家庭成员。这些系统提供了儿童发展的制约和支持。外层系统的衰弱会带来消极影响。由于个人或社团关系少，或受到失业影响而导致与社会隔离的家庭出现冲突和虐待儿童的比率在增加。

（四）宏观系统

宏观系统处在第四层，像是外层系统和中间系统"蒸发"出的文化氛围，包括养育价值、社会习俗、教养法规及文化价值观、法律、文化和资源等，是儿童成长的大的环境保证。宏观系统会间接影响儿童的微观

系统进而影响他们的发展。

　　按照布朗芬布伦纳的理论主张,环境不是以同一的方式影响人的静止的力量,相反,它是动态的、不断变化的,布朗芬布伦纳称为"动力变化的系统"。儿童在成长的过程中,生活的生态小环境的范围也在不断地拓宽。布朗芬布伦纳把这种环境的变化称为"生态转变",它成为个体发展的新的起点。例如,儿童入学、升学、毕业就业、成家立业等重大的生活变化都改变了人所生活的环境。布朗芬布伦纳把生态系统的时间维度称为"时间系统",表明随着时间的不断流逝,人的生态系统也在不断变化。在布朗芬布伦纳的生态系统理论中,个体的发展既不是被动地受环境的影响,也不是单独取决于个人的内部力量。相反,人既是环境的产物又是环境的创造者,这两者形成了一个交互影响的工作网络系统。布朗芬布伦纳的理论为人们认识环境对发展的影响提供了新视角。

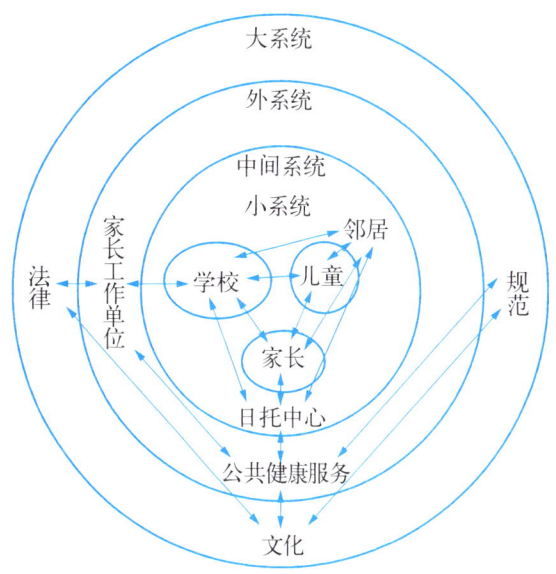

图 1-3　布朗芬布伦纳的社会生态系统图[①]

- **本章小结** -

　　本章主要探讨了学前儿童发展的基本问题、学前儿童发展的研究概述,以及学前儿童发展的主要理论等问题。学前儿童发展的基本问题主要介绍了学前儿童发展的概念、年龄阶段划分、学前儿童发展关注的基本问题,以及学前儿童发展的影响因素。在此基础上,系统阐述了学前儿童发展的研究历史、现状及其当前研究的热点问题,并介绍了学前儿童发展研究的基本原则和具体方法。同时,系统阐述了学前儿童发展的主要理论。

▶ 思考与练习

　　1. 查阅文献,搜集运用观察法、实验法、调查法、测验法和临床法进行学前儿童发展研究的典型案例,并据此分析这些研究方法的特点。

　　2. 查阅文献,了解我国幼儿生命教育的开展现状,并设计一个针对5~6岁幼儿的生命教育活动方案。

　　3. 查阅文献,整理学前儿童心理理论水平研究的新进展。

　　4. 试用生态学视角分析影响儿童成长发展的环境因素。

　　5. 结合个人观点谈谈你对学前儿童发展的五个基本问题的认识。

▶ 自己做研究

　　请你用观察法记录3岁幼儿的入园焦虑,并回答问题。

　　3岁的幼儿新进入幼儿园,与依恋的对象(主要是亲人)分离时,随即产生焦虑、不安、伤心、痛苦的感觉和撒娇、哭喊、吵闹等拒绝分离的表现,即幼儿入园焦虑。这实际是一种分离焦虑,是一种紧张不安的情绪表现。请你选择某幼儿园小班幼儿作为观察对象,将观察3岁幼儿的入园焦虑现象的表现填入表1-1,并解释与分析下列问题。

　　1. 3岁幼儿在什么时间段出现入园焦虑的概率最高?

　　2. 3岁幼儿表现的入园焦虑有没有个体差异?

　　3. 针对3岁幼儿的入园焦虑,教师该如何处理?

---

　　①　图片来源:http://jyxb.swu.edu.cn/jpkc/YKTlunwen6_clip_image004.jpg.最后浏览日期:2014年6月26日。

表1-1　3岁幼儿入园焦虑观察记录表

姓　名	性　别	各时间段出现入园焦虑的具体行为表现及出现次数 （如焦虑、不安、伤心、痛苦的感觉和撒娇、哭喊、吵闹等）				
		入　园	午　餐	自由活动	离　园	次　数

第二章 生命的开始

知识结构

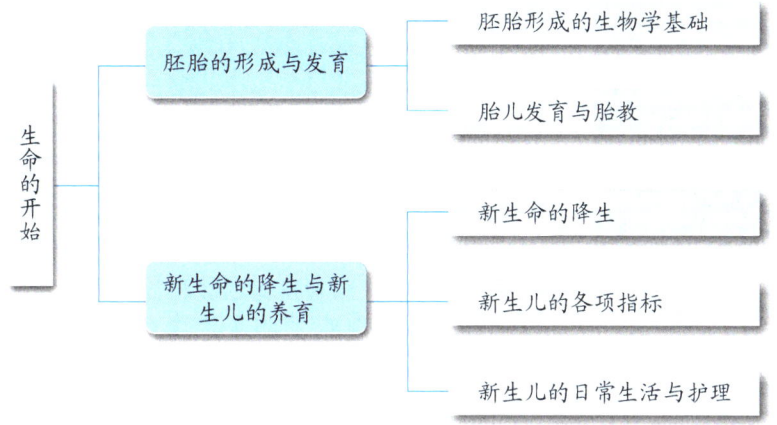

引入

    你我生命开始的地方——卵细胞,它不是一个大的、椭圆形的鸡蛋,相反,它是极其微小的,当然还有更加微小的精子。在成千上万个开始这个行程的精子中,这是唯一一个完成旅行的精子,唯一一个用头去开辟足够坚硬、足够长的旅途,从而成功刺穿那个坚固的"蛋壳"的精子。这就是我们生物学意义上的生命开端,人人都是一样的。下面就进入到这一章的学习,了解个体新生命是如何形成并发展的。

第一节 胚胎的形成与发育

    学前儿童出生前,在母体内度过了大约 10 个月的寄生生活,从一个受精卵开始,逐步变成一个完整的胎儿,这就是胎儿时期。胎儿期是儿童个体发生的时期,它为学前儿童心理的发生准备了自然的物质前提。

一、胚胎形成的生物学基础

(一)遗传

1. 遗传的含义

    遗传(heredity)是指生物亲代繁殖与其相似的后代的现象。生物有遗传特性才能繁衍后代,保持物种的相对稳定性[1]。这也就是说遗传可以将亲代的某些特征通过繁殖转移给下一代,在下一代中表现出来。

---

[1]   杨业华.普通遗传学[M].北京:高等教育出版社,2002:1.

对遗传的理解不应该是"与生俱来"的。这是因为：一方面与生俱来的东西并不一定都是来自遗传,例如,母亲在怀孕期间受到 X 光照射而使新生儿某些生理器官发育不正常;另一方面,出生时没有表现出来但在生长后期才出现的某种特征不一定与遗传无关。

2. 遗传的研究

遗传为心理发展提供了生物前提。关于遗传对心理发展的作用,主张通过孟德尔法和高尔顿法来探究。

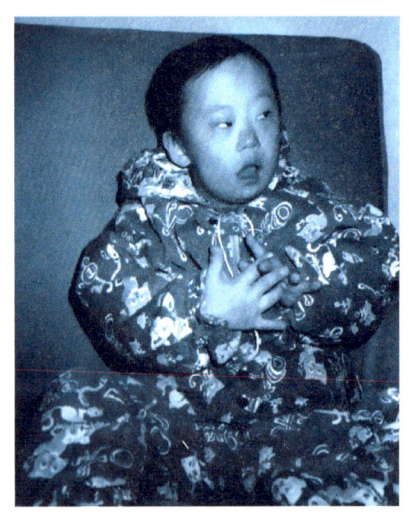

图 2 - 1　唐氏综合征儿童的特征[①]

(1) 孟德尔法。你是否想过自己的遗传是如何影响你的特征和发育的? 我们最初对"基因"以及"基因"这门科学的理解,都来自一位名叫孟德尔(Gregor Johann Mendel,1822～1884)的奥地利修道士的研究。孟德尔在其修道院的小花园里对不同种类的豌豆(短的、长的;红花的、白花的)进行杂交,据此形成了基本的遗传法则。孟德尔假设,一些独立单元决定着遗传特征,他称这些独立单元为"因子",而今天,我们把这些单元称为"基因"。孟德尔进而推理,控制单一遗传特征的基因必然成对存在,其中一条在母亲染色体上,而另一条在相应的父亲染色体上。

孟德尔法主要通过选育来观察生物产生(或消除)某个特性(或性状)以此来推断遗传的作用,其中最典型的例子就是唐氏综合征(见图 2-1)。唐氏综合征又称 21-三体征,是由先天因素造成的具有特殊类的智能障碍,是小儿最为常见的由常染色体畸变所导致的出生缺陷类疾病。患者发育迟缓和智力低下,约一半患者有先天性心脏病,他们面部扁平、眼距增宽、鼻梁低宽、颈部短粗等。应用孟德尔法研究的这些成果使我们认识到,遗传是心理发展的生物性前提条件,这个前提条件决定了个体心理发展的差异。

(2) 高尔顿法。高尔顿(1822～1911)是达尔文的表弟,其一生中发表了众多的报告和书籍。他在 1883 年率先使用"优生学"(eugenics)一词;在他的著作《遗传的天才》(*Hereditary Genius*,1869)中,高尔顿主张人类的才能是能够通过遗传延续下去的;他主张用统计方法来推断遗传对心理发展的作用,其中最大的贡献就是他通过家谱分析法来研究遗传与智力的关系。

拓展阅读 2 - 1　　　　　　家 谱 分 析 法

家谱分析法就是选出一个具有某一特征(如低能或者某种特殊才能)的对象作为指标个案,然后从这个指标个案出发,调查其家族史中出现相似特征的对象的数目,以此来说明这种特征的遗传效应。

为高尔顿的研究提供直接证据的是美国心理学家高德尔得(H. Goddard)所进行的卡氏(Kallikak)家族的调查。卡氏是美国独立战争时期一名军人,卡氏家族有两个不同的世系:一个是卡氏同一名正常女子通过合法婚姻所生的后代,另一个是卡氏以前曾与一名智力落后的酒吧女子通过不正当关系所生的后代。到 1912 年,与正常女子结婚所生的后代人数有 496 人,与智力落后女子所生的后代人数也达 480 人。结果发现,前者的后代中没有一个是智力落后的,而后者活着的 189 人中,只有 46 人是正常的,即相当一部分人仍为智力落后者。

用高尔顿法所获得的研究结果可以看出:遗传确实为心理发展提供了生物前提和自然条件,但是其作用不能夸大,因为具有相同遗传条件的个体,会因环境的不同而导致其智力的一致性程度下降。

3. 遗传的影响

(1) 遗传素质为个体发展提供物质前提。遗传素质是一种基因的本能遗传现象。个体的生理结构与机能是由其父母的遗传物质(DNA)决定的,它是个体发展的物质前提。如机体的结构、形态、感官和神经

---

① 图片来源:朱正威,赵占良. 生物(必修 2)[M]. 北京:人民教育出版社,2007:91.

系统的特点等,是人与生俱来的特征,是人生长发育的前提,如儿童的身体形态结构、内脏机能等方面的生理指标、特征,大多跟其父母具有相似性。因为个体的性状是由基因所决定的,而子代个体的基因又来自遗传的父代双亲,所以当父本精细胞和母本卵细胞结合、复原形成DNA双螺旋结构后,该子代的DNA结构即来自父代并蕴含父代的一切遗传信息,父代遗传基因的特征就制约着子代生长发育的方向、速度、水平和特点。每一个具有正常遗传素质的个体,都有可能发展成为一个具有正常心理发展水平的人。相反,没有正常的遗传素质,其相应的心理现象的产生和发展就会受到影响。例如在近亲通婚中,携有家族中相同病变基因相遇的机会比一般人要高,其子女患遗传疾病的概率就高。可见,遗传在个体发展中起着非常重要的作用,遗传素质为个体发展提供着物质前提。

（2）遗传素质奠定了个体差异的最初基础。遗传素质是有差异的,它体现在生理结构、形态、感官、神经系统和智力等多方面,他们制约着个体的身心发展,同时使个体从出生时起就表现出个体间的差异性。如个体从出生的那一天起就表现出先天气质上的差异,有的新生儿爱哭爱闹,常常哭叫不停,有的新生儿则比较安静,容易入睡。新生儿气质的差异,影响着父母对其的教养方式,在这种遗传和环境的交互作用下,个体差异性表现得更加明显和突出。由此可见,遗传是心理发展的内部条件或生理前提,它为心理发展提供了可能性,为个体差异性奠定了最初基础。

（3）遗传素质为个体发展提供了可能性。遗传素质是人发展的物质基础,为儿童个体的身心发展提供了可能性。个体的发展总是要以遗传获得的生理基础为前提的。没有这个前提,任何发展都是不可能的。但是,遗传所规定的素质却是潜在的,而非现实的。如身材高大的父母,其身高基因无疑是高大型基因,但其子女不一定身材高大,因为当其生长发育的条件不具备时(如营养不良、患病等),高大型基因就得不到展现。因此,遗传素质为个体的发展提供了可能性,这种可能性必须要有适宜环境的刺激,才能得以实现。

（二）成熟

1. 成熟的含义

成熟是指随着年龄增长自然而然的个体身心的成长变化。成熟依赖于个体种族遗传的成长顺序,有其发展的规律性,制约着个体心理发展的年龄特征和个别差异,个体生理成熟的发展是心理发展的生理基础。

2. 成熟的影响

生理成熟与心理发展有着密切的关系,生理成熟为心理发展提供了新的物质基础,使心理发展有了新的可能性,促使个体的身心不断向前发展并趋于完善。如,随着神经系统的发育完善,特别是脑的逐步成熟,学前儿童从单纯靠感知觉适应周围环境,发展到出现复杂的运动能力、言语能力和思维能力,个性也逐渐形成和发展起来。可见,儿童个体的生理成熟,在一定程度上制约着其心理的发展水平和进程。

从个体生理发育过程来看,大约在青春期,个体神经结构和机能的发育水平基本上接近成人的水平。此时,个体大脑发育成熟,大脑皮层的沟、回组织发育已经完成,神经细胞也较完善并且复杂化,神经纤维的髓鞘化已经完成,从而保证了信息传递畅通且不相互干扰。大脑皮层的兴奋与抑制过程逐步平衡,特别是内抑制机能逐渐发育成熟,到十六七岁时,大脑神经的兴奋与抑制能够协调一致了。青少年神经系统结构与机能的成熟,为其心理发展趋于成熟奠定了基础,突出地表现在其思维发展上,已能进行抽象逻辑思维了。

二、胎儿发育与胎教

生命从母亲受孕的一瞬间就开始了。胎儿在母亲的子宫内经过十个月的发育成长后与母体分离,成长为一个独立的个体。

关于胎儿的研究最早始于伦纳特·尼尔森（Lennart Nilsson）,他从显微镜里看到一群精子拥挤在一个卵细胞周围,一刹那,一个精子开始突破卵细胞的胶状外套。于是,他马上把标本冷冻起来,放到电子显微镜下,拍了一张奇特的照片,在放大30万倍的情况下看去,精子就像一个巨大的蝌蚪,把头钻进了卵细胞的外壳,这个情形被人确切地称为"人的生命之吻"（见图2-2）。

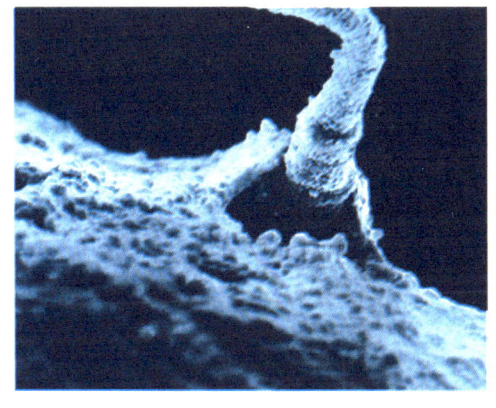

图2-2 人的生命之吻[①]

――――――――――
① 图片来源:朱正威·赵占良.生物(必修2)〔M〕.北京:人民教育出版社,2007:24.

我们知道,卵子是人体内最大的细胞。进入青春期后,一个性成熟的女子大约隔28天排卵一次,排卵约在两次月经的中间;而精子是人体内最小的细胞,形似蝌蚪,精子在男性生殖器官——睾丸中产生,男性青春期过后,睾丸便有了生精能力,一个健康的男子每月可产生几亿精子。

男子射精后,精子进入阴道,力图向输卵管游进,其中只有一个精子会成功与卵子在输卵管中相遇,几个小时之后,精子和卵子开始释放它们的遗传物质,一个新的细胞核就形成了,它同时享有父亲的精子和母亲的卵子提供的遗传物质,这个新的细胞就叫作受精卵,它只有大头针针头的1/20大。受精后36小时内,受精卵开始迅速分裂,并沿着输卵管向子宫移动,最后在子宫膜里形成胚胎。

(一)胎儿发育过程

无论怀孕是自然发生还是辅助生育技术的结果,在怀孕与生产之间,人是从一个肉眼刚刚看到的单细胞,发育成为大约7磅重(1磅大约0.454 5公斤)、包含2 000亿个细胞的个体。这段"妊娠时期"通常使用阴历来计算,每个月含有28天,因此,"妊娠时期"从最后一次月经期开始的时候算起,典型的怀孕过程大致持续10个阴历月,也就是大约280天。然而,真正的"妊娠时期"通常在排卵开始时发生,而排卵发生在最后一个经期开始之后的12天到14天,因此真正的"妊娠时期"大约是266天。

美国产科学和妇科医学通过三个带有清晰时间界限的发展时期,将胎儿发展的术语做出了标准化的规定(见表2-1)。

1. 胚种期

胚种期也称卵细胞阶段,是指从怀孕开始,直到受精卵完全固着在子宫壁上的这段时期。

2. 胚胎期

胚胎期是从怀孕第三周开始到第八周结束。这一关键的时期如果有害物质进入胚胎,则会产生永久性的不可逆转的损伤。

3. 胎儿期

胎儿期是指怀孕的后7个月,这段时期是一个快速发育的时期,各种器官在逐渐精细化。

表2-1 胎儿的发育过程及变化[1]

阶 段	年 龄	身高（结束时）	体重（结束时）	主要发展变化
胚 种	0～2周			细胞分化;胚种附着在子宫壁上。
胚 胎	3～8周	2.5 cm	14 g	结构分化;内部器官开始发展;胎盘和脐带形成。
第三月	12周	7.5 cm	28 g	头及脸部特征发展、头动。
第四月	16周	15 cm	110 g	反射变得频繁;身体的较低部位发展;母亲感觉胎动。
第五月	21周	30 cm	450 g	皮肤结构形成。
第六月	26周	36 cm	900 g	眼睛、嘴唇形成;长出细密头发;出现抓握反射及不规则呼吸。
第七月	30周	40 cm	1.4 kg	在子宫外能够存活。
八至九月	30～37周	50 cm	3.2 kg	迅速获得体重;脂肪组织发展;有机体频繁活动。
出 生	37～38周	52 cm	3.5 kg	向着独立的生命发展变化。

(二)影响胎儿正常发育的因素

1. 母亲的营养

母亲的营养状况与胎儿的发育有着十分密切的关系,如果在怀孕早期母亲营养不良,有可能引起胎儿生理缺陷;如果怀孕后期营养不良,有可能生出低体重儿。胎儿的大部分营养来自母亲当时的食物供给,而非她储存的脂肪。

(1)营养不良的影响主要有以下三个方面。第一,有人调查过两次世界大战中战区诞生的婴儿,他们比正常婴儿小,同时有很多死胎。这些孩子的家庭一般都经历了战争中的严重饥荒及其他压力;这些孕妇在战争环境中不但食物营养得不到保证,而且她们的情绪也极不稳定。第二,对3个月至3岁婴儿的智力

---

① 资料来源:[美]劳拉·E·贝克著,吴颖、吴荣先译.儿童发展[M].南京:江苏教育出版社,2002:121—128.

测试表明,在怀孕期间,若母亲严重营养不良,其婴儿的智商明显低于其他儿童[1],但是幼儿园的正规教育会有所弥补。第三,对死于子宫内和出生后很快死亡的婴儿的研究表明,它们缺乏正常数量的脂肪组织,而正常数量脂肪组织的获得和母亲的营养状况直接相关,也就是说母亲的营养状况与死亡人数之间有着密切的关系(见图2-3)[2]。

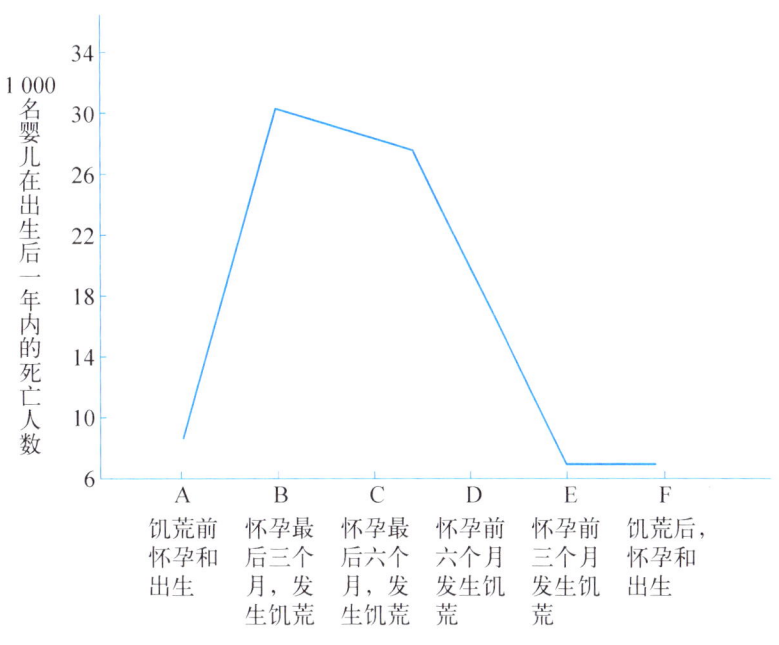

图 2-3　母亲营养与婴儿死亡率[3]

(2)怀孕期间的营养需求。在怀孕期间,母亲的能量需要与新陈代谢都会发生变化。正在发育的胎儿的出现意味着母亲需要增多10%～15%的能量;不断增多对蛋白质的合成,这一点对胎盘的形成和子宫的增大十分重要;对碳水化合物的增加为子宫提供了充足的葡萄糖;越来越多的脂肪储存,满足母亲的能量需求(Gillespie,1998)。

为了促进胎儿大脑的发育,蛋白质是一份很重要的膳食供应成分,同时重要矿物质(例如钙、镁、铁、锌等)以及维生素(主要是B,D与E)的提高也是很重要的。为孕妇所推荐的膳食供应要超出那些没有怀孕妇女的25%到50%(Recommended Dietary Allowances,1980)。因此,当前的医疗建议强调,妇女所吃的食物清单比她们如何吃下这些膳食更为重要。

2. 母亲的疾病

众所周知,许多疾病与感染都会对胎儿造成影响,包括风疹、淋病等,其中每一种都能够导致智力缺陷、眼瞎、耳聋甚至流产,所以母亲的疾病状况对于能否有一个健康的婴儿至关重要。

(1)风疹。风疹是一种急性呼吸道传染病。患者发热38℃～39℃,全身出现皮疹,3～4天以后可消退。风疹对母亲没有长久的损害,但是对胎儿的损伤却是严重的。

如果一个母亲在怀孕的前两个月患了风疹,这种病毒有可能引起胎儿失明、失聪、心脏缺陷以及损害其中枢神经系统,造成心理和情绪障碍。如果发生在怀孕中期,影响会小些,但仍会产生视、听和言语等方面的问题。

风疹的预防措施有:第一,在儿童时期接种疫苗;第二,妇女在怀孕的前三个月接种疫苗。

(2)淋病。淋病也是一种性病,它对胎儿的主要危害是:当胎儿通过产道时,淋球菌会伤害胎儿的眼睛,若未及时处理,出生后两天就会导致新生儿失明。治疗的方法是:在孩子出生后立即用硝酸银滴入孩子的眼内,达到清洗淋球菌的作用。

(3)霍乱。霍乱主要是通过母亲与胎儿之间的血液交换来影响胎儿。这种感染如果发生在怀孕的最后三个月,很容易使胎儿死亡,从而生出一个死胎。

[1] David R，Shaffer. Developmental Psychology[M]. San Francisco：Wadsworth Publishing. 1985：129.
[2] Helen Bee. The Developing Child 4th[M]. New Jersey：Allyn & Bacon. 1985：56.
[3] Ibid.

(4) 糖尿病。糖尿病孕妇所面临的最严重的情况是生出一个死胎或新生儿在出生后数日内死亡,然而一般情况下,胎儿不会死亡,也不会在出生数日内死亡,但是他们有可能有各种缺陷。例如,他们长得特别肥大,这是因为他们在出生前的最后 3 个月积蓄了大量脂肪,但他们又特别无力,有时也会造成智力缺陷。这些缺陷绝大部分来自怀孕早期,因此,从一开始就认真进行监控检查就显得十分重要。

(5) 肝炎。肝炎的传染过程一般被认为主要发生在出生的时候,这是因为在胎儿出生经过产道的时候,被大量的母血包围,而母血中又有大量的肝炎病菌,这时的孩子抵抗力很差,最终导致病毒感染。其次是在整个孕期过程中,母血会不断渗透给胎儿,尽管有胎盘屏障,也很难把病毒完全阻断,胎儿也是有可能被传染的,因此说如果母亲患有肝炎,孩子很难幸免于难。

(6) 流行性腮腺炎。流行性腮腺炎对孕妇本人无长久影响,但对胎儿却有很大影响。据不完全统计,感染上此种病毒的胎儿,大约有 27% 将亡命于母亲子宫内或自然流产。

(7) 天花。天花病毒可以透过胎盘,直接伤害发育中的胚胎和胎儿,天花病毒一般不会给胎儿造成畸形,但它会明显提高自然流产率和死胎出现的可能性。

(8) 弓形体病。弓形体病发病时的最初症状和感冒差不多,病原一般是生肉以及家养猫。如果孕妇没有此病毒的抗体,她应该躲开各种生肉以及猫的排泄物。弓形体病对于胎儿的危害十分严重,它可以引起胎儿严重的眼、脑障碍,甚至死亡。

(9) 艾滋病(获得性免疫缺陷综合征,AIDS)。艾滋病是一种性传染病,在当前引起相当大的关注。AIDS 是由"人类免疫缺陷病毒"(HIV)所引起,这种病毒通过体液的交换而传递,主要是通过肛交(由于直肠组织窄小,在性交过程中经常撕裂)、输入受到感染的血液以及通过皮下注射器的共同使用而发生的。

大部分受到感染的婴幼儿通过子宫中或者在出生之时的血液交换直接从母亲那里获得病毒。随着强有力的新药在怀孕期间的使用,带有艾滋病病毒的母亲将这种病毒传染给胎儿的风险已经下降了大约70%(Hanso et al.,1999)。并且剖腹产将更能够减少这种感染。在缺乏产前药物治疗与剖腹产的情况下,带有艾滋病病毒的母亲将这种病毒传染给胎儿的概率是很高的。例如,简(Jean et al.,1999)与他的同事报告道:"在对 18 位感染了 HIV 病毒的妇女所进行的研究中,传播率是 27%"。但是,通过对某些药物的使用,无论对已经传染了这种病毒的母亲来说,还是对出生之后的新生儿来说,情况都有所改善(Brockmeyer,1999)。因此,当前或者过去通过静脉注射吸食毒品的人以及那些性伙伴在性欲上存在"两性取向"的男性应当在考虑怀孕之前,进行 AIDS 病毒的抗体测试。

3. 母亲的情绪状态

(1) 影响胎儿的情绪种类包括精神压力和极端情绪两种。精神压力包括担心和焦虑等。在怀孕期间过度担心和焦虑的孕妇往往会出现高血压,并且通常发生在怀孕的最后三个月,它会使肾功能受阻,从而造成孕妇手、脚、关节肿胀。一般说来,胎儿不危险,但严重者会使母亲处于危险中,胎儿也许不得不提前取出。

精神压力来自许多方面,其中之一就是怀孕本身,许多母亲会担心胎儿的健康、智力、性别以及相貌等,从而导致压力,尤其是那些有家族遗传病史的母亲其焦虑会更严重。除了母亲单方面的精神压力外,还有夫妻关系也会影响胎儿。有人做过大样本的调查,结果发现:夫妇感情不和,常发生矛盾,争吵甚至动手打架,他们所生的孩子出现身心障碍的概率要比其他夫妇所生的孩子高得多,这类孩子最常出现的生理问题表现为身材矮小、瘦弱,身体抵抗力差等。心理问题主要表现为神经质,长大之后常常表现出神经过敏,很难与周围人相处,从而有一种孤独感,还常常会感到自卑、无端的怀疑,有时甚至还会发展为偏执。

极端情绪主要是指母亲受到意外的恐吓。那些短暂的、短期的恐惧不会对胎儿的身体和精神产生很大的危害,如母亲特别害怕某种动物,有时走路上突然看见,母亲也会产生应激反应,但是这种情绪变化不会损伤胎儿。只有那些直接的、重大的精神刺激,比如亲人的亡故等才会使母亲的情绪产生重大变化,从而影响胎儿的健康。原因是在这种情况下,母体会产生一种叫儿茶酚胺的激素,这种激素会穿过胎盘,侵入胎儿,直接作用于胎儿的情绪中枢——下丘脑,使胎儿产生恐惧情绪。

(2) 母亲的情绪影响胎儿的途径。母亲是怎样把自己的情绪传给胎儿的呢?答案就是通过母体释放出的神经激素实现的。母亲在受到突然的恐吓或精神的极度刺激时,这些刺激会首先作用于大脑皮层,同时立刻传递到与大脑皮层直接相连的下丘脑,在下丘脑内转化为情绪,同时下丘脑立刻把这种信号传给内分泌系统和植物神经系统,使得母亲脉搏加快、瞳孔扩大、手心出汗、血压升高、神经激素的分泌加剧等。这种神经激素,进入母亲和胎儿的血液中,使得母亲和胎儿体内均发生化学变化,这种变化刺激又作用于

胎儿的下丘脑,下丘脑再发出指令,指令传到胎儿植物神经系统和内分泌系统,使胎儿产生与母亲类似的情绪反应。

(3)母亲对胎儿的情绪影响的持续时间。这是一个十分重要的问题,因为如果这种影响仅仅是短时间的,似乎关系并不是很大,但若是长久的、甚至是持续终生的,关系就很大。

应当明确的是母亲的情绪、情感和胎儿的情绪、情感并不是一一对应的关系,而是母亲的种种激烈的情绪反应,在胎儿身上产生累计效应,使他们最终变成一个性格怪异的孩子。

4. 药物

很多药物对正在发展中的胎儿有潜在的影响,这种影响的大小,根据药物本身的特点、使用的剂量、次数和时间而不同。因此,一般认为,如果孕妇是在迫不得已的情况下必须使用药物时一定要小心掌握剂量并选择那些作用类似、影响最小的药物。

(1)反应停。在20世纪60年代初,西德一家医药公司投放市场一种新药——反应停,它的销售一时间遍及整个西方世界。反应停可以减轻孕妇的恶心、呕吐以及无缘由的难受等,它还有镇痛、止痛、平定神经、提高睡眠等作用,因此很多孕妇在怀孕早期服用了它。此药在投放市场之前,给怀孕的老鼠服用,对它们母婴双方均无损害。

(2)性激素。近年来,人们发现某些性激素会影响发展中的胚胎或胎儿。例如,某些口服避孕药因含有雌激素,会伤害胎儿,结果造成未来孩子的心脏发育有缺陷或其他心血管问题。

性激素也被用于某些防止流产的药物里面。例如,孕激素有使胎儿男性化的倾向,这种影响在女性是相当明显的:她们可能会有一个很大的阴蒂,并且肌肉发达;受到孕激素影响的男性,他们的外生殖器可能过分发展,有多动、活动无规则等倾向。

还有一种综合性激素叫乙烯雌酚(DES),如果孕妇使用了这种药物,那么她们所生的孩子看起来很正常,但是当他们长大之后,问题就出现了:在女孩中,许多人患了阴道癌或者宫颈癌,当她们怀孕时,很容易流产或生出问题儿童;在男孩中,许多人的某些器官不正常,还有一小部分男性会有轻微的生殖器缺陷,不过他们仍然具有生理能力。

另外,其他的药物也会对胎儿产生一定的影响,例如,镇静剂能够引起胚胎出现严重的身体缺陷;奎巴比妥酸盐以及其他的止痛药,会减少婴儿的氧气供应,导致不同程度的大脑损伤;麻醉药物好像能很容易地、很快地通过胎盘屏障,并且引起胎儿呼吸上的消沉、降低胎儿的敏感度。

5. 辐射

辐射有很多种类,其中关于辐射,给人印象最深刻的莫过于1945年日本广岛的核爆炸事件。那次事件后出生的婴儿是核辐射对人类胎儿的灾难性损伤的最好见证。据不完全统计,那些距核爆炸中心较近(距离爆炸中心800米)的孕妇,特别是在怀孕的前20周,她们几乎没有可能生出一个正常孩子;即使离核爆炸中心较远(距离爆炸中心2 000米)的孕妇,她们的孩子发生心脏缺陷、先天性髋关节脱位、畸形眼和各种心理缺陷的比率也比正常者高许多倍。

另外,X射线和其他射线也会损伤胎儿,即使是治疗剂量的射线也可能伤害胎儿,如治疗癌症所需的剂量,会伤害胎儿或导致流产。似乎没有绝对安全的辐射水平,甚至自然射线的各种水平也会引起问题,如太阳光线,由于地球不同地区照射强度不同,也会使某些地区婴儿的认知能力发生影响。

(三)胎教

1. 胎教的含义

关于"胎教"一词的理解,有两种观点。一种观点认为胎教的对象应该是孕妇而不是胎儿,如蒋兴丽认为"把胎教说成是对胎儿的教育是不正确的。"[1]李郁清认为胎教主要是通过孕妇的情绪对胎儿产生影响,而不是直接针对胎儿[2]。另一种观点认为胎教的对象既是孕妇也是胎儿,如乐杰认为"胎教主要指孕妇自我调控身心的健康与欢愉,为胎儿提供良好的生存环境;同时也指给生长到一定时期的胎儿以合适的刺激,通过这些刺激,促使胎儿的生长。"[3]

通过对两种观点的总结,可以得出胎教就是"控制母体内外环境,免除不良刺激对胚胎或胎儿以及母体的影响,自觉提供有利条件,并且通过人为的活动,与胎儿沟通信息,培养教育胎儿,使其身心得到健康

① 蒋兴丽. 走出胎教的误区[J]. 中国校外教育,2008(3):67.
② 李郁清. 主体偏移的现代胎教[J]. 中国校外教育,2008(3):35.
③ 乐杰. 妇产科学[M]. 北京:人民卫生出版社,2008:54.

和谐发展"。

2. 胎教的好处

现代科学认为胎儿的素质是可以随胎教而改变的,孩子接受胎教和不接受胎教是有很大的区别的,接受胎教的孩子有如下这些优点。

(1) 睡眠好、少哭闹。经过胎教的孩子身体健康、体内营养充足,很少有不适感,因此睡眠良好,较少哭闹。

(2) 成长迅速。经过胎教的孩子精力充足,并且长相漂亮,眉宇间透着灵气。这样的孩子说话早、悟性高、懂事快、愿意讲一些大人的话,坐、立、行、走都较一般的孩子早。有研究表明,受过胎教的孩子,4个半月时就能认出第一件东西;6~7个月时能辨认手、嘴、水果、奶瓶等;9~10个月时,就会有目的地叫爸爸妈妈。我们可以通过案例2-1来详细了解胎教的好处,确实令人惊奇。

案例 2-1

"1995年初,我参加了上海市妇女保健所的胎儿学校,学习孕产期保健、胎教、产后保健等一系列知识。……令人鼓舞的是,我在孕期所做的一切在我的儿子们出生后都得到了回报:我儿子出生后三十几个小时就能分辨出我的声音,根据我的站位不同,他们的头也转个不停,甚是机灵。起初我们以为是巧合,但经过反复试验,证明他们确实只对我的声音感兴趣,令抱着他们的护士小姐连连称奇;婴儿期平稳安定,少有吵闹,哭闹时只需播放胎教时经常听的音乐就能安静下来,颇令人省心。两个月左右即懂得用眼神及肢体与人交流,友善而生动;他们的语言发育更是近乎神奇,8个月时看见父亲就叫"爸爸",持续一个月;14个月再次开口讲话时,单音字只讲了一个星期便开始讲词组,两周后即自觉地讲句子,到15个月时已能讲许多句子了;他们手的协调性极好,五六个月时已能将积木搭得很高,能拆开他们想要拆开的大部分东西,会根据塑料圆圈的大小依次排序,并能做到基本无差错;稍大,他们就用积木搭出自己想象出来的各种动物、汽车、手枪等,逼真而又充满童趣;随着他们渐渐长大,拥有越来越多的思想,他们善于理解、善于表达,善于与人交流。他们有很好的记忆力,无论是有意的、无意的、瞬间的还是长久的,有时简直令人吃惊:一年多前发生的事他们可以对你讲得清清楚楚,甚至连当时吃的冷饮、别人穿的衣服的颜色都能准确无误地说出来;他们喜欢看"科学与发现"节目,喜欢了解太空、宇宙、航天飞机等方面的知识……"

(资料来源:蒋迪仙.现代胎教[M].上海:上海科学技术文献出版社,2002:122—123.)

(3) 适应能力和创造力强。经过胎教的孩子有很强的适应能力,他们在任何环境中都能生活得很好,并且想象力丰富,具有创造精神,对自己和别人以及社会表现出较强责任心和义务感,遇事能通情达理。

(4) 意志坚强。经过胎教的孩子能经受挫折和打击,有一种不屈不挠的精神。

3. 传统胎教与现代胎教

(1) 传统胎教。我国传统胎教理论的中心观点认为胎儿在母体中从一开始就接受着母亲生理和心理变化的影响。因此传统的胎教理论强调"辨证施治,全面协调",既增益母亲的身心健康,又有利于胎儿的生长发育。

拓展阅读 2-2　　　　我国历史上优秀的胎教典范

据《史记》记载,周文王的母亲是实施胎教的女性典范:"太妊之性,端一诚庄,惟德能行。及其妊娠,目不视恶色,耳不听淫声,口不出敖言,生文王而明圣,太妊教之,以一识百。卒为周宗,君子谓太妊为能胎教。"

(资料来源:〔汉〕司马迁著,〔宋〕吕祖谦编纂,周天游导读.史记详节[M].上海:上海古籍出版社,2007:27.)

传统胎教注重的是对母亲精神、饮食以及生活起居等方面所采取的措施,具体包括以下六个方面。

① 调情志。孕妇在怀孕期间,不仅生理上发生一系列变化,心理上同样也会产生相应的反应。因此要心情舒畅、遇事乐观,否则就会导致气不顺,进而影响到胎儿,这是整个怀孕过程中至关重要的。

② 忌房事。房事,是指夫妻的性生活。虽然房事为受孕怀胎提供了必要的条件,但受孕之后,房事必须节制,特别是在怀孕头 3 个月和 7 个月之后。

③ 节饮食。胎儿的营养来源于母体的饮食,因此孕期饮食要以清淡为主,鱼、肉可以吃,但不可过量,应有所节制,特别是不要暴饮暴食。

④ 适劳逸。按中医的说法,"太逸则气滞,太劳则气衰。若劳逸失宜,举止无常,攀高负重,其胎必坠,甚而导致难产"。正确的做法是 5 个月以前宜稍逸,5 个月以后宜小劳。

⑤ 慎寒温。寒温是自然界冷热气候的变化,受孕以后孕妇由于生理上发生的特殊变化,很容易受六淫(风、寒、暑、湿、燥、火)尤其是风、寒之侵,易感染疾病,甚至危及胎儿,因此孕妇要慎起居,适寒温,保证胎儿健康成长。

⑥ 戒生冷。怀孕之后,孕妇常喜欢吃一些生冷之物,可是生冷之物吃多了会使脾胃受伤,呕吐、腹泻、痢疾等病会乘虚而入,既损孕妇,又伤胎儿,因此孕妇在怀孕期间要少吃生冷食物。

(2) 现代胎教。现代实验证明胎儿已具有听觉能力和记忆能力。为此,现代胎教的方法主要集中在对母亲情绪的优化和利用音响环境直接进行信息传导等方面,具体方法包括以下几方面。

① 调整生活节奏,减少压力。现代生活中的孕妇,要保持良好的情绪,首先必须调节好生活的节奏。大量研究表明,母亲的紧张和压力感,将使孩子胆小、脆弱、情绪波动不安,并且孩子畸形的发生率也会明显增高。

② 用平和的方式化解不良情绪。妊娠期间,无论生理上还是心理上都面临不断的变化和挑战,难免有情绪上的波动。孕妇应有意识地用转移、适度的宣泄、及时寻求帮助等有效而平和的方式化解不良情绪。

③ 培养良好的心境。美好的事物、优美的音乐、优雅的作品、友好的交谈以及轻松的漫步都会使人心境柔和美好,而良好的心境是母亲为孩子提供的最佳的生存环境。

④ 保持有规律的生活。母亲的活动习性会影响胎儿的发展,因此,孕妇应保持有规律的生活,保持端庄、轻盈、自然的动作和姿态。

⑤ 与腹中的小宝宝"交谈"。母亲在怀孕的时候,就应开始与小宝宝"交谈",母亲的声音是胎儿最敏感的刺激。母亲亲切温情的声音,是促进胎儿发展的最佳"营养"。

拓展阅读 2 - 3   **音 乐 胎 教**

音乐胎教是现代胎教中最主要的一种方法,是指通过对胎儿不断地施以适当的乐声刺激促使其神经元的轴突、树突及突触的发育,为优化后天的智力及发展音乐天赋奠定基础。

心理学家认为,音乐能渗入人们的心灵,激发起人们无意识的超境界的幻觉,并可以唤起平时被抑制的记忆。同时生物学家认为和谐而有节奏的音乐可以刺激生物体内细胞分子发生一种共振,使原来处于静止和休眠状态的分子和谐的运动起来,以促进新陈代谢。

有人做过这样一个试验,给怀孕的妇女听音乐,在 2 分钟后,孕妇的心跳加快;如果在孕妇的腹部子宫位置放音乐给胎儿听,5 分钟后发现胎儿也出现心跳加快的现象,而且对声音的高调和低调都有不同的反应:胎儿比较喜欢低缓、委婉的音乐,不愿意接受尖、细、高调的音乐。

音乐胎教的方法主要有下面三种。

◆ 让孕妇听音乐

从怀孕开始至分娩期均可采用室内音响播放或用耳机聆听音乐。以轻音乐为最佳,最好是不带歌词的乐曲。孕妇在欣赏音乐时,要心情愉快,全身放松,可以采取半卧式姿势坐在沙发或躺椅上,静静地欣赏,并随着优美的旋律,展开丰富的联想。孕妇在听音乐的时候,可以使心灵得到净化,心头荡漾着一种难以形容的恬静的美感,从而使其情绪达到最佳状态,并通过神经系统将这一信息传递给胎儿,使其也感到音乐的美感。悦耳宜人的音响效果还能激起母亲植物神经系统的活动,使其内分泌腺分泌出更多的激素,这些激素通过血液循环进入胎盘,使胎盘的血液成分发生变化,有利于

胎儿的成分增多,从而激发胎儿大脑及各系统的功能活动,促进身心健康发育。孕妇所听的音乐要相对固定,不要经常变化,反复听一首曲子可以使胎儿易于记忆。乐曲的音量以75～80分贝为宜,时间为每次20～30分钟,每天可听2次。

◆ 唱歌给胎儿听

胎儿最喜欢听爸爸妈妈的声音,父母的歌声对胎儿是一种良好的刺激,它能促进胎儿大脑健康发育,是父母与胎儿建立最初联系的最佳通道。胎儿经常听到父母的歌声就像熟悉妈妈的心跳一样,它会使父母同胎儿之间的关系更加融洽,使胎儿感到温暖与安全,可以培养孩子豁达开朗、热情、活泼、兴趣广泛的心理基础,为孩子出生后的早期教育奠定良好的基础。

孕妇可以每天哼唱一些柔美、悦耳的抒情歌曲,也可以念儿歌。无论在厨房做菜或在房间里打扫或晾衣服时,哼唱一些歌曲给胎儿听,让胎儿不断听到母亲那动人的歌声,在哼唱歌曲的时候,也可以根据歌词大意展开联想。做爸爸的也应该安排一定的时间为宝宝唱歌或者念儿歌,胎儿也是十分喜欢爸爸低沉而宽厚的嗓音的。

◆ 给胎儿上音乐课

从孕满5个月开始母子同听。乐曲的类型可以根据胎动的类型而定:胎儿活泼好动,可以让他听节奏缓慢、旋律柔和的乐曲;胎儿文静少动,可以听一些轻松、欢快、活泼的乐曲。

上课前,先用信号提示胎儿,即用手轻压三下胎儿的肢体,或轻拍胎儿,告诉胎儿开始上课。音乐课可以自由选择时间,放在每天下班回家后、晚上临睡前或者上午均可。可以选择两首轻音乐交替播放,重复训练。

（资料来源:蒋迪仙.现代胎教[M].上海:上海科学技术文献出版社,2002:43—46.）

第二节 新生命的降生与新生儿的养育

一、新生命的降生

(一)产前准备

准妈妈在迎接新生命的到来前,产前的准备工作必须要做好。这样才能让自己和家人心里都踏踏实实的,才能以一颗平常心等待孩子的降生。必要的产前准备主要有如下几个方面。

1. 学习孕产知识

生产前很多孕妇都会感到恐惧迷茫,最主要的原因是对生产过程不了解,因而在生产过程中会有情绪上的明显波动。但是如果在预产期及时了解一些孕产知识,就能降低这种恐惧不安的心理,比如阅读相关书籍、资料等,或是参加新妈妈教室、咨询妇产医生等。

2. 准备好生产用品及宝宝用品

通常在女性怀孕36周后就可能会出现产兆,安胎的工作就可以停止了。准妈妈们要提前准备好所有的住院生产用品,以及宝宝用品。

3. 按摩乳头做好哺乳的准备

母乳是宝宝最健康的食品,喝母乳长大的宝宝身体抵抗力会更强。为了有更充足的母乳,孕妈妈们会在怀孕的最后一个月按摩乳头,为宝宝出生的营养来源做好准备工作。

4. 准爸爸要参与并给予鼓励

很多准妈妈的产前情绪很不稳定,不安与喜悦的心情交替出现,这时准爸爸的参与和鼓励对孕妇有很大的帮助。

(二)剖腹产与自然产

1. 剖腹产

(1)定义。剖腹产是外科手术的一种,是指通过手术切开母亲的腹部及子宫,用以分娩出胎儿的过程。

（2）适合剖腹生产的情形。不是每一个孕妇都必须选择剖腹产，但是在以下特殊情况下应该优先考虑剖腹产。

① 胎儿窘迫。胎儿窘迫可以发生在妊娠的各个时期，特别是后期及阵痛之后。胎儿窘迫的原因很多，例如脐带绕颈、胎盘功能不良、吸入胎便，或是产妇本身有高血压、糖尿病等症。

② 产程迟滞[①]。通常造成产程迟滞的原因，有可能是子宫收缩力量的异常、胎儿身体或胎位异常、母亲产道异常等。如果有明显的产程迟滞情况发生，则必须实施剖腹产手术。

③ 胎位不正。初产妇胎位不正时，应以剖腹产为宜。一般而言，初产妇若在足月时已经确认胎位不正，可事先安排剖腹产的时间；但如果是阵痛开始后才发现胎位不正，可能要直接安排紧急手术。

④ 多胞胎。如果产妇怀的是双胞胎，且胎儿胎位都是正常的，可以尝试自然生产，但若是三胞胎或更多胎的怀孕，建议优先考虑剖腹产。

⑤ 胎儿过大。胎儿过大是指那些体重等于或超过 4 千克的胎儿。产前检查时，如果产科医师评估胎儿体重可能大于 4 千克，能以自然生产方式娩出的机会很小时，也可以安排剖腹产，以避免发生难产。

⑥ 前胎剖宫生产。这是目前国内常见的适应证，大约占 30% 左右，有许多产妇都是第一胎剖腹生产后，再次分娩时还会选择剖腹产。一般来说，一次的前胎剖腹产后，增加近 1%～4% 的子宫破裂机会。因此，多数妇产科医师及产妇会在前胎剖腹产的前提下，在进入产程之前安排好手术时间。

（3）剖腹产的优缺点（见表 2 - 2）。

表 2 - 2　剖腹产的优缺点

优　　点	缺　　点
当自然生产会发生危险时，施行剖腹产可以挽救母婴的生命	剖腹手术对母体的精神上和肉体上都是个创伤
手术可以免除产妇宫缩时的阵痛	术中麻醉意外及其他一些无法预知的意外
腹腔如果有其他疾病可以通过手术一并切除	剖腹产会给子宫留下疤痕，给今后再次分娩或人工流产带来很多危险
阴道不易受到损伤	术后子宫及全身的恢复都比自然分娩慢

2. 自然产

（1）定义。自然分娩是指在有安全保障的前提下，通常不加以人工干预手段，让胎儿经阴道娩出的分娩方式。

自然分娩最基本的条件是：产力、产道及胎儿均正常且三者相适应。孕妇在决定自然分娩时，应先了解何时预产及生产的全过程。

（2）预产。推测预产期是孕妇为分娩所做的准备工作中必不可少的一个环节。预产期的推测是末次月经第 1 天起，月份减 3 或加 9，日数加 7，例如末次月经第 1 天为 2000 年 3 月 31 日，则预产期为 2001 年 1 月 7 日。如果推算时按阴历，则月份减 3 或加 9，而日数则加 15，如末次月经第 1 天为 2000 年 8 月 10 日，则预产期为 2001 年 5 月 25 日。而实际分娩的日期受多种因素的影响，可以与预产期相差 1～2 周这属于正常情况。对于不清楚末次月经的孕妇或者哺乳期无月经来潮而怀孕者，可以根据早孕反应开始出现的时间，胎动开始时间，手测子宫高度或尺测子宫长度估计预产期。

（3）分娩过程。第一产程（宫颈扩张期），是从开始出现间歇 5～6 分钟的规律子宫收缩起，至宫颈口完全扩张达 10 厘米，能使胎头娩出为止。这一过程对于初产妇来说需要 11～12 小时，经产妇约需 6～8 小时。第二产程（胎儿娩出期），是从宫口开全到胎儿娩出，初产妇约需 1～2 小时，经产妇通常数分钟即可完成，但也有长达 1 小时者。第三产程（胎盘娩出期），是从胎儿娩出到胎盘娩出为止，约需 5～15 分钟，不应超过 30 分钟。

（4）自然产的优缺点（见表 2 - 3）。

---

① 产程迟滞是指产程延长，通常宫颈扩张的时间因人而异，大约需要 14～16 小时，超过 20 小时称为产程迟滞。

表 2-3 自然产的优缺点

优 点	缺 点
临产时有节律的子宫收缩、舒张,使胎儿的肺得到锻炼,为婴儿出生以后的自动呼吸创造有利条件	产前阵痛,这也是很多妈妈们所惧怕而选择剖腹产的原因
经阴道分娩时,胎儿头部受盆底挤压而充血,为脑部的呼吸中枢提供了较多的良性刺激,使出生的婴儿易激起呼吸而高声啼哭	产后会因子宫收缩不好而出血,若产后出血无法控制,需紧急剖腹处理,严重者需切除子宫,甚至危及生命
有资料分析表明,自然分娩的孩子比较聪明	对胎儿有一定的伤害尤其是过重胎儿

二、新生儿的各项指标

(一)新生儿的分类[①]

从传统上来看,新生儿的身体状况根据胎龄长短以及体重进行分类(分类标准见表 2-4)。

表 2-4 新生儿的分类(胎龄长短)[②]

孕　周	18～20	20～28	29～36	37～42	42～44
分类	流产	不成熟	早产儿	足月儿	过期产儿
平均重量(磅)	1 以下(不足 500 克)	1～2(500～999 克)	2～2.5(1000～2 499 克)	超 5.5(2 500 克以上)	
备注:	绝大部分婴儿死于呼吸上的失败	存活率由过去的20％增长到现在的90％～95％			又被称为"过度成熟的发育"

所有的新生儿,不管他们是否早熟,都能够做出如下分类:当他们的体重少于同样胎龄的新生儿重量的 90％时,被称为"小于胎龄儿"(SGA);当他们的体重超过第 90 个百分点(也就是说处于顶部的 10％)时,被称为是"大于胎龄儿"(LGA);其余的被称为"适于胎龄"。

从医学的角度来看,将"早产儿"与"小于胎龄儿"区分开来是十分重要的,因为"小于胎龄儿"的并发症可能比仅仅"早产"的并发症更加严重,"早产"但是"适于胎龄"的新生儿总是以正常的速度进行发育,除非是极其"早产",否则他们可能不会遭受到什么消极的结果;然而"小于胎龄儿",不管胎龄有多大,总是比正常新生儿的发育速度要慢。

(二)新生儿的评测

对于新生儿来说,需要用一些测评工具对其进行评估。

首先是"阿普伽(Apgar)评分"。这是对新生儿的状况进行的评估,它有五个适当标记——外表(皮肤颜色)、脉搏(心率)、表情(反射应激性)、活动(肌肉张力)和呼吸力。通过测评每一种是否出现的情况来评价婴儿的得分(0,1 或者 2):平均得分≥7 分或者≤4 分,则表明必须给予新生儿特殊的照顾。阿普伽评分至少要进行两次操作:出生之后的 1 分钟以及出生之后的 5 分钟(有时在出生之后的 10 分钟进行),5 分钟或者是 10 分钟的得分通常比 1 分钟的时候要高。

拓展阅读 2-4

当产婆抓住圣扎迦利·菲什的时候,他使用足够大的力量乱踢,使产婆几乎不能够将他抱住。然后,他睁开眼睛,在小小的红脸蛋上,双眼像黑夜一样漆黑。他大喊大叫,将小猫吓出了房间。猜测一下,圣扎迦利的阿普伽评分得多少呢?

① [加]居伊·勒弗朗索瓦著,王志全、孟祥芝译.孩子们——儿童心理发展(第九版)[M].北京:北京大学出版社,2004:184.
② 同上。

分数	心 率	呼吸率	肌肉张力	肤 色	反射应激性
0	缺乏	缺乏	柔弱，松软	蓝色，苍白	没有反应
1	低（少于100）	无规律慢	弱，没有活力	身体品红色四肢蓝色	面部表情歪曲
2	快（超100）	良好，哭叫	强壮，充满活力	完全是品红色	咳嗽、喷嚏、哭叫

（资料来源：[加]居伊·勒弗朗索瓦著，王志全、孟祥芝译. 孩子们——儿童心理发展（第九版）[M]. 北京：北京大学出版社，2004：186.）

第二个重要的测量新生儿状况的工具是"布雷尔顿新生儿行为评估量表"（Brazelton Neonatal Behavioral Assessment Scale，NBAS），它能够用来在婴儿出生之后立即对问题进行探测以及为中枢神经系统的成熟性与社会行为提供有用的指标。布雷尔顿新生儿行为评估量表涉及26种具体行为的评估，包括对光线、拥抱、声音、针刺的反应以及各种反射的力度。这个量表对鉴别今后可能出现心理问题的婴儿特别有用，例如对拥抱和其他社会刺激做出更少反应的婴儿，他们的父母也许从一开始就应该引起一定的警觉，并且为婴儿提供更多的、充满爱意的接触，从而为婴儿做出补偿。

三、新生儿的日常生活与护理

在医学上来看，新生儿期主要是指从母亲子宫内到外界生活的适应期，大约是从出生到出生后28天的这一段时间①。由于这段时期新生儿各系统脏器功能发育尚未成熟，免疫功能低下，体温调节功能较差，因而易感染，护理起来必须细心、科学、合理。

（一）新生儿的日常生活

新生儿每天的生活包括饮食、睡眠、卫生和玩耍。1～3个月的宝宝每天平均要吃6～8次，每次间隔时间在2.5～3.5小时左右；相对来说，睡眠时间较多，一般每天要睡18～20个时；每天清醒活动的时间在1～2小时左右。也就是说，在新生儿时期，宝宝生活的主要内容是吃了睡、睡了再吃。根据小宝宝的这个生理规律，要妥善安排他的一天生活作息。

（二）新生儿护理

1. 基本事项

（1）室内温度。新生儿对外界温度的变化还不是很适应，因此适宜的室内温度应保持在25℃～28℃，盛夏要适当降温，而冬天则需要保暖。

（2）室内光线。室内光线不能太暗也不能太亮。有些家长认为新生儿感光性较弱，害怕刺激眼睛，常常喜欢在室内挂上厚重的窗帘，其实这是不当的，应让宝宝在自然的室内光线里慢慢学会适应，但要注意避免阳光直射眼部。

（3）衣服。新生儿的内衣（包括尿布）应以柔软且易于吸水的棉织品为主；衣服尽量宽松，不妨碍肢体活动且易穿易脱。

（4）尿布。尿布用柔软吸水性好的棉织品，做到勤洗勤换，通常白天要换4次以上，晚上应换2次以上，注意尿片或尿不湿包裹不宜太紧，以便四肢自由伸展。

（5）睡姿。由于新生儿的头颅比较软，良好的睡姿有利于头颅的发育，因此新生儿的小枕头应该舒适，厚度为1～2厘米，中间稍微下陷，两头微起。

最好的睡姿是仰卧或侧卧，以避免压迫胸肺部，建议在喂养后多采取侧卧，以免溢奶或呛咳造成窒息。

（6）睡眠。睡眠是新生儿一日生活中最主要的活动，他们每天要睡大约18～20个小时，因此，父母应该了解宝宝的睡眠，使宝宝养成良好的睡眠习惯。

（7）喂养。新生儿喂养是一门很大的学问。专家的观点是出生后母乳喂养越早越好，一般为出生后半个小时左右，因为这时的乳汁（初乳）的营养价值很高，可以抵抗麻疹、小儿麻痹等病毒的入侵。母乳喂养时应采取"竖抱位"即头部略抬起的姿势，因为在这种姿势下新生儿和母亲相对而视，可增加相互间的亲密

---

① 婴儿期是指个体0～3岁的时期，其中包括新生儿期（0～28天）和乳儿期（1个月～1年）。

感;人工喂养尽量不要直接喂服新鲜奶。

2. 护理技巧

宝宝出生了,面对这个软绵绵的新生命,很多新手妈妈都不知所措,不知道该如何护理新生儿,下面介绍几种新生儿护理方面的小技巧。

(1)皮肤的护理。出生不久的新生儿,在脐带未脱落前,尽量不用盆浴,而采用干洗法为新生儿擦身。脐带脱落后,则可给予盆浴,浴后要用干软的毛巾将身上的水吸干。

(2)眼睛的护理。给婴儿清洗眼部的时候,先把几个棉球在湿水里沾湿,再挤干水分,从内眼角向外眼角擦。注意:擦每一只眼睛的时候都要换一个新的棉球,以防交叉感染。

(3)鼻子和耳朵的护理。鼻子和耳朵是具有自净功能的器官,所以不要试图用任何东西去干扰它。让里面的东西自然掉出来的办法最科学、合理。

(4)肚脐的护理。新生儿一出生脐带就会被夹住并立刻剪断,只留下5~8厘米的根部。过几天,脐带就会干枯,然后脱落。医生建议每天用消毒酒精和消毒棉球轻擦脐带部位,然后用消毒纱布盖好,不要放在盆内洗澡,尽量多让这一部位通风,因为这样有助于加速收缩和痊愈。

3. 特殊护理

(1)胎垢处理。有些新生儿出生后不久,在头顶部前囟门部位逐渐出现黑色鳞片状融合在一起的乳痂,不易去掉,称为"胎垢"。这是由于皮脂腺分泌的油脂类物质堆集而成,一般不痒,对孩子健康无任何影响,但看上去很脏,而且新生儿自身亦可能会感到不舒适。最好的方法是用消毒过的植物油或石蜡油局部涂擦后予以包好,让胎垢充分软化,一般在12小时以后即可用纱布轻而易举地擦掉,这样既不会对皮肤产生任何不良的刺激,也不会擦伤皮肤。

(2)痱子护理。在炎热的夏天,由于天热及小儿大哭,出汗较多,加之新生儿皮肤细嫩,常易生痱子,进而形成小脓包,甚至发生败血症而危及生命。一旦发现新生儿皮肤出现痱子,应及时加以护理。如果新生儿头部生痱子,可将头毛全部剃掉,以减少出汗。如果痱子形成小脓包,则须立即处理,切不可用手随意挤压,以防脓液扩散而引起全身感染,或发生败血症。早期可用棉签蘸75%酒精将小脓包擦破后,再添上0.5%碘酒或1%龙胆紫,必要时还可使用一定量的抗生素或清热解毒药。

(3)新生儿脐炎护理。新生儿脐部有黏液或脓性分泌物,带有恶臭味,脐窝周围皮肤发红时,称之为脐炎。如发现脐部已经发炎,应及时用双氧水清洗脐部,再用75%酒精消毒处理,并给予适当的抗生素治疗。

(4)新生儿发热护理。新生儿体温一般在37.5℃以下,如超过这个温度说明新生儿发热。新生儿发热的原因很多,但常见的有以下两方面。

① 环境温度过高而致的发热。由于新生儿体温调节功能不健全,不能维持产热和散热的平衡,这种发热只需调整环境温度即可,不需治疗。

②"脱水热"。在炎热的夏天,由于大汗、进奶少等因素而发生脱水,随之出现体温升高达38℃~40℃,这时新生儿如果情况良好,精神反应正常,给予喂水或补液后体温会迅速下降,并且发热很少超过一天以上,则无需采取其他特殊处理。

(5)新生儿无尿护理。一般情况下,99%的新生儿在出生后36小时内即初次排尿,但若超过36小时尚未排尿,可给予口服糖水或静脉注射5%葡萄糖液,如仍无尿,须进一步检查。

4. 护理误区

(1)挤压乳腺。新生儿的乳房在出生后第4~5天出现轻度肿胀,并有少许乳汁溢出,7~10天达到高潮。这是因为母亲在妊娠后期体内分泌雌激素,致使胎儿通过胎盘吸收了较多的激素所造成的乳腺一时性肿胀,无论男孩、女孩都有可能发生,属于正常生理现象,2~3周即可消失,千万不要挤压,否则会有患上"乳腺炎"的可能。

(2)正常溢乳误为呕吐。新生儿胃容量较小(约为30~60毫升),胃呈水平位,因此吃完奶后易发生溢乳现象。喂奶后应将其竖起,轻拍后背,排出咽下的空气,然后取右侧卧位,枕头高3~4厘米即可。少量溢乳属正常现象,不应按呕吐治疗。

(3)新生儿脱发。有些新生儿出生的时候头发很好、很黑,过些日子有的地方会脱发,这不是病态,属正常现象,俗称"奶秃"。随着孩子逐渐长大,头发也会越长越好的。

新生儿对于刚出生环境还不是很熟悉,所以家长要格外小心,照顾好新生儿的日常生活,使其健康成长。

-------------------------- **本章小结** --------------------------

　　本章主要介绍的是生命的开始,即从受精卵到新生儿出生这一过程。首先介绍了胚胎的形成与发育过程,然后探讨了新生命的降生与新生儿的养育问题,着重从胎教的实施要点及新生儿的日常生活与护理等方面详细说明了新生儿的基本情况,介绍了相关的理论知识以及实际的操作要领。通过本章内容的学习,学生可以了解胚胎形成的生物学基础,学习胎儿发育与胎教的相关理论。在此基础上,理解和掌握新生儿的特点及日常生活与护理的注意事项。

▶ **思考与练习**

　　1. 遗传是如何影响人的发展的?

　　2. 遗传与成熟之间的争论是什么?

　　3. 胎儿是如何发育的?

　　4. 正确的胎教方法有哪些?

　　5. 如何为新生儿分类?

　　6. 新生儿的日常生活应该如何护理?

▶ **自己做研究**

　　学习了本章内容,相信同学们对胎教已经有了一定的了解。那么请你在你学校周围选择一所医院或者是亲戚朋友,根据实际情况自行编写访谈提纲,向孕妇及孕妇家人询问一些你想知道的有关胎教的知识,并整理访谈内容,得出相关结论,相信你一定会有所收获。

　　下面提供一份访谈提纲供参考。

　　1. 您认为实施胎教有意义吗? 可以谈谈您的具体想法吗?

　　2. 您都知道哪些胎教种类呢? 您平时是怎么实施的呢?

　　3. 您在实施胎教的时候家里人支持吗? 如果不支持您采取什么措施呢?

　　4. 您是从哪里知道胎教的知识的? 您认为这些知识有用吗?

　　5. 您丈夫会参与到胎教的实施中吗? 可以具体谈谈吗?

第二编　婴儿的发展

　　本编主要从生理、认知和社会性三大领域介绍婴儿的发展，包括三至五章。婴儿期是人一生发展的重要时期。人类个体发展的可能性，在很大程度上取决于婴儿时期适宜和优化的发展。0～3岁的婴儿无论在生理还是心理方面都发生着丰富的变化和飞速的发展。此阶段发展的突出特点可概括为"三个第一"：即"第一个转折期"、"第一个反抗期"、"第一个危机期"。认识和明晰婴儿身心发展的规律和特点，是教师开展科学的婴幼儿早期教育工作的重要前提。

第三章　婴儿生理的发展与健康

知识结构

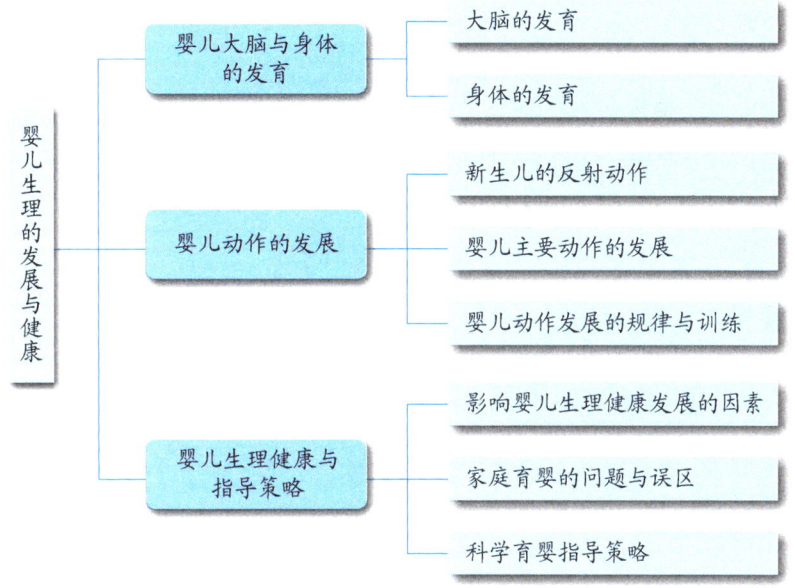

婴儿生理的发展与健康
- 婴儿大脑与身体的发育
  - 大脑的发育
  - 身体的发育
- 婴儿动作的发展
  - 新生儿的反射动作
  - 婴儿主要动作的发展
  - 婴儿动作发展的规律与训练
- 婴儿生理健康与指导策略
  - 影响婴儿生理健康发展的因素
  - 家庭育婴的问题与误区
  - 科学育婴指导策略

引入

　　豆豆的妈妈近来十分焦虑,逢人就问:"常听老人们说,'三翻六坐九爬'。我家宝宝快百天了,怎么还不会翻身? 是不是有什么问题? 邻居家的宝儿才六个月,就已经会爬了!"面对豆豆妈妈的困惑,你是如何认识的? 家长们总喜欢将自己的孩子与周围的孩子作比较,我们还会遇到类似的问题:为什么同月龄的婴儿,有的长得高,有的长得矮,有的翻身早,有的翻身迟? 婴儿的生理发育,有无特定的标准,遵循怎样的规律? 婴儿的身高、体重、动作发展,到底取决于什么? 让我们带着这些问题进入本章内容的学习吧。

第一节　婴儿大脑与身体的发育

　　3岁之前是儿童身体发育最快的时期,特别是刚出生后的几个月。婴儿的妈妈常常会吃惊地发现,才买来不到一个月的衣服怎么就短了窄了,殊不知除了身高、体重、体形等外在的变化外,肉眼无法察觉到的婴儿的脑细胞、脑神经也在悄无声息地飞速发展。也许就在妈妈的眼皮下,婴儿已在不知不觉中发生着日新月异的变化。

4. 神经元和神经胶质的发育

脑由神经元和神经胶质构成。神经元亦称神经细胞,负责传输和接收信息。神经胶质,亦称神经胶质细胞,负责营养和保护神经元。

(1) 神经元的发育。神经细胞最初只是一个由细胞核构成的简单细胞体,细胞核由含有细胞基因程序的脱氧核糖核酸(DNA)组成。从妊娠期的第 2 个月开始,经过细胞分裂,每分钟会产生 25 万个尚未完全发育的神经细胞。到婴儿出生时,发育成熟的脑中已经形成了 1 亿多个神经细胞。婴儿期神经细胞迅速增长,1 岁时达到最高峰,数量相当于成人水平,有 1 000 亿到 2 000 亿个神经元。

(2) 神经胶质的髓鞘化。神经系统之间沟通功效的提升主要依赖于神经胶质。在胎儿期和新生儿期,神经元和神经纤维迅速被一层蜡质的磷脂所覆盖,称为髓鞘化。神经纤维的髓鞘像电线的绝缘层,可以使神经元准确传递信息,速度非常快,分工明确,效率也更高。神经纤维的髓鞘化是脑内部结构成熟的主要标志。它保证神经冲动沿着一定的通道迅速而准确的传导。新生儿的神经纤维髓鞘形成非常少,神经纤维也非常短,非常少,到 3～4 周岁的时候,才能完成神经纤维髓鞘化的过程。

5. 突触

突触是一个神经元与另一个神经元彼此接触的部位,是信息传递和整合的关键。神经元通过突触来释放一种叫作神经介质的化学物质,从而使信息传递至另一个神经元。神经元表面积的 60%～80% 被突触占领,神经元如果没有突触作连接,就没有价值,数量再多也没有意义。出生之后,由神经细胞连接的"突触"开始形成,刚出生时突触的数量只有 50 万亿个,在 3 个月的时候数量达到高峰,大概有 10 000 万亿个,其增长速度是 3 岁时的 10 倍。到 12 个月,少数突触神经胶质细胞达到成人的 70%。

(二)婴儿神经系统机能的发展

婴儿神经系统机能的发展主要表现为皮质抑制机能的发展。即中枢抑制或内抑制的发展,是大脑机能发展的主要标志之一。

1. 皮质兴奋机能增强

婴儿皮质兴奋机能增强,明显表现为睡眠时间逐渐减少、清醒时间不断增加。新生儿每日可睡 20 个小时左右,周岁时已减少到 14 个小时左右。另外,婴儿形成条件反射比新生儿容易得多,也巩固得多。这也是皮质兴奋机能增强的表现。

2. 皮质抑制机能开始发展

皮质抑制机能可分为两类:无条件抑制和条件抑制[1]。新生儿与生俱来无条件抑制,在新生儿后半期,逐渐形成条件抑制。条件抑制只能产生于大脑皮层,皮质抑制机能的发展,为婴儿日后更准确地反映客观事物、形成有意动作提供了可能性。

(三)婴儿大脑发育的特点

1. 处于脑发育的敏感期

敏感期也称关键期或临界期。在婴儿期,大脑有一系列功能飞速发育的时刻被称关键时期或敏感阶段,是大脑发育的"敏感期"。如何把握"敏感期",对婴儿进行适时适量的教育,是家长和学前教育工作者必须关注的问题。

2. 大脑发展具有可塑性

尽管脑的早期发育由遗传决定,但环境经验会对其产生积极或消极的影响,称之为脑的可塑性。早期经验对中枢神经系统获得和储存信息的能力有持久的影响。智力上的个体差异则可能反映了大脑为了适应环境而发展神经连接的能力。

---

① 无条件性抑制又称非条件抑制,是有机体与生俱来的先天性抑制。它包括外抑制和超限抑制。外抑制是指额外刺激物出现对正在进行的条件反射发生的抑制,如室外的喧闹声打断了婴儿听故事的活动。超限抑制是指当刺激物过强、过多或作用时间过久时,神经细胞不但不能引起兴奋,反而会发生抑制。新生儿的睡眠较多,就是超限抑制的表现。

条件性抑制又称内抑制,它是在后天一定条件下逐渐形成起来的。条件性抑制主要包括消退抑制、分化抑制和延缓抑制。消退抑制是指条件反射由于没有受到强化而发生的抑制,如出生后严格按照作息制度生活的婴儿对喂奶时间已经形成了条件反射,一到喂奶时间便会产生食欲,如果换个环境,每到吃奶时间吃不到奶,那么原来形成的条件反射就会消失。分化抑制是指只对条件刺激物加以强化,而对与其近似的刺激物不强化,经过若干次后,只有条件刺激物才能引起条件反射性反应,近似刺激物引起的反应受到抑制,这种抑制称为分化抑制。例如:出生不久的婴儿就能分辨"嗡嗡"声和"沙沙"声,听到不同的声音就把头转向不同的方向。延缓抑制是指当条件刺激物出现后,稍稍停一会儿再用非条件刺激物进行强化,这样,反应出现的时间便延缓了,这就是延缓抑制。例如:当婴儿一看到母亲或阿姨做喂奶前的准备时,就会迫不及待地哭叫或伸开小手抓奶瓶,但因为需要一定时间准备,不能马上满足他的需要,这样经过若干次后,有些婴儿就能安静地等待一会儿。

3. 大脑皮层出现偏侧优势

大脑包括左右两个半球,每个半球都有各自特殊的功能。偏侧优势是两半球的单侧化现象。大脑半球的特异性被称为偏侧优势。左半球主要负责语言和逻辑思维,如事物的命名、阅读;右半球主要负责形象和空间功能,如看图和绘画。婴儿刚出生时,大脑的单侧化并不明显。但随着年龄的增长,脑功能日渐专门化、单侧化。在日常生活中,一些婴儿喜欢用左手握勺或拿筷子,也是大脑偏侧优势的表现。成人不必刻意纠正,因为左手的使用,有利于大脑右半脑功能的开发。

拓展阅读 3-1　　　　　婴儿大脑单侧化实验

福克斯(Fox,1985)等人以 10 个月大的婴儿为被试,测量了他们在两种条件下的脑电图。一种条件是母亲接近婴儿,婴儿产生积极的情绪;一种是陌生人接近婴儿,婴儿产生了消极情绪。后续实验结果发现,当婴儿在悲伤和厌恶情绪状态下,大脑右半球脑电活动性高;当婴儿在高兴和生气时,大脑左半球脑电活动性高。加拿大麦吉尔大学的恩图斯以声音为实验材料,用双耳分听法研究婴儿大脑单侧化发展的实验。该实验表明,功能偏向一侧在婴儿出生后就已经存在。

(资料来源:边玉芳等编著.儿童心理学[M].杭州:浙江教育出版社,2009:37—38.)

二、身体的发育

(一)身高与体重

身高体重是婴儿身体健康的重要标志。婴儿出生后的最初几个月,身高平均每月增长 3 cm 以上,半年后有所减慢,平均每月增长 1~1.5 cm。男婴的身高在出生后的一年内迅速长高 25 cm(1 岁男婴的身高大约达 76 cm),第二年内几乎能长高 12 cm(2 岁男婴的身高一般接近 90 cm),第三年身高能增长 7 cm 多一点,即 3 岁男婴一般身高达 95 cm。

5 个月男婴的平均体重是出生时的两倍,一般达到 7 kg,1 岁时的体重是出生体重的近 3 倍,达到 10 kg。在出生后的第二和第三年,这一速度逐渐减慢。男婴 2 岁时体重一般能增加 2 kg,3 岁时增加 1.5 kg,达到 14 kg。

女婴的身高体重增长模式与男婴相似,但增长速度要略低于男婴。3 岁时,女婴的平均体重一般比男婴轻 0.5 kg,身高比男婴低 2~3 cm。

拓展阅读 3-2　　　　　婴儿体重、身高标准的增长规律

婴儿体重标准的测量公式

1~6 个月时,体重(公斤)=出生体重(或 3 公斤)+月龄×0.6(公斤);

7~12 个月时,体重(公斤)=出生体重(或 3 公斤)+月龄×0.5(公斤);

2~10 岁时,体重(公斤)=年龄×2+7(或 8 公斤)。

婴儿身高标准的增长规律

足月儿身长平均为 50 厘米,出生后第一年大约增长 25 厘米,所以 1 岁时大约是 75 厘米;以后每年大约平均增长 5 厘米,因此婴儿 2 岁以后身高(厘米)=年龄×5+75(厘米)。凡身高超过标准 10%或低于标准 10%者就算不正常。

表 3-1　我国正常男女婴儿身高体重发育标准表

宝宝年龄	男宝宝体重(kg)	男宝宝身高(cm)	女宝宝体重(kg)	女宝宝身高(cm)
出生	2.9~3.8	48.2~52.8	2.7~3.6	47.7~52.0
1 月	3.6~5.0	52.1~57.0	3.4~4.5	51.2~55.8

续　表

宝宝年龄	男宝宝体重(kg)	男宝宝身高(cm)	女宝宝体重(kg)	女宝宝身高(cm)
2 月	4.3～6.0	55.5～60.7	4.0～5.4	54.4～59.2
3 月	5.0～6.9	58.5～63.7	4.7～6.2	57.1～59.5
4 月	5.7～7.6	61.0～66.4	5.3～6.9	59.4～64.5
5 月	6.3～8.2	63.2～68.6	5.8～7.5	61.5～66.7
6 月	6.9～8.8	65.1～70.5	6.3～8.1	63.3～68.6
8 月	7.8～9.8	68.3～73.6	7.2～9.1	66.4～71.8
10 月	8.6～10.6	71.0～76.3	7.9～9.9	69.0～74.5
12 月	9.1～11.3	73.4～78.8	8.5～10.6	71.5～77.1
15 月	9.8～12.0	76.6～82.3	9.1～11.3	74.8～80.7
18 月	10.3～12.7	79.4～85.4	9.7～12.0	77.9～84.0
21 月	10.8～13.3	81.9～88.3	10.2～12.6	80.6～87.0
2 岁	11.2～14.0	84.3～91.0	10.6～13.2	83.3～89.8
2.5 岁	12.1～15.3	88.9～95.8	11.7～14.7	87.9～94.7
3 岁	13.0～16.4	91.1～98.7	12.6～16.1	90.2～98.1
3.5 岁	13.9～17.6	95.0～103.1	13.5～17.2	94.0～101.8

（资料来源：佚名.0～3岁宝宝身高体重发育标准表［EB/OL］.中国教育在线学前频道.http：// xueqian.eol.cn/czzb_11146/20130306/t20130306_911871.shtml,2013－03－06.）

（二）牙齿与骨骼

婴儿一般在三四个月开始长牙,在牙齿萌出时,婴儿会有一些不适出现。由于牙齿刚萌出时会刺激齿龈上的神经末梢,使唾液分泌增多,但婴儿一下子又不会吞咽过多的唾液,会不由自主地流口水。加之牙齿的胚芽在萌出时会向上顶,会让婴儿有发痒、不舒服的感觉,因而喜欢咬人、咬坚硬的东西甚至在吃奶时咬乳头,以消除不适感。有时甚至会发低烧、哭闹、难以入眠。这些现象会一直持续到牙齿萌出。真正的牙齿完全长出要到5～9个月时,这时会看到婴儿第一颗完整的牙齿。有些婴儿牙齿萌出会更晚。乳牙萌出顺序一般为下颌先于上颌、自前向后(见图3-2)牙齿萌出的个数＝月龄－4或8。一般到两岁半时,20颗恒牙会全部长齐。有的婴儿会有个别牙齿的萌出顺序颠倒,但最终并不影响牙齿的排列,无需处理。

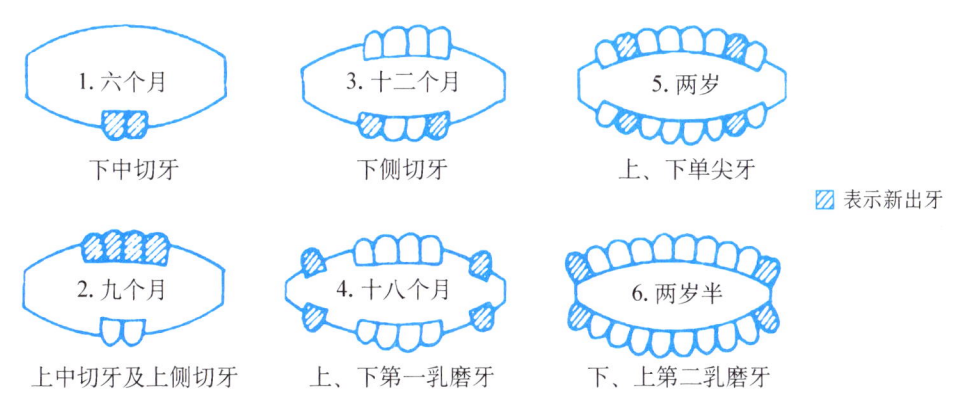

图 3-2 婴儿牙齿萌出的顺序

婴儿骨骼的发育与体重增长有着密切联系。从2～3个月开始,脊柱的四个生理弯曲(曲颈曲、胸曲、腰曲和骶曲)逐渐形成,从侧面看颈曲向前凸,胸曲向后凸,腰曲向前凸,骶曲向后凸。1～3岁左右的婴儿,

骨骼还在继续骨化,具有弹性大、易弯曲的特点。因此,成人一定要注意婴儿的坐姿,避免由于婴儿长时间的体位不正引起脊柱侧弯。

(三)身形和身材比例

在婴儿的发育过程中,他们的身形和身材比例也会发生变化(见图3-3)。1岁时,婴儿往往显得头大肚圆,3岁时则要明显"苗条"许多。这是因为婴儿的大脑在出生前就已快速发育,所以新生婴儿的头出奇得大。随着体重的增长和身体其他部位的发育,婴儿的头所占比例变小。由2个月时特大的头颅(占全身4/8)、较长的躯干(占全身3/8)、短小的下肢(占全身1/8),发展到6岁时较为匀称的比例(头占全身1/6强,躯干占4/8弱,下肢占3/8)。25个月开始,婴儿的头部发育速度开始减慢,四肢和躯干长得更长,头和身体的比例更趋向成人。

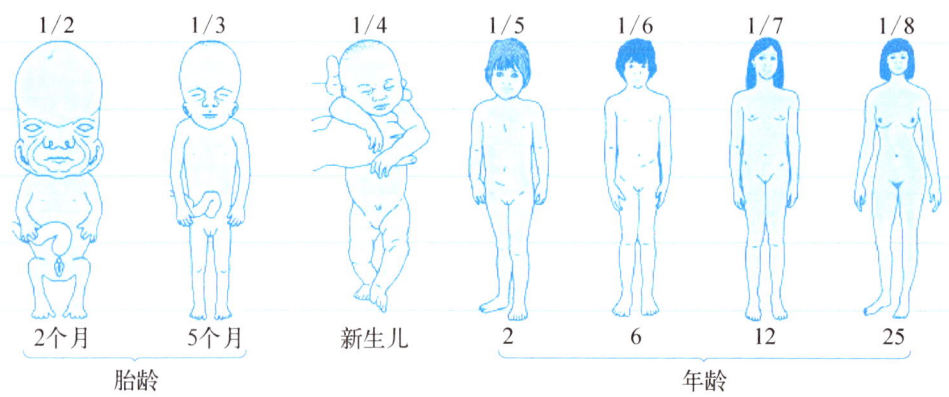

| 1/2 | 1/3 | 1/4 | 1/5 | 1/6 | 1/7 | 1/8 |

| 2个月 | 5个月 | 新生儿 | 2 | 6 | 12 | 25 |

胎龄　　　　　　　　　　　　　　　　年龄

图3-3　发育过程中身体比例的变化[①]

(四)婴儿身体发育的特点

1. 身体的生长遵循"近远发展"原则

即身体的发展遵循从中心向四周发育的定律。还在子宫时,胎儿头部和躯干的发育就先于胳膊和腿的发育,再次是手和脚的发育,接着是手指和脚趾的发育。

2. 身体各比例的生长遵循"首尾发展"原则

即发展是自上而下的。从生长速度看,胎儿期头颅生长最快,婴儿期躯干增长最快,2～6岁下肢增长幅度超过头颅和躯干。因此,儿童的身体比例不断变化,头部领先,其次躯干,最后四肢。

3. 身体系统发展呈现不同步性

婴儿身体各系统发育不同步,神经系统发育领先,生殖系统发育较晚。需要说明的是,婴儿的身体发展存在着男女婴性别差异,同时也存在着不同婴儿间的个体差异。表3-1提供的只是一个平均值,婴儿的发育早于或晚于这个标准都是正常的。但如果相差太远,则需引起关注。

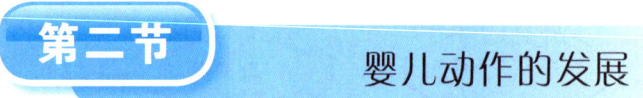

第二节　　　婴儿动作的发展

新生儿为什么会对乳头或奶嘴情有独钟?是谁告诉他们吸吮运动能控制乳汁或奶液的摄入?眨眼、打哈欠、咳嗽、打喷嚏,似乎也是不学而能的。其实,这些都只是新生儿对环境中特定刺激的反应。随着身体的发育,只需提供一个允许婴儿移动的空间,他们不用教也能学会一些基本的运动技能(如翻身、爬行、站立、走路等)。

一、新生儿的反射动作

反射是生物天生的对特定刺激形式作出的反应,是新生儿最明显的有组织的行为方式。主要包括生

---

①　资料来源:[美]黛安娜·帕帕拉、萨利·奥尔兹、露丝·费尔德曼著,陈福美等译. 孩子的世界(第11版)[M].北京:人民邮电出版社,2011:121.

存反射和原始反射两种类型。

（一）生存反射

生存反射对新生儿维持生命和保护自己有现实意义，出生第一天的婴儿就已经获得了，这是一种重要的本能活动。如眨眼反射、瞳孔反射、觅食反射、吸吮反射、吞咽反射，这些反射总称为生存反射。

（二）原始反射

原始反射是人类进化过程中残存下来的遗迹，主要有巴宾斯基反射、手掌抓握反射、摩罗反射、游泳反射、行走反射等（见图3-4）。

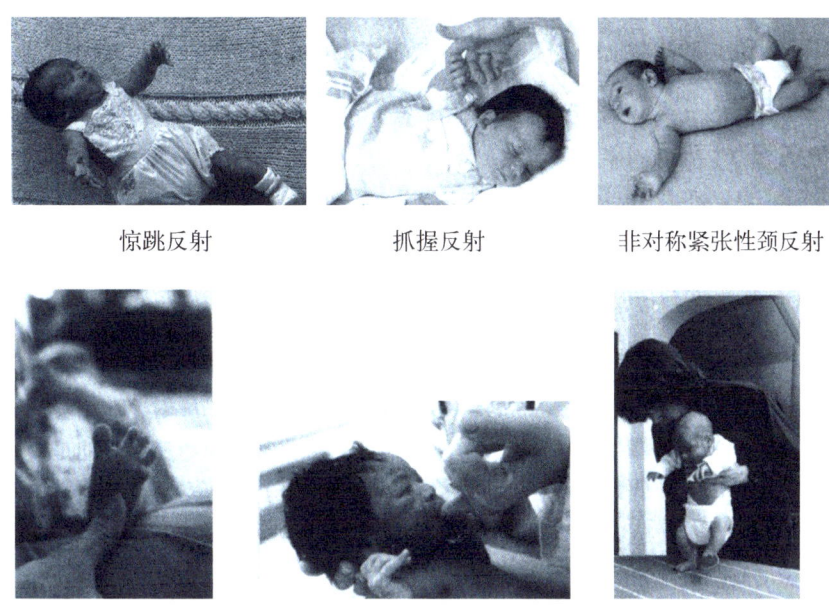

惊跳反射	抓握反射	非对称紧张性颈反射
巴宾斯基反射	觅食反射	走路反射

图3-4　婴儿早期的无条件反射[①]

各类反射的具体反应、发展和出现的时间以及对新生儿的作用如表3-2所示。

表3-2　婴儿早期的无条件反射[②]

反　射	刺　激	婴　儿　的　行　为	反射出现的年龄	反射消失的年龄
惊跳反射	婴儿下落或听到巨大的响声	腿、胳膊或指伸展，背弓起来，缩脑袋。	妊娠期第7个月	出生后3个月
抓握反射	轻抚婴儿的手掌	握紧拳头，如果两个拳头能抓到支撑，就能站起来。	妊娠期第7个月	出生后4个月
非对称紧张性颈反射	婴儿仰面躺着	把脑袋歪到一边，呈现击剑的姿势。将胳膊和腿伸到优势的一边，另一侧弯曲。	妊娠期第7个月	出生后5个月
张口闭眼反射	婴儿的两个手掌突然被碰触	嘴张开，眼睛闭上，脖子弯曲，脑袋向前倾斜。	出生时	出生后3个月
巴宾斯基反射	碰触婴儿的一只脚	脚趾散开，脚弯回来。	出生时	出生后4个月
觅食反射	用手指或乳头碰触婴儿的脸颊或下嘴唇	转脑袋，嘴张开，开始吸吮。	出生时	出生后9个月
行走反射	架着婴儿的胳膊，让他光脚着地	做出类似走路的运动，看起来很协调。	出生后1个月	出生后4个月
游泳反射	把婴儿放在水上	做出很协调的游泳动作。	出生后1个月	出生后4个月

---

① 图片来源：[美]黛安娜·帕帕拉、萨利·奥尔兹、露丝·费尔德曼著，陈福美等译.孩子的世界（第11版）[M].北京：人民邮电出版社，2011：130.

② 资料来源：同上。

二、婴儿主要动作的发展

婴儿从刚出生时静静地躺着到慢慢转动头部,再到翻身、坐起、站立、行走,经历了动作发展的一个个里程碑。新生儿的活动不多,但1岁的婴儿就完全不同了,只经过短短的12个月时间,从简单的头部动作开始,到能够对自己的四肢和躯体的控制,一个笨拙的新生儿慢慢变成了一个活动自如的婴儿了。

(一)头部控制

大部分新生儿躺在床上时就能左右摆动脑袋,一些新生儿甚至在趴着时,也能把脑袋抬起来转来转去。在出生后的2~3个月,他们的脑袋会越抬越高,大部分婴儿在4个月时,被抱着或支撑着坐立时,都能伸直脑袋。婴儿动作的发展,可以说是"从头开始"。

(二)手的控制

1. 手的动作

3~4个月时,大部分婴儿能够抓握东西了。但更多的是一种本能的抓握:没有目标没有方向,偶然接触到什么就抓什么;手指配合不当,拇指和其余四指方向一致,整只手弯起来,好像一个大钩子,无论什么物体,都一把抓;手的动作不能同视线协调起来,看见眼前的物体,伸出手却抓不准。因此只能够抓住中等大小的物品,抓不住小物品。直到5~6个月以后,才能五指分化、眼手协调地抓住小物体。此后,手的控制更加精确。15个月时,通常能够搭起两块积木。3岁多,能够照着图片搭出一个圆圈。

2. 工具的使用

自1岁半以后,婴儿已不再只是把手里的任何东西都拿来敲敲打打,单纯摆弄,而是根据物体的特性来使用。这是婴儿把物体当工具使用的开端。1~3岁婴儿学习使用工具大致经历四个基本阶段。

第一阶段,完全不按用具的特点支配动作。起先会把拿到手里的物品简单地当作手的延续,如把勺子与拳头一起送进嘴里。并会不断的改变运用物体的方式,但并不十分有效。

第二阶段,不再连续变换新方式,进行同一动作的时间有所延长。偶然碰到一种有效的方式,会将一个动作做完,如尽量用勺子将食物放入嘴里。

第三阶段,主动去重复有效动作。常常固执、反复地尝试某一有效的动作方式。即使遇到困难或失败,也不肯放弃自以为有效的方式。

第四阶段,能够按照用具的特点来使用它,并能够根据使用的条件改变动作方式。如果有不正确的动作,很快就改正[①]。

有了以上认识,成人就不必再为1岁多婴儿乱"抢"东西而烦恼,也无需在进餐时因为他们用勺子将饭菜倒在桌上、地上而发怒。这是他们尝试使用工具的开始。成人只需耐心等待,相信假以时日,他们的小手会越来越灵活。

(三)身体运动

1. 撑起来

大约在婴儿2~3个月的月龄时,他最开始尝试的动作就是趴在床上或地面上,然后抬起头,用手肘撑起自己的身体向四周看。在6个月之前,大部分婴儿已经可以开始用手支撑起身体。

2. 翻身

3个月的婴儿开始尝试翻身,试图将身体从仰卧转为侧卧。此时的翻身尚需在成人的帮助下进行。婴儿自己独立翻身大约在4~6个月时。当婴儿出现这种身体活动的时候,就表明了一个学习高峰期的出现。他会开始学习运用手臂的力量,而且不断地重复练习这个他自己意外"发现"的动作。

3. 坐立

婴儿不是自然而然地开始坐立的,5个月时,可在成人的协助与扶持下靠坐,6个月时可以独立坐。刚开始可能需要弯着腰,双脚分开,双手放在身体前方支撑起来,慢慢就能够掌握平衡,能直立地坐着。在7个月左右,大部分的婴儿都能够一边坐着一边玩着手里的玩具。

4. 爬行

大部分的婴儿在7~10个月大的时候开始爬行,但有些婴儿会更迟甚至从来都不爬行。年龄大些的

---

① 陈帼眉,冯晓霞,庞丽娟. 学前儿童发展心理学[M].北京:北京师范大学出版社,2004:60—61.

儿童爬行动作需要手和脚的协调能力以及同时运动的能力,但婴儿是通过扭动或者蠕动的方式爬行的。所以在刚开始爬行时,会出现"倒爬"现象。为了引导婴儿向前爬行,成人可以将其喜欢的玩具放在他够不着的地方,不久他就会找到一种适合自己的方式爬行过去。

5. 行走

在婴儿学习走路之前,必须要学会站立。大约在 10～12 个月的时候,婴儿开始学习走路,刚开始可能是先扶着墙、床栏、家具行走,熟练以后就能够慢慢自己行走。

三、婴儿动作发展的规律与训练

(一)婴儿动作发展的规律

1. 从整体动作到分化动作

婴儿最初的动作是全身性的、系统的、弥散性的。比如,新生儿在受到痛刺激后,会边哭边全身乱动。足月之后,婴儿的动作逐渐分化,向着局部化、准确化和专门化的方向发展。

2. 从上部动作到下部动作

婴儿最先学会抬头,然后俯撑,再到翻身,坐和爬,最后学会站和走。这种发展趋势亦为"首尾规律"。

3. 从中央部分的动作到边缘部分的动作

婴儿最早出现的是头和躯干的动作,然后是双臂和腿部的动作,最后才是手的动作。这种从头至尾、从近至远的发展趋势亦称为"近远规律"。

4. 从大肌肉动作到小肌肉动作

婴儿四肢动作的发展,先是手臂和腿的动作,即通常所说的活动幅度较大的"粗动作",然后才逐渐学会手和脚的动作,特别是手指的"精细动作"。这种发展趋势亦称"大小规律"。

5. 从无意动作到有意动作

婴儿最初的动作是无意的,以后越来越多地受到心理有意识的支配。遵循从无意向有意发展的趋势。

(二)婴儿动作发展的训练

1. 头部动作的训练——俯卧抬头

婴儿自出生后几天就可以俯卧,但 1 个月内的婴儿俯卧还不能自己抬起头,只能本能的挣扎,使面部转向一侧。到 2 个月时能稍稍抬起头和胸部。对 1～3 月的婴儿进行俯卧抬头练习不仅可锻炼婴儿的颈部、背部和肌肉力量,增加肺活量,同时能使婴儿接受更多的外部刺激。

训练要在婴儿清醒且空腹的情况下,最好在喂奶前 1 小时进行。床面要平坦、舒适,让婴儿俯卧在床,家长拿色彩鲜艳有响声的玩具逗引,使其努力抬头。抬头的动作从抬起头与床面成 45°～90°,逐步引导。到 3 个月时,婴儿能稳定地抬头至 90°。此时家长可将玩具从婴儿眼前自左至右再自右至左缓缓移动,引导婴儿的头随玩具移动而转动。每次训练时间自 30 秒开始逐渐延长,每天练习 3～4 次,每次时间不宜超过 2 分钟。

2. 躯体动作的训练

在婴儿刚开始进行支撑、翻身、坐立、爬行等动作时,家长要进行适当的引导和支撑。妈妈的笑脸、奶瓶、色彩鲜艳或有声响的玩具都可以成为动作引导的有效工具。

在婴儿刚刚开始起身坐立时,爸爸妈妈一定要给予孩子一定的支撑。因为婴儿的骨骼较软、弹性大、可塑性强,受压迫后容易弯曲变形。坐的体位不正容易引起脊柱变形,如身体长时间侧向一侧坐则可能导致脊柱侧弯。另外,这个阶段的婴儿肌肉力量和耐力仍然很弱,如果婴儿坐的体位不正也容易引起肌肉疲劳和损伤。鉴于上述原因,婴儿坐的时间不能太长,2～3 岁婴儿连续坐的时间以不超过 30 分钟为宜,并一定要保持正确的坐姿。

在婴儿趴着的时候,爸爸妈妈的笑脸就是婴儿努力抬起头的动力。需要翻身或爬向某一方向时,可利用婴儿熟悉的奶瓶或喜欢的玩具吸引婴儿朝向这个方向运动。好多婴儿没经过爬行便开始走了,有的家长会为自己孩子的超越式发展而自豪。殊不知爬行训练对婴儿的益处很多。据相关资料显示,现在城市中的婴儿绝大多数没有经历过爬行就直接开始学走路了。虽然没有数据表明经历过爬的孩子一定比没有经历过的孩子聪明,但爬能促进婴儿脑部发育已被医学界公认。爬行训练可以加强前庭与感觉系统的统合,使身体感觉灵活,促进脑的发育。并且,爬行是一种综合性的强身健体活动,并且为婴儿的站立和行走打下基础。

3. 手部动作的训练

研究表明,训练婴儿手的动作,可以加速大脑的发育。因此,要给婴儿尽可能多的抓握物品和使用工具的机会。1 岁之前,尽可能给婴儿材质安全的玩具,让婴儿抓握在手中玩弄。最好是一些色彩鲜艳、能发出声音的能够引起婴儿兴趣的玩具,如摇铃、拨浪鼓。1 岁以后,婴儿逐渐能够准确地拿各种东西。1 岁半左右,婴儿已不再只是对手中的东西单纯摆弄,而是根据物体的特性来使用,所以要提供一些大小适合的、安全的用具供婴儿进行工具使用练习,具体可以通过以下练习训练婴儿的手部动作。

(1)垒物练习:1 岁开始,就可以提供两块以上的方形积木,让婴儿进行垒物练习。成人可先作示范,之后陪婴儿一起垒。两块垒成功之后逐渐递增积木数。

(2)涂鸦练习:1 岁半左右,就可提供纸笔,让婴儿随意画出任意线条。2 岁半左右,成人可示范,引导婴儿画出一些简单的闭合图形。

(3)投掷练习:1 岁之后,可在地面上画个圆圈或放个小筐,训练婴儿扔皮球或沙包。投掷的距离可逐渐增加。接近 2 岁,可让婴儿对着前方距离较近的小目标投掷,如玩"打狐狸"游戏。

(4)玩沙练习:1 岁半左右可给孩子小铲子、小桶、小漏斗等容器让婴儿练习装沙、运沙、漏沙。天气炎热时也可让婴儿用容器装水玩。

(5)吃饭练习:1 岁半之后,就可在小碗中装盛少量米饭、小饼干或水果块(尽量避免流食),让婴儿练习用小勺或小叉自己吃饭。接近 3 岁时,可以提供筷子,让婴儿练习夹菜。

4. 行走的训练

(1)直立跳跃练习。在婴儿学习走路之前,必须要学会站立。6 个月左右的婴儿,扶站时腿已能支持住身体的大部分重量,此时练习直立跳跃,既能锻炼下肢的肌肉力量,为以后独站、行走作准备,又能体验到欢乐的情绪。

刚开始练习时,成人呈坐位,将双手放在婴儿腋下,让婴儿站直在成人的双腿上。开始站立时间持续不长,久之可坚持较长时间。这时成人可用双手轻轻向上提起婴儿,使婴儿在成人腿上一蹿一蹿地跳跃。练习一定时间后,成人只要一抱起婴儿,他就会自动地出现直立跳跃动作,同时表现出欢愉情绪。每天可练习 2~3 次,每次练习时间不宜过长。

(2)扶站练习。8 个月左右,成人可给准备一个带栏杆的小床、活动圈,或在沙发前、床前铺上垫子作为婴儿练习扶站的活动场所。开始婴儿可能会摇摇晃晃站不稳,成人可在其两侧扶着,或者在开始训练时让婴儿稍靠着物体站立。以后逐渐撤去可依靠的物体,让婴儿练习独自站立,哪怕只是片刻。但要注意保护,以免摔倒影响下一次练习。

(3)迈步行走练习。1 岁左右,成人可以帮助婴儿练习迈步行走。练习行走最好在婴儿吃饱、排完大小便后,要撤去尿布,以减轻身体负担。衣服不要穿得太多,行走练习要在比较软的地方进行,如床上、地毯上、草地上,两头均要有人保护,不要因开始的不安全给婴儿形成恶性刺激,要在愉快的气氛中鼓励婴儿积极练习独行。

有些婴儿喜欢爬沙发、爬楼梯,也是很好的锻炼。成人不必过多干涉,只是要保护其安全。让婴儿练习以上各种动作,必须注意适时适量,不要过早让婴儿坐、站,每次练习的时间也不宜过长。

 第三节 婴儿生理健康与指导策略

每个父母都希望自己的孩子能够健康成长,尤其在独生子女家庭数量剧增的现代社会,婴儿的健康发育不仅影响到其以后的发展,更关系到一个家庭的主观幸福感。然而,婴儿期是人生的危险期,不少婴儿在出生第一年里死亡,不少婴儿在学步期受伤。怎样保证婴儿正常发育、健康地生活和成长,如何帮助、指导父母科学地养育子女,是一个值得关注的问题。

一、影响婴儿生理健康发展的因素

(一)先天因素

主要由遗传基因决定。遗传决定有机体生长发育的可能性,即生长发育的潜力或最大限度,人体生长

发育的特征、潜力、趋向等都受到父母双方遗传因素的影响。

关于遗传基因对后天发展的影响,在第一编中已经详细介绍,不再赘述。在此重点讨论后天因素的影响。

（二）后天因素

主要由婴儿生活的环境决定。环境因素在不同程度上影响遗传所赋予的生长发育潜力的发挥,并最后决定发育的速度及可能达到的限度。婴儿所处的主要生活环境为家庭。家庭的生活方式和父母的育婴理念及行为的科学性,在很大程度上决定了婴儿生理的健康。

1. 家庭物质生活方式对婴儿生理健康的影响

家庭饮食结构是否均衡,能否为婴儿身体发育提供充足的营养、作息起居安排是否合理,能否保证婴儿充足有效的睡眠,并为婴儿提供适时适量的运动锻炼,都会影响到婴儿生理的健康发展。首先,人体需要多种营养来满足身体生长发育的需求,通过饮食能够提供婴儿身体生长发育的原料。其次,充足有效的睡眠有助于婴儿身体的生长,因为促进身体生长的激素生长因子是睡眠中分泌的。再次,运动锻炼也是影响婴儿身体健康发育的重要因素,因为运动能够增加人体细胞的活力,刺激肌肉和骨骼的生长。一般而言,营养充足、睡眠充分、运动锻炼适度的婴儿长得更加强壮,抵御疾病的能力也更强。

2. 父母的育婴理念与行为对婴儿生理健康的影响

营养、作息、锻炼等因素影响着婴儿的发育,也会影响婴儿的健康状况。需要强调的是,真正能使这些因素发挥作用的是成人,尤其是与婴儿有着天然联系的孩子衣食住行的主要照顾者——父母。父母科学的育婴观念、正确的育婴行为,是婴儿健康成长的最好养分。

案例 3-1

腾腾的父母是一对很注重科学育婴的年轻夫妇。在腾腾出生不久,他们就去一家育婴指导中心接受了对婴儿的抚触按摩培训。每次给腾腾洗完澡,他们都会给小腾腾从头到脚,进行全身按摩。腾腾的爷爷奶奶因为担心腾腾受凉感冒,总是抱怨腾腾的爸爸妈妈瞎折腾。可小腾腾每次接受抚触时都会表现出一副怡然自得的样子。转动着小眼珠盯着爸爸妈妈,嘴里哼哼呀呀地似乎很享受。抚触结束后,腾腾的爸爸妈妈还会围着小腾腾,一本正经地和小腾腾"谈心"。"腾腾,你今天快乐吗?""腾腾,妈妈给你讲个故事好吗? 从前……"腾腾的爷爷奶奶在一旁听得莫名其妙:这么小的孩子,话也不会说,能听得懂吗?

也许在别人眼中,腾腾父母的行为是荒诞的、毫无意义的,但事实却恰恰相反。他们的行为是科学的,有依据的。研究表明,爱抚是促进婴儿大脑发育的最好方法。婴儿获得的第一次交流和第一语言的发展都是通过皮肤。所以,关注和抚摸是婴儿的一种需要,也是婴儿感受他人的一种语言方式,是一种较好的沟通方式,它不仅是父母对婴儿爱护、关怀的表现,而且还能满足婴儿"肌肤饥渴"的心理需求,使婴儿享受到父母无声的爱。另外,父母经常同婴儿说话可以刺激婴儿大脑发育。一些初为人父人母的家长,有时出于对婴儿的喜爱,会有一句没一句的和婴儿说话。这些话在旁人眼中看似毫无意义,但却对婴儿的大脑发育有实际帮助。当婴儿听到父母有意识地跟他们说话的时候,大脑会变得更加活跃。

二、家庭育婴的问题与误区

（一）问题与误区之一

1. 问题:营养不良与营养过剩

营养不良是婴幼儿常见的疾病,在世界上的许多低收入群体中,普遍存在婴儿早期的营养不良,不仅会引发各种疾病,甚至会致命。据统计,全球约一半儿童的夭折与营养不良有关,而且许多儿童在2岁时受到一些不可逆转的伤害。5岁之前营养不良但幸存下来的儿童,其后都会面临着发育迟滞、健康问题和机能障碍[①]。除了先天因素(如早产、双胎、大体重、先天畸形等),以及家庭贫困等客观因素外,绝大部分营养不良是由于人为因素,即后天的喂养有问题,尤其是辅食添加不合理所致。

---

① ［美］黛安娜・帕帕拉、萨利・奥尔兹、露丝・费尔德曼著,陈福美等译. 孩子的世界(第11版)［M］. 北京:人民邮电出版社,2011:123.

与营养不良相对应的疾病是营养过剩。导致营养过剩的原因之一是因为饮食结构不合理,许多婴儿和成人存在同样的问题,吃了太多不健康的食物。据调查,婴儿在 7～24 个月之间,乳制品的摄入量超过了正常身体需求的 20%～30%;婴儿长到 19～24 个月时,炸土豆片成为他们吃得最多的蔬菜,其中约 30%的儿童根本不吃水果,60%的儿童每天吃焙烤点心,20%的儿童每天吃糖果,44%的儿童每天喝甜饮料[1]。二是因为饮食过量。

2. 误区:孩子越胖越健康

许多父母将长得胖看作孩子身体健康的重要指标,误认为孩子越胖越健康。为了让孩子长得壮,随时随地给孩子塞东西吃,千方百计给孩子寻找有营养的食品吃。当孩子摄入大量高脂肪食物时,肥胖就变得不可避免。据统计,无论在发达国家还是经济快速发展中国家,因为饮食过量而导致营养过剩的儿童数量正在日益扩大。营养过剩的最直接影响就是儿童变得肥胖,并增加了患糖尿病、高血压、心脏病、肝病和肾病的危险[2]。

(二)问题与误区之二

1. 问题:缺乏锻炼与运动过度

出生 1～2 个月的婴儿,受身体动作发展的限制,大部分时间都是躺在床上的。从 3 个多月开始,随着身体动作的发展,尤其是躯干动作的发展,婴儿开始尝试着移动自己的身体。特别是当婴儿刚刚学会爬的时候,一不小心,就会从床上掉下来。为了保证孩子的安全,有些家长会时时抱着孩子,很少让他们自由运动。在一些农村家庭,当妈妈忙碌时,甚至会将孩子绑在床头。当孩子到了学步期,家长的警惕性就更高了。为了避免孩子摔倒,长时间把孩子困在带有围栏的小床上或学步车中,以为这样就万事大吉。其实这样反而不利于孩子的健康发育。长时间地缺乏锻炼,会使孩子吸收的食物难以消化,身体发胖;四肢肌肉得不到锻炼,变得无力,行动迟缓。

也有家长为了使自己的孩子有健壮的体魄或某一方面的动作技能,便像训练运动员一样,对婴儿进行长时间的超负荷运动训练,我们称这一现象为运动过度。在本章第一节的学习中,我们了解到婴儿的骨骼较软、弹性大、可塑性强,受压迫后容易弯曲变形。并且肌肉力量和耐力很弱,长时间的动作技能训练容易引起肌肉疲劳和损伤。鉴于上述原因,婴儿运动的时间不能持续太长,一般连续不超过 30 分钟为宜。如果家长想对孩子进行一定的锻炼,可采取动、静结合的方法,让孩子活动一会儿休息一会儿,这样可消除或减轻肌肉疲劳、促进骨骼和肌肉的发育、防止胸部和脊柱畸形。

2. 误区:运动时间越长越好

近年来,受欧美一些国家的影响,给婴儿甚至新生儿进行"游泳训练"成为时尚。给出生几小时至几个月的新生儿、婴儿套上特制的游泳圈,让他们摆动小脚在水中游泳是许多家长乐此不疲的事情。看到婴儿在水中摆动着小胳膊小腿,想到游泳可以锻炼心肌,增强肺活量,增强运动协调能力,促进生长发育等诸多好处,许多家长常常兴奋得忘了时间,有时让婴儿在水中一游就是半个小时甚至更长时间。因为在家长的潜意识中有这样的认识,既然生命在于运动,运动时间越长越好!却不知长时间水的压力,会引起婴儿骨骼的弯曲变形。新生儿游泳时间,不能超过 10 分钟。婴儿游泳时间,一般控制在 20 分钟左右,最多不能超过半个小时。为了使婴儿以后拥有一个健康且健美的身体,任何一项运动必须适时、适量。

拓展阅读 3-3　　　　　**警惕:学步车的危害!**

许多父母把婴儿放在学步车上,认为这样婴儿能够更早地学走路。事实上,这种学步车限制了婴儿的探索和运动,可能会延迟运动技能的发展。因此,学步车很危险。1990—2001 年期间,美国约有 19.72 万个不满 15 个月的婴儿在学走路时受伤而送急诊。但 1994 年后,这类案例的数量明显增加,而当时恰逢学步车上市之际。美国儿童研究会呼吁取缔婴儿学步车的生产和销售。2004 年加拿大成为第一个禁止学步车销售、广告宣传和进口的国家。

(资料来源:[美]黛安娜·帕帕拉、萨利·奥尔兹、露丝·费尔德曼著,陈福美等译.孩子的世界(第 11 版)[M].北京:人民邮电出版社,2011:137.)

---

[1] [美]黛安娜·帕帕拉、萨利·奥尔兹、露丝·费尔德曼著,陈福美等译.孩子的世界(第 11 版)[M].北京:人民邮电出版社,2011:123.

[2] 李燕.学前儿童发展心理学[M].上海:华东师范大学出版社,2008:69.

（三）问题与误区之三

1. 问题：超前发展与发展滞后

关于婴儿肢体动作的发展，民间有着种种说法：如"三躺、六坐、七牙、八爬、十挪蹚"，就是说婴儿3个月时基本以躺为主，6个月可以独坐片刻，7个月开始长牙，8个月会爬，10个月就能让大人扶着走了。也有"三翻六坐九爬"、"一听二看三抬头，四撑五抓六翻身，七坐八爬九扶立"。有些家长会以此为标准，来衡量自己孩子的发展速度。有的家长会为此焦虑不安："我家宝宝快百天了，怎么还不会翻身，是不是有什么问题？"，就如本章开始提到的豆豆妈妈，因为自己的孩子比别人家的孩子翻身晚而焦虑。也有家长会因为自己家的孩子爬得早或走路早而欣喜自豪。究竟为什么同月龄的婴儿，有的长得高，有的长得矮，有的出牙早，有的出牙迟，有的动作技能发展快，而有的发展慢呢？其实，在婴儿的发展过程中，出现快慢差异是很正常的，没有一个绝对的标准。就民间的种种说法本身，对某一动作出现的时间，也存在着差异。如，有"六坐"和"七坐"之差，"八爬"和"九爬"之差。这些足以证明，在生理发展的过程中，的的确确存在着差异性。

在男婴和女婴之间，存在着性别的群体差异。男婴的身高体重的发展从速度上要领先于女婴。但并不意味着这种领先会一直存在。就同性婴儿之间，身高、体重、牙龄骨骼的生长速度及动作技能发展的快慢更存在着个体差异。关于婴儿发展的描述，所取的一般是同一人种同一时代大多婴儿呈现出的均值，以及据此总结出来的发展的一般规律。某一婴儿的发展稍早或稍晚都没关系，但要是"太早"或"太晚"就要引起注意。就以婴儿长牙为例，牙齿什么时间长出，对每个孩子来说都不完全相同，有的早在4个月就长出，有的在10个月才长出。但总体遵循一个规律：一定的时间、一定的顺序和左右牙齿对称性发展。常常有孩子未到长牙时间，牙齿就已经萌出了，医学上称为"牙齿早萌"，也有的孩子到了牙齿该萌出的时间却迟迟不长，医学上称为"萌出延迟"，这两种情况，都需到医院诊断治疗。我们不能以生理发展的速度作为推断智力发展的指标。生理的"超前"发展与"滞后"都未必是好现象。

2. 误区：动作技能发展越早越聪明

在个体发展的过程中，身体发展的差异是不可避免的。动作技能的发展是以身体发展为前提的，自然也存在着差异。但大多数家长会认为，动作技能发展越早孩子越聪明。看到别人家的孩子与自家孩子同龄，却更早地学会了翻身、走路，心中便非常着急。想尽各种方法想要追、赶、超。是否就如许多家长所认为的，动作技能发展越早越聪明？坐、爬、走，是否要刻意鼓励？不同的文化，会有不同的回答。其实，影响发展的因素很多，如先天遗传、后天环境，甚至人类文化。但至少需要肯定的是，生理发展的早晚与聪明与否没有直接的联系。

拓展阅读3-4　　　　　不同文化中的动作发展

在儿童抚养中，文化不同也会影响其动作发展。如果问父母这些问题：坐、爬和走是否要刻意地鼓励？文化的不同会影响回答。如日本母亲会认为这是不必要的，在墨西哥的印第安人中也不鼓励快速移动，认为在孩子不太了解火和织布机之前学会走是危险的。而在肯尼亚和牙买加，孩子学会抬头、独自坐和走路的时间要比北美的孩子早，因为这两个国家的母亲会教给孩子这些技能。刚开始的几个月中，孩子坐在地上挖的小洞里，裹上毯子来保持孩子的竖直。不断地锻炼孩子用脚蹦跳可以促进孩子学走路，这说明了锻炼可以让孩子长得更强壮、更健康，身体上更有吸引力（Hopkin & Westre, 1988）。

（资料来源：转引自李燕. 学前儿童发展心理学［M］. 上海：华东师范大学出版社，2008：74.）

婴儿的发展不是越早越好，他们有自己的发展节奏。"发展是一种连续的、稳定的变化，而且这种变化是在个体内部进行的。"正常的发展在不同的婴儿身上所呈现出的形式不同，节奏也不同，每个婴儿都有与自己相适应的发展节奏。例如，当有的婴儿1岁左右便能够叫"妈妈""爸爸"时，有的同龄婴儿还只会在一旁微笑，不会说一个字；当有的婴儿能够在街头漫步时，有的同龄婴儿还只会爬，不会走。这都是正常的。我们不能盲目攀比，更不能揠苗助长，而是应该对婴儿有信心，为婴儿的发展提供适宜的帮助。当然，我们也应该警惕那些由生理问题引发的发展滞后现象。

三、科学育婴指导策略

（一）营养与膳食

1. 大脑发育的营养

从胎儿中后期到出生后 6 个月，脑细胞数量大量增加，是脑组织生长的关键期。此时若发生严重的蛋白质、热量营养不良、缺氧、产伤等现象，细胞的分裂、增殖速度会急剧减慢，即便以后进行各种积极干预，脑细胞数量不能恢复到应有水平，婴儿智力将受到较严重影响。脂肪、蛋白质、钙、糖以及各种维生素，是促进婴儿大脑发育的基本营养素。在大脑活动中起着重要的不可代替的作用，必须保证供给。脂肪是构成脑组织的重要营养物质、蛋白质是脑从事复杂智力活动的基本物质、充足的钙质可使大脑持续工作、糖是大脑活动能量的来源、维生素 A 可以促进脑的发育、维生素 B 族物质可预防精神障碍、充足的维生素 C 可使脑功能敏锐、维生素 E 具有保护细胞膜以及防止不饱和脂肪酸的过氧化。

2. 母乳喂养与配方奶粉

充足营养的摄取，是保证婴儿身体健康发育的基本前提。胎儿期，胎儿在子宫内通过胎盘吸收营养。孕妇营养不良、胎盘老化或脱落，都会给胎儿造成生存危机。新生儿主要通过母乳或配方奶粉获取营养。在人类历史的早期，婴儿都是靠母乳喂养。非母乳喂养可能会致使婴儿生病甚至死亡。随着制冷技术、加热杀菌法及其他杀菌技术的出现，在 20 世纪初的十年，一些生产商开始调整婴儿饮用奶的配方，丰富牛奶营养，改进哺乳瓶的设计。人工喂奶变得更安全、更营养，也更流行。随后的半个世纪，配方喂养在美国和其他工业化国家成为标准规范。到 1971 年，只有 25％的美国妈妈仍坚持母乳喂养。

然而今天，人们越来越意识到母乳喂养的益处。一方面，喂养婴儿既是一种生理行为，更是一种情感行为。婴儿在接受母乳喂养的过程中，可以接触妈妈温暖的身体，从而促进母婴之间的情感联结。另一方面，就营养而言，母乳是婴儿最好的食物。母乳中含有婴儿成长所需的各种营养，能预防或降低婴儿患腹泻、呼吸道感染症、中耳感染、泌尿系统感染等疾病的发生，降低婴儿死亡的风险。对婴儿的视觉灵敏度、神经发育、心脏血管健康都有益。同时，母乳喂养对母亲也有益。母乳喂养可降低母亲产后出血的概率，帮助母亲更好地恢复，并能在母亲更年期阶段降低她们患乳腺癌、卵巢癌、骨质疏松症和发生骨折的概率。

母乳喂养有利于婴儿健康成长，母乳中特别是初乳，含有婴儿所需要的丰富营养，是任何乳制品不可替代的优质乳，婴儿能吮吸到母乳，对婴儿的健康成长可谓是有百益而无一害。但令人担忧的是，随着生活节奏的加快，有些母亲因为工作繁忙被迫放弃了给孩子喂奶的权利；有些母亲害怕身材走样，而草草结束了母乳喂养的义务。

拓展阅读 3 - 5　　　　我国母乳喂养率远远低于世界水平

记者了解到，母乳喂养门诊在国外已经较为普遍，而国内还在发展中。据统计，我国还是有近一半新生婴儿没有足够的母乳吃。1998 年的一组调查数字显示，城市的母乳喂养率是 53.7％，农村为 76.6％；到 2002 年这组数字变成了 48.7％和 60.4％。其中母乳喂养的主要生力军——农村母乳喂养率下降更为严重。

联合国儿童基金会卫生与营养官员何大卫说，以前中国对纯母乳喂养的定义与国际定义不同。因此，中国在 2007 年缺少纯母乳喂养率统计，2007 年以前只有中国个别地区小范围的统计。如在浙江的调查发现，农村地区纯母乳喂养率只达到 7％，城市仅为 1％。他还说："2008 年中国官方公布的比率为 28％，超出预想，但比率仍很低。"

北京市卫生局公布的最新统计数据显示：2010 年出生的新生儿，6 个月内母乳喂养率为 91％，纯母乳喂养率（纯母乳喂养是指除给母乳外不给孩子其他食品及饮料，包括水，除药物、维生素、矿物质滴剂外，也允许吃挤出来的母乳）为 65％。

有专家指出,2012 年全国 0～6 个月婴儿纯母乳喂养率比北京市更低,只有 40%～50%。2011 年我国颁布了《中国儿童发展纲要(2011～2020)》,提出 0～6 个月婴儿纯母乳喂养率达到 50%以上。据卫生部的相关数据表明,我国 6 个月婴儿的纯母乳喂养率是 27.6%,目前情况与纲要提出的 50%的目标,还有较大差距。

（资料来源：佚名.母乳喂养——健康选择.搜狐网.http://baobao.sohu.com/20131028/n389083437.shtml,2013-10-28.）

3. 辅食的添加

随着婴儿渐渐长大,其消化功能逐渐成熟,胃肠道消化酶分泌增多,消化能力比以前强了,胃容量也日渐增大,有能力消化吸收奶以外的其他食品。尽管母乳、牛奶等仍是婴儿期的最佳食物,但它们所含的营养素已经不能完全满足婴儿生长发育的需要。因此,不管是母乳喂养,还是人工喂养,都需在 6 个月左右开始添加乳制品外的其他食物,简称辅食。过早添加辅食会引起幼儿消化不良,过晚添加辅食会造成营养摄入不够。辅食的添加,一方面能补充婴儿进一步生长发育所需的热能和营养素,另外也为日后断奶作准备。

添加辅食的原则：(1)添加的量应由少到多,味由淡到浓;如开始 1 茶匙,逐渐增加到 2～3 大汤匙或半碗,这要由食物的种类而定。(2)食物应从稀到稠,从细到粗,从流质到半流质再到固体食物;从米粉、蛋黄开始添加,慢慢到果泥、其他菜泥、肉泥、鱼泥等。(3)根据婴儿消化力及营养需要,添加辅食应逐渐增加品种。先试一种,待 3～4 日或一星期婴儿适应后,再添加另一种。这样,如发生过敏症时就容易查出由什么食物引起的。

需要注意的是：婴儿个体差异大,需灵活掌握增添辅食的品种及数量,不能千篇一律。一次没有添加成功不能因此认为婴儿不喜欢或不适应,可过些时候再试吃;如果婴儿初次不愿吃,如用嘴抿、掉头逃避、闭口或喷出来表示拒绝,不要强迫吃,应给婴儿时间尝试。每次添加新食品后,应密切注意其消化情况,如发现发呆、呕吐、大便反常或其他情况,应暂停喂此种辅食。当肠胃功能恢复正常后,再从开始量或更小量喂起。在具体喂养时,应根据不同婴儿的特点,进行适当调整。判断喂养是否得当的客观指标为：婴儿食后不哭闹,睡眠好,大便消化,体重增长满意。

(二) 锻炼与运动

1. "三浴"锻炼

提到给婴儿补充营养,好多家长只想到食物,却没想到大自然同样能够给婴儿提供丰富的"营养"。充分利用自然界的空气、阳光和水对婴儿进行体格锻炼,不仅对促进婴儿新陈代谢、体格发育大有好处,同时可增加婴儿对外界环境的适应能力。从 4 个月开始,只要天气好,每天都应抱孩子到户外活动 1～2 次,每次 1 小时左右。让婴儿进行日光浴、空气浴、水浴等锻炼。

(1)日光浴。日光中的紫外线能使人体皮肤中的 7-脱氢胆固醇变成维生素 D,预防婴儿佝偻病。紫外线还有杀菌消毒作用,还能刺激人体造血,促进人体血液循环。沐浴阳光,适当的日光照射,可促进婴儿生长发育,预防佝偻病和贫血,增强抗病能力。

对婴儿进行日光浴锻炼,可选择清洁、平坦、干燥、绿化较好、空气流通,但又避开强风和日光直射的地方。在进行日光浴之前,应有 5～7 天以上的户外活动,以让婴儿有个适应过程。日光浴一般从出生后 2 个月开始,根据婴儿体质,可推迟。进行日光浴时衣服要少穿,尽量露出婴儿皮肤,刚开始可露出头部、手和脚及臀部。每天 1～2 次,刚开始每次 5 分钟,以后每隔 2 天增加 1 分钟。日光浴时要注意保护婴儿眼睛,如果太阳光很强,应给婴儿戴遮阳帽或在树荫下进行。夏天可安排在上午 9～10 点,春秋季可安排在上午 11 点以后到下午 1 点以前进行。

如果婴儿有发热、严重贫血、心脏病及消化系统功能紊乱,或身体极度虚弱,就不宜进行此项锻炼。

(2)空气浴。空气浴即空气锻炼,主要利用气温与人体皮肤表面温度之间的差异形成的刺激对人体产生作用。寒冷的空气可以使神经系统更加活跃,促进人体新陈代谢,提高呼吸器官对寒冷刺激的耐受性和适应性,增强心血管系统的活动。

空气锻炼最好从夏季开始,这样婴儿能适应气温从热到温、冷的逐渐过渡。寒冷季节可在室内进行,预先开门、窗通风换气,使室内空气新鲜,但室内温度应逐渐下降,一般每 3～4 天下降 1℃,冬季持续时间

以20～25分钟为宜。

空气锻炼适合于任何年龄及不同健康状况的婴儿,但身体过于虚弱、有急性呼吸道疾病和各种急性传染病、急慢性肾炎、代偿不全的心瓣膜病的婴儿不宜进行此项锻炼。

(3) 水浴。水浴是用身体表面和水的温差来锻炼全身,比日光浴、空气浴更容易掌握强度,一年四季均可进行,是婴儿比较好的一种锻炼方式。

水浴的原则是从温水逐渐到冷水。1个月以内的婴儿可进行温水锻炼,1个月以后可逐渐向冷水浴过渡,同时要注意水温越低,与身体接触时间要越短。水浴方法很多,有冷水浸浴、有冷水擦浴、冷水冲淋等。对婴儿来说冷水浸浴比较适宜,室温为20～25℃,水温35°,每次浸泡不超过5分钟。浸浴后,可用再低1～2℃的水冲洗全身。水浴完毕,立即将婴儿用浴巾裹好擦干。浸浴每天锻炼1次,以后随孩子年龄增长,耐受性增强,可逐渐将水温降至28～30℃。婴儿除了冷水浸浴外,平时洗澡、洗脸、洗脚,水温也不要太高,以增强耐寒能力。

2. 婴儿操

除了利用自然因素如"三浴"对婴儿进行各种锻炼外,成人可在家中引导婴儿做简便易行的婴儿操来锻炼身体。婴儿操可分为婴儿被动操、婴儿主动操、婴儿辅助操和婴儿体操,分别适用于不同月龄的婴儿。婴儿在1个月后长期坚持每天做婴儿操可变婴儿初步的、无意的、无序的动作,逐步形成和发展分化为有目的的协调动作,不但可增强婴儿的生理功能,促进动作发展,使婴儿的动作更灵敏、肌肉更发达,同时还可促进婴儿神经心理的发展,为思维能力打下基础。

(1) 婴儿被动操。婴儿被动操适用于1～6个月婴儿。成人可伴随着轻松有节奏的音乐,轻轻握着婴儿的四肢,从手腕到胳膊到腿到脚,嘴里喊着节拍帮助婴儿的身体做抬头、扩胸、举腿、翻身等运动。

(2) 婴儿主动操。婴儿主动操适用于7～12个月婴儿。这个时期的婴儿已经有了初步的自主活动的能力,婴儿可在成人的适当扶持下,加入婴儿的部分主动动作完成。婴儿每天进行主动操的训练,可活动全身的肌肉关节,为爬行、站立和行走打下基础。

(3) 婴儿辅助操。婴儿辅助操适合于12～18个月的婴儿。此年龄阶段婴儿自主控制能力仍较差,走路还不稳,在成人的辅助下做各种动作,活动全身关节韧带,锻炼全身肌肉,重点培养婴儿行走、蹲下、倒退走、跳跃等动作以及平衡协调和自我控制能力。

(4) 婴儿体操。婴儿体操适合于2～3岁的婴儿。适合此年龄段的婴儿体操包括摇铃操、徒手操、广播操、棍棒操、旗操等。这些操对婴儿的神经、肌肉、呼吸、血液循环和新陈代谢都有良好的作用。婴儿身体各大肌肉群同时参加运动,从而增强了肌肉紧张度,加深呼吸,促进循环,改善婴儿手脚动作的协调,对增进婴儿食欲,增强婴儿体质均有好处。

------------------------------- 本章小结 -------------------------------

本章重点介绍了0～3岁婴儿身体、大脑的发育特点与规律,婴儿主要动作发展的顺序和规律。并在分析影响婴儿生理发展因素的基础上,指出家庭育婴中存在的一些问题与误区,着重从如何增强婴儿的营养膳食、加强婴儿身体锻炼两个层面指导科学育婴。

学习本章内容后,希望学生能够重点理解并掌握婴儿身体发展的规律、婴儿大脑发展的特点及婴儿身体动作发展的规律。在此基础上,能够领会如何指导家庭科学育婴。

▶ 思考与练习

1. 婴儿身体发展遵循怎样的规律?
2. 简述婴儿大脑发展的特点。
3. 简述婴儿身体动作发展的规律。
4. 举例说明影响婴儿生理发展的因素有哪些?
5. 如何认识婴儿生理发展的差异性?
6. 说说你对学步车的看法。

▶ 自己做研究

请对我国近年来母乳喂养率进行问卷调查并分析。

问卷法是把一系列事先设计好的问题组合起来,以书面形式征询被调查者的意见,通过对问题答案的回收、整理、分析,获取有关信息的调查方法。

在本章第三节的科学育儿指导中,我们提到了母乳喂养对婴儿的益处。提高母乳喂养率是一个关乎婴儿健康的重要话题,受到社会各界的关注。许多机构和研究者都做了相关调查和研究。以下提供了来自新浪网育儿频道的一份关于"母乳喂养"的一份调查问卷。请参照该问卷,对你所处城市的某一社区的"母乳喂养"情况进行调查研究,并提交报告。具体要求如下。

调查目的:了解所调查城市的母乳喂养率,分析影响该地区母乳喂养率的因素,并就如何提高母乳喂养率提出建议和对策。

调查对象:某社区处于哺乳期的母亲。

调查方法:问卷调查法(可通过网络发放电子版问卷或实地发放纸质问卷展开调查)。

结果分析:对回收问卷进行整理与分析,并撰写某社区母乳喂养情况的调查报告。

关于"母乳喂养"的调查问卷

尊敬的女士:

您好!欢迎参加母乳喂养问卷调查!本问卷旨在了解母乳喂养情况,所获信息仅供研究统计之用,答案无对错好坏之分,问卷不必署名,所以无须顾虑。请您按实际情况如实作答,您的答案很重要,请不要漏答。感谢您的合作!

您的年龄: 孩子年龄:

以下均为选择题,请认真阅读题干,将最符合您自己实际情况的选项填入题干后的括号中。

1. 您的孩子出生时是( )

A. 顺产 B. 剖宫产

2. 您的孩子出生后,是( )

A. 母乳喂养 B. 人工喂养(奶粉喂养)

C. 混合喂养(母乳+人工喂养)

3. 您坚持母乳喂养多长时间( )

A. 6个月以内 B. 6个月~1周岁 C. 到18个月 D. 18个月以上

4. 您认为母乳喂养多长时间最好( )

A. 6个月以内 B. 6个月~1周岁

C. 到18个月 D. 直到孩子不想吃

E. 不需要母乳喂养

5. 您没有坚持母乳喂养的原因是什么( )

A. 健康原因 B. 奶水不足

C. 工作太忙 D. 担心体型

E. 乳头内陷

F. 认为母乳的营养已不能满足孩子的需求

G. 认为奶粉同样可以取代母乳的营养

6. 您家人对母乳喂养的态度是什么?( )

A. 大力支持 B. 极力反对 C. 无所谓

7. 母乳喂养您最担心的问题是什么?( )

A. 乳房下垂 B. 哺乳期间来月经

C. 身体发胖 D. 影响工作

E. 其他

(资料来源:你坚持母乳喂养了吗?.新浪网育儿频道.http://baby.sina.com.cn/diaocha/dhjk/muru.shtml,2014-4-4.)

第四章　婴儿认知的发展

 **知识结构**

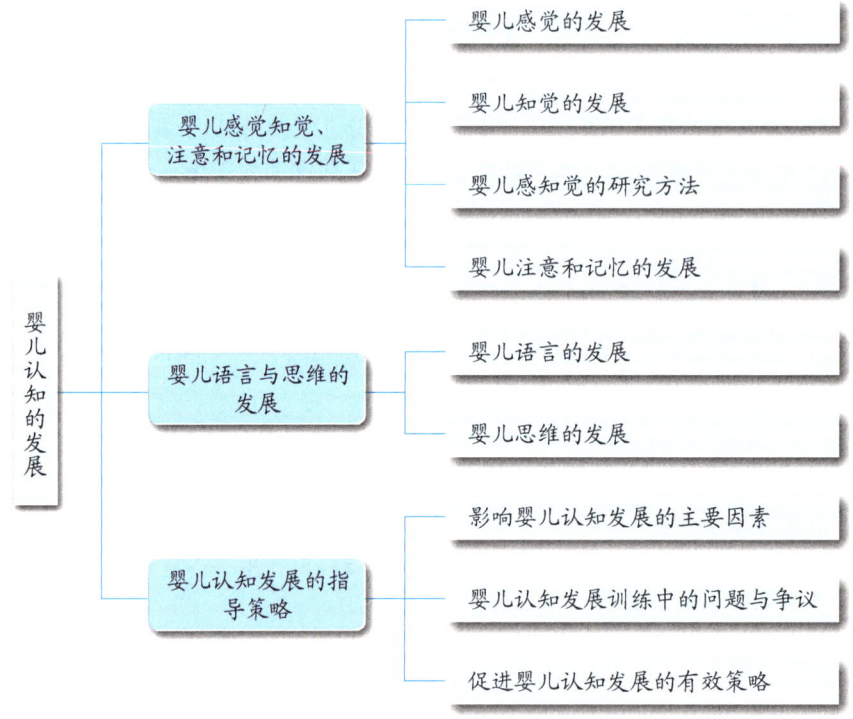

引入

　　豆豆1岁左右,就开始和妈妈玩"躲猫猫"的游戏了。每次随着妈妈的脸进入和离开视线,她都会乐得"咯咯"大笑。现在豆豆2岁了,依然对"躲猫猫"情有独钟。常常喊着妈妈"躲猫猫",还会尝试着自己发起游戏,但却将头埋在被子中或面向墙壁就会以为妈妈看不到自己了。面对豆豆的"藏头露尾""掩耳盗铃",豆豆妈妈觉得既有趣又奇怪。如何解释这一现象呢? 让我们带着这一问题进入本章的学习吧。

第一节　婴儿感知觉、注意和记忆的发展

　　"一个繁盛的、闹哄哄的混乱状况。"著名心理学家威廉·詹姆斯(William James)在描述婴儿的世界时,用了这样一句话来形容婴儿眼中的世界。然而随着心理学研究技术的发展和研究手段的革新,研究者

们能够对婴儿进行更为广泛的研究和测试。测试的结果令人大吃一惊：婴儿身上已经具有了惊人的感觉和知觉能力。婴儿在某些方面的感知能力,远远超出了我们的想象。

拓展阅读 4-1

斯佩尔克(Spelke,1976)对 4 个月大的婴儿做了一项实验。研究中,让 4 个月大的女婴同时观看两部影片,两个放映屏幕并排放在婴儿面前。影片甲中,一位妇女正在玩藏猫猫游戏。她先用手遮住自己的脸,再把手拿开,同时说："宝宝,藏猫猫!"。影片乙中,有一只手用鼓槌有节奏地击鼓。不断重复播放影片之后,实验者或单独播放影片甲中"宝宝,藏猫猫!"的语音,或单独播放影片乙中击鼓的声音。在她测试的 24 个婴儿中,23 个都能更长时间地注视与声音相匹配的影片,能够知道哪个声音和哪个影片相匹配。进一步研究发现,几乎所有 4 个月大的婴儿都具有上述能力。显然,这说明婴儿在他们人生的头半年中就能对图像和声音进行有意义的联结。研究结果同时告诉我们,婴儿所具有的知觉能力已经超出了我们的预期。

(资料来源:[美]罗伯特·西格勒、玛莎·阿利巴利著,刘电芝等译.儿童思维发展[M].北京:世界图书出版公司,2006:151.)

一、婴儿感觉的发展

感觉是认识的开端,是人脑对直接作用于感觉器官的客观事物个别属性的反映。我们在日常生活中看到颜色、听到声音、触到温度、尝到味道,这些个别属性在我们头脑中的反应就是感觉。成人对光、声音、气味的区分可借助于不同的感官分别进行。而对新生儿而言,这些感觉是混合在一起的。但是婴儿时期的感觉发展又是极为迅速的,随着外界刺激的不断作用,婴儿感觉发展速度之快令人始料不及。婴儿感觉的发展,尤其是视觉和听觉的发展,又会对儿童心理发展产生重要的影响。

(一)婴儿视觉的发展

视觉在人的认识活动中占有极为重要的地位。研究表明,正常成人所获信息量的 80% 来源于视觉。目前大量研究已经证实,视觉最初发生的时间在胎儿中晚期,4～5 个月的胎儿已有了视觉反应能力以及相应的生理基础(应小燕等,2001)。新生儿已具备一定的视觉能力,获得了基本视觉过程,并具备了原始的颜色视觉(庞丽娟、李辉,1999)。

1. 视觉调节能力的发展

新生儿的眼睛比成人小,他们的视网膜组织还没有发育完全,视觉神经也没有发育。他们会对亮光眨眼睛,已经能辨别光线的明暗。但双眼不能同时注视物体。出生后的最初几周,眼睛不能根据物体的距离来进行视觉调节,外周视觉的范围非常狭窄。研究发现,1 个月以后,婴儿能看清距离眼睛 20 cm 的物体;2 个月时,能根据物体距离远近的不同来调节视力;3 个月时,双眼已经能同时盯住处于不同距离的物体;4 个月末,眼睛的调节功能基本上接近成人了。研究表明,婴儿最远的视觉焦距是 31 cm,刚好是被妈妈抱着的婴儿到妈妈的脸部的距离。这一焦距能够促进母婴联结。有证据表明,识别面孔的能力,特别是识别照料者面孔的能力,可能是一种先天的生存机制。

2. 视敏度的发展

视敏度是指辨别物体(或物像)细微差别的能力,俗称"视力"。视敏度以物体(物像)与双眼之间的距离为测量变量,即视敏度的指标是表示在一定距离下辨别物像最小差别的能力。

新生儿能看见物体,就表明他们有一定的视敏度。研究发现,成人在 2 米远能看清的物体,新生儿则只能在 0.2 米远处看清,此时新生儿视敏度为 6/60(表示在 6 m 处只能看到正常视力情况下在 60 m 可以看到的视标)。黑斯(Haith,1990)总结了有关研究后指出,新生儿的视敏度在 6/60～6/120 之间,其后会迅速发展。2 个月大的婴儿平均视敏度能提高到 20/300,4 个月提高到 20/160,6 个月时已经接近成人的水平。

3. 颜色视觉的发展

颜色视觉是指区别颜色细致差别的能力,又称辨色能力。新生儿是看不见彩色的。在他们的眼里,世界是黑、白、灰三色的。在成长的过程中,婴儿慢慢分辨彩色与非彩色。红颜色特别能够引起婴儿的兴奋。

研究表明,出生只有 2 周的新生儿,能够区分红色和灰色(冯晓梅,1988)。2 个月大的婴儿能够从白色中区分红、橙、绿、蓝,但不能区分黄—绿色(Teller et al.，1978)。11 个月大的婴儿能准确分辨红、绿、蓝、黄四色。13 个月能认识和准确指出红、绿、蓝、黄、黑、白六色的名称。18 个月开始认识紫、棕、橙、粉红、浅绿、浅黄和灰色。24 个月能说出 15 种颜色(李忠忱,1990)。

(二)听觉

听觉是人通过听觉器官对外界声音刺激的反映,是仅次于视觉的重要感觉。儿童心理学家 W·普莱尔提出:"一切幼儿刚刚生下时都耳聋"。这一看法引起了人们关于新生儿何时开始有听觉这一问题的争论。其实,听觉在婴儿出生前已经发挥作用了。胎儿对声音有反应,而且学会了如何分辨声音。从进化的角度讲,胎儿在子宫内对声音和语言的早期认知是建立胎儿与母亲之间联系的基础,这对婴儿的早期生存非常重要。

1. 听觉辨别力的发展

人类能听到的声音频率为 16～20 000 赫兹。有人以 6、12、18、24 个月的婴儿和成人作比试,比较了他们的听觉阈限,发现婴儿对低频率(低于 1 000 赫兹)声音的听觉能力高于成人;对中等频率(1 000 赫兹)接近于成人;对高频率(10 000 赫兹)又高于成人(Schneider,1983)。

婴儿对不同频率的声音可以清楚地区分。1 个月时能够区分 200 赫兹和 500 赫兹纯音之间的差别;5～8 个月时能在 1 000～3 000 赫兹范围内觉察出声频的 2%的变化(成人为 1%);在 4 000～8 000 赫兹范围内音高的差别阈限与成人的水平相同(Olsho,1984)。

2. 音乐听力的发展

婴儿喜欢轻柔、旋律优美、节奏鲜明的音乐曲调。2 个月的婴儿已经能安静地躺着听音乐,2～3 个月时能区分高音,3～3.5 个月时能区分音色,6～7 个月时能区分简单的曲调。6 个月时已经开始在倾听音乐时伴有强烈的身体运动,1.5～2 岁时则表现出伴随音乐节拍的身体运动和"舞蹈"动作。

研究者发现,1～2 个月的婴儿似乎偏好乐音(有规律而且和谐的声音)而不喜欢噪声(杂乱无章的声音);喜欢听人说话的声音,尤其是母亲说话的声音;2 个月以上的婴儿似乎更喜欢优美舒缓的音乐而不喜欢强烈紧张的音乐;7～8 个月的婴儿乐于合着音乐的节拍而舞动双臂和身躯。对成人安详、愉快、柔和的语调报以欢愉的表情,而对生硬、呆板、严厉的声音表示烦躁、不安,甚至大哭。

(三)味觉、嗅觉和触觉

1. 味觉的发生发展

味觉感受器在胚胎 3 个月时开始发育,15 周时已初步成熟且能发挥作用。4 个月的胎儿已能受到足够的味觉刺激。新生儿的味觉已发育得相当完好了,并在其防御反射机制中占有相当重要的地位。新生儿已明显"偏爱"甜食,且其对甜、酸、苦和白开水的面部表情已明显不同。味觉在婴幼儿和儿童时期最发达,以后就逐渐衰退。

2. 嗅觉的发生发展

7～8 个月的胎儿嗅觉感受器已相当成熟,且具有了初步的嗅觉反应能力,已能大致区别几种不同的气味。新生儿能够对各种气味作出相应的典型反应,如"喜爱"好闻的气味等,还能够由嗅觉建立食物性条件反射,并有初步的嗅觉空间定位能力。

3. 触觉的发生发展

胎儿在第 49 天时就已经具有初步的触觉反应,2 个月时能对细而尖的刺激产生反应活动(Streri et al.，2000;Streri & Feron,2005)。新生儿已能凭口腔触觉辨别软硬不同的乳头,4 个月时能同时辨别不同形状和软硬程度的乳头。手的本能性触觉反应在婴儿刚出生时便可表现出来。4 个月以后的婴儿则具有成熟的够物行为,视触协调能力已发展起来。

二、婴儿知觉的发展

知觉是人脑对直接作用于感觉器官的客观事物整体的反映。感觉是知觉的基础,没有感觉就没有知觉。感觉越丰富、精细,知觉就越完整、正确。有人把感觉和知觉统称为感知觉,但其实他们是两种不同的感性认识阶段。通过感觉只能认识事物的个别属性,知觉则是一种更复杂的心理现象,通过知觉可以对事物的各个不同属性、不同部分及相互关系进行反映,能使人们认识事物的整体。按知觉的对象可以将知觉分为物体知觉和社会知觉。物体知觉主要包括空间知觉和时间知觉,社会知觉主要包括对自己的知觉、对

他人的知觉以及对人际关系的知觉。本章主要讨论婴儿空间知觉与时间知觉的发展。

（一）空间知觉的发展

1. 方位知觉的发展

方位知觉是指对物体的空间关系和自己的身体在空间所处的位置的知觉，如对上下、前后、左右及东、南、西、北的知觉。婴儿到 3 岁时才能够正确辨别上下方位，对其他方位的正确辨别则更晚。因此，3 岁前的婴儿常常会穿反衣服，穿错左右脚的鞋子。成人不必苛责婴儿重复出现同样的错误，只需帮助婴儿穿对即可。

2. 形状知觉的发展

形状知觉是对物体的轮廓及各部分的组合关系的知觉。出生不久的新生儿就能知觉形状，这一点可从美国心理学家的研究看出。在实验中，给新生儿呈现人脸图、报纸、靶心图、红圆图、白圆图和黄圆图。结果发现新生儿对人脸图注视时间最长，其次是靶心图和报纸，对红圆图、白圆图和黄圆图注视时间最短。3 岁婴儿能够区分一些几何图形，如圆形、正方形、三角形、长方形等。但还不能说出一些几何图形的名称。成人可有意将日常生活中相关的图形的名称说给婴儿听，以加深他们对这些图形名称的印象。

（二）时间知觉的发展

时间知觉是对客观现象的延续性、顺序性和速度的反映。对于时间的正确感知，必须借助中介物，如天体的运行、人体的节律或专门的计时工具。

3 岁前的婴儿对时间的知觉是与他们自身的需要和愿望相联系的。例如，他们已经知道"是吃饭时间了"、"到睡觉时间了"。但因为时间概念比较抽象，婴儿对"过去"、"现在"、"将来"等有关时间的词还不能理解，对时间的顺序和自己的生活经验还不能相联系。有时会模仿成人说昨天如何如何，但其实所说事情可能会是当天发生的。成人不要误认为婴儿在撒谎，也不必刻意去纠正。

三、婴儿感知觉的研究方法

由于婴儿不能用语言清楚地向成人描述自己的感觉或知觉，因而对婴儿的感知觉的研究要比其他阶段困难。研究者究竟采取了怎样的方法，让不太会说话的婴儿表达自己感觉和知觉到的东西呢？

（一）反射法

在第三章我们提及，新生儿在出生时已经具备了一些原始反射，如吸吮反射、抓握反射、觅食反射等。这些反射是先天就有的，不学而能的，属于无条件反射。因此，只要给予婴儿适宜的刺激，就有相应的无条件反射行为，说明婴儿感知到了相应的刺激。但如果某个刺激出现，却未能引发相应的行为，则很难判断婴儿是否觉察到了当前刺激，因为当受到其他刺激干扰时也会抑制婴儿的反射行为。

（二）习惯化与去习惯化

婴儿能对各种刺激物表现出习惯化和去习惯化。当一个新异刺激出现时，婴儿会产生许多身体变化或反应，如头部或眼部运动、呼吸或心跳频率出现变化。但如果同样的刺激反复出现多次，婴儿的反应就会越来越弱，直到完全消失。这一过程被称为习惯化。此时，如果再出现一个新的刺激，婴儿的身体又会发生新的变化，这一过程被称为去习惯化。如果婴儿产生了去习惯化现象，说明其能够区分前后两种不同的刺激。如果婴儿对后一个刺激没有任何反应，则说明两个刺激物的差异过于细微，婴儿察觉不到。利用这种方法，也可以测量婴儿感觉和知觉能力。

（三）视觉偏好法

视觉偏好法，是指研究者给婴儿同时呈现两种或两种以上的刺激，通过记录婴儿对每一个刺激的注视时间来判断婴儿对其中的哪一个刺激更感兴趣。这种研究方法最早是在 20 世纪 60 年代由范茨（Robert Fantz）提出的，范茨最早使用这种方法来研究婴儿能否辨别视觉图案。譬如，他除了给婴儿看一些不同的图案来考察婴儿对哪一种图案更感兴趣，还特地设计了一间观察的小屋，婴儿躺在小床上，眼睛可以看到挂在头顶上方的物体。观察者通过小屋顶部的窥测孔，记录婴儿注视每一个物体所花的时间。如果婴儿对某一对象的注视时间比较长，说明婴儿对这个对象表现出了偏好。偏好的出现说明了两个问题：第一，婴儿能够对两个刺激做出区分；第二，婴儿对这两个刺激的喜欢程度不一样。

然而，视觉偏好法存在一个最大缺陷，那就是当婴儿没有表现出对某一对象的偏好时，研究者就无从确认婴儿是因为不能分辨，还是因为他们对这些对象的兴趣相同。随着现代技术的发展，如眼动技术的出现，研究者不仅能测量婴儿注视哪一个刺激，而且能精确测量婴儿正在注视哪个地方及怎样从刺激的一个

部分扫描到另一部分。也就是说，眼动记录不仅有助于确定婴儿在辨别刺激时用了什么信息，也能够表明刺激的哪些方面在引起婴儿注意或在哪些方面婴儿能够维持注意①。

（四）诱发电位测量法

诱发电位测量法，是给婴儿呈现一种刺激，然后测量记录婴儿脑电波的变化，确定他们感知能力的发展情况。测量时，研究者在婴儿头上插上数个微电极。如果要测量由视觉引起的脑电波的变化，就将微电极插在枕叶区；如果要测量由听觉引起的脑电波的变化，就将微电极插在颞叶区。当婴儿觉察到刺激时，脑电波的形状会发生变化，表现出诱发电位。

（五）高振幅吮吸法

高振幅吮吸法，是给婴儿吮吸一个里面镶有电路的特殊奶嘴，通过研究婴儿的吮吸动作，观察他们对被感知环境的反应。在实验开始前，研究者首先要记录下婴儿吮吸频率的基本值。当婴儿吮吸频率高于基本值，吮吸强度增加时，就会通过奶嘴里的电路引发一种刺激。如果婴儿能觉察到这种刺激并对它感兴趣，便会一直保持吮吸增幅状态。而一旦婴儿对刺激的兴趣减弱，吮吸频率和强度恢复到基本值状态，刺激便会自动消失。此时，研究者给婴儿呈现第二个刺激，如果婴儿的吮吸增加，说明婴儿能够将两个刺激区分开来。这个方法中其实也包含着习惯化和去习惯化的原理。对测量婴儿的感知觉能力发展水平来说，设计更巧妙，应用范围更广泛②。

四、婴儿注意和记忆的发展

婴儿的大脑和神经系统的飞速发育，使得它们对无限繁多、川流不息的刺激不仅具有感知能力，而且还具有筛选的能力。注意，使数量有限的刺激通过感官输入脑内进行加工，并在脑内登录和储存，由此产生了记忆。

（一）研究婴儿注意和记忆的方法

上文介绍的用于研究婴儿感知觉的方法，不仅可用于研究婴儿的感知觉，同时也可以用于研究婴儿的注意和记忆。尤其对于新生儿和月龄较小的婴儿，我们无法通过语言交流来了解他们的注意和记忆。反射法，不仅能够用来作为确定婴儿注意力的指标，也可以作为婴儿记忆的指标。因为只有婴儿对正在关注的刺激作出反应时，注意才会发生。而只有当婴儿对一种新刺激变得熟悉，即有了"记忆"时，才可能出现上文提到的"习惯化"或"去习惯化"。上文提到的"视觉偏好法"、"诱发电位测量法"、"高振幅吮吸法"，也都是在婴儿对不同类型的刺激产生注意并且有了记忆的前提下进行的。所以也可以用来进一步研究婴儿注意的品质以及记忆的特性。例如，研究者可以通过观察婴儿对不同的场合各呈现的同一图片（或其他刺激）的反应来判断婴儿的注意维持的变化以及记忆的简单情况。因为当呈现新颖的图片（或其他刺激）时，婴儿的眼动次数的变化、脑电波的改变都可以说明婴儿注意的变化以及记忆的状况。

当婴儿稍大一点时，对于3个月以后的婴儿就可以通过观察他们可控制的行为来研究他们的记忆。如教会婴儿一些简单的身体动作（抬腿踢悬挂的彩铃），过数周后看他们是否能够记得这些动作。对于更大一些的婴儿，通常在1岁左右，当他们能够用简单的语言进行表达时，就可以用提问的方法来了解他们的记忆状况。

（二）婴儿注意和记忆的特征

1. 婴儿注意的特征

根据注意有没有自觉目的性和意志努力，可将注意分为无意注意和有意注意。无意注意也称"不随意注意"，既没有自觉的目的，也不需要意志努力。有意注意则相反，是具有自觉目的、需要意志努力的，也称"随意注意"。新生儿刚开始接触外部环境就出现无条件反射，是无意注意发生的标志。6个月以内的婴儿，注意基本上全部是无意注意，注意的范围很小，注意的稳定性较差，持续时间较短。6个月以后，随着婴儿活动范围的不断扩大，外界的刺激不断增加，注意的对象也不断丰富化。6～12个月的婴儿，不仅能够注意到具体的事物，而且能够对抽象的语言刺激也产生注意。1岁之后，随着语言听说能力的增强，开始能够根据成人的指令要求，主动地注意特定的事物，出现有意注意的萌芽。2～3岁的婴儿已经能够逐渐依照成人的要求组织自己的注意，如在翻阅图书或观看视频时根据成人的要求关注相关信息。总体而言，婴儿时

① 桑标主编. 当代儿童发展心理学［M］. 上海：上海教育出版社，2003：98.
② 李燕. 学前儿童发展心理学［M］. 上海：华东师范大学出版社，2008：79—81.

期的有意注意发展比较缓慢,稳定性差,容易受到无关信息的干扰而转移。无意注意仍占主要地位。

2. 婴儿记忆的特征

与注意相似,婴儿的记忆出现也比较早,刚出生不久的新生儿甚至已经具有记忆了。例如,才出生1周的新生儿就已经能够辨认母亲的声音与气味了。随着与外界环境的不断接触,婴儿似乎明白他们必须要努力记住很多信息。比如如何得到食物,哪些东西可吃哪些不可吃,如何从这里到那里,如何引起成人的关注等。从出生到3个月,婴儿已经显示了日见增长的记忆力。根据若维-科利尔(Rovee-Collier,1985,1987,1990,1992)设计的踢腿条件反应的系列研究表明:2个月的婴儿已经有了关于动作的长时(延迟)记忆;3个月婴儿在训练后经13天间隔,延迟记忆能维持1个月之久;1岁半到2岁时,婴儿的长时记忆已经十分显著。大部分婴儿此时已经记住并使用上百的词语,部分婴儿还能够背诵一些简单的儿歌、复述简单的故事。但婴儿似乎又是十分健忘的,大部分成人都回忆不起有关婴儿时期的任何经验正是对此特征的最佳证实。这一现象被称为"婴儿健忘症"。关于这一现象,有人认为是由于婴儿与记忆相关的大脑部分没有充分发育成熟到允许长时记忆的存在。有人则认为婴儿的记忆策略太原始,因而不能够具有记忆所要求的"组织"与"联想"策略。也有人认为在婴儿获得强烈的、与个人事件相关的自我感之前,他们不能够有有关个人事件的记忆(Howe & Courage,1993)。总之,对于这一现象,可谓众说纷纭,没有一致性的解释,有待进一步研究。

 婴儿语言和思维的发展

行为主义心理学家华生认为,思维和语言是同一个东西,无论何种思维,都只是有声的或无声的语言。思维是无声的语言,语言是有声的思维。他的这一观点从一个侧面反映出语言和思维的密切关系。思维过程离不开语言;同时,思维水平又制约着语言的发展,并在语言建构中起控制作用。因此,婴儿语言发展的研究,往往与思维发展的研究同步进行。

一、婴儿语言的发展

婴儿来到世界上的第一声啼哭,是他们的第一次发音。此时的发音只是婴儿独立呼吸的开始,并不能算作语言的发音。在短短的三年里,婴儿从能基本听懂成人的语言,到"牙牙学语"到"能说会道",经历了人一生中学习语言最迅速,也是最关键的时期。婴儿语言的发展可分为两个时期:语言发展的准备期和语言发展的形成期。

(一)婴儿语言发展的准备期

1岁之前的婴儿,虽然不会说话,但已经开始为说话做准备。心理学家把这一时期称作语言发展的准备期,也称作前语期。这一时期可分为三个阶段。

1. 简单音节阶段(0~3个月)

哭是新生儿出生之后第一个行为表现,啼哭使婴儿的发音器官得到锻炼。最初的啼哭是没有区别的,婴儿在渴了、饿了、受到惊吓以及身体不适时都会哭,这些哭声基本上没有差别,音调也差不多。1个月后,婴儿的哭声开始有了差异,不同原因引起的哭声开始有所不同。平坦而断续的哭声表示渴了饿了,爆发性的尖声啼哭表示痛了,大小便刺激引起的啼哭并不剧烈,此时的哭,是婴儿的特殊语言。母亲以此来判断婴儿的需要,婴儿也已经开始辨认母亲的声音。分辨声音的能力,是婴儿语言发展的第一步。

1个月大的婴儿在哭声停顿的时候,会偶尔发出 ei、ou 的声音。在第2个月的哭声中,会偶尔发出 m-ma 的声音。接着在不哭的时候,父母也能够听到婴儿发声了,特别在成人发出声音吸引婴儿时,这种现象更为明显。根据研究者的观察和记载,两个月以后,婴儿已经能发出 a、ai、ei、hai、ou、ai-i、hai-i 等。但这些发音属于反射性发音,没什么意义。即使天生聋哑的儿童也能够发出这些声音。

2. 连续发音阶段(4~8个月)

4个月之后,婴儿发音明显增多。常常会对着玩具或熟悉的人发音,表现出交往的愿望。能够将辅音和元音相结合连续发出,形成 ba-ba-ba、ma-ma-ma 等类似于"爸""妈"的语音。令做父母的听了十分激动,以为孩子在呼唤他们。其实,这些发音是婴儿随意的发音,也没有任何意义。有研究者发现,不同种族和

生长在不同社会文化环境下所有的婴儿发出的声音都很相似。这一阶段的发音往往和婴儿的情绪及生理状态有关。当婴儿心情愉快时,尤其在成人逗他们玩时,发音会更起劲。而当婴儿身体有某种不舒适时,也会发出特殊的声音。婴儿此时的发音已经不是本能的练习,而具有社会交往的性质。

3. 模仿发音阶段(9～12 个月)

婴儿在上一阶段的发音虽然能够连续,但只是同一音节的重复。从 9 个月开始,婴儿能够发出一些不同音节的声音,音调也开始有变化。如 a-jue-lu-bi 等,听发音好像在说话,但仍然没有意义、难以理解。所以心理学家称之为"有表情的难懂话"。从这一阶段开始,婴儿逐渐开始放弃非本民族的语音,母语中的语音不断增加。这说明婴儿已经开始模仿发音了,并在成人的指导下,婴儿已经能够把特定的音与特定的事物联系起来。如听到"灯"的音能够指灯。但这种联系只局限于与某个具体事物的联系。换一个另外的同类东西,就不发生联系,而且对同音词也不能区分。如"狗"就是自己家养的那只狗。但模仿发音标志着婴儿学说话已经开始萌芽。

(二)婴儿语言发展的形成期

语言是基于词汇语法的沟通系统,婴儿一旦学会了词汇,他们便能够使用词汇来表达物体和动作。1～3 岁,是婴儿语言的形成期,大致可以分为以下三个阶段。

1. 单词句阶段(1～1.5 岁)

一个句子只有一个词称单词句。所以单词句阶段的词所表达的意思是不精确的,家长常常需要依据婴儿说话时附加的手势、表情、体态等,确定他们说话的意思。这个阶段婴儿模仿音的特点是:无意义的音节逐渐减少,不完整地模仿语音。如成人说:"小汽车。"婴儿只说:"车"或者"车一车",成人说:"饼干。"婴儿只说"饼"或者"干",这种现象与婴儿的言语听觉与言语动觉之间尚未能协调活动有关。

当婴儿满 1 岁时,已经可以理解几十个词。它们涉及反映日常生活用品、食品、服装等名词,常用动词(走、跑、坐、躺、站等),与日常生活关系密切的形容词(快、慢、冷、热、烫等)。婴儿对这些词的理解,通过日常生活中能够按照成人的指令行动表现出来。如成人说"走",婴儿会做出迈步动作;婴儿要去摸热水瓶,成人说"烫!"婴儿会马上缩回手。

以音代物是 1 岁半以前婴儿说出词汇的一个明显特点,即常常以对事物的拟声来代替物体的名称。如把汽车叫"笛笛",猫叫"喵喵",狗"叫"汪汪"或者以某种声音代表人的某种活动。如以"嘘嘘"声代表小便,以"唏唏"声代表喝什么东西。这种声音固然与成人常对婴儿以声代物有关,但成人在交替使用声音或词对婴儿说话时,他们能记住和使用的仍然是声音,这是因为声音是某种物体或动作的鲜明特征,容易记住。另外,消极词汇(能理解但不会运用的词)迅速增加,积极词汇(既理解又会用的词)也有所增多,亦是这一阶段的一个特点。此阶段的婴儿,能说出的大部分是名词,其次是动词,以及个别的形容词。这一时期是孩子"理解词"发展最迅速时期。但这个阶段说出的词有三个明显特点:一是以词代句,即明显的单词句特点,如"饭饭"表示"要吃饭。";二是一词多义,说出一个词在不同情境中代表不同的意义,如"饼干"既可表示"要吃饼干",也可表示"饼干掉了";三是词的泛指性,即用一个词代表许多事物,如孩子可用"毛毛"代表所有带毛的动物或毛皮做的东西。

2. 简单句阶段(1.5～2 岁)

此阶段的婴儿进入了真正掌握词的阶段,其标志就是词所特有的功能初步形成。1 岁半以后的婴儿会逐渐用简单句表达自己的意思,每个句子都比较短小,大部分在 5 个字以内。这个阶段婴儿说话的积极性显著地提高了,词汇量也迅速增加,由掌握几十个词,发展到掌握 300 多个词。能使用词的种类中,近 70% 的词仍然是名词,其他各类如动词、形容词、数词、代词、副词、叹词等,虽占比例尚小,但都开始出现在孩子的话语当中了。

3. 复合句阶段(2～3 岁)

2～3 岁是词汇量迅速增长的时期,由一年当中可由掌握 300 个词,猛增到 1 000 个词左右,词的种类和每类词所含的内容都扩大了许多。词的泛化现象明显减少,对词义的理解也日益接近成人用词的含义。词的概括性程度进一步提高,对有些词(如树、花等)已能理解为代表一类事物的词,除能叫出自己家里附近的树和花以外,在外面已能主动说出他们熟悉的树和花的名字。

在口语表达能力方面,婴儿开始能用比较完整的句子与人交往,表达个人的要求和愿望。他们所使用的句子中,陈述句占绝大多数。日常生活中经常出现的复合句占总句数的 1/3 以上,但仍然是省略连词的简单句的组合。句子的含词量已达 6～7 个字。

2岁以后,逐渐喜欢听故事和理解简单故事的情节,而且一个故事可以听多遍,喜欢朗诵短小儿歌。一些新的兴趣和爱好,为他们练习清楚地说话提供了极为有利的条件。如,对动画片中"喜羊羊"的喜爱,会使他们反复念叨喜羊羊的歌词或儿歌。

二、婴儿思维的发展

思维是脑对客观事物的概括的和间接的反映,是认识的高级形式。思维的发生是儿童心理发展的重大质变。婴儿有没有思维？如果有,他们的思维是如何发生发展的？具有怎样的特点？许多心理学家对于这一问题进行了探究。其中,比较具代表性的研究及其观点来自皮亚杰的认知发展理论。还有很多研究者也关注婴儿思维发展,且研究大都集中在问题解决能力的发生发展等方面,并获得了丰富的实验材料及其思维发展观点。

(一) 婴儿思维的发生

关于婴儿思维的发生问题,研究主要集中在思维发生的时间及其表现上。研究者普遍认为,出生后几个月的婴儿就有了思维的发生,只是在具体的时间界定上,观点有所不同。皮亚杰认为,在婴儿认知发展的前三个阶段(0~9、10个月)内不存在真正的问题解决行为。但后来他本人对此结论也表示怀疑。现有研究证实,他的怀疑是对的,当初他断定的要在几个月后才能建立起来的协调行为在新生儿期或稍后就以某种形式表现出来,而有目的的行为早在5个月以前就产生了。如,巴特沃斯和霍普金斯(Butterworth & Hopkins,1988)发现新生儿自发性胳膊运动中有32%的行为不但具有明确目的而且还运用了启发式搜索策略,具有问题解决的性质。帕波塞克和伯恩斯坦(Papousek & Bernstein,1969)关于婴儿条件反射的经典实验和其他人(Fagan & Rovee,1976;Mast,Fagan,Rovee,1980)的大量研究证实,3个月的婴儿就已具备了比较明显的问题解决能力。

(二) 婴儿思维的发展特点

婴儿期自思维发生开始,在婴儿个体及其环境,特别是在社会和教育的相互作用下,最初处于萌芽状态的思维获得了进一步发展,具体表现在以下几个方面。

1. 思维的直觉行动性

婴儿期思维的最基本特点是以直觉行动思维为主。婴儿通过与周围环境的感觉运动接触,即通过自己的行动和行动所产生的结果来认识世界。一方面,婴儿的思维离不开对具体事物的直接感知;另一方面,婴儿的思维离不开自身的实际动作。因此这一时期的思维,也被形象地称为"手与眼的思维"。用眼睛看,用手抓,甚至用嘴巴咬,是婴儿探索周围事物最直接的方式。

案例 4-1

2岁的丁丁发现爸爸遗忘在床上的手机,抓在手中玩弄起来。进入房中的妈妈发现了,大声喊道:"宝宝,那个不能动,快放下。"丁丁没有反应,反而将手机放在嘴中吮吸起来。妈妈冲上去,一把夺过手机,丁丁大哭起来。妈妈哄劝不住,指着手机做出害怕的样子说:"里边有大灰狼,再哭,大灰狼就出来咬人。"

可是过了不久,泪痕未干的丁丁又对妈妈的眼镜产生了兴趣,一把抓在手中不肯松开。丁丁的妈妈很是不解,为什么丁丁的那双小手总是闲不住呢？

分析:婴儿喜欢不断将物品拿到嘴里吮吸,或放在手中玩弄。瑞士儿童心理学家皮亚杰认为这是一种探索内驱力(exploratory drive)的表现。许多成人为避免弄坏物品或伤着儿童,对儿童的这种探索活动倍加防范,处处限制。本来婴儿是在以自己的方式探索身边的事物,但成人却认为是调皮捣蛋,以"不要动"和恐吓的方式禁止。这种约束很可能将一种恐惧、焦虑与不安全感传递给婴儿。

(资料来源:郭亨贞.抑制与从众:儿童创造性毁灭的分析与反思[J].教育导刊,2006(4):34—36.)

上述案例呈现了家庭中司空见惯的一个场景。婴儿,尤其是1~3岁的婴儿,除了睡觉,似乎很少有静下来的时刻。他们对周围的物品充满了好奇,几乎是见什么抓什么,不择方式(用嘴巴咬),不计后果(是否会损坏物品),令成人防不胜防。皮亚杰将婴儿的这种行为解释为探索内驱力。形象地说明了婴儿行为的

目的在于探索、了解、感知周围的事物。因为不具备抽象思维能力，婴儿的思维不是依靠语言，而是依靠动作。动作是这一时期婴儿独特的思维方式。在思维的过程中，婴儿只能思考动作所触及的事物，只能在动作中而不能在动作之外思考。因此，不能计划自己的行动，也不能预见行动的结果。如果成人不能正确地解读婴儿的行为，便会以错误地行为限制或妨碍婴儿积极地探索、感知、认识周围的世界。

2. 逐渐形成客体永久性

客体永久性(object permanent)，也称"客体永恒性"、"永久性客体"，是指儿童脱离了对物体的直接感知而仍然相信该物体持续存在的意识。客体永久性包括对物的"客体永久性"和对人的"客体永久性"。具体表现为：当物体或人在面前时，婴儿能感知到他的存在。而当这个物体或人从眼前消失时，他仍能认识到他们虽然看不到、摸不着，但依然存在。如，爸爸妈妈离开了，但婴儿相信他们还会出现；皮球滚到沙发下，他会顺着皮球滚动的轨迹寻找。这些现象均表明了婴儿客体永久性的形成。近年的研究发现，婴儿形成母亲永久性的意识较早，这与母婴依恋有关。婴儿客体永久性观念的获得，从记忆的角度看，证明婴儿确有记忆能力出现；从思维发展的角度看，它有利于婴儿问题解决能力的发展。

拓展阅读4-2   婴儿客体永久性形成的经典实验

最初的婴儿分不清自我和客体，不了解客体可以独立于自我而客观地存在，只认为自己看得见的东西才是存在的，而看不见时也就不存在了。后来，随着认知的发展，一般在1周岁左右时，当客体在眼前消失，依然认为它是存在的，这就是皮亚杰所说的儿童建立了客体永久性。见图4-1所示：图A中的小婴儿还没有建立客体永久性，实验开始时，给婴儿呈现一个玩具小象，当他对这个玩具正感兴趣时，用纸板把玩具挡住，他就不再关心这个玩具了。图B中，年龄稍大的婴儿则不同，当处于类似的实验情景时，儿童能够爬过遮挡用的帷幕，寻找他所感兴趣的玩具。

A：获得客体永久性之前

 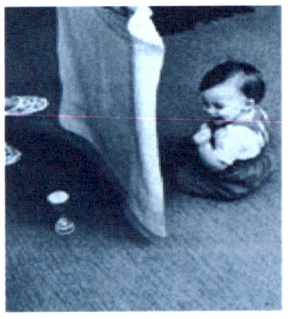 

B：获得客体永久性之后

图4-1   婴儿客体永久性形成的经典实验

3. 出现了因果性认识的萌芽

当婴儿偶然发现某一感兴趣的动作结果时，他将不只是重复以往的动作，而是试图在重复中作出一些改变，通过尝试错误，第一次有目的地通过调节来解决新问题。例如婴儿想得到放在床中小毯子上的一个玩具，他伸出手去抓却够不着，想求助成人可又不在身边。他继续用手去抓，偶然间抓住了小毯子一角，拉

毯子过程中带动了玩具,于是婴儿通过偶然地抓拉毯子得到了玩具。以后婴儿再看见放在毯子上的玩具,就会熟练地先拉毯子再取玩具。这是智慧动作的一大进步。但婴儿不是自己想出这样的办法,他的发现是来源于偶然的动作中。当婴儿能运用一系列协调的动作实现某个目的(如拉毯子取玩具)时,就意味着因果性认识已经产生了。因果性认识的出现与物体永久性意识的建立及空间-时间组织的水平密不可分。

4. 出现表征思维的开端

表征思维是指运用语词、艺术形式或其他物体作为事物的象征或代替物,由象征性形象或符号引起不在眼前之物或没有作出之动作的心理反映活动。皮亚杰认为,在婴儿1岁半到2岁期间,也就是在感知运动阶段的末期,内化的表征初次出现。这个时期婴儿除了用身体和外部动作来寻找新方法之外,还能开始"想出"新方法。新近的研究则认为婴儿的表征能力出现的时间要比皮亚杰提出的时间早很多。如研究表明,采用启发式搜索策略的问题解决行为在婴儿早期(至少是在3个月以前)就已产生并贯穿于整个婴儿期发展中。6个月的婴儿已能进行模仿,12个月以前已能利用工具解决问题,并获得了"手段—目的分析策略"。这表明婴儿的表征能力在很早的时候(至少在12个月以前)就已产生。

拓展阅读 4-3

皮亚杰为了说明婴儿表征思维的出现,举了其女儿卢西安娜的例子。在女儿卢西安娜2岁时,皮亚杰曾和她一起做游戏。皮亚杰把一条表链藏在一个空火柴盒里。以前,皮亚杰必须把火柴盒开口很大,这样卢西安娜才能把盒子翻过来拿到表链。但是现在他把火柴盒合上,让表链掉不出来。卢西安娜全神贯注地看着火柴盒的缝隙,然后,连续好几次,她张开了嘴巴又闭上,开始嘴张得很小,后来越张越大!显而易见,卢西安娜明白了盒子缝隙意味着里面有空间存在,希望把盒子打开得更大些。卢西安娜试图对此进行表征,但由于她不会用语言或者视觉形象表征这种情境,她用了简单的动作(张嘴)来表达。

为说明内化,皮亚杰又举了一个例子:一次他带着3岁的女儿卢西安娜去探望一个朋友,他的这位朋友家有一个1岁多的小男孩,正在婴儿围栏中独自嬉玩。嬉玩过程中婴儿突然跌倒在地下,紧接着便愤怒而大声地哭叫起来。当时皮的女儿惊奇地看到这情景,口中喃喃有声。三天后在自己的家中,皮发现3岁的小姑娘似乎照着那1岁多小男孩的模样,重复地跌倒了几次,但没有因跌倒而愤怒啼哭,而是咯咯发笑,以一种愉快的心境亲身体验着她在三天前所见过的"游戏"的乐趣。皮亚杰指出,三天前那个小男孩跌倒的动作显然早已经内化于女儿的头脑中去了。

(资料来源:[美]罗伯特·西格勒、玛莎·阿利巴利著,刘电芝等译.儿童思维发展[M].北京:世界图书出版公司,2006:42~43.)

在皮亚杰举的第一个例子中,两岁的卢西安娜的嘴巴一张一合的动作表明她在头脑里用内化了的动作模仿火柴盒被拉开的情形,只是表象能力还差,必须借助外部的动作来表示。这个拉开火柴盒的动作是她"想出来的"。因为此前看过父亲类似的动作,而是运用表象模仿别人做过的行为来解决眼前的问题。在第二个例子中,皮亚杰认为内部表征的标志是延迟模仿。所谓延迟模仿,就是在某一行为发生后几个小时或几天后,对其进行模仿。婴儿只有在感知运动阶段的后期才能表现出延迟模仿。延迟模仿表明婴儿能够把感觉运动所经历的东西在自己大脑中再建构,舍弃无关的细节(如上例皮亚杰的女儿并没有因跌倒而愤怒啼哭),形成表象。内化的产生是婴儿智力发展的重大进步。

大量研究表明,在婴儿习得内部表征的早期阶段,婴儿开始频繁使用象征性符号,即意味着婴儿的符号系统开始形成了,标志着婴儿的思维已从感知运动阶段发展到了一个新的阶段(详见第七章)。

5. 出现"自我中心"倾向

婴儿期思维开始出现明显的"自我中心"倾向。此阶段婴儿思维的"自我中心"并不含有道德上的含义,而是指婴儿认知事物只能从自我的视角出发,即认为别人所看到的世界与他们所看到的完全一样。因此这一阶段的婴儿只注意主观的特点而不指向客观事物,只考虑自己的观点,认为自己喜欢的就是别人喜欢的,自己看到的、想到的就是别人想到的。因此,就会出现婴儿在玩"躲猫猫"游戏时,常常会将头扎在被子里,却把身子露在外面,或者面向墙壁,认为自己看不到别人,别人就找不到自己等现象。本章开始的案例中所提到的豆豆,在"躲猫猫"时"藏头露尾"、"掩耳盗铃"的表现,也就不足以为奇了。

第三节　婴儿认知发展的指导策略

　　婴儿的认知发展会受到哪些因素的影响？生理发展的缺陷会在多大程度影响到认知的发展？环境以及后天的教育与训练能否提高认知能力？如果可能,其作用有多大？如何做才能更好地促进婴儿的认知发展？这些问题一直倍受家长和育婴专家的关注。

一、影响婴儿认知发展的主要因素

(一)生物因素

　　良好的遗传基因和生理的正常发育是婴儿认知发展的物质基础,没有这个条件,认知将失去发展的自然前提。当我们认识事物时,必须要借助于感觉器官。通过感觉器官可将事物的形状、颜色、声音、硬度、气味等个别属性反映到大脑中,才会有相应的感觉产生。同样,只有通过大脑神经对所获得的信息进行整合,才能产生相应的知觉。因此,我们对事物的感知必需依赖于眼睛、鼻子、耳朵、舌头等感觉器官以及大脑神经系统的正常反映。如果这些器官或大脑神经发育出现缺陷或发生病变,就会使认知出现障碍。

拓展阅读 4 - 4　　　　　色盲(道尔顿症)

　　道尔顿有一次为母亲买了一双蓝灰色的高级丝袜,母亲一看却说"这双袜子的颜色鲜艳得和樱桃一样红,你怎么说是蓝灰色的呢?"道尔顿诧异了,找来弟弟,弟弟也认为是蓝灰色的! 可是其他人都说袜子是樱桃红色的。道尔顿面对这种奇怪的现象沉思起来:"难道我和弟弟的眼睛有问题?"从此,他对眼睛与颜色的问题进行了多方面的研究,开创了对色盲的研究。据统计,男性色盲患者比例为 5%～6%,而女性仅有 1%的人患色盲。绝大多数色盲是先天的。

　　世界上所有的颜色都由红、黄、蓝三种颜色调和而成。在人的视觉器官中,有感受这 3 种颜色的特别装置,三者缺一不可。如果感受红色的特别装置缺失,人眼就看不到红色,医学上称作"红色盲";同样,有人患有"黄色盲"或"蓝色盲",也有人同时看不见红黄色,称作"红黄色盲"。

　　(资料来源:杨晨.色盲也称道尔顿症红绿色盲最常见.全球医院网.http://www.qqyy.com/jibing/yanke/121025/4896e.html,2012-10-25.)

　　通过以上拓展阅读资料,我们了解了视觉感受器官的正常发育对视觉感知的重要作用。除了视觉感受器之外,还有专门负责听觉、味觉、嗅觉、肤觉的其他感受器官。它们的正常发育对感知觉的正常发展同样至关重要。然而,有些婴儿的感觉器官或大脑神经不幸出现了一定的问题,尽早的发现、及时治疗很关键。早期的视觉检查能发现所有影响视力的问题,如视网膜畸形、先天内障、眼肌不平衡及弱视(双眼图像不能协调一致)等。在个体出生后 6 个月就应当检查他们的视觉凝视偏好、视位及其他任何眼疾迹象。常规视力检查应该从婴儿 3 岁再开始。因为听觉对言语的发展非常关键,所以应该尽早鉴别听觉损伤。据相关资料显示,全世界有 1/1 000～3/1 000 的新生儿是失聪儿,如果没有及早发现,就会导致感知发育的迟滞。

(二)环境因素

　　婴儿的认知能力可帮助他们认识自己及周围的环境,帮助他们对周围环境中的刺激作出判断,以便更好地适应环境。同样,丰富多变的环境刺激既是人类生存与发展的必要条件,也是促进认知发展的有利途径。心理学家阿希通过著名的感觉剥夺实验证明了这一点。在实验中,要求被试进入一间小屋,在小屋中,人与外界高度隔绝,外界的声音刺激、光刺激、触觉刺激都被排除。七天之后,受试者出现视错觉、听错觉;对外界刺激过于敏感,情绪不稳定,紧张焦虑;注意涣散;思维迟钝、神经错乱等症状。

　　与此类似的例子也很多。1970～1977 年美国"人工野孩"吉妮(Genie)的个案研究(见拓展阅读 4 - 5),向我们说明了同样的道理:早期的感觉剥夺会对婴儿的认知发展产生严重的影响。即便是出生时正常的新生儿,一旦与周围环境发生隔离,由于大脑缺乏周围环境的刺激,就会受到永久性的损害。因此,环境中

丰富多彩的刺激，也是婴儿认知正常发展的重要条件之一。

拓展阅读4-5　　　美国"人工野孩"吉妮（Genie）的个案研究

1970年在美国加利福尼亚发现一个"人工野孩"吉妮。孩子出生时是正常新生儿，在婴儿时期也是正常的。但是从第20个月起就被她的父亲关闭在小屋里，无人理睬，孩子长到13岁才被发现放出。后来科学家对她进行了8年的教育和研究，最后认定：吉妮的大脑由于缺乏早期生活经验熏陶和教育已经受到永久性的损害，不可能恢复。因为错过了生活经验发育的关键期，这种隔离发生的越早，造成的损害就越严重。

（资料来源：吴瑶. 失衡的超前教育. 新华网. http://www. hn. xinhuanet. com/zhuanti/yejy/n7. htm，2004-5-31.）

（三）婴儿主体因素

1. 婴儿运动能力的发展与感知能力的发展具有同步性

婴儿以特定的方式运动，经验及对身体变化的知觉能够帮助他们调整其对即将发生的事情的感知。知觉和行为之间的双向连接受到发育中的脑的调节，为婴儿提供许多关于自身及周围环境的有用信息。瑞士儿童心理学家皮亚杰提出的"感觉运动"就强调了这一事实：婴儿的运动能力（如运动、伸手接触与抓握）的发展与感觉能力的发展之间存在着惊人的协调性和同步性。

当婴儿能够坐起来时，婴儿的视线往往自然地落在自己的手上，并且容易使手的活动范围和视线范围相一致。出现眼手协调动作之后，婴儿手的动作逐渐灵活，成为认识活动的器官。

2. 婴儿早期的感知觉是在活动中发展起来的

婴儿只有在"看"中才能学会看，在"听"中才能学会听，在摆弄物体中才能学会触摸物体的特性。婴儿对外界信息的加工也往往以肢体运动和感官活动反映出来，表现为对物体的接近、抚摸、把握，对视觉刺激和对声音刺激的追视、倾听，以及视—听—动的联合活动。视—听—动的联合活动又是丰富婴儿认识的手段。婴儿智慧的增长明显地体现在操作之中。

研究者通过实验发现，深度知觉，即感知立体物体和外表的能力就取决于物体在视网膜上的成像线索。这些线索不仅包括双眼协调，而且包括运动控制。运动线索来自物体或观察者的运动，或者两者的共同运动。为了确定物体是否在运动，婴儿可能会保持自己的头不动，这种能力在婴儿3个月时就有了。有些婴儿则在5～7个月时就掌握了相对大小、纹理和遮挡差异的线索。这些线索来源于对物体的触觉，触觉只有在婴儿有了很好的手眼协调能力，能够伸手拿物体并且抓住物体时才能获得。

拓展阅读4-6　　　　　　　视崖实验

人类深度知觉能力是天生的吗？为弄清这个问题，吉布森和沃克（E. J. Gibson & R. R. Walk）发明了"视崖"装置。他们把婴儿或小动物放在视崖上，观察他们是否能知觉这种悬崖并进行躲避。

视崖即"视觉的悬崖"。这个装置的中央有一个能容纳会爬的婴儿的平台，平台两边覆盖着厚玻璃。平台与两边厚玻璃上铺着同样黑白相间的格子布料。一边的布料与玻璃紧贴，不造成深度，形成"浅滩"；另一边的布料与玻璃相隔数尺距离，造成深度，形成"悬崖"（见图4-2）。

实验时，让婴儿的母亲先后站在装置的"深"、"浅"两侧召唤婴儿，观察婴儿是否拒绝从有深度错觉的"悬崖"一边爬向母亲，借以研究婴儿的深度知觉的发生。实验证明，出生

图4-2　视崖实验

6个月左右(甚至更早些)的婴儿,尽管母亲向他(她)招手呼唤,诱导其爬向母亲,但均被拒绝。这说明他们已经具有了深度知觉的能力。动物实验表明,凡是一出生就会行走的动物,出生后不久就能看出深度而躲避"悬崖";而出生后尚需经过一定时间才会行走的动物,则和人类的婴儿一样,要到会爬一段时间以后,才能看出深度而躲避"悬崖"。

(资料来源:转引自李燕.学前儿童发展心理学[M].上海:华东师范大学出版社,2008:84.)

二、婴儿认知发展训练中的问题与争议

(一)婴儿认知发展训练中存在的问题

1.成人过度保护,婴儿感知探索受限

婴儿刚出生时,大部分时间是躺在床上的。3个多月之后,随着身体的发育和躯干动作的发展,婴儿由最初的翻动身体到会爬会站会走甚至会跑。活动能力越来越强,活动的空间也会越来越大,面临的不安全因素也会越来越多。许多父母为了保证婴儿的安全,会想方设法把他们"圈"在一个封闭却又相对安全的狭小空间,使婴儿"举步维艰";也有些父母由于担心婴儿年龄小,抵抗能力差,很少带他们去户外感受自然。成人的这种过度保护,无形中大大缩小了婴儿活动的空间,同时也限制了他们探索和感知周围环境的空间。只能接触到家庭中熟悉的事物,看到家人熟悉的面孔,听到熟悉的声音。殊不知外界环境中丰富多变的刺激是认识发展的源泉。婴儿长期生活在一个缺少新奇刺激,缺乏身体感官体验的环境中,使得他们对于隐藏在刺激背后和体验背后的事情不能完全理解。甚至会造成感知障碍。

拓展阅读4-7 **感觉统合失调**

感觉统合失调简称感统失调,是指外部的感觉刺激信息不能在婴儿的中枢神经系统中进行有效的组合,从而使整个机体不能和谐地运作,久而久之,便会造成各种心理障碍与疾病。造成感统失调的原因主要有两方面,一是孕期影响,二是抚育不当。如保护过度,使婴儿缺乏锻炼,或生活孤独,缺乏与伙伴接触的机会,造成触觉问题。

感统失调的表现主要有三:一是前庭平衡感失调,如多动不安、走路易跌倒;到了学龄期不能流利阅读,经常跳读或漏读;丢三落四,经常忘记作业等。二是本体感失调,如方向感差,易迷路等;动作协调能力差、精细动作不良,如不能很好地系鞋带等。三是触觉失调,如触觉过分敏感或过分迟钝,表现为害怕陌生环境,孤僻、不合群等。

(资料来源:姜静璐.宝宝感觉统合全了解[J].时尚育儿,2011(9):48—50.)

2.成人"拔苗助长",婴儿认知发展欲速而不达

作为家长,谁都希望自己的孩子聪明过人,早成材,成大材。在我们身边,像"智力启蒙"、"潜能开发"、"天才宝贝"这样的字眼随处可见,很是吸引家长的眼球。某"0岁方案"的广告语甚至打出了"让您的孩子三岁前认识3 000个汉字,达到小学毕业的水平。"让家长们兴奋不已,趋之若鹜。但是,过早的智力开发和抽象知识学习,真的就能让婴儿具备领先的优势吗?

案例4-2

2岁半的当当是爸爸妈妈的掌上明珠,也是全家的希望。早在当当2岁时,望子成龙的爸爸就给他教着背诗、数数了。每次看着当当摇头晃脑,口齿不清地当众背诵古诗,被亲朋好友称赞为天才时,当当的爸爸就会欣喜万分。现在,当当的爸爸又要准备给他报名上早期智力开发班,打算让他在上幼儿园之前就认识汉字。可是,却遭到了当当妈妈的强烈反对。于是,就当当是否要提前识字这一问题,当当的爸爸和妈妈展开了激烈的争论。

当当的妈妈认为,婴幼儿时期,正是孩子长身体的时候,应该顺应孩子爱玩的天性,让他尽情地游戏,健康地成长,给他一个快乐的童年。可当当的爸爸觉得:学知识与符合孩子天性的玩耍并不矛盾啊,两方面都重视不更好吗?为什么要把它们放到对立面呢?

其实,类似的争论在好多家庭都会时有发生。到底提前学习和健康快乐成长互相冲突吗?

虽然当当爸爸妈妈的争论都源自对当当的爱,但从理性的角度分析,当当爸爸的观点是不科学的。也许就如一些早教班的广告所言,他们会让孩子快乐学习,也许他们是可以将学习知识的过程设计得很有趣,但是,这种违背自然规律的提前学习,对婴幼儿而言,是弊大于利的。首先,婴幼儿的认知水平处于感知运动阶段和前运算阶段,以具体形象思维为主,抽象思维十分欠缺。而读写算活动属于抽象学习,是一种高度复杂的活动,远远超出婴幼儿的认知能力,容易抹杀婴幼儿以后学习的兴趣和信心。其次,过早的智力开发,会影响婴幼儿其他能力的正常发展。婴幼儿的各种能力需要并行发展。由于个体的精力是有限的,如果过于强调某方面的能力,其他方面的能力就得不到很好的发展。过早进行智力学习,其他能力,比如音乐才能、运动协调能力、人际交往能力等方面的发展,都会受到影响和损害,如此可谓得不偿失。

皮亚杰在对儿童认知发展的研究中,就特别强调认知发展的阶段以及每个阶段儿童认知发展的特点。强调对儿童进行教育时,不能超越儿童本身成熟的条件,提出过高的、不符合实际的要求。皮亚杰认为:儿童是主动学习的建构者;过早地教给儿童一些他自己日后能够发现的东西,会使他不能有所创造,结果也不能对这种东西真正的理解。皮亚杰的认知发展理论提示我们,教育的真正目的不是增加儿童的知识,而是设置充满智慧刺激的环境,让儿童自行探索,主动学到知识。如果在发展尚未达到适当水平之前提早教他知识,反倒会对儿童自行探索、主动求知的行为产生不利影响。家长望子成龙、望女成凤的心情我们可以理解,但必须指出的是,宇宙万物都有它生长发展的规律。婴儿的认知发展同样是有规律的。一旦违背事物发展的规律,拔苗助长,反而会适得其反。

(二)婴儿认知发展训练中存在的争议

1."孤立"还是"统合"?——关于感官训练

意大利著名的学前教育专家蒙台梭利强调感官训练应该孤立进行。她设计的每一种感官教具均是针对一个特定感官的。她要求儿童在接受不同的感官刺激时,将注意力集中在特定的感官上,通过对各种感官的"困难度孤立"的训练,发展儿童的感知能力。有人认为这是一种严重脱离现实生活也脱离实际的做法。因为世界上仅具一种特征的事物几乎是不存在的,人在认知事物时,也总是把它当作一个整体而不是部分来反映的。从这个意义上说,孤立的感官训练也许适合那些有智力障碍的儿童,却不适合广大发展正常的儿童。认为感官的单独刺激,使得儿童对特定材料的有关刺激果然敏锐了,但由于强调单一的器官的孤立训练,必然使个体与丰富的社会生活和现实世界相脱离,影响儿童全面地认识世界,从而也就影响儿童的认识发展,因为知觉的整体并不是色、形、声等感觉的简单总和。因而主张感官训练应该同时进行,这样有利于多种感官的统合。

2."儿语化语言"与"双语教育"——关于语言训练

儿语化语言,也叫亲子语或妈妈语。指当和婴儿讲话时,讲话的速度会放慢,声调会变高,用比较夸张的抑扬顿挫的语气。语言简单化,夸大元音,使用简短的词和句子,不断地重复。许多研究者认为,儿语化语言可以通过夸张和引导儿童关注不同的语音特征来帮助婴儿学习母语,或者至少可以提高学习速度。但也有研究者质疑儿语化语言的价值。他们主张,如果婴儿更多地倾听较复杂的成人语言并作出反应,那么他们开始说话的时间会更早,而且说得更好。

"双语教育"是近年来十分流行的一种早期语言教育形式。让婴儿在语言发育时期就接触英语,同时运用英语和汉语表达自己的思想。有研究者认为双语学习对儿童的语言发展有很大的好处,双语学习者在认知方面相对更有优势。但也有一些研究者持不同观点,认为学习双语对儿童的心理发展是不利的,因为学习双语需要经历一个混合使用两种语言的时期。这一时期,在儿童的句子中可能会出现两种语言的单词混杂使用。有人据此认为儿童不能将两种语言区分开来,产生语言混乱。双语教育支持者则认为,两种语言的混合使用并不代表儿童语言发生混乱。到了三岁,他们就会清楚地意识到两种语言是互相独立的系统,每种语言的使用都与特定的背景相联系。等到四岁时,儿童在本土语言上达到了正常的熟练程

度,在第二语言的使用上也自然会表现出很好的语言技能。

三、促进婴儿认知发展的有效策略

(一)为婴儿认知发展创造丰富的刺激环境

让婴儿多接触外界环境,通过对婴儿感官的刺激来促进其认知发展。这种方法对0～3岁的婴儿尤为重要。拿色彩鲜艳、形象生动、带响的玩具,让婴儿去看、去听、去摸。让婴儿多接触自然,扩大他们的视野,看看大自然中的花草树木,听听自然界的各种声音。给婴儿唱唱儿歌,放放音乐,以发展他们的感知能力;为婴儿提供动手操作的机会,如搭积木、穿脱衣裤、扣纽扣、做泥塑、玩泥沙、折纸等,以发展他们的操作能力;多与婴儿交流,让婴儿早听、多听成人讲话,鼓励他们大胆说话等,以发展婴儿的语言、记忆和思维能力。

(二)语言和思维同步训练

我们常说,言为心声。语言是一个人内在思维的外在表现。语言与思维的关系密不可分。细心的妈妈会发现,1～2岁的婴儿在游戏的时候,经常会自己一个人咕哝着说话。皮亚杰把这种在解决问题时自己对自己说话的现象称为"自我中心语言",认为它反映了婴儿正在进行的思维活动。维果茨基也认为,婴儿的这种"自我对话"可帮助他们做出计划、选择策略和调节行为,使他们成为有能力的问题解决者。随着年龄的增长,这种"自我对话"会随着年龄的增长逐渐减少并最终消失,因为它逐渐内化为一种内部言语——思维。可见,语言与思维的确密不可分。因此,对婴儿的语言和思维的训练,不必截然分开,完全可以同步进行。具体可采用以下方法。

1. 故事法——在阅读中培养婴儿的语言和思维

儿歌、故事等儿童文学作品,用的是经过作家提炼加工的语言,具有生动、形象、富有节奏感等特点,易于婴儿理解和接受。成人多给婴儿念儿歌、讲故事,并就儿歌、故事中的内容向婴儿提问。尤其可借助画册中的图片,提出问题让婴儿回答。例如,成人给婴儿选择一些内容简单,婴儿在现实生活中已看过的图片画册,让婴儿自己看。一边看,成人可在旁边提出一些有针对性的问题:"这是什么,有什么用途?"并要婴儿在家里找出和画册上相同的东西。也可根据画面内容给婴儿讲故事,让婴儿把画面和故事情节联系起来。这样一方面可发展婴儿的听力,激发婴儿开口说话的兴趣。同时也可锻炼婴儿的观察力、记忆力、想象和思维能力。

2. 谈话法——在交流中促进婴儿的语言和思维

婴儿不是通过单纯地模仿成人获得发展。而是在积极地探索活动中以及与小伙伴及成人的相互交往中获得发展。成人应该为婴儿提供可供探索的,丰富的且轻松愉快的环境,帮助婴儿主动探索、相互交往和组织自己的思维过程,达到语言和智力发展的目的。要多带婴儿外出与各种人交流。在带婴儿外出时,要有意教婴儿学会用各种称谓和人打招呼。如"叔叔好、阿姨好、爷爷好、奶奶好"等。在和其小伙伴相处时,要尽可能教会婴儿根据不同情况说"谢谢、对不起、没关系"等礼貌用语。

3. 激励法——鼓励婴儿大胆表达和思考

1～2岁的婴儿对说话抱有很大的兴趣,他们已经完全不满足于通过动作和表情来告诉别人自己的想法,而是试图通过语言来表达自己。婴儿经常会迸出一些让爸爸妈妈意想不到的、大吃一惊的词。成人要保护好婴儿说话的积极性,比如突然听到婴儿说出了家中某些物品的名字,或说出一个刚从电视上学来的词,这些都表明,婴儿已经有了非常强烈的说话的愿望,也乐意去讲。因此,爸爸妈妈要多给婴儿一定的鼓励。当婴儿说话的时候,一边点头表示赞赏,一边还可以摸摸婴儿的头以表示更多的赞赏。对婴儿的一些奇思妙想,甚至不合常理、异想天开的想法,不要急于纠正,大声指出婴儿的错误,以免影响并压抑婴儿说话的兴趣、扼杀他们的想象力和创造力。

(三)在游戏中发展婴儿认知

游戏是婴幼儿最主要的活动,也是他们认识世界的最佳途径。由于游戏的活动性和活动方式的多样性,符合婴幼儿的兴趣和认知特点,让他们在游戏活动中接受新知识、认识新事物是发展婴儿认知的最佳途径。

1. 室内游戏

一般家里都会有许多动物形象玩具,成人可利用动物形象玩具玩"看谁走了"的游戏。首先,成人把婴儿比较熟悉的几个玩具放在桌子上,让婴儿一一说出动物的名称和特征。然后用一块布把玩具遮盖起来,

再偷偷拿走一件藏起来。最后把布掀开,让婴儿看哪种动物不见了。如果讲对了,可予以夸奖;如果讲不出来,可给予适当提示,并在婴儿回答时,引导婴儿讲完整句子,既可锻炼语言表达能力,又能锻炼思维能力。类似的游戏还有"动物口袋"游戏,把婴儿熟悉的几种动物玩具放入口袋,让他们随意从口袋拿出一个玩具,说出动物名称、叫声、颜色、喜欢吃的食物等。

2. 户外游戏

成人一定不要把婴儿关在房间里,剥夺他们接触自然的权利。其实,开发婴儿智力并没有家长想的那么复杂,不需要专家的设计,也不需要昂贵的启智玩具,有时自然界的一些小东西也可以带给婴儿大智慧。比如,闲暇的时候,和婴儿一起边散步边捡些形状奇异的小石头,可以让婴儿看看它们都像什么? 这不仅能提高婴儿的观察力、想象力,也能培养婴儿热爱大自然的感情。也可以在地上画几个圈,把石子平均地分配到每个小圈里,平均数的概念就这样在不经意地玩耍中被轻易掌握了。其实不止石头,路边的树叶、沙滩的贝壳,只要成人多些小小的创意,都可以让婴儿在玩耍中变得更加聪明。

(四)把握认知发展的关键期

许多研究证实,在婴幼儿发展阶段,大脑有一系列功能发展的关键时期或敏感阶段,即"关键期"。如研究认为,1~3岁是口头语言发展关键期,这个阶段婴儿学习口头语言非常快;0~4岁是视觉发展关键期,这个时期儿童的形象视觉发展最迅速,斜视儿童在4岁之前最容易得到矫正。成人应该把握婴儿认知发展的关键期,在他们认知发展潜力最大,可塑性最强的时期,把握时机,抓住教育机遇,以科学的教育理念和正确的行为对他们施加影响,可以最大限度地促使婴儿朝着理想的方向发展。

---------------------------- **本章小结** ----------------------------

本章重点介绍了婴儿感知觉发展的特点与研究方法、婴儿语言与思维发展的特点与规律。并就如何促进婴儿感知发展,如何加强婴儿语言和思维发展提出具体指导策略。学习本章内容后,希望学生能够重点领会以下问题:婴儿运动技能发展与感知觉发展的关系、婴儿语言发展的各阶段划分及特点以及发展的关键期理论。

▶ 思考与练习

1. 简述研究婴儿感知觉的方法有哪些?
2. 婴儿语言发展经历了哪两个时期? 每个时期又分别包括哪些阶段?
3. 简述婴儿认知发展的特点。
4. 结合实际谈谈如何训练婴儿的语言与思维。
5. 简述促进婴儿认知发展的策略。

▶ 自己做研究

请仿照皮亚杰的"客体永久性实验"对婴儿客体永久性进行实验研究。

参照本章第二节拓展阅读4-2提供的"婴儿客体永久性形成的经典实验",选取若干名6~12月龄婴儿进行客体永久性实验的研究,以便进一步验证和理解婴儿思维的客体永久性形成。并提交所做研究得出实验结论的书面报告。具体要求如下:

实验设备及要求:

1. 实验设备:颜色鲜艳,容易引起婴儿注意的玩具小鸭一个;能够遮住玩具小鸭的纸板一块。
2. 实验对象:6~12月龄婴儿若干名(其中6~8月龄婴儿若干名;9~12月龄婴儿若干名)。
3. 实验地点:婴儿熟悉、较为安静不易受干扰的地方(最好在婴儿家中)。
4. 实验要求:通过与婴儿家长交流沟通,在征得家长同意并在实验现场的情况下,选取婴儿情绪较好,精力充沛的时间段(最好是睡醒吃完奶后)进行实验,仔细观察并详细记录每一个婴儿的表现。

实验目的:验证和理解婴儿思维的"客体永久性"形成。

实验过程:

1. 在婴儿面前呈现玩具小鸭,在确保婴儿看到玩具小鸭,并当婴儿对玩具小鸭产生兴趣,注视或准备伸手抓时,迅速用纸板把玩具小鸭挡住。

2. 重复进行实验一次,仔细观察并记录婴儿表现。

3. 填写实验结果记录表(见表4-1),分析并得出实验结论。

实验结论:

表4-1 实验结果记录表

被测年龄(单位:月)	用纸板遮住玩具小鸭时的表现		结果汇总
	寻找( )	不再寻找( )	
	寻找( )	不再寻找( )	
	寻找( )	不再寻找( )	
	寻找( )	不再寻找( )	
	寻找( )	不再寻找( )	
	寻找( )	不再寻找( )	被试婴儿共:____名
	寻找( )	不再寻找( )	当用纸板遮住玩具小鸭时,
	寻找( )	不再寻找( )	漠不关心、不再寻找共____
	寻找( )	不再寻找( )	名,其中6~8月龄
	寻找( )	不再寻找( )	____名,9~12月龄____名;
	寻找( )	不再寻找( )	当用纸板遮住玩具小鸭时,
	寻找( )	不再寻找( )	绕过纸板,寻找小鸭玩具,共
	寻找( )	不再寻找( )	____名,其中6~8月龄____
	寻找( )	不再寻找( )	名,9~12月龄____名。
	寻找( )	不再寻找( )	

第五章　婴儿个性与社会性的发展

知识结构

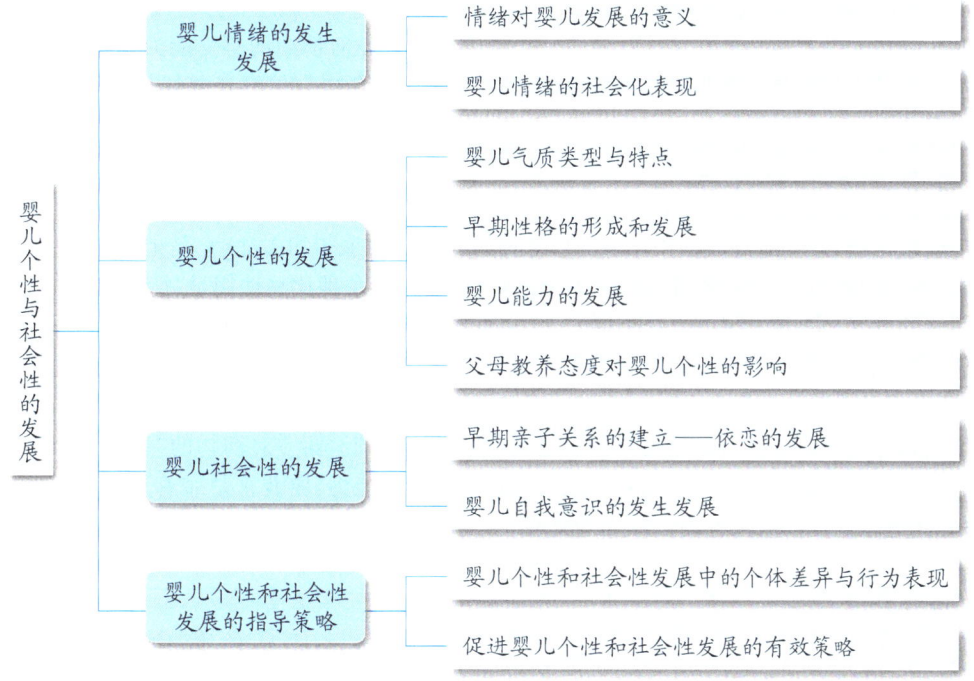

亲子园的一次科学活动上,孩子2岁半左右。要求沿线绕圈走。仔仔,男孩,神情严肃。音乐响起,脸上掠过一丝喜悦,时快时慢地一个人走着,但没有沿线,时而跑过去摸摸墙,时而跑到电视机旁边探头在后面找着什么,音乐还没停下,就提前找好位置坐下了。等音乐停下别的孩子找位置时,他拍拍旁边的图片标志,示意亲亲坐那儿;亲亲,女孩,一脸欢喜,走线时时而跟着仔仔到处跑,时而又跑回来让妈妈抱。朵朵,女孩,特别腼腆,一直坐在奶奶身上,老师的问题都是奶奶替她回答的,做什么都要招呼奶奶陪;好好,女孩,特别安静,也特别专心,老师问什么答什么,反应迅速,也没有多余的话。

在一次课堂学习中,老师选择不同的物品组让孩子比较长短:纸筒、铅笔、塑料链条,难度由低到高。仔仔经常是摸着自己的小脑袋盯着老师拿出来的一样一样东西,回答问题时有对有错;亲亲经常东张西望,时而还叫喊,但每次回答问题都正确;朵朵和好好都比较专注,朵朵观察细致,对老师的动作模仿得惟妙惟肖;好好显得更有耐心,重复多次做一件事仍然很认真,看不出一点厌烦来。

这些孩子虽然只有2岁半,但已经表现出明显的个性差异。这些差异是如何形成的? 是受先天因素的影响还是后天环境影响的结果? 面对不同个性的孩子,家长和老师应该如何对待呢? 孩子游

戏时,有的家长因为孩子没有按某一种玩具的常规玩法玩而矫正,有的则只是在旁边看孩子玩,不作干预或指导。哪种做法更好呢? 对于早教机构和幼儿园的老师来说,面对个性迥异的孩子,到底应该如何统一组织活动? 让我们带着这些问题进入本章的学习。

第一节　婴儿情绪的发生发展

所有父母都希望看到自己孩子活泼可爱的笑脸,但健康婴儿来到这个世界的"宣言"却是清脆有力的哭声,难道对于婴儿来说"哭"也有特别重要的意义? 婴儿哭闹时父母该怎么办? 婴儿还会有什么样的情绪表现? 婴儿到多大时才能一见到父母就绽放开心的笑容? 婴儿对情绪的感受能力是自然形成还是有意培养的呢? 父母是否应该要求婴儿控制自己的情绪呢? 这是许多初为父母者急切想知道的事情,也是本节的重要内容。

一、情绪对婴儿发展的意义

有人把情绪比喻为"生活的颜色和音符",它时时刻刻被我们感知和关注,它是把我们联系在一起的纽带,是每个人发展的动力源泉,对于婴幼儿来说更是如此,有人形象地比喻他们是"情绪的俘虏"。

婴儿情绪的发展是心理发展的一个重要方面,它直接影响一个人的生活状态,影响到婴儿其他方面如认知、人格等的发展,也影响到一个家庭的生活质量。婴儿期是某些情绪情感发展的关键期,特别是爱的情感,对婴儿发展及以后的生活具有至关重要的影响。"人生第一记忆"实验的其中一个结果是"人生最早所记之事十之六七与情绪有关",而记忆的积累是人格形成的基础。西方对动物的"情感剥夺"实验及对孤儿院儿童的研究都证实了这一点。人类婴儿先天具有情绪反应能力,婴儿正是靠着这种心理信息,使自己得以生存;婴儿也正是在和成人进行各种情绪交流中,使自己得以成长。孟昭兰把婴儿的情绪功能归纳为以下四点。

(一)情绪的适应功能

婴儿必须依靠成人而生存,天生的情绪反应能帮助他呼唤和影响成人,使他们得到照顾。许多研究表明,婴儿出生后情绪迅速分化,分化出来的不同情绪有不同的内部体验与外部表现,这种分化的情绪可以帮助婴儿很好地适应环境。例如,新生儿以哭声反映身体的不舒服;以微笑反映舒适愉快;以皱眉、摆头反映厌恶;以睁大眼睛、张大嘴巴表示惊奇等,这些都是先天的、不学而会的(在神经系统和脑中预置并模式化的先天情绪反应)。婴儿凭借这些表情与抚养者进行交流,以使抚养者更好地了解自己的需要和状态,合理地照料自己,使自己适应周围环境,顺利成长。

(二)情绪的驱动功能

情绪是激活婴儿心理活动和行为的驱动力。人类在获得情感性的心理反应能力之后,情感性的感受能力经常附加和补充到生理需要的驱动力上去,使那些本能的需要得到放大和加强。如,婴儿看到外观漂亮的食品则食欲增强;听到优雅舒缓的摇篮曲可以很快入睡。情绪也可以驱动婴儿的学习行为,如一个孩子可以自如地用插塑玩具插出各种造型,他就愿意反复玩这种玩具;但如果一个孩子总是插不进去或插不好,几次尝试以后,他就会烦躁地推开,以后见到这种玩具也不愿意玩,因此有人说对于孩子来说"成功才是成功之母"。情绪驱动婴儿更好地满足生理需要、不断地认知学习。但为婴儿安排的学习活动一定要适合他们的能力水平、心理特点,否则将引发婴儿恐惧、烦躁等消极情绪,影响到他们长远的发展,这就是"欲速则不达"。

(三)情绪的组织功能

情绪的组织功能是先天适感性与后天的习得能力相互交织的结果。婴儿一出生就具有探究反射,如视觉追踪、听觉定向,这些可以看作是最初的认知探索和学习。在新异刺激作用下,情绪激发这类活动:当外界新异刺激与原有的认知和期望有少许不一致时,就引起兴趣和好奇,产生趋近和探索行为;当外界新异刺激与原有的认知和期望高度不一致时,则引起恐惧和威胁感,促成回避行为。婴儿在这样的过程中不

断保护自身安全,积累社会经验,发展思维能力,提升认识水平。

(四)情绪的交流功能

情绪是出现在语言之前,且伴随人一生的人际交流的重要手段。情绪是通过表情来进行信息传递的。人的表情包括面部表情、声调表情和体态表情。婴儿通过自己的表情来影响养护者的行为并和养护者形成紧密的依恋关系。如婴儿早期出现的微笑或者好奇的表情,使养护者知道他们的孩子愿意并渴求与他们交往;后来出现的恐惧和伤心的表情,暗示婴儿感到不安或者不安全需要照顾;婴儿的愤怒则表示养护者正在做的事情让他不高兴,应该停止;而愉快则在告诉养护者他希望能继续现在的交往或他愿意接受新的挑战。婴儿通过他们的情绪反应,适当地促进了自己的社会接触,也帮助养护者根据他们的需要和目标调整自己的行为,即婴儿的情绪表达促进了婴儿和他们的养护者的相互了解。同时,婴儿对他人情绪的识别和理解,也有利于他们推断自己在各种情境下的行为和情绪反应,即所谓的"社会参照"(见婴儿情绪的发生与发展)。

二、婴儿情绪的社会化表现

案例5-1

某亲子园的一次音乐活动上,孩子16～24个月。

晨晨是个胆小、有点淡漠的女孩,脸上始终没有明显的表情变化,虽然各个环节都在按老师的要求做(妈妈拉着跳舞、用木棒打节奏、玩呼啦圈等),但始终离不开妈妈,和老师告别时也不让老师抱。嘟嘟是个小男孩,和晨晨的表现有点像,听音乐跳舞时妈妈走在前面,他在后面追着牵妈妈的手,牵不着就急得叫喊,呼啦圈刚转起来时有点怕,躲在远处看,和老师告别时虽然允许老师抱,但很被动,一点也不热烈。轩轩则一直很"活跃",是一个调皮、感情表达很强烈的男孩,老师唱摇篮曲时,别的孩子都躺在妈妈怀抱里安静地休息,他却躺在地板上偷看老师的表情,听音乐跳舞时,开始是一个人到处跑,后来跑过来独自跟着跳,眼睛"狡黠"地看着老师,往回送乐器时,不小心和浩浩相撞,轩轩大哭,而浩浩只是不安地看着他,老师又发呼啦圈了,奶奶提醒他去领呼啦圈,领到呼啦圈的轩轩脸上还挂着泪珠却笑了,和老师告别时,第一个就冲上去让老师抱,愉悦之情溢于言表。

人的表情具有先天模式还是后天获得的? 婴儿刚出生有情绪反应吗? 多大的婴儿就能像成人那样体验和表达诸如快乐、悲伤、羞愧等情绪了? 上面案例中晨晨和轩轩的情绪情感表达有着很大的差异,他俩都属于正常发展吗?

在一项调查中,有半数以上的母亲认为自己一个月大的婴儿至少有五种明确的表情:好奇、惊讶、快乐、愤怒和恐惧。你能分辨婴儿的不同表情吗?

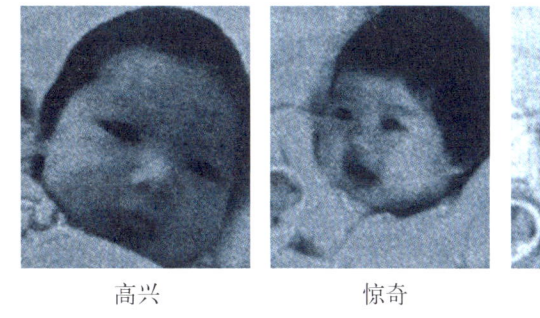
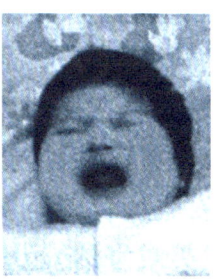

高兴　　　　惊奇　　　　悲伤　　　　生气

图5-1　婴儿表情[①]

(一)情绪的早期发展

表情是情绪的外部表现。在生命的头两年,各种表情出现在不同时间。情绪专家伊扎德(C. E. Izard)

---

① 图片来源:苏彦捷主编.发展心理学[M].北京:高等教育出版社,2012:194.

研究表明，人类婴儿出生时就展示出五种不同的情绪——惊奇、伤心、厌恶、最初步的微笑和兴趣。我国心理学家孟昭兰基于自己和他人的一系列研究指出，新生儿已有兴趣、痛苦、厌恶和微笑四种表情。在6～9个月时出现的其他初级（基本）情绪是愤怒、悲伤、快乐、惊讶和恐惧。基本情绪一般认为是由生物因素所决定的。快到2岁时，伴随着自我意识和交往、认知的发展，婴儿开始表现出次级（复杂）情绪，例如尴尬、害羞、内疚、嫉妒、同情、自豪和骄傲，这些情绪也被称为自我意识的情绪。同时，初级（基本）的情绪反应不断分化、发展。比如，悲伤逐渐由饥饿、尿布湿了、温度变化等生理需要得不到满足引发发展到无人陪伴、照料者表情痛苦等社会性需要得不到满足而引发。

（二）婴儿情绪的社会化

1. 社会性微笑

社会性微笑是对社会性刺激作出反应的微笑，是婴儿情绪社会化的开端。社会性微笑是在内源性微笑和诱发性微笑的基础发展起来的。婴儿生来就有笑的表情，在出生儿小时的新生儿脸上可以看到"微笑"的反应（事实上它并不是真正的微笑，而是嘴部肌肉的抽动），但最初的笑是自发性的，与中枢神经系统皮质下的神经冲动自发发放有关，与脑干或边缘系统的兴奋状态变化有直接关系，因此，这种微笑多发生在婴儿睡眠中或困倦时，并且是一掠而过、低强度的，这种笑通常被称作内源性微笑。出生后三周左右，在婴儿清醒时，轻轻地抚摸其面颊、腹部，也能引起婴儿微笑；到四五周时，将其双手对拍，或听到各种熟悉的声音，都能引起婴儿微笑，这种微笑通常认为是诱发性的微笑。以上两种微笑都是反射性的，而不是社会性微笑。

约五周（亦有说三周）开始，人脸或人的声音会特别容易引起婴儿的微笑（这时的微笑涉及整个脸部反应，而不仅是嘴部肌肉的抽动了），社会性微笑开始出现。心理学家观察到，此时的婴儿如果听到大人的声音或看见大人对着他笑，婴儿的微笑十分活跃，眼睛明亮。

但是，大约从五周到三个半月之间，婴儿对人的社会性微笑是不加区分的，他们对主要抚养者或家庭其他成员、陌生人的微笑几乎是一样的，婴儿还不能区分不同的人，甚至有研究表明，只要是正面的人脸，不论其是生气还是笑，婴儿都报以微笑；如果换成侧面的脸，婴儿则停止微笑。

从三个半月尤其从第四个月开始，随着婴儿处理刺激内容能力的增加，能够分辨熟悉的脸和其他人的脸，婴儿真正意义上的社会性微笑出现——开始对不同的人报以不同的微笑，出现有差别、有选择性的社会性微笑，他们对熟悉的人笑得更多、更无拘无束、更灿烂，对陌生人则更多是一种带有警惕性的注意。许多研究表明，四个月以后的婴儿对主要抚养者母亲笑得最频繁，其次是对家庭其他成员和熟人，对陌生人笑得最少。

2. 情绪表达规则的获得

每个社会都有一系列的情绪表达规则，规定着在各类场合下哪些情绪可以表达、哪些情绪不可以表达。例如在自己家里尤其没客人的情况下，婴儿可以随意表达自己的愿望、要求，但到别人家做客，就不能喜欢什么就要什么。情绪表达规则类似语言的应用规则，婴儿必须要学习并应用，才能够自如地与人相处并获得他人的认同。那么，婴儿的这种学习是从什么时候开始的呢？又是怎么学习的呢？

其实，情绪表达规则的获得主要表现为情绪控制，因为情绪的表现基本是自然而然的，因此，我们常称其为情绪的流露。情绪表达规则所规定的特定情境中不能流露的情绪就需要主动地运用意志去控制。婴儿是从多大的时候、怎么学会控制自己的某些情绪情感的呢？

有研究认为，母亲会对婴儿的情绪作出选择性的反应，通过母亲的选择性强化，婴儿逐步掌握情绪表达的规则。在头两个月，母亲对婴儿的好奇和惊讶有更多的注意，而对他们的消极情绪则反应很少。通过母亲的选择性强化，婴儿会有更多的笑脸，而较少流露不愉快的表情。母亲和七个月的婴儿玩耍时总是表现得愉快、好奇和惊讶，这为婴儿提供了积极情绪表达的榜样。通过早期的基本学习，以后也会如此。可见，婴儿对某些消极情绪的控制一定程度上是母亲无意中训练出来的。

要遵循情绪表达规则，婴儿就必须对他们的情绪加以调节和控制，而这对婴儿来说无疑是比较困难的。开始他们只能通过转移视线不去看它或通过吸吮的方式减少某些不愉快的冲动。研究发现，六个月的男孩比六个月的女孩更难以调节不愉快的冲动，更有可能在寻求照料者的支持时表现得烦躁不安和哭泣。快满1岁时，婴儿开始使用其他一些策略来减少不愉快的冲动，如摇晃自己的身体、用嘴咬东西或避开引起他们不愉快的人和事物。18～24个月时，婴儿开始有意控制那些让他们感觉不舒服的人和物，如推

开成人、转过身子去不看不愿意看的物品等；他们也能开始通过与同伴说话、玩玩具或远离让他们感觉不愉快的人和事物的方式去应对必须等待才能吃到的食物或得到礼物这样的挫折。人们甚至观察到：这么小的婴儿也会通过皱眉和撇嘴来尽力压抑他们的愤怒和伤心。但是婴儿几乎无法掩饰他们的恐惧，相反，他们还经常能够找到可以有效引发养护者注意和安抚恐惧的表达方式。

随着婴儿语言能力的增强，他们可以谈论自己的感受，父母和其他亲密陪伴者经常会依靠言语帮助婴儿积极应对消极情绪，如运用言语引导将他们的注意力从不愉快情境中最令人难受的部分转移开来或帮助他们理解恐惧、挫折等经验，以积极应对消极情绪。如在医院打针或输液时，父母可以通过让孩子观察墙上色彩鲜艳的宣传画来分散婴儿的恐惧情绪或通过解释打针或输液能使他的肚子不疼了的积极期望以压抑恐惧。这种支持性干预是维果斯基曾经提出的指导教育的一种，它有利于儿童学会有效调节自己的情绪。随着儿童年龄的增加，他们调节情绪的策略会越来越多，但个体之间的差异很大。

有时候，情绪的调节不是要控制某种情绪，而是要维持或加强某种体验，如成功时的自豪感，做错事情时的难受、羞愧等，这种情绪的调节能力需要成人有意加强。

3. 情绪的社会(性)参照

如果婴儿是从他人那里习得情绪表达规则的，那么他们首先要能够识别和理解别人的情绪。婴儿是什么时候开始能识别别人的情绪的呢？理解别人的情绪又出现在什么时候呢？

目前，关于婴儿什么时候能够识别和理解他人的表情还存在争议。一些研究考察了母亲和婴儿之间的对话。母亲和婴儿之间互动时通常都很快乐，如果母亲换上一副悲伤或生气的面孔，情况会怎么样呢？哈维兰等人(Haviland & Lelwica,1987)让母亲对10周大的孩子摆出短时间的悲伤或生气的面孔，并且用与表情相适应的语调跟孩子说话，孩子的反应真的不一样。如果母亲高兴，孩子也表现得很高兴；如果母亲表现出生气的样子，孩子就也表现得生气。但如果母亲表现出伤心的样子，孩子却没有表现出明显的伤心，而是开始出现吧嗒嘴、咕咕哝哝、吮吸等行为。这些研究说明，婴儿很早就能识别他人的情绪状态，但要说他们能"理解"母亲的情绪则可能过之，他们只是可能觉得母亲生气时的语调(声音大而严厉)本身令人不愉快。由此只能确定婴儿识别情绪的能力出现的很早，至少在孩子出生的头三个月就出现了。

那么，婴儿理解别人情绪的能力又出现在什么时候呢？婴儿理解别人情绪的能力可以从婴儿的社会(性)参照行为中表现出来。社会(性)参照是指婴儿在不确定的情境中借助他人的表情信息来决定自己的行动。6个月以后，婴儿识别和理解某种特定表情的能力开始明显发展，他们开始关注他们的父母对不确定情境的情绪反应，并依此调整自己的行为。随着年龄的增长，这种社会参照越来越频繁，并且扩展到父母以外的人。如果一个学会爬行的7个多月的婴儿，在遇到不熟悉的情境或陌生物体不能作出确定的反应时，他们就会主动从母亲或其他照料者的脸上寻找线索或信息，以决定自己的行为。此时，母亲或其他照料者的面部表情决定着他们的情绪和相应的行为。

著名的"视崖实验"就说明了情绪参照的存在。考察婴儿深度知觉的"悬崖"设计得很陡，婴儿一般都不肯从玻璃上爬过去(见第四章)；考察社会参照作用的"悬崖"会把坡度变小或模糊坡度信息。索斯等人(Sorce et al.,1985)选取了一组12个月大的婴儿来做这个实验。妈妈在孩子的对面，孩子能看清妈妈的脸。19个孩子的妈妈表情愉悦，结果有14个孩子爬过了视崖；而17个孩子的妈妈面露担忧，结果没有一个爬过视崖，且出现害怕的表情。可见，孩子不仅"读出"母亲的面部表情，而且正确地理解了其意义。

情绪的社会(性)参照对婴儿的发展具有非常重要的意义，特别是对于6～18个月能够四处探索但语言能力尚未发展的婴儿，情绪的社会(性)参照能帮助婴儿超越仅仅被动回应他人信息的阶段，能通过这些信息来判断不确定情境中自己的行为取向。情绪的社会(性)参照在很大程度上决定着婴儿的生活质量和发展机会。婴儿与成人主动的情绪交流、参照成人的情绪信息采取行动，能使他们避免、摆脱许多险境和危险物品，并有利于婴儿行为的调整和改变。同时，婴儿经常与父母共享同样的情感，分享情绪体验，有助于丰富婴儿的情感世界，密切亲子感情。积极的社会(性)参照更能成为婴儿认知发展的媒介，促进婴儿探索新异刺激和事物，进一步扩大活动范围，发展智慧能力。但要注意避免消极的社会(性)参照，不恰当的参照信息会阻碍孩子的探索行为或将孩子置于危险境地，不积极关注婴儿的行为、回应婴儿的信息探寻则容易导致婴儿形成不安全的依恋(见本章第三节中婴儿的依恋)，造成情感淡漠、消极、懦弱的性格。

一段对话可以在不用言语的情况下进行——母亲与婴儿面对面的交流就是一个鲜明的例子,他们的交流通过面部表情、姿态、瞥眼和一些声响进行,其中一方"说的话"与另一方"说的话"密切相连——在这种相互交流中婴儿很快学会母亲喜欢的情绪信号并偶尔做出可预知的反应。结果,婴儿就有机会获得一些社会交往的基本准则。这种学习机会非常重要,这可以通过"静止面孔"范例——一个在实验室进行的程序来说明。先让一位母亲像平常一样与她的婴儿交流,建立一个正常沟通的期待,然后母亲变得沉默、无反应,坚持数分钟,实验结束。根据婴儿的行为在两种条件下进行对比,能确定这种混乱有影响。这种情况在 2 个月婴儿身上已经明显:婴儿明显感到困惑,然后由于没有从母亲那儿获得往常一样的关心的回应而越来越烦乱。他们先积极主动地尝试着吸引母亲,然后注视母亲的时间越来越短,最后干脆把脸转过去不注视母亲,好像看母亲太痛苦,难以忍受。婴儿开始专注于自己身上并且有些"沮丧"——当母亲恢复到正常行为时,这种状况可能仍会持续一段时间。从这些观察中可以清楚地发现母亲的无情感是一件很令人烦恼的事件——当沉默面孔情境的反应与母亲离开房间时的行为相比,无情绪比母亲暂时的消失更加严重。在儿童出生的第一年,就已经建立了对母亲反应类型的期待,但是毕竟还太小,无法在不依靠他人支持下独立调节情绪行为。母亲通过与儿童交换情感上的回应这种方式,能够为儿童提供最适宜的刺激水平,调节儿童的觉醒水平,塑造儿童发展更深层次的情感。如果母亲没有这样做——当母亲抑郁时很容易发生这种情况——这时儿童情感的发展就可能处于风险之中。

　　(资料来源:H. R. Schaffer. Child psychology[M]. Blackwell Publishing,2004:146.

　　转引自杨丽珠,刘文主编.毕生发展心理学[M].北京:高等教育出版社,2006:168.)

4. 害怕(恐惧)

　　害怕(恐惧)是婴儿最早表现出来的情绪之一。婴儿会因为强烈的、突然的噪声或身体位置突然改变而受到惊吓。但婴儿到了 6 个月以后,随着认识能力的不断提高,才能清楚地意识到某个人、某种物或某种情境会对自己产生威胁,害怕(恐惧)也会表现得比较明显。婴儿 18 个月时这种情绪达到顶峰,例如婴儿不敢玩一个活动的、发出声的新玩具。婴儿期害怕(恐惧)的典型表现是陌生人焦虑和分离焦虑。

　　陌生人焦虑即认生,指婴儿害怕跟陌生人说话或在一起,表现出警惕的反应。随着婴儿认知能力的不断提高和母婴关系的日益亲密,婴儿能很好地把主要抚养者母亲和陌生人区分开来,陌生人的出现会引起婴儿的恐惧和焦虑。例如,当陌生人靠近正在玩玩具的婴儿时,婴儿会非常紧张,眼睛在母亲和陌生人之间来回观看,有的甚至大哭起来。如果陌生人离开,婴儿会慢慢平静下来。

　　研究表明,陌生人焦虑一般在婴儿 6～8 个月时发生。陌生人焦虑的发生发展是有过程的:4 个月前,婴儿连陌生人和熟人都区分不开,当然谈不上害怕陌生人;4 个月左右,婴儿开始区分陌生人和熟人,对陌生人和母亲表现明显不同的社会性微笑,但这时并不害怕陌生人,对陌生人的态度一般还是比较友好的;5～6 个月时,婴儿见到陌生人往往会表现出一种严肃的表情,笑得更少,但仍然不害怕;而到 6～7 个月时,婴儿见到陌生人就开始感到害怕了;到 8 个月时,婴儿明显怯生。不过不同个体之间怯生的程度不同,这一点我们在现实中也可以观察到。另外,同一个个体,也会因为场景不同而引起不同程度的怯生。

　　随着婴儿与母亲情感联结的进一步建立,婴儿也出现了另一种形式的焦虑——分离焦虑。分离焦虑指不愿意与父母或其他主要照料者分开,当主要抚养者离开时会哭闹、反抗。如一个 8 个月的婴儿正在妈妈身边看电视,看见妈妈往外走,他的视线会从电视上移开跟随妈妈的身影,妈妈的身影消失时他就会大哭起来,这就是分离焦虑。分离焦虑大约出现在 6～7 个月,18 个月前达到顶峰。

　　分离焦虑的发展也有个过程。一些研究表明,2 个月的婴儿当主要抚养者母亲离开时会激动、不高兴。但在出生后的头半年里,婴儿的哭往往是由于与一个人的愉快交往的中断而带来的,没有特定的对象,这时只要有另一个人逗引他玩,他就会很快平静下来并且重新投入愉快的游戏。但是 6 个月后,婴儿的反应就明显不同于前半年;婴儿明显地、更多地抗拒特定的个体即已经产生依恋的对象——通常是主要抚养者母亲的离开。当母亲离开时,他们会非常不高兴、哭闹、不安,同时,他们不愿意再接受别人的代替,

不愿意和别人玩。婴儿分离焦虑的程度也与分离时的即时情景有关,如母亲离开时环境是否熟悉,或身边有没有其他熟悉的人。

拓展阅读 5－2　　为什么婴儿会出现陌生人焦虑或者分离焦虑?

为什么婴儿慢慢地会害怕陌生人,害怕与母亲或养育者分离呢?为什么这些问题在 6～8 个月时才出现?许多学者对这些问题进行了探讨,其中两个观点得到了证明。进化理论家(Bowl-by,1973)认为,婴儿面对的许多情境具有危险线索——这些情境在整个人类进化史中曾经频繁地与危险相联系,使恐惧和回避在生物学上已成为程序化的行为。婴儿遇到这种程序化的危险情境,能轻易地从熟悉事物中识别出陌生物、陌生的面孔(古代可能是吃人的动物)、陌生环境和与家庭成员分离后的陌生情境。与这一进化论的观点相一致,婴儿在陌生的实验室情境中比在家里对陌生人和分离表现出更多的恐惧反应。进化论观点也能解释分离焦虑的一个有趣的跨文化差异。在许多非工业化国家,婴儿与养育者始终保持着亲密接触,这些婴儿开始抗拒分离比西方国家的孩子早 2～3 个月,原因是这些婴儿极少与养育者分离。

认知发展理论家把陌生人焦虑和分离焦虑视为婴儿知觉和认知发展的自然结果。凯根(Kagan)认为,6 到 10 个月时婴儿已经完全形成了下列稳定的图式:(1)熟悉养育者的面孔;(2)养育者在家里可能的位置(如果他们现在不在眼前的话)。与婴儿对养育者的图式不同的陌生人脸突然出现,使婴儿感到不安,因为他们不能解释这个人是谁或者熟悉的养育者出了什么状况。凯根还提出,7～10 个月的婴儿在家里不会特别抗拒分离,因为他们会认为,养育者离开起居室是去了一个熟悉场所,如厨房。但是一旦养育者拎起包走出前门,婴儿不能轻易解释养育者的去向,他们就可能哭泣。与这一观点一致的是,在家中观察的婴儿更可能在养育者走向不熟悉的门(如通向地下室的门)时开始抗议;在分离期间安静玩耍的 9 个月大的婴儿,在寻找母亲并且发现母亲不在他们所想的位置时,马上会变得非常不安。

总之,陌生人焦虑和分离焦虑是复杂的情绪反应,部分源于婴儿对陌生人和物的一般性恐惧,源于他们不能对陌生人是谁和熟悉养育者状况作出解释而产生的。需要指出的是,婴儿对分离和陌生人的反应有很大不同:有的婴儿对这些事情几乎无动于衷,而另外一些就好像被吓坏了一样。发展研究者认为,恐惧的个体差异常常反映了婴儿在气质和依恋关系的质量或安全感上的差异。

(资料来源:苏彦捷主编.发展心理学[M].北京:高等教育出版社,2012:197.)

害怕(恐惧)有其适应意义,有利于婴儿的生存。害怕(恐惧)使婴儿能躲避危险,远离陌生人,并将照料者看作自己的安全基地,从而避免了危险物品和陌生人可能带来的伤害,也能让照料者产生被需要感,更愿意照料婴儿。

 **第二节　　　婴儿个性的发展**

一、婴儿气质类型与特点

生活中经常会听到有的母亲说:我们对孩子已经很有爱心也很有耐心了,可孩子似乎不领情,非常容易激动、好哭、难哄、脾气暴躁,稍有不顺心意的事就会立刻大哭大闹,教育孩子是一件非常困难的事情。而有的父母则说自己的孩子是既听话又乖巧,你教他什么他就学什么,从不抵触,学习兴趣大,教育孩子是一件很容易的事情。那么他们的孩子的表现为什么会有如此大的差距呢?经过大量研究发现,这些差异实际上都是由婴儿的气质类型不同所造成的。不同气质的婴儿,在接受成人的教养上,会表现出不同的学习状态和情绪。因此只有了解了婴儿的气质特点,才能获得相应的教养婴儿的方法。本节内容,我们就来探讨一下婴儿的气质。

（一）婴儿的气质类型

关于气质类型的划分，目前还没有一个统一的比较完善的能为人们共同接受的学说，相对比较有代表性的观点主要有：托马斯-切斯的三类型说、布雷泽尔顿的气质三类型说、巴斯的活动特性说、体型类型说、激素说、血型说等。其中托马斯-切斯的三类型说理论比较深入、细致地分析了婴儿的气质类型与特点，更贴近婴儿的行为、情绪、反应实际，本章主要介绍这一理论。

20 世纪 50 年代，美国心理学家托马斯（Thomas）和切斯（Chess）对婴儿的气质发展问题进行了纵向研究，比较深入、细致地分析了婴儿的气质类型和特点。他们将气质定义为"个性的风格特质"，即个体日常生活及活动中的一种稳定的情绪和行为。研究对 141 个个例从新生儿到成人阶段做了追踪研究，提出九维度气质模式，并根据该标准把婴儿划分为三种典型类型。

1. 气质九维度指标

（1）活动水平：从活跃到不活跃的比例分配。有些孩子一直很活跃，有些孩子却很不活跃。

（2）规律性：身体机能的规律性。有些婴儿入睡、醒来、饮食和身体内部功能都很有规律地运作，有些婴儿的规律性就差。

（3）注意的分散程度：环境刺激对行为的改变程度。有的婴儿如果因饥饿而哭闹，只要安慰一下或给他玩具就会停止，有的婴儿却直到去喂他才会停止哭闹。

（4）趋近性：面对新的人或事物，婴儿是接受还是退缩。有些婴儿会比较愉快地接受新的食物或玩具，并对着陌生人咿呀学语，有的孩子见陌生东西却哭闹、退缩。

（5）适应性：婴儿对环境变化的适应自如度。虽然有些婴儿第一、二次对陌生的东西哭闹、退缩，但再坚持就适应了，也有些婴儿接触多次仍旧焦虑。

（6）坚持性：从事某项活动投入的时间长短和控制分心的努力。有的婴儿可以长时间集中注意力玩一样新玩具，而有的婴儿不过几分钟就对一样新东西失去了兴趣。

（7）反应强度：反应的紧张程度和能量水平。有些婴儿大声哭闹，而有些则很温和。

（8）反应敏感度：能引起反应的最低刺激度。有些婴儿对声音或光线的微弱变化反应强烈，而有些婴儿却几乎没反应。

（9）心境质量：表现欢乐、高兴、友好的行为数量与不愉快、哭泣、不友好的行为作比较。有些婴儿在游戏或与人交往时时常笑，有些则常焦虑和哭闹。

2. 托马斯与切斯划分的婴儿气质类型

托马斯、切斯等人在对婴儿进行大量追踪和考察的基础上，根据以上九个维度，将婴儿气质划分为以下三种类型。

（1）容易型：这类婴儿吃、喝、睡、大小便等生理机能活动比较有规律，节奏明显；容易适应新环境，也容易接受新事物或不熟悉的人；他们情绪大多数时候积极、愉快，对成人与他们的交流给予积极的反映。约占被试总数的 40%。

（2）困难型：这类婴儿时常大哭大闹、烦躁易怒、爱发脾气、不易安抚；在饮食、睡眠等生理机能活动方面缺乏规律性，对新事物、新环境接受很慢，需要很长时间去适应；他们情绪经常不好，在游戏中也会不愉快，成人需要花费很多力气来安抚他们，很难得到这类孩子的正面反馈。约占被试总数的 10%。

（3）迟缓型：这类孩子活动水平很低，行为反应强度很弱，情绪总是消极而不愉快，但不像困难型婴儿那样总是大声哭闹，而是常常安静地退缩，逃避新刺激、新事物，对外界环境、新事物、生活变化适应缓慢；但在没有压力的情况下，他们会对新刺激缓慢地发生兴趣，在新情景中逐渐活跃起来。约占被试总数的 15%。

托马斯、切斯不仅研究了各种气质类型特点，而且还分析了各种类型婴儿所占的比例。托马斯、切斯认为，以上三种类型只涵盖了 65% 的研究被试者，另有 35% 的婴儿不能简单地划归为上述的任何一种类型，他们往往具有上述两种或三种气质类型混合的特点，属于上述类型中的中间型或过渡型，可以统称为混合型。

（二）气质的稳定性

气质特征在个体发展中有一定的稳定性，特别是 2 岁以后的儿童，对其气质特征的测量与后期对其相同特征的测量显著相关。如 2 岁时急躁、易怒、分心和冲动性强的儿童，在青春期表现出更多的攻击性、冒险性、冲动性；而 2 岁时被评定为抑制的儿童，在 18 岁的气质测定中往往被评为小心谨慎的和克制的。气

质只有中等程度的稳定性,其变化依据不同的因素呈现出多样性和复杂性。

二、早期性格的形成和发展

性格是个性中最重要的心理特征,具有核心意义。性格表现为人对现实稳定的态度和习惯化的行为方式。如一个人对待现实是积极主动、认为自己可以控制外部环境,还是消极被动、认为自己只能适应周围环境,这就是对待现实的态度;有了比较稳定的态度,就会有与之相应的行为方式:积极主动、认为自己可以控制外部环境的人遇到自己不满意的事情就会想办法尽量改进,使之符合自己的愿望;而消极被动、认为自己只能适应周围环境的人则尽量克制自己、顺从环境。

性格是在先天遗传条件的基础上与后天环境相互作用的过程中形成的。先天遗传条件包括体型、相貌、身体各种先天机能尤其是高级神经活动的类型。如,天生漂亮、聪明的儿童因常得到别人的夸奖而容易形成自信的个性特征,但也容易出现骄傲、刚愎自用等特征;先天身体素质好的儿童精力旺盛,容易形成好动、爱探索等特征,但也容易出现攻击性强、不能自制等特征;高级神经活动类型属于强、平衡、迟钝型的儿童容易培养坚韧、不服输的性格,但也容易出现顽固、没有朝气等性格。对于早期儿童来说,最主要的心理环境就是他和成人的关系,尤其是母婴关系。一般来说,母婴关系在婴儿性格的萌芽过程中,起着最重要的作用,母亲良好的照顾,使婴儿从小获得安全感,形成对母亲的信任和依恋,为以后良好性格的形成打下基础。

(一)性格形成的阶段

性格的结构非常复杂,关于性格形成的年龄的划分,在心理学界还没有形成一致的看法。三岁前的儿童虽然可以看到性格上的不同表现,但这些差异相对成人之间的差异来说是微乎其微的,也是很不稳定的,因此只能说性格的最初萌芽的表现。幼儿期儿童随着语言和动作的不断发展,积累了一定的生活经验,达到了一定的自主水平,有了一定的独立性和自我意识,个性差异也随之增大,但幼儿期的性格还未定型。

原苏联心理学家科娃列夫认为性格的形成可以划分为三个阶段。

第一阶段为学龄前期,该阶段为性格受情境制约的阶段。儿童的行为直接依从于具体的生活情景,直接反应外界影响。如在孩子玩沙的场地上跳来一只小兔子,几乎每个孩子都放下手里的玩具去追逐兔子,不再管他刚才的游戏了;去防疫站打预防针,几乎每个孩子都会皱着眉头、扭着身体……该阶段儿童对待事物尚未形成自己独立、稳定的态度,行为容易得到改造。

第二阶段为学龄初期和中期阶段,儿童稳定的态度和行为习惯正在形成,性格改造已有一定的难度。

第三阶段为学龄晚期,此时行为主要受内心制约,习惯已经形成,在此阶段,性格的改造需要个体内在已有的观念、态度系统发生变化,性格的改造就更加困难[1]。

(二)婴儿期性格萌芽的特点

性格的独特性和共同性是辩证统一的。每个儿童固然有自己的独特性格,如有的孩子乐于与陌生人交往,有的则见到陌生人就紧张、退缩;有的孩子胆大,见什么都敢抓,有的则胆小,见新奇东西只是紧张观望;有的孩子习惯自己玩,有的则特别缠人等。相同年龄的儿童又有共同的性格特征,并且年龄越小,共性越多。婴儿由于生理发育的限制,其生活经历的共同性非常多,所以在性格表现上典型性非常明显。婴儿期突出的性格特点具体如下。

1. 好动

"小孩子清醒的情况下如果不愿意动的话,那一定是身体什么地方出现问题了。"老人们常这样说。孩子和大人不同,大人有的好动,有的喜静,而孩子却是只要有点精力,他就会不停地跑来跑去,一会儿上床、一会儿下地,不停地把柜子开开、关上,皮球扔出去再捡回来。每个孩子都如此。婴儿的好动和幼儿有所区别,幼儿以探索不同物体的不同特性为主,而婴儿则以重复某种感兴趣的动作为主,尤其是刚刚学会的动作,似乎是在练习这些动作,但婴儿本身没有这个意识,他只是觉得这样做本身好玩。

一般情况下,婴儿并不会因为自己自主的不断活动感到疲劳,而往往是由于按别人的要求去做而觉得累。健康的婴儿如果在活动方面得到满足,他们总是感到情绪愉快,有人将其称为"驱力愉快"。

婴儿好动是其生长发育的需要,成人应该创造适当的情境满足婴儿好动的需要。为婴儿设置特定的空间——安全、宽敞、可供婴儿自主操作的丰富物品——允许他们自由活动、自主探索,成人用心观察他们

① 高月梅.幼儿心理学[M].杭州:浙江教育出版社,1993:266.

的行为,并按照他们的兴趣不定期地更换物品,给予婴儿鼓励,既可以满足他们好动的性格,也可以抓住其发展的各种关键期的教育。家长也可以在婴儿面前自己摆弄一些他们不感兴趣或摆弄不了的物品,激发婴儿的操作兴趣。家长还应该经常带婴儿到附近的公园、广场等开阔、安全的场地去玩,满足他们躯体活动和社会交往的需要,促进婴儿健康成长。

2. 好模仿

模仿是年幼儿童学习的主要方式。婴儿从何时能模仿以及模仿什么是有争议的。玛尔佐夫和穆尔(Meltzoff & Moore,1977)在出生12~21天的新生儿中拍录了他们对成人伸舌、张口和撅嘴的模仿照片,但这时婴儿的模仿是无意的。进一步的研究发现,在10~21周中这种模仿消失,紧接着出现了有意向的模仿;此后,在10~22个月中,婴儿只对他们理解了的动作、对他们有意义的姿势做出模仿。随着婴儿认知能力和社会交往能力的增强,模仿能力越来越强:由对一个动作的模仿发展到对一连串动作的模仿;由对动作的模仿发展到对语言的模仿;由对一个表情的模仿发展到对一种情绪的模仿;由即时模仿发展到延时模仿;由对主要抚养者的模仿发展到对其他抚养者、同伴的模仿。模仿的频率也越来越高:由偶尔的模仿发展到经常的模仿。

婴儿好模仿的特点和他们能力发展有密切的关系。婴儿社会经验欠缺,许多东西没有见过,刚刚接触新事物时不知道怎么去对待它,模仿就是一种高效的学习方式,通过模仿,他们很快就掌握了一些工具的使用方法,在此基础上再进行练习和进一步的自我探索,更有利于他们尽快适应社会。

婴儿好模仿还和他们自信心不足、受暗示性强有关系。婴儿对现实社会缺乏认识能力,面对任何不熟知的事物都无法做出独立判断,常受别人的影响而表达自己的意见,成人一旦提出疑问,他们就立即改变自己原来的意思,受暗示性强。一个典型的表现就是"接下音",如当成人问他们"这件衣服漂亮不漂亮?"时,他们就回答"漂亮",成人接着问"这件衣服难看不难看?"时,他们就回答"难看"。

利用模仿作为一种教育手段可以获得良好的成效。有经验的成人特别注意为幼小儿童树立良好的榜样,尤其和婴儿亲近的成人要注意自己的言行举止,因为他们更容易成为婴儿模仿的对象。例如,如果想让婴儿不偏食,成人就吃什么都应该表现得津津有味;如果希望孩子自信,成人也应该时刻表现出有信心的表情。

3. 不断探索有效的行为方式

1岁以后,婴儿逐渐能够准确地拿各种东西。1岁半左右的婴儿已经不满足单纯摆弄物品或用手上的东西随意敲打,而是开始根据物体的特性来使用物体——这就是把物体当工具使用的开端。

1~3岁婴儿学习使用工具有一个发展过程,大致经过四个基本阶段。

第一阶段,完全不按用具的特点支配动作。婴儿常常把拿到手里的物品简单地当作自己手的延续。例如,拿勺子盛了东西送到嘴里,就像把自己的拳头送到嘴里一样,根本不考虑勺子的角度,经常是勺子还没到嘴边,食物大部分翻洒掉了。该阶段的婴儿不停地改变运用物品的方式,变化的方式虽多,有效的方式却不多。偶然也会出现一些有效的动作,可是由于采用一种方式后,立即更换另一种方式,所以有效的动作方式也不能巩固。

第二阶段,不再连续变换新方式,进行同一动作的时间有所延长。偶然碰上一种有效的方式,会立刻抓住它,而且比较小心地做完某种动作。如,拿着勺子的柄,盛满食物,慢慢地平着端起来,达到嘴的高度才向嘴里送。

第三阶段,主动去重复有效动作。不再是等待有效动作偶然出现。可以说,已经开始主动掌握经验中的有效动作方式。不过,这时孩子常常固执地运用某种动作方式,即使遇到困难和失败,也不肯放弃自以为有效的方式。

第四阶段,能够按照工具的特点来使用它,并且能够根据使用时的客观条件改变动作方式。如果有不正确的动作,很快改正[①]。

1~3岁的婴儿除了跑跳等一些力量性的活动外,主要就是对工具使用的探索学习,因此该阶段婴儿的性格中有一个显著的共性就是喜欢不断探索有效的行为方式。

4. 独立性开始出现

婴儿满1岁后,随着身体运动能力和自我意识的增强,就不像以前那么顺从了,特别是2~3岁,他们有

---

① 陈帼眉.学前心理学[M].北京:人民教育出版社,1989:42.

了自己的主意,不愿意听家长的话。如 1 岁多刚学会走路的孩子,走路还蹒蹒珊珊,却要到处走动、到处钻,见到东西就扯,见到小洞就用手指去抠。2 岁左右,外出走到路上,妈妈觉得路况不好想抱着他走,他偏要下来自己走,见水坑就踩,见坡坡就上;妈妈觉得路好走了,放下他自己走,他却哭闹着偏要妈妈抱,这是婴儿独立性开始的表现,也是婴儿喜欢新异、喜欢变化的表现。

独立性的出现是开始产生自我意识的表现。这时婴儿逐渐能把"我"从物品、他人中区分出来,在语言上也逐渐分清"你"、"我",在行动上什么都要自己来,如成人给他穿衣服,他就不抬胳膊配合,嘴里还喊着"我自己"或"自己穿"。

自我意识是人和动物的本质区别。当人的自我意识开始发展时,就意味着人具有了主观能动性,意味着人的发展进入了崭新的阶段——真正意义上的人类发展阶段。

当然,婴儿期的性格仅仅是萌芽阶段,其性格表现非常局限也很不稳定。随着未来生活实践的逐渐丰富,婴儿性格涉及的内容会越来越多,个体之间的差异也越来越大。

三、婴儿能力的发展

能力是指人们成功完成某种活动所必需的个性心理特征,它是由各种成分结合而成的复杂的心理结构。按照运用范围的大小,我们将其分为一般能力和特殊能力。

一般能力是指在不同种类的活动中表现出来的能力,又称普通能力,主要包括观察力、想象力、注意力、记忆力和思维能力。其中思维能力起着核心作用。一般能力常与认识活动紧密联系着,所以又称为智力。

特殊能力是顺利完成某种专业活动所必备的能力,又称为专门能力。对专门能力结构的研究,有助于深入了解人的发展趋向,更有助于因材施教。

无论是一般能力还是特殊能力的发展,从婴儿发展的角度,我们特别应该强调能力有两个层次:其一是已经发展出或表现出的实际能力;其二是指可能发展的潜在能力。潜在能力只是各种实际能力展现的可能性,只有通过学习才有可能变为实际能力。年幼儿童,尤其是婴儿期更多的能力还处于潜在状态。潜在能力是实际能力形成的基础,我们只有创造条件,才能使他们更多的潜力得到现实展现,变为实际能力。实际能力和潜在能力密切联系。

(一)婴儿期智力发展速度最快

总的来说,儿童期的智力随年龄增加而增长,但增长不是等速的,一般是先快后慢。

许多研究表明,人出生后的头几年是智力发展最快的时期。20 世纪 20 年代,心理学家平特纳(R. Pintner)就认为,儿童从出生到五岁是智力发展最迅速的时期。布鲁姆(B. S. Broom)搜集研究了 20 世纪前半期大量的儿童智力发展追踪材料和测验数据,并进行了分析总结,提出了一条儿童智力发展的理论曲线。布鲁姆以 17 岁为智力成熟的年龄(我国一般认为高二学生的形式逻辑思维已经发展完善),并假定其智力为 100%,那么智力完成的分布情况是这样的:第一年完成总体智力发展的 20%,四岁时完成 50%,八岁时完成 80%,17 岁达到全部智力的 100%。这就是说,一个人的智力发展在一岁之内就完成了 1/5,四岁前就完成了 1/2,剩下的一半在 4～17 岁的 13 年中完成。可见,婴儿期智力发展速度之快。当然,也有人指出布鲁姆从智力测验分数的增长曲线演变而来的"智力成熟百分率"是牵强的,因为不同年龄智力测评的重点不同,因此,只能作为分析的参考。

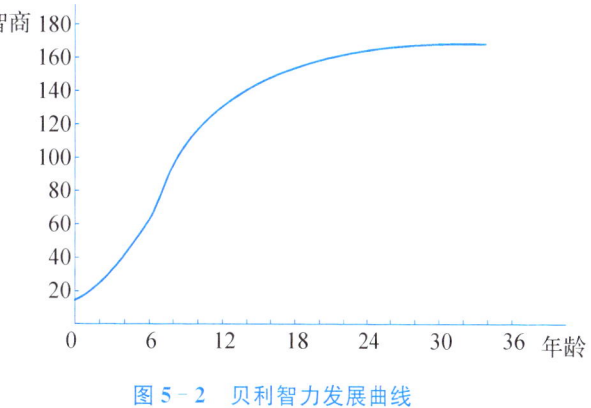

图 5-2 贝利智力发展曲线

贝利(N. Bayley)用贝利婴儿量表、斯坦福—比奈量表和韦克斯勒成人智力量表,采用纵向研究法,对相同的被试在不同年龄(从出生到 36 岁)的智力发展进行测量。根据标准分数的平均值绘制出智力发展的曲线,发现智力测验分数约在 13 岁前是直线上升的(见图 5-2)。

还有其他心理学家,如皮亚杰也认为从出生到四岁是智力发展的决定性时期,布鲁纳(J. S. Bruner)经过多年研究认为从出生到五岁是智力发展最为迅速的时期。

从上述资料可以看出,儿童智力发展的速度确实不等速,四五岁之前是智力发展最快的时期,一些心理学家认为该时期是智力发展的关键期。这个智力发展的关键期也和脑在该时期的发育迅速相一致。

(二)婴儿期特殊能力的表现

大部分特殊能力的表现需要一定的积累,所以在婴儿期明显表现出特殊才能的婴儿是比较少的、也是初步的。但这并不意味着在婴儿期观察不到儿童特殊能力之间的差异。现实生活中,我们可以观察到两三岁的婴儿有的口齿伶俐,掌握的词汇丰富;有的对数字特别敏感,已经可以进行100以内的加减;有的画画形象生动、活灵活现;有的唱起歌来有板有眼,韵味悠长等。

关于儿童特殊才能的早期表现,有人提出应该区分"早熟"与"天才(超常)"两种。所谓早熟,是指某些儿童智力或才能发展较早,或在婴幼儿期智力或才能发展速度比一般儿童快,但到了成熟年龄,其智力或才能却并不出众。这种现象在日常生活中并不少见,如有些婴儿时期表现特别突出的孩子,后来却慢慢流于平庸。所谓天才,是指智力或才能出众者,我国心理学家称之为"超常",意即超过普通、平常的人。我国心理学家认为用"天才"一词容易造成误解,将其误解为"天赋的才能"。具有超常的智力或才能者,天赋固然重要,是其发展的自然前提,但更重要的是在后天的生活环境和实践中将其由"潜在"转为"现实"。"早熟"和"超常"在理论上是可以区分的,但在婴儿期发展的现实中将两者区分是困难的。作为成人,应该掌握能力发展的这一规律,对婴儿期各种能力的超常表现既抱以平常心,不要过于炫耀以使婴儿沾沾自喜、恃才傲物;也不要给他们过多压力,让他们背负过重的负担,影响他们人格的健全发展。同时又应该重视早期表现出来的超常能力的发展,尤其是音乐方面的超常表现,创造良好的条件,促进相应潜力转化为现实能力。因为音乐才能超常的个体早年就表现出来的比例确实很高,而绘画、语言表达、计算等特殊能力,在婴儿期就表现出的比例相对较少。

四、父母教养态度对婴儿个性的影响

人的个性是在先天遗传条件的基础上,在后天的生活实践中不断发展的。对于婴儿来说,后天的生活实践主要是家庭生活,尤其是父母教养态度对其个性的影响较大。

(一)不同气质类型婴儿的教养方式

婴儿气质对早期教养的影响主要体现为不同气质类型的婴儿对早期教养的适应性和要求不尽相同。

1. 容易型气质婴儿的教养

由于容易型气质婴儿生活规律、情绪愉快,所以护理起来比较容易,父母也就更愿意对他们提供更多的关怀和爱抚,对待婴儿的态度也更积极。婴儿也对成人的关心和爱护给予积极愉快的回应。这些都会对亲子关系产生积极的影响,增进父母与孩子之间的感情,婴儿也会因此而觉得自己被父母关心、重视,因而情绪、行为表现都会更加积极,发展也会更为迅速。

但是,由于这类婴儿容易接受外界信息,因而也会导致一些行为问题的发生。如果家长不注意及早对他们提出社会性要求,使他们从小养成符合社会要求的行为习惯,则可能出现对不同要求无所适从的现象。家长在对这一类型的婴儿进行教育时,应该在他们生理和心理能够承受的范围内,尽可能丰富他们的生活内容;在让他们保持对外界的好奇的基础上,明确提出各种符合社会标准的行为要求,使他们从小养成良好习惯。对容易型婴儿来说这样做是非常轻松的。但如果家长不注意这一特点,在早期的教养中比较随意,婴儿一旦养成习惯,在新的环境中重新要求时,他们就容易无所适从。

2. 困难型气质婴儿的教养

困难型婴儿的父母从一开始就面临着早期教养和亲子关系的问题,这类婴儿也激起了研究者最大的兴趣。在纽约的纵向研究中,70%的这类婴幼儿在学龄期出现了难以适应环境的行为问题(容易型中只有18%);另一项纵向研究结果表明,这类婴幼儿在儿童早期和中期容易出现焦虑、退缩或者侵犯行为。

对这类孩子教养的关键是更多的关爱、热情、耐心和始终一致的要求。具体措施包括以下四个方面。

第一,热情、有耐心。对于困难型的婴儿,教养难的问题一开始就有了。他们的生活没有规律,情绪比较消极,他们很难对环境和父母感到满意,因此往往使父母感到束手无策,甚至认为自己是不称职的父母。于是有些父母采取强硬的手段,给孩子施加压力、催促孩子;而有的父母在管教了一段时间之后孩子仍没有什么改变,他们就渐渐地失去了耐心,就会放弃了对孩子的管教,对一些错误行为也置之不理。这两种错误的教养方式都可能使对孩子的护理变得更为"困难"。

为了使孩子能够健康地成长,父母一定要有特别的热情、耐心和爱心,用积极、热情、愉快的情绪感染

孩子。父母应经常提醒自己,对困难型婴儿应保持理智,尽量减少受孩子情绪和行为的左右。全面考虑他们的气质特点,采取适合于其特点的措施和教养方式,使孩子健康发展,走向"正轨"。

第二,注重表扬和夸奖。孩子好的表现被成人发现并得到了称赞、夸奖,孩子就会获得心理的极大满足,他就会觉得"我是一个好孩子,人们都喜欢我。"这样他在生活中就会乐意接受大人的教育。困难型的婴儿生活在肯定、称赞的教养环境中,有利于激发他向容易型转变。

第三,适度批评和限制。对于困难型的婴儿,做父母的一方面要在平时的生活中多表扬甚至主动奖励孩子讲道理、听话的行为表现,另一方面也要适度批评和限制不听话的行为,不能一味地迁就孩子。这样做的目的是让孩子知道什么行为是大人允许的,什么行为是不允许的。父母在拒绝孩子的不合理要求时,态度要温和而坚决,从而慢慢改掉孩子什么事都由着自己性子来的习惯。

第四,父母教养态度保持一致。父母之间应多沟通,取得共识,在对待孩子的方式、态度上保持一致是很重要的。即使有不同的意见,最好在私下沟通,尽量达成共识。

3. 迟缓型气质婴儿的教养

慢慢适应环境变化的孩子在婴儿期并未遇到很多问题,但到进入学校和同龄人在一起、要求他们更活跃和敏捷时,50%的这类儿童遇到了适应困难,如极端的胆小等。

对待迟缓型的婴儿,往往容易出现这两种错误的教养方式。其一是当父母认为很重要的方面孩子反应迟钝甚至退缩回避时,他们就会失去忍耐,认为孩子"无能"、"胆怯",因而往往会采取强迫手段,但这种强迫往往只能加重孩子的逃避反应,压力越大,逃避越强,致使亲子关系日益紧张,并影响婴儿心理多方面的发展。其二是有些父母可能替这种迟缓型的婴儿担心,因而采用过度保护的方式,不让孩子去适应新环境和新事物,这同样也会影响和妨碍婴儿心理的正常发展。

对迟缓型婴儿教养的关键,在于"顺其自然"。而另一方面,他们也确实需要鼓励或机会去尝试新经验、适应新环境,他们更需要尝试过程中的热情帮助与具体指导,只有这样,他们才能尽快适应环境,发展得更好。具体应注意以下三个方面。

第一,允许其按自己的特点适应环境。对于迟缓型婴儿的教养,关键在于让他们按照自己的速度和特点去适应环境,对于一时不敢接近或正在观望的事物,不要催逼他们去接触,允许他们有一个质疑、观察和小心翼翼接触事物的过程。往往是成人越催促,孩子越胆小、越迟钝。

第二,鼓励尝试新经验。鼓励对迟缓型婴儿极为重要,他们需要在尝试过程中得到成人的鼓励、夸奖和具体帮助,做家长的不能急躁,热情鼓励婴儿的每一点进步,甚至要有意夸大他们的细微进步和优点;不能数落、埋怨他们,如"你胆子为什么这么小呢?""快一点好不好,把妈妈急死了!""真没用,不像个男子汉"等等。在数落、埋怨声中只会使婴儿更缺乏信心,更加迟缓;婴儿往往在鼓励、称赞声中就会有信心地大胆去探索事物。

第三,参与婴儿的活动,做好示范。由于迟缓型的婴儿对事物的探索比较小心和迟疑,不敢大胆去接近,这就需要成人一方面鼓励他去接触事物,一方面参与进去,并做好示范。这样可以帮助他们更快地适应环境。

总之,作为家长需要对婴儿特性有一个清醒的认识,只有了解他们能做什么、做到什么程度等,才能提出符合他们特点的要求,才能采用拟合他们气质特性的方式去教养,使婴儿的个性和社会性得到良好的发展。

拓展阅读5-3　　在一起长大的孩子气质上会更接近吗?

也许在直觉上,大多数人都会认为,在相同的家庭环境中长大的孩子,他们的气质或个性更接近。但是,发展心理学家在研究婴儿气质稳定性的时候,却得出了相反的结论。研究表明,一般来说,相比在一个家庭中长大的同胞兄弟,从小就被分开的同胞兄弟在长大后气质上更相近些。行为遗传学家对此作了解释,他们认为主要有以下几方面的原因。

首先,父母往往更容易注意到孩子间气质的不同点。如,从父母的谈话中我们会经常听到这样的话,"她更安静一些"、"她更喜欢动来动去的"、"他胆子比他大,不怕生"等。心理学家在一项研究中发现,父母对于自己两个孩子的气质分别评价为容易抚养型的和困难型时,他们对两个孩子许

多相同行为的评价也就截然不同。父母心中的这种观念，又会影响他们对孩子的态度和反应。这些反应则又会唤起和强化孩子不同的行为特质。除了在家庭中会出现过这种情况外，在同伴、老师以及其他团体中都会出现相同的效应。这样就会造成兄弟姐妹之间虽然看似在同样的环境中长大，但是他们的感受、他们的体验却十分的不同，即兄弟姐妹成长的物理环境是相近或相同的，但心理环境却不完全相同，且有很大的差异。此外，当进入青春期后，青少年都会希望自己与众不同，以加强自己的存在感。兄弟姐妹也不例外，他们也会尽量地使自己与身边的人区别开来。基于以上这些原因，双胞胎之间和兄弟姐妹之间在个性上在成年后差异会越来越大。

然而，并不是所有的心理学研究者都认同这种观点，有的研究者对儿童成长的环境进行了细分，如将家庭环境分为家庭压力、父母的抚养方式、家庭的物理环境、家庭结构等。他们发现，这些因素的确会对婴儿的气质产生不同的影响，即有些因素在共同的抚养环境中会使孩子的气质更相近，但是有的因素则会使在一起的孩子气质差异增加。

（资料来源：Newcombe, N. Child Developmend: Change Over Time, 1996. 转引自桑标主编. 当代儿童发展心理学[M]. 上海：上海教育出版社，2007：349.）

（二）父母教养方式对婴儿性格的影响

性格的形成离不开环境的影响。对于婴儿性格起主要作用的环境就是家庭。家庭常被称为"创造人类性格的工厂"。一方面，家庭把遗传基因传递给后代，又是儿童最初的生活环境，父母的性格特点通过亲子关系潜移默化地在孩子身上打下了烙印，社会和时代的要求都是通过父母的过滤而对婴儿个性的形成产生影响的。另一方面，父母是婴儿最早的学习的榜样，在父母和婴儿的交往过程中，父母的教养态度影响着婴儿性格的形成。父母怎么对待孩子，孩子就将怎么对待这个世界。

宁静愉快的家庭中的婴儿有安全感，在探索活动中常表现的安静、专注，在与人交往中常表现的主动、友善。在日常生活中，大量、持续地体验积极情绪，即使遇到挫折、失败，也更容易被安抚。而气氛紧张及冲突型家庭的婴儿则缺乏安全感，在探索活动中常表现的焦躁、遇到困难容易放弃，在与人交往的过程中常表现的被动、有攻击性。在日常生活中，大量、持续地体验消极情绪，在遇到挫折、失败时，不容易被安抚。

权威型（authoritative）教养方式的家庭，父母既能尊重孩子的合理需要，又给孩子提出适当的要求，同时还给孩子心灵的支持。这种家庭中的婴儿，对生活充满信心，自我意识的觉醒更早。在探索活动中表现得更自主、更积极，既能自主发起活动，也善于积极地参与、配合他人的活动。权威型教养方式的家庭，父母在孩子犯了错误时，多采用宽容、温和的方式帮助孩子认识错误，引导他们体验自己错误的消极后果。因此，婴儿可以逐渐提高自我控制力，并积极承担责任。

专制型（authoritarian）教养方式的家庭，父母对孩子的要求非常严厉，经常提出高于孩子能力的行为标准，且没有孩子发言的权力。这种家庭中成长的婴儿，由于父母过于强势而常表现出焦虑、退缩等性格特征的萌芽。

忽视型（indifferent）教养方式的家庭，父母对孩子表现得漠不关心，他们既不会对孩子提出要求，也不会对孩子关心，他们对孩子成长所做的最多只是提供最基本的生活条件如食品、衣物等。这种家庭中成长的婴儿会因为得到的爱少而表现出冷漠、孤僻、自制力差等性格特征的萌芽。

放纵型（permissive）教养方式的家庭，父母对孩子充满了爱与期望，但却很少提出要求或施加控制。这种家庭中成长的婴儿自制能力特别差，表现出任性、依赖等性格特征的萌芽。

不过，性格的形成既需要长久、稳定的环境影响，也需要个体自我意识发展后的主动取舍。因此，在婴儿期仅仅是各种性格特征的萌芽状态。

（三）父母教养方式对婴儿能力的影响

婴儿期是各种感官发展的关键期，如用眼睛辨别色彩、形状、大小；用牙、舌头既辨别味道，还探知物体的质地、温度等；用手抓、移动物体，用手指"探索"物体深浅、宽窄；他们还喜欢用爬高、钻洞、旋转、扔东西等方式感受自己的本领和力量，在此基础上还通过模仿别人来丰富自己动作、语言等。婴儿喜欢用自己的各种感官探索周围事物，父母就应该为他们提供丰富的环境，鼓励他们各种各样的探索，才能为他们能力的发展奠定良好的基础。

父母教养方式会影响到婴儿能力的形成。例如，婴儿期是社会交往能力发展的关键期，而忽视型教养

方式不仅会因为没有强化孩子的探索欲望而降低孩子探索的积极性,更会因为父母的冷漠而制约孩子人际交往的积极性,导致孩子人格发展的缺陷。另外,采取放纵型教养方式的父母,倾向于对孩子各种事务包办代替,这样会剥夺婴儿很多感官信息的获得,减少婴儿锻炼的机会,降低婴儿进一步探索世界的机会和积极性,从而影响婴儿智力和身体运动能力的发展以及自我服务能力的获得,进而降低他们的自我效能感和成就感,并影响他们独立性的形成。比如,有个3岁的孩子,在人面前总是低着头,做事缺乏主动性。原因是父母对他特别疼爱,但也限制很多,如不能在家跑跳打闹,免得误伤自己;不能把玩具弄脏、弄坏;不能弄脏衣服,不能乱写乱画,要讲卫生;不能乱讲话,要有礼貌等,结果,这个孩子变得越来越胆怯。

婴儿期能力的早期开发,不仅有利于抓住各个关键期,促进其潜力的发掘,而且有利于婴儿多方面兴趣和自信心的培养。试想一个和同龄人相比许多事情都做得更好的婴儿,他会缺乏做事的兴趣和自信心吗?当然不会。因此,要促进婴儿各种潜力的发展,就要让他们涉猎多种生活环境、多种活动,鼓励他们积极尝试做各种事情,这样可以及早发现他们的潜力所在,并有意识地加以引导。在此过程中,父母要创造一种轻松愉悦的氛围,表现出对各种活动充满兴趣,并以热情的态度带动婴儿一起投入活动;在他们遇到困难时多鼓励并做具体指导,尊重孩子,把孩子看成是自己的一个好朋友,就可以大大激发孩子的活动积极性,促进孩子潜力的开发。

拓展阅读5-4　　　　优秀抚养者的特征

在生活中我们会发现,一些父母比其他父母在抚养孩子时更为自如。那么,这些优秀的抚养者有什么特点呢?儿童教育专家们对这一问题进行了一系列的研究,综合这些研究得出了得心应手的父母应具备的特点如下。

1. 身体健康,精力充沛。健康的身体是成功抚养孩子的基本条件。抚养和教育孩子是一项很耗体力和精力的事情,它需要一定的身体条件作基础。

2. 心理健康,情绪稳定。在日常与孩子的互动中,父母需要长期地照料孩子,需要有更多的情感付出,需要有比他们平时与他人一起时更多的耐心。这就要求父母具备足够的敏感与耐心,对自己的情绪有很强的调控能力。只有心理健康、情绪稳定的父母才能培养出一个心理同样健康的孩子。

3. 积极的自我意像。自信和强烈的自我价值感表明抚养者对自己充满信心。这种自信心会激发他们不断地去学习,努力去解决在抚养孩子时所遇到的困难;同时,这也为孩子树立了学习的榜样——拥有这样积极自我意像的父母所培养出的孩子,在遇到困难时,同样会选择去主动解决而不是逃避与退却。

4. 灵活。孩子的出生必然会改变父母原有的生活节奏与习惯,父母必须考虑孩子那几乎是不能稍缓的需求。因此,父母必须学会对付偶然性事件,灵活地安排自己的生活;并且,当为了孩子而不得不改变自己的日程、原定的计划时,不会因此而变得烦躁、生气。

5. 耐心。婴幼儿是非常"贪得无厌"的,需要对他们付出相当多的注意、照料和教导。这些无疑是对父母耐心的一大考验。

6. 榜样效应。现代心理学的研究表明,5岁以前是孩子信任感、自信心、主动性等许多重要心理品质发展与形成的重要时期。这一段时间孩子的主要生活空间是家庭,抚养者的行为成了孩子观察和模仿的基本对象。优秀的父母能够意识到这一点,对自己的行为进行调控,从而为孩子的成长提供一个健康的学习典范。

7. 不断学习,乐于接受新知识。对于初为父母的每一个人来说,都没有经验可言,都必须随时准备面对可能出现的新情况、新问题。优秀的父母致力于不断地增进新的观点和知识,在抚养与教育孩子的过程中,与孩子一起成长。

8. 喜欢抚养孩子,乐在其中。优秀的父母在对孩子提供高质量的抚养、照料的同时,自己也能从中获得相当大的乐趣和满足感,他们能在言行中向孩子表达出这种积极情感,让孩子体会到自己是父母的骄傲。

（资料来源：Santrok,John W. Child Development,1996. 转引自桑标主编. 当代儿童发展心理学[M].上海：上海教育出版社,2003：371—372.）

第三节　婴儿社会性的发展

一、早期亲子关系的建立——依恋的发展

案例 5-2

快到 2 岁的丹丹在儿童活动室尽情地玩着,一会儿滚球,一会儿骑木马,一会儿又爬上了滑梯。妈妈在场地边缘和活动中心的老师聊天,丹丹一会儿看看妈妈,或对妈妈笑笑,一会儿跑到妈妈身边靠一靠或让妈妈抱抱。妈妈出去取了趟水杯,丹丹看不见妈妈了,有点紧张和不安,活动室的老师安慰说妈妈拿水杯给丹丹喝点水,一会儿就回来。看不见妈妈的丹丹不能集中注意力玩了,不时地看着门口,妈妈进来了,她立刻欢快地跑了过去,让妈妈抱。妈妈抱了抱,又给她喝了点水,她马上又投入新游戏了。妈妈还是坐在椅子上与老师聊天,不时地看看孩子……

孩子都喜欢妈妈的陪伴,但每个孩子对妈妈陪伴形式的要求一样吗?妈妈离开后他们的反应一样吗?妈妈回来后对妈妈的"欢迎"方式一样吗?

(一) 什么是婴儿的依恋

依恋是婴儿寻求并企图保持与另一个人(通常是母亲或其他主要抚养者)亲密的躯体联系的一种倾向,是婴儿情感社会化的重要标志。

依恋通常表现为将其多种行为如微笑、注视、咿呀学语、依偎拥抱等指向主要抚养者母亲;最喜欢和母亲在一起,与母亲的接近使他感到最大的舒适、愉快,在母亲身边能使他得到最大的安慰;同母亲的分离则会使他感到最大的痛苦;在遇到陌生人和陌生环境而产生恐惧、焦虑时,母亲的出现能使他感到最大的安全,得到最大的抚慰;当他们饥饿、寒冷、疲倦、厌烦或疼痛时,首先要做的往往是寻找依恋对象母亲,接近母亲的可能性大于接近任何其他人。

依恋对婴儿整个心理发展具有重大作用,婴儿是否同母亲形成依恋,及其依恋的性质如何,直接影响着婴儿的情绪情感、社会性行为、性格特征及与人交往的基本态度的形成。

(二) 婴儿依恋发展的阶段

依恋不是突然发生的,依恋的性质也是有所不同的。根据心理学家特别是鲍尔比(J. Bowlby)、艾斯沃斯(Ainsworth)等的研究,依恋是婴儿在同母亲较长期的相互作用中逐渐建立的,其发展过程可分为四个阶段。

第一阶段:无差别的社会反应阶段(前依恋期,出生～3 个月)。这个时期婴儿对人反应的最大特点是不加区分、无差别,婴儿对所有人的反应几乎都是一样的,喜欢所有人,听到任何人的声音都高兴,注视任何人的脸孔。同时,别人抱他、对他说话,都能使之高兴,感到愉快和满足,此时的婴儿还没有对任何人包括母亲的偏爱。

第二阶段:有差别的社会反应阶段(依恋建立期,3～6 个月)。这时婴儿对人的反应有了区别、有了选择,对母亲更为偏爱。此时婴儿对母亲和其他熟悉的人及陌生人的反应是不同的。在母亲面前表现出更多的微笑、咿呀学语、偎依,而在其他熟悉的人或家庭成员面前这些反应相对少一些,在陌生人面前就更少,但依然有所反应,婴儿还不怕生。

第三阶段:特殊的情感联结阶段(6～18 个月)。从 6、7 个月起,婴儿进一步对母亲的存在特别关切,特别愿意与母亲在一起,与母亲的接近使他特别高兴,而当母亲要离开时则哭喊不让,别人也不能代替母亲使他高兴起来。当母亲回来时,婴儿则马上显得十分高兴。母亲在身边时,婴儿能安心地玩,探索周围环境,好像母亲是他的安全基地。婴儿在这时出现了明显的对母亲的依恋,形成了专门的对母亲的情感联结。同时,对陌生人的态度也有很大变化,见到陌生人不再微笑,不再咿呀学语,而是紧张、不安、恐惧甚至

哭泣,婴儿产生了怯生。

第四阶段:互惠关系的形成(18个月~2岁以后)。2岁后,随着语言表达的迅速发展,婴儿能明白父母离开、回来的原因,婴儿能认识并理解母亲的情感、需要、愿望,知道她爱自己,不会抛弃自己,并知道交往时应考虑她的需要和兴趣,据此调整自己的情绪和行为反应。这时与母亲的空间上的邻近性逐渐变得不那么重要。比如,当母亲需要干别的事情,要离开一段距离时,婴儿会表现出能理解,而不是大声哭闹,他可以自己较快乐地在那儿玩或通过言语、目光与母亲交谈,相信一会儿母亲肯定会回来。

(三)婴儿依恋的类型

虽然婴儿普遍能和母亲形成依恋,但其依恋的性质是不同的。艾斯沃斯在研究中创造了"陌生情境"研究法,这是目前最普遍和通用的测查婴儿依恋性质的方法。

在研究中,艾斯沃斯将婴儿和母亲和一个陌生人安排在实验室里,从而观察婴儿与母亲在一起,与陌生人在一起,与母亲和陌生人同时在一起等情况下的婴儿的情绪和行为反应,以此作为判断婴儿依恋性质的指标(见表5-1、图5-3)。按照这些指标,艾斯沃斯将婴儿与母亲的依恋分为三种不同类型:安全型、回避型、反抗型。这一观点也是被其他研究者所验证和普遍接受的。

表5-1 艾斯沃斯陌生情境测验

情 节	事 件	要观察的依恋行为
1	实验者、母亲、儿童进入房间,然后实验者离开	
2	母亲在旁边看孩子游戏	将母亲作为安全基地
3	陌生人进入房间,并坐下来和母亲说话	对陌生人的反应
4	母亲离开房间,陌生人进行抚慰	分离焦虑
5	母亲返回,提供必要的抚慰,陌生人离开	对重聚的反应
6	母亲再次离开	分离焦虑
7	陌生人回来,并提供抚慰	被陌生人抚慰的可能性
8	母亲再次返回,提供必要的抚慰,陌生人离开	对重聚的反应

图5-3 艾斯沃斯陌生情境测验场景

安全型:这类婴儿与母亲在一起,能安逸地玩弄玩具,并不总是依偎在母亲身旁,只是偶尔需要靠近或接触母亲,更多时候是用眼睛看母亲,对母亲微笑或与母亲有距离地交谈。母亲在场使婴儿感到足够的安全,能在陌生的情景中进行积极的探索和操作,对陌生人的反应也比较积极。当母亲离开时,其操作和探索行为受到影响,婴儿明显地表现出苦恼、不安,想寻找母亲回来。当母亲回来时,婴儿会立即寻求与母亲的接触,并很容易抚慰、平静下来,继续做游戏。这类婴儿约占65%~70%。

回避型:这类婴儿对母亲在不在场都无所谓,母亲离开时,他们并不反抗,很少有紧张不安表现,当母亲回来时,也往往不予理睬,表示忽略,自己玩自己的。有时也会欢迎母亲的回返,但只是短暂的,接近一下就又走开了。因此,实际上这类婴儿对母亲并没有形成特别密切的感情联结,所以,有人也把这类婴儿称为"无依恋婴儿",约占20%。

反抗型:这类婴儿每当母亲将要离开时就显得很警惕,母亲离开时表现得非常苦恼,极度反抗,任何一次短暂的分离都会引起他的大喊大叫。但是当母亲回来时,他对母亲的态度又是矛盾的,既想和母亲亲

近、接触,但同时又反抗与母亲的接触。所以当母亲想要抱他时,他会生气地拒绝、推开母亲。但如果要他重新回到游戏中去似乎又不太容易,他会不时地朝母亲这里看。所以,这类婴儿常被称为"矛盾型依恋",约占 10%～15%。

上述三种类型中,安全型依恋为良好、积极的依恋行为,而回避型依恋和反抗型依恋又称不安全型依恋,是消极、不良的依恋。

梅因等人(Main & Solomn,1987)在研究中发现,除存在上述三种类型之外,还存在第四种类型,即组织混乱或方向混乱型依恋。这类婴儿表现出最大程度的不安全感,如母亲抱起他时,他还看着别的地方,或对母亲的出现毫无表情,或者很沮丧,很多这样的婴儿面部表情茫然,交流紊乱。这类婴儿容易发展成为精神障碍患者(Main & Solman),只有少数婴儿属于这种类型。由此,也有三种不安全依恋类型的说法。

国外的大量研究都显示,忽视或虐待婴儿与三种不安全型依恋都存在较显著相关。在受虐待的婴儿中,混乱型依恋的比例最高。长期处于忧郁状态的母亲的情绪也会影响其孩子的行为表现,当母亲表现出抑郁或难过时,孩子会产生混乱的亲近、抗拒和回避的行为。

艾斯沃斯和其他研究者的研究还表明:婴儿的依恋类型具有明显的稳定性,但同时,在家庭环境经历较大变化、母亲与婴儿的交往发生较大转变时,也可能发生变化,安全型可能转变为不安全型,不安全型可能转变为安全型。

(四) 不同依恋类型的形成原因

婴儿的依恋是如何形成的? 为什么婴儿依恋的表现会有所不同? 近些年来,许多心理学家对这个问题进行了研究,结果表明:依恋是在婴儿与母亲的相互交往和感情交流的过程中逐渐形成的,不完全取决于交往的量,更取决于交往的质。有研究者总结了不同依恋类型婴儿的母亲与婴儿相互作用的态度和行为的不同特点。

1. 安全型依恋

母亲能够非常关心婴儿所处的状态,注意听取婴儿的信号,对婴儿所发出的信号比较敏感,并能正确地理解并做出及时、恰当的抚爱反应;母亲对婴儿温和、热情、鼓励,能够肯定和支持婴儿的行为,喜欢与婴儿的密切身体接触,如搂、抱、亲吻婴儿,并感到快乐和喜悦,这样婴儿就能发展对母亲的信任和亲近,形成安全型依恋。

是何种机制使安全依恋型婴儿的母亲的行为增强了婴儿的信任感,从而形成安全依恋的呢? 在一项研究中,一些研究者对母婴在生活情景下的交互作用进行录像,并对彼此的行为进行了分析,结果显示:一种被称作"交互作用同步性"的特殊交流方式区分了安全与不安全型依恋婴儿的体验。交互作用同步性可以被形象地描述为一种"情感舞蹈",即抚养者能对婴儿发出的信号在恰当的时间、以恰当的方式做出反应,而且参与双方通常能配合这种情绪状态的发展演进,尤其对通常作为积极一方的母亲更是如此。

交互作用同步性与安全依恋的确切关系有赖于更多的研究去证实。一项研究揭示,母婴双方之间的交流中只有 30% 的时间是处在交互作用同步性的状态,余下的 70% 的时间的交互作用会产生错误。可能温情敏感的抚养者及其婴儿更擅长修正这些错误以回到同步状态。但母子交互作用与安全依恋的关系可能存在文化的差异。

2. 回避型依恋

婴儿被认为接受了过多的刺激性、侵扰性的照顾。例如,母亲可能对一个左顾右盼或将要入睡的孩子喋喋不休。通过对母亲的回避,这些婴儿表现出对过多的交互作用的逃避。抑或母亲对婴儿所发出的各种信号及需要不敏感,常不能及时意识到或忽视,故不能及时反馈;与婴儿密切的身体接触很少,对孩子没有兴趣,常怒气冲天,以生气、发火的方式对待孩子,这样也容易使儿童形成回避型依恋。

3. 反抗型依恋

母亲好像对婴儿感兴趣,也愿意接触婴儿,但对婴儿的信号、需求常理解错误,不能及时做出恰当的反应。如当孩子哭闹时,母亲要么一味地给他喂奶,要么置之不理;然而当婴儿开始探索外部世界时,这些母亲却往往又加以干预,试图把婴儿的注意力转移到她们身上,抑或母亲对待婴儿的行为、态度依赖于自己的心境、情绪而定,让婴儿感觉捉摸不定,没有安全感,有时高兴、热情、亲近,有时则怒气冲天、不予理睬,这样容易使孩子形成反抗型依恋。

观察和实验表明,促使母亲对待婴儿采用不同的态度和行为的原因有两个方面:一是母亲本身的个性特点、价值观、教养水平及其对婴儿的期望等因素,直接影响他们对待婴儿的态度和行为方式。二是婴儿

本身特点的影响,特别是婴儿的气质特点的不同,使他们具有不同的情绪和行为模式,强烈地影响着母亲对待婴儿的态度和行为。这样,婴儿本身的特点与母亲本身的特点,两者在相互作用的过程中就促使婴儿形成不同性质的依恋。所以,婴儿依恋的实质是母亲与孩子的相互作用的性质。

二、婴儿自我意识的发生发展

自我意识是主体对自己各个方面的情况以及自己与周围人关系的认识、感受、评价和调控。自我意识是人类特有的,它标志着一个人的个性成熟水平。自我意识的心理成分包括自我认识、自我体验、自我控制等。婴儿期是自我意识的萌芽时期,对婴儿自我意识的研究主要集中在自我认识上。

(一) 对婴儿自我意识的研究

当代对婴儿自我意识发展的研究大多以婴儿在镜子面前是否产生或增加自我指向行为为指标,进行观察和实验,叫"镜像实验"。实验时,研究者把婴儿放在镜子前,然后观察婴儿照镜子时的表现。如果婴儿能够认出镜中的人是自己,说明他具有自我意识;如果婴儿认为镜中的人是另一个孩子,就说明他缺乏自我意识。为了清楚地把这两种情况区分出来,研究者设计一种巧妙方法,即当婴儿睡觉时,在他们鼻子或额头上抹些口红或者胭脂,以便在他们的脸上做一些明显标记。当婴儿醒来后,再把他们放到镜子前面,被命名为"点红实验"。路易斯和布鲁克斯用9~24个月大的婴儿做了这个实验。结果是:有一些超过15个月的婴儿,会摸自己抹了胭脂的鼻子;而大部分婴儿要在21个月以后才出现这种行为。由此,两位心理学家得出结论,婴儿的自我意识大约在1岁9个月左右时形成。

我国学者(刘金花,1993)也重复了这个研究[①],发现婴儿自我认识出现经历的阶段与路易斯等人的研究结果基本一致:(1) 戏物(镜子),9、10个月的婴儿对镜子很感兴趣,对镜中自我映像并不感兴趣;(2)(镜像)伙伴游戏,一岁及以后几个月的婴儿对镜中自我的映像很感兴趣,亲吻、微笑,还到镜子反面去找这位伙伴;(3) 相倚性探究,约在18个月左右,婴儿特别注意镜子里的映像与镜子外的东西的对应关系,对镜中映像的动作伴随自己的动作更是显得好奇,有的婴儿(占24%)已能根据相倚性认识镜中映像就是自己;(4) 自我认识出现,18~24个月借助镜子立即去摸自己鼻子的人数迅速增加,在有无自我意识问题上出现了质的飞跃。

路易斯和布鲁克斯除采用"点红实验"的镜像研究外,还利用录像和相片做了进一步的实验研究。他们从研究中提出婴儿认识自我形象的根据或线索有两条:一是相倚性(镜像动作与婴儿动作一致),二是特征性(镜像与婴儿身体特征的一致性)。

(二) 婴儿自我意识的发生和发展

哈特(S. Harter,1983)总结了迪克逊(Dixon,1975)、阿姆斯特丹(Amsterdam,1972)和路易斯(Lewis,1979)等的研究,提出了婴儿主体我和客体我的发展体系。主体我是在主体内、在主观上构成的自我,主体我体验着自己的身体、心理和关系,具有调整、控制、组织的动感,对客体我起着支配作用。客体我是个体在与环境、他人之间的运作中产生的,是主体通过客观反映、客观评价而认识的自我。客体我又是社会自我,是通过社会折射而产生的。哈特把婴儿自我认识的发展分为五个阶段,前三个阶段为主体我的发展,后两个阶段为客体我的发展。哈特的总结为人们普遍接受。

第一阶段(5~8个月):婴儿显示对镜像的兴趣。他们注视它、接近它、抚摸它、微笑并咿呀作语。但他们对自己的镜像与对其他婴儿形象的反应没有区别,说明他们并未认识到镜像是自己的影像、自己与他人的差别,以及自己是独立存在的个体。因而,婴儿还没有萌生自我认识。

这个阶段的婴儿还不能意识到自己的存在。他们最初不能意识到自己,不能把自己作为主体去同周围的客观区分开来,几个月的婴儿甚至不能意识到自己身体的存在,不知道自己身体的各个部分是属于自己的。婴儿最初对自己身体的感觉,也是毫无意识的。尽管他痛了会哭,饿了会喊,但他并不意识到自己有这种感觉和反应。

第二阶段(9~12个月):婴儿显示了对自己作为活动主体的认识。表现为他们以自己的动作引起镜像中的动作。他们主动引起自身动作与镜像动作相匹配,表明婴儿对自己作为活动的主体的认识。这阶段产生了初步的主体我。

这个阶段的婴儿,随着认识能力的发展和成人的教育,逐渐认识到自己身体的各个部分。比如,孩子

---

① 刘金花等. 婴儿自我认知发生的研究[J]. 心理科学,1993(6):355—358.

开始学说话时,成人常常指着他的身体某部分教他:"鼻子"、"耳朵"、"嘴巴"等,婴儿通过自己的触摸觉和动作,逐渐认识到身体的各个部分。但是,1 岁孩子还不能明确区分自己身体的各个器官和别人身体的器官。当妈妈抱着孩子问他的耳朵在哪儿,孩子用手摸摸自己的耳朵,又立即去摸妈妈的耳朵。

第三阶段(12～15 个月):婴儿已能区分由自己作出的活动与他人作出的活动。对自己镜像与自己活动之间的联系和关系有了清楚的觉知,说明婴儿已会把自己与他人分开,主体我得到明确的发展。

这个阶段的婴儿逐渐能够认识自己的面貌和整体形象。具体表现为喜欢和镜子里的孩子玩,摸他,亲他,拍他,对着他笑,持续相当长时间。对自己身体的认识,既是儿童认识自我存在的开端,也是儿童认识物我关系的开端。儿童意识到自己对物的"所有权",似乎是从这里开始。

第四阶段(15～18 个月):婴儿开始把自己作为客体我来认识。表现在对客体特征(如红鼻头镜像)与主体特征的联系上,认识到客体特征来自主体特征,对主体某些特征有了稳定的认识,反映了在客体我水平上的自我认知。

第五阶段(18～24 个月):婴儿已具有了用语言标示自我的能力。如,用代词("我"、"你")标示自我与他人。婴儿在此阶段已经能意识到自己的独特特征,能从客体(如照片)中认识自己,用语言标定自己,表明已具有明确的客体我。

婴儿的自我认识能力是在与外界客体(在实验中使用的镜像,把镜像作为客体)相互作用中产生的。婴儿自我意识的发展,是婴儿从自然人向社会人转化的关键和标志。

第四节 婴儿个性和社会性发展的指导策略

一、婴儿个性和社会性发展中的个体差异与行为表现

(一)婴儿个性和社会性发展中的个体差异

婴儿期是个性和社会性初步发展的时期。在遗传素质和后天环境的相互作用下,到 3 岁左右,婴儿之间出现了明显的个体差异。主要表现在以下几方面。

1. 合群性

在婴儿与同伴的关系方面,可以观察到明显的区别。如,有的婴儿情绪更敏感,富于同情心,看到小伙伴哭了会主动去安慰,自己惹小伙伴生气了会感到更内疚,并主动示好;有的交往欲望更强烈,和小伙伴发生矛盾时愿意让步,为了和别人一起玩把自己的玩具主动让给别人;有的比较随和,和大多数的小伙伴都可以一起玩,对别人的霸道、抢夺行为更容易忍让,没有明显的反抗。而另一些却表现明显的攻击性,经常掐人、抓人、推人甚至咬人、抢夺玩具;还有一些孩子则表现内向、胆怯、退缩、孤僻,和人交往的欲望不强,常自己一个人玩。

2. 活动性

有的婴儿活泼好动,手脚不停,跑来跑去,好像总有用不完的劲儿,特别有活力;有的则更喜欢安静地坐在那儿看电视、看书、画画,说话也轻声细语。

3. 坚持性

有的婴儿有耐心,兴趣持久,玩一个玩具可以坚持较长时间,学习一项新技能的过程中可以克服困难坚持下来;有的却急躁,兴趣容易变化,做什么都没常性,尤其是遇到困难马上就会烦躁、发脾气,或沮丧、情绪低落。

4. 独立性

独立性的发展与教育关系更密切,在婴儿自我意识开始发展时迅速发展。有的婴儿可以独自做很多事情,如 2 岁可以自己用筷子吃饭、自己洗手、自己一个人长时间玩玩具,3 岁时可以独自睡觉;有的则吃饭得大人喂、玩得大人陪、睡觉更是必须大人哄着睡。

5. 自制力

到 3 岁左右,在正确教育下,有些婴儿已经掌握了初步的行为规范,并能按要求控制自己的行为。如,早教中心有些婴儿可以听从老师的指令做各种动作,即使玩玩具正在兴头上也可以按老师要求收起玩具,

当要求得不到满足时也不会无休止地哭闹;而另一些则不能自我控制,老师让收起玩具排队上厕所他一直在玩,老师强制收走玩具就哭闹,看见美味食物根本控制不住自己,把妈妈要求的先洗手后吃饭早丢到脑后了。

6. 好奇心

3岁左右的婴儿在好奇心方面也表现出明显差异。有些婴儿好奇心特别强,见什么都想探索,会走的玩具他就想知道为什么会走,为此会拆开来看;一个不停地变换颜色的摆件,他也会被吸引,反复观察是怎么回事;有些婴儿则好奇心不太强,对一些新异物品看一眼而已,并没有追根究底的欲望。

7. 心境

有的婴儿只要没什么身体的不舒服,通常都是处在愉悦状态,即使是遇到什么不高兴的事如自己喜欢的玩具被别人弄坏了,也只不高兴一会儿,很容易被哄;有的则总是一脸"严肃",好像对什么都不满意,即使愿望得到满足,也只能高兴一会儿,哭闹时很难哄。

婴儿的个体差异还表现在其他如敏感性、胆量大小等方面。

形成婴儿个体差异的原因既有先天因素如气质差异,也有后天环境和教育,尤其是家庭教育的影响。此时期家庭教育对婴儿个性形成具有特别重要的影响,父母本身的素质、教育观念、教养水平是影响婴儿个体差异形成的根本原因。此时期形成的个体间的差异性是日后个体社会化发展的直接基础。

(二)婴儿个性和社会性发展中常见的行为表现

1. 缠人

缠人,或跟脚,是指不管什么时候、做什么都让妈妈陪着,不允许妈妈离开一步,离开就哭闹,不能自己一个人玩。

对于"缠人"的婴儿要有正确的认识和教养态度。缠人只是一个短时期的现象,应该抱着宽畅的心情适当满足他们的愿望;同时,又应该逐步培养他们的独立性,尽快改善这种状况。婴儿缠人,一方面取决于他们的个性特点,另一方面也与父母的教养方式有关。如妈妈经常会因为这些孩子的分离焦虑而偷偷出去,使他们失去安全感,或者妈妈事无巨细,都要给他们安排得非常妥当,让他们觉得只有妈妈在身边才是舒服的,对别人照料都没有安全感。

改善婴儿的缠人现象应该从以下几方面着手。

(1) 妈妈有事出门前,必须告知孩子自己出去干什么,并强调等会儿就回来。这时,即使孩子哭闹,妈妈也要坚定地离开。但是,在婴儿分离焦虑期妈妈还是应该尽量减少不必要的出门;即使要出去,能带上孩子的情况要尽量把他们带上。

(2) 婴儿玩耍的时候,妈妈的陪伴要逐渐减少。可以逐渐地由陪他玩过渡到看他玩,只在需要的时候出点声,并且不时地制造点倒水、洗水果这样的小借口离开其视线一小会儿,离开之前告知他妈妈去倒水马上就回来,回来的时候也要通知他一声。这样做可以让他知道妈妈离开其实并不可怕,他一样可以好好玩,而且妈妈离开后还会回来的。逐步增加离开的频率和时间长度,慢慢的孩子就可以独立玩耍不要妈妈一刻不离了。

(3) 在家时,要和其他家人尤其是孩子的父亲一同担当抚养任务。让婴儿知道爸爸也爱自己,也应该接受爸爸。给爸爸和孩子一起玩、一起去公园或游乐场的机会,只要爸爸做了一点对孩子有益的事情,就尽量是在孩子面前夸奖爸爸。在妈妈要短期离开孩子(如出差)时,分离的几分钟一定要心情平静,和孩子微笑再见,绝不要表示太多的依恋,让孩子认为妈妈走了,一切都不好了;妈妈离家以前要对家人做好安排,如孩子的日常生活等最好和妈妈在家时基本一样,让他有安全感、有延续性;妈妈出差回来时,要当孩子的面,夸奖爸爸和其他家人对孩子的照顾多么好,妈妈多么感谢他们。孩子会因为妈妈的夸奖对他们也产生信任、尊敬和爱。这样,他就不会总缠着妈妈一个人了,并且有利于发展孩子的社会交往能力。

(4) 引导婴儿和同伴一起玩。目前我国的独生子女依然很多,孩子在家非常孤单,孩子和成人的交往无法代替和同伴的交往。所以,在天气好的情况下最好经常带孩子出去玩,去去超市、逛逛公园或广场,到邻居、亲戚家串串门,让孩子经常有新奇感,探索的欲望压制依恋的欲望;也可以邀请别的小伙伴到家里来玩,让孩子经常能接触到小伙伴,孩子就不会很缠人了。婴儿缠着妈妈,有时候是因为没有别的好玩的可以吸引他的注意力。

2. 经常哭闹

经常哭闹指婴儿的消极情绪比较多,遇到一些不顺心的事都会大哭大闹。婴儿的这种表现和气质特

征有关系,如托马斯、切斯划分为困难型的婴儿,哭闹就经常发生。当然家长恰当的抚养方式可以改善这种状况。如果家长本身因为工作或抚养孩子有很多琐碎的事且看不到成就,经常处于焦躁情绪中,就会对婴儿缺乏耐心,不能心平气和地对待孩子。孩子可以敏感地感受到家长的焦躁,并常以哭闹来反馈,这种反馈又会使得家长更加焦躁,从而形成恶性循环。

婴儿需要一个快乐、慈祥、宽容、坚强、善解人意的妈妈,千万不要把与婴儿无关的坏情绪转嫁到孩子身上,不要觉得孩子烦人。如果婴儿是因为遇到挫折或困难而哭闹,妈妈可以温柔地抚慰他,比如可以说:"让我来看看是什么事难住我的宝贝了,有没有办法来解决它",然后和孩子一起来解决问题。当然解决问题时妈妈不应该包办代替,而应该引导孩子去解决,问题解决了不能忘记鼓励孩子;如果孩子是希望通过哭闹引起大人的关注,妈妈可以明确告诉他:"我不喜欢爱哭闹的孩子,我喜欢想要什么告诉妈妈的孩子",然后适当地冷落他一会儿,直到他自己情绪平复了再和他沟通。长此以往,就可以逐渐养成孩子有什么事情用语言表达而很少哭闹的习惯。

3. 爱发脾气、任性

爱发脾气、任性表现为以下几种情况。要求家长及时满足他的所有愿望,家长一旦不能满足就发脾气;自己想做什么就做什么、想怎么做就怎么做,一旦遭到家长的反对,就发脾气;自己在做事情遇到挫折时发脾气等。

对于这一类婴儿,家长应加强教养的原则性:当婴儿提出要求时,家长首先要认真衡量这个要求是否合理。合理的要求要尽量满足,不能及时满足的要给他一个期限并说明理由;不合理的要求要坚决拒绝,孩子再哭闹也不能妥协,尤其是第一次的冲突更要注意态度的坚定、和蔼。同时,家长给孩子提要求也要谨慎,既要考虑这个要求必须是有利于孩子发展的,也要考虑孩子这个年龄有没有能力做到。当然,一旦考虑成熟提出了要求,就要长期坚持监督,使要求持久一致,才能养成孩子良好的行为习惯。父母等长辈,对孩子的养育方式要一致,以免孩子有机可乘或不知所措、不明是非,不知道该听谁的,不知道到底应该怎么做才对。这样可以逐渐克服婴儿的任性行为。

4. 分离焦虑

前面讲过分离焦虑是婴儿发展过程中出现的一种正常的情感反应,在2～2.5岁以前,任何时候母亲离开,婴儿都会产生分离焦虑。

父母要怎样处理婴儿的分离焦虑状态呢?对于1岁以内的婴儿来说,父母要尽可能减少必须离开孩子的次数,尤其是丢下他一个人。如果必须离开,要让孩子看着父母离开。随着婴儿对言语的理解,用他所听得懂的言语告诉他父母要离开他一会儿,让他有精神准备,婴儿明白了父母离开还会回来这一层含义,焦虑就会逐渐缓解。2.5～3岁的婴儿能够理解因上托幼机构与母亲分离而不产生焦虑反应是完全可能的。相反,如果父母试图忽视孩子的感情,不理睬他们的哭声,强行离开,这样只会使孩子感情上的焦虑更强烈;或者趁孩子玩得高兴神秘地消失,会使孩子产生强烈的不信任感。

5. 陌生人焦虑

陌生人焦虑和分离焦虑一样,也是一种生物学上的保护性本能,是一种生物—社会行为。本章前面已分析了婴儿对陌生人恐惧反应的原因,那么,父母应当如何有效处理婴儿的陌生人焦虑呢?当陌生人出现,母亲在身边时,先让婴儿与陌生人保持一段距离,母亲做出与陌生人愉快打招呼的示范,这样孩子就不容易产生认生反应;当孩子的好奇战胜焦虑时,他就会主动与陌生人接近和交流。因为,婴儿完全是看大人的"脸色"来决定他对陌生人的态度的,要给他时间,让他一步步去接近陌生人,千万不要强迫他。事实上,成人这个"安全基地"做得越好,婴儿探索世界的时候就会越自信,把自己的注意力大胆地投向他人和外界,为婴儿建立健康的人际交往技能打下良好的基础。

根据艾里克森的"人格发展阶段"观点,婴儿期经历了0～2岁的信任与不信任和2～3岁的自主与羞怯和疑虑感两个关键阶段。生命前两年的主要任务是建立信任感,克服不信任感,这是对周围世界,特别是社会环境的基本态度。这个阶段的婴儿需要得到悉心而有规律的照顾,从而使他们身体和情感上得到满足,同时把自己的感情投射给母亲。建立信任感的婴儿易于信赖和自信,容易形成乐观的品德。2～3岁是婴儿获得对自身心理行为的主动掌握、克服羞怯和疑虑感,体验着意志的实现时期,父母需要给予婴儿一个可信赖而又安全的周围环境,注意掌握管教的分寸,促使婴儿形成宽容、自尊、自我控制的品德。如果在此期间处置失当,不利于婴儿适应未来的秩序和法制生活。

二、促进婴儿个性和社会性发展的有效策略

关于婴儿个性和社会性发展的指导,本章主要从父母角度介绍。因为父母是婴儿最早、最频繁的交往对象,也是婴儿最重要、最亲近的交往对象,婴儿最初的个性和社会性发展在遗传的基础上主要受到父母个性特征、教育观念、教养态度和方式的影响,个性特征的最初形成比较牢固,同时它又是未来发展的直接基础。因此,近年来人们越来越重视对婴儿的早期教养。

(一) 父母要按照婴儿的气质特点进行引导

由于气质是婴儿出生后最早表现出来的、任何社会文化背景中父母最先观察到的婴儿的个性特征,所以在婴儿社会性发展中具有非常重要的地位和作用。父母应如何识别婴儿的气质特点呢? 对不同气质表现的婴儿又应该怎样养育呢?

案例 5-3

乐乐两岁半了,他的行为有些令父母担忧:做什么事情都没有长性。妈妈刚给他买的玩具,没玩了5分钟,看到别的小朋友做游戏,扔下不玩了,和别的孩子一起玩打仗去了;一会儿,扔下了小朋友,又一个人开始玩拼插游戏;几次没有拼插好积塑,又扔开积塑,一个人去角落里发呆去了;阿姨送的图画书,刚开始缠着妈妈讲,过一会儿就懒得翻了,把书一扔,就又吵着让妈妈带他去公园;甚至动画片都看得不超过5分钟,就开始到处乱跑……他妈妈说她经常发愁:这孩子长大了可怎么上学呀!

案例中的乐乐表现出的气质特点是趋近性强但坚持性差、专注度低,父母在教养时要着重培养他的坚持性和专注性。坚持性差和专注度低的孩子,在婴儿期比较容易照顾,尤其是哭泣时,比较容易用转移注意力的方式使他们停止哭泣。但这类孩子做事往往容易半途而废,家长应该重视从小提升专注度的训练。下面提供几种训练婴儿专注度的游戏。

(1) 让婴儿自行使用汤匙。婴儿一开始使用汤匙时,因为手眼协调能力尚未成熟,常会把桌面上弄得乱七八糟,但只要让他多练习几次,他的手眼协调能力就会变好,也有助于提高专注力。

(2) 练习打开和关闭瓶盖。可准备有盖子的瓶罐,让婴儿练习打开盖子,再将盖子盖好。

(3) 穿针引线。准备一条粗线,以及红、黄、蓝三种有孔的串珠数个,让婴儿把串珠串在粗线上,串珠的颜色顺序随意,例如红、黄、蓝,或蓝、红、黄。这个游戏不仅可以提升婴儿的专注力与手眼协调能力,还可以训练逻辑观念。

(4) 闭上眼睛倾听和表达。可以试着和孩子一起待在一个舒适的空间,闭上眼睛或戴上眼罩,只用耳朵去听周围发出的声音,并将其说出来(父母也可以自行制造声音)。这个游戏适合言语表达能力发展较为成熟的孩子。一开始进行这个游戏的时间不要太长,可每天慢慢增加时间。也可带孩子到户外,聆听大自然的各种声音。

案例 5-4

星星快三岁了:她经常能自己一个人玩,并且不管玩什么玩具都能玩较长时间;平常很安静,很少哭闹,即使肚子饿了或身体不舒服,也不会大哭大闹,只是看起来无精打采。但她妈妈也有点儿着急,总觉得她和别的孩子不太一样:虽然孩子的生理发育很正常,但对学习和游戏活动等的反应却特别慢。教她学一首小儿歌,几天也学不会,而在一起玩的两岁孩子都学会了;做游戏的动作十分缓慢,而且动作也不协调,即使是一个非常有趣味的玩具,别的同龄孩子立刻上去抢着玩,而她要盯着老半天才慢慢地去用手摸一下。这位母亲说,这孩子倒是省心,但孩子的表现影响他们的教育积极性,她感到很懊丧。

案例中的星星表现出的气质特点是反应强度和敏感度都比较弱。这样的孩子在家长眼中常被认为是"很好带"、"很乖"、"不会胡乱吵闹"。在放心之余容易忽略孩子的真实感受和需求,往往等到事态严重的

时候才发现孩子的状况并非自己想象中的那样。对反应强度弱的孩子进行教养时,要倾注更多的关爱。反应强度弱的婴儿,其感受容易被父母忽略,父母需要多花心思去观察、关心他,千万不要因为他们没有明显的消极反应而忽视他们的行为,此外,父母还应该鼓励他们试着表达情绪。对于敏感度低的婴儿可从以下几方面指导。

(1)适时给予关注与提醒。因为敏感度低的婴儿本身属于反应缓慢类型,看似容易照顾,其实父母反而要多替他们注意一些细节,天气变化时,注意及时为他们增减衣服,长大一些后,则用言语提醒他们一些敏感度低的事情,例如对听力弱的婴儿多提醒他们用眼睛注意周围环境的变化,避免遭遇危险。

(2)设计可提高婴儿敏感度的游戏,并和他们一起玩。比如,闻味道:这个游戏旨在提升婴儿嗅觉的灵敏度;听声音:提高婴儿听觉的敏感度。父母可以录下周围环境的声音,也可以到户外,让婴儿闭上眼睛,仔细聆听大自然的各种声音;看东西:父母可以和婴儿轮流说出看到的东西;摸东西:若想要提升婴儿的触觉敏感度,可以准备不同的水果,并放入不透明的袋子里,让他们通过触摸说出水果名称。而后,也可以准备较难辨识的物品,提高辨识的难度。

(3)训练社交敏感度。要想训练婴儿察言观色的能力,必须先让他了解各种情绪,并且学会辨识。除了从书中认识各种情绪变化的表情之外,还可以与他们一起表演不同情绪的表情,这个方式可以帮助他们了解自己与他人的情绪状态。

另外,对于案例中像星星这类学习速率慢的婴儿,家长要注意"顺其自然",让她按照自己的特点和方式去学习,不要催促,以免给她形成压力,同时也应该在活动中给予她热情鼓励和具体指导,以提高她的积极性。

(二)父母帮助婴儿建立良好的安全感

婴儿期是建立安全感的关键时期。如何建立婴儿的安全感呢?

1.婴儿有需求一定要呼应

案例5-5

宝宝的肚子饿得咕咕叫了,他开始大哭起来,他知道妈妈就在不远处,因为小耳朵听见了妈妈活动的声音。哭声没有把妈妈及时唤来,他只好拼命大哭,直到嗓子嘶哑、满头大汗,妈妈才出现。妈妈真的忙得脱不开身吗?不是,而是妈妈觉得孩子一哭就去哄,容易宠坏他。这也是好多家长的观点。

实际上,呼应婴儿的需求与溺爱他们完全是两码事。婴儿时期的需求,基本都是生理上的需求,月龄越小的婴儿,对他的需求满足度就应该越高。当他们的需求得到及时呼应和满足时,他们就会满足与愉悦,进而是对父母无条件地信任与爱。父母积极呼应婴儿,可以让婴儿知道他在人的交际与情感世界里,他有一种巨大、可靠的影响力,他的行为会促使某种情况发生,即能让婴儿产生能力感、控制感、自信心。还可以强化婴儿的交往意识,使他喜欢与他人交流。

而那些总也得不到及时回应的婴儿,往往会变成一个灰心丧气、反应迟钝的孩子,或者成为一个性情冷漠、脾气暴躁的人。因为感到自己很无助,他无法控制自身的环境,于是便会逐渐放弃对环境的探索,当婴儿得不到回应性环境时,他只能学会放弃。所以长时间得不到父母的及时回应,不是会变得更有耐心,而是更耐不住。

"积极回应"并不是对婴儿任何需求都要立即予以满足,而是要区分对待。由于婴儿哭闹的起因和目标不尽相同,所以父母要学会对婴儿的哭声进行辨别和判断。如果婴儿的哭闹属于病理性状况,父母一定要毫不迟疑地立即给予回应,这是反映婴儿健康状况的重要信号,而生理性需求和心理性需求则可采用积极呼应、延迟满足的方式予以解决。

延迟满足是父母对婴儿的需求用声音和肢体动作来做出反应,让婴儿意识到父母已经听到了他的呼唤,读懂和理解了他的需求,并会给予他适当的帮助。虽然婴儿的需求被延缓满足,但父母及时的呼应安抚了他不安的情绪,所以,婴儿会在希望中度过一段甜蜜的等待时光,同时锻炼了他的延迟满足能力,提高了他面对挫折的自信心和承受能力,使婴儿养成充满爱但又不依赖他人的良好心理。因此,积极呼应婴儿

的需求,对婴儿一生的发展都有着积极的促进作用。

相比之下,那些对婴儿的哭声采取冷漠忽略态度的父母,或是一听到婴儿哭闹,立即一声不响直接满足他们需求的养育方式,都会对婴儿的心理发展及性格的形成产生不利影响。前者容易使婴儿安全感缺失,形成烦躁、焦虑和恐惧的心理;而后者又会导致婴儿建立有求必应的依赖性心理,且面对挫折的自信心和自我调节能力也得不到锻炼。

2. 为婴儿创设安全的活动环境

随着婴儿会爬、会走,他们的探索兴趣也日益增强,和"过去"的"无能"相比,1岁婴儿仿佛产生一种"无所不能"的感觉。这种"无所不能"感可以帮婴儿应对分离、成长带来的恐惧感,使他更大胆地探索,并且学会自主和独立。因此,父母要保护好婴儿这种"无所不能"的状态。这种状态保护好,能让婴儿发展出更多的能力,充分体验成就感,进而产生强大的自信。如果打破了婴儿这种"无所不能"感,破坏了他独自探索世界的兴趣,则会带给他们许多创伤性的体验,从而使他变得依赖、胆小、退缩,成为一个没有创新意识的人。保护婴儿这种"无所不能"的状态就需要为他们创设一个安全的活动环境。

婴儿再小,也是一个独立个体,在日常生活中,父母与他们相处时一定要平等,要多考虑他们的需求与愿望,他们想去的地方、想玩的东西,只要没有危险性,就给他自由。父母经常在婴儿面前惊呼"这个不能碰"、"那个不能拿",不仅会使婴儿受到惊吓,还会减弱他们探索新事物的动力,使他们失去自我,对成人不信任,失去安全感。

婴儿的活动空间大多还是以家为主,为婴儿创设一个安全舒适、没有障碍的居家环境非常重要。只有保障了身体的安全,婴儿的心理才能安全。为了安全起见,也为了不干扰婴儿的探索欲望,首先要将危险源全部(电源插座、家具的尖角、房门的开闭保护等)去除。做好危险品(尖锐的物体,体积较小的物体,有毒有害的化学品)的保管,放在适当的地方,以确保婴儿碰触不到。安全保护措施一定要到位。此外,家中的窗户边不要放桌子、凳子、沙发、床等家具,这样可以阻止婴儿借助这些家具爬上窗台。而且窗户上最好还要安装防护网或防护栏杆,以防止爬上窗台的婴儿在玩耍时坠落。

3. 创建和谐的家庭环境

温馨、和谐的家庭氛围是使婴儿心里有安全感的最大保障。和睦的气氛要靠父母来营造。对于婴儿来讲,父母就是他的整个世界,如果婴儿经常看到父母之间的冲突,他就会感到极大的不安与恐惧,从而给他幼小的心灵留下阴影。

父母的良好情绪也是让婴儿建立信任的一种极佳的方式。父母无条件的接纳和爱,使婴儿和父母之间建立起安全的依恋关系,可以使婴儿从中得到探索外在世界的勇气和自信。及时的夸奖和赞美,使婴儿获得成功的喜悦,有助于父母与孩子建立积极的亲子关系,使彼此更亲近,并使婴儿产生对父母的信任感。母亲要尽量把握住自己的情绪,保持一个自信、稳定、成熟、理智的养育态度,这样既能减少母亲不必要的内心消耗,同时也会带给孩子安全而平和的状态与气质。

4. 不要频繁更换抚养者

父母要尽量亲自带孩子,2岁内的婴儿更是如此,因为这时正是他们建立信任感的一个关键时期。如果父母实在不能亲自带,也要选择一个合适的、稳定的主要抚养者。在婴儿期频繁更换看护人,婴儿可能很难和父母建立起高质量的亲子关系。而这种高质量的亲子关系,是婴儿建立信任感必不可少的一个因素。在这个时期,婴儿与父母之间若建立起安全的依恋关系,长大后他们往往会表现得坚强、自信、具有领导力和同情心。

5. 为婴儿安排规律的生活

规律的生活作息也能给婴儿带来安全感,比如每天下午和孩子一起去户外活动,晚饭后一起做游戏,睡前洗个温水澡等。如果这样的安排能够固定下来,会给婴儿有一种可以掌控和期待的感觉,能有效地消除他们消极和焦虑的情绪,有利于安全感的建立。

当然,培养婴儿的信任感,并不等于丝毫不能有不信任感,而是要让他们的信任感超过不信任感。为了让婴儿能有识别地体验信任感,必须有相当程度的不信任感体验,这样才能使他知道信任是对于特定的人和环境,而对陌生环境和人必须要有适度的不信任,而这种不信任是确保其安全不可缺的因素。如当婴儿能爬会走后,活动范围越来越广,他有了一定的自主能力,却不知道环境的深浅,很容易出危险。父母这时可以先教婴儿学习哪些事情可以做,然后再过渡到让他明白哪些事情不能做,这样一来,他就知道自己的行为要受到环境的约束和限制,最终使他适应环境的限制。

(三)尽可能多地给予爱

爱是一个人自信心和独立性的发源地,在满满的爱意和亲情中长大的婴儿,会充满对父母及周围人与事物的信任。有了这种信任的能力,他们才会充满信心地去探索世界。因为他们知道有人爱自己、相信自己,给自己力量,就会没有恐惧、没有担忧,更容易去独自面对世界。也只有这种孩子,才具备爱父母、爱周围的人和物、爱这个世界的能力。如何给予孩子爱呢?

案例 5-6

某一线城市的一对年轻夫妇,由于工作忙,单位离家又远,每天早出晚归,与孩子相处的时间很少:每当他们下班回家时,孩子早已进入了梦乡。孩子的日常生活由保姆打理。保姆把孩子的日常生活打理的很不错,但因为家里活儿比较多,年龄也比较大了,比较累,很少抱孩子。年轻夫妇为此感到很内疚,觉得对不起孩子,于是在双休日总是买来许多孩子喜欢的食品和玩具。可没想到的是,小家伙一点也不领情,把食品和玩具又砸又摔。有一次,爸爸气急了,就狠狠打了孩子的屁股……没想到孩子却静静地趴在爸爸的腿上,小脸呈现出非常满足的样子,任凭爸爸的手掌与自己的小屁股"亲密接触"。孩子这是怎么了?这令爸爸妈妈感到大惑不解。

婴儿天生就有一种被人触摸的需求——"皮肤饥饿"。父母适当的抚摸、按摩、拥抱及亲子间的亲密接触,可以满足婴儿的情感需求。母亲与婴儿的身体接触是婴儿良好情绪产生的必要条件。那些经常被父母亲吻、拥抱的婴儿情绪好、睡眠好、抵抗力较强、智力发育明显提前。而这种需求遭到忽视,就会导致婴儿生长迟缓、智力低下,并产生一些不正常的行为模式。

和婴儿的肌肤接触,是父母与婴儿情感沟通的桥梁,是一种爱心的交流,也是满足婴儿情感需要的一种方式。父母的拥抱,是让婴儿觉得安心的有效途径。在父母的拥抱中,婴儿感受到自己得到重视与关爱,能让心理得到良好的发展。

父母多拥抱、抚慰自己的孩子,多与他们说话,与他们逗笑和嬉戏是对婴儿情感关怀的最好方法。皮肤接触能让婴儿充分感受母体的温暖和柔软。婴儿可以通过包括母亲注视婴儿的眼神、表情、温柔的话语、轻轻摇晃产生的韵律感以及母亲的呼吸、气味、微笑等细节来感受母爱。

------ **本章小结** ------

本章重点介绍了婴儿个性和社会性的发展特点与规律,并在分析父母教养方式对婴儿气质、性格、能力影响的基础上,探讨了婴儿个性和社会性发展中常见的行为表现与指导策略。婴儿的个性和社会性是在遗传带来的差异的基础上,在与环境的交互作用中,逐渐发展并表现出自己最初特点的。婴儿期是个性萌芽时期,也是个性发展的奠基时期,不恰当的教养方式容易使婴儿出现缠人、经常哭闹、过分焦虑、过分腼腆等不良的行为和情绪特征。父母等其他主要抚养者应依据婴儿个性和社会性发展的特点与规律,针对婴儿个性和社会性发展中容易出现的问题,实施科学教养,促进他们个性和社会性的健康发展。

通过本章内容的学习,要求学生能够理解婴儿情绪的社会化表现,理解婴儿气质、依恋和自我意识的发展特点与规律,明确婴儿个性和社会性发展中容易出现的行为和情绪表现。在此基础上,能够理解并掌握促进婴儿个性和社会性发展的有效策略。

▶思考与练习

1. 婴儿情绪社会化表现在哪些方面?

2. 托马斯和切斯按照九个维度把婴儿气质划分为哪三种类型?对不同气质类型的婴儿进行教养时分别应该注意什么?

3. 婴儿依恋有哪些类型?不同依恋类型分别有什么表现?

4. 安全感的建立有何意义?如何帮助婴儿建立安全感?

5. 如何对待婴儿的"缠人"?

6. 你认为父母如何才能做到既不让婴儿过分"怕生",同时又能学会自我保护?

▶ 自己做研究

请你对婴儿陌生人焦虑的发展进行观察与分析。

陌生人焦虑即认生,指婴儿能很好地把主要抚养者母亲和陌生人区分开来后,陌生人的出现便会引起婴儿的恐惧、焦虑。陌生人焦虑一般在6～8个月时发生,18个月时达到顶点。

请你随机选择5～6名5～30个月婴儿作为研究对象,观察并记录他们和陌生人接触的表现,并撰写观察报告。具体要求如下。

观察目的:了解被观察婴儿的陌生人焦虑行为表现,分析其影响因素,并尝试提出改善策略。

观察对象:5～6名5～30个月婴儿。

观察方法:自然情境下的参与式直接观察,叙述性观察法。

具体过程:在广场、公园或小区内随机寻找观察对象,发现合适对象后先在远处观察照料者和婴儿的互动,并做简要记录。然后走上前去与照料者沟通,说明目的;询问婴儿的具体月龄、性别及陌生人焦虑程度,边询问边简要记录,同时观察在此过程中孩子的反应,并简要记录。然后,试着和孩子接触,逗孩子玩,记录孩子的表现。可能的话让照料者借故离开几分钟,观察者自己安抚孩子,并记录情况。之后,和主要抚养者交谈有关陌生人焦虑的话题,探知家长的态度、观点,同时把自己学到的知识观念渗透给家长。

观察记录:采用实况详录法,填写观察记录表(见表5-2)。

结果分析:对观察记录材料进行整理与分析,并撰写婴儿陌生人焦虑行为观察报告。

表5-2　婴儿陌生人焦虑行为表现观察记录表

观察背景(发现对象时的状况,包括观察对象是被抱着还是坐着童车或自己走着等,孩子是玩还是哭闹等情况。)	被观察者的月龄、性别	观察时间	观察地点	客观描述观察者和照料者交谈、观察者逗弄被观察者、甚至照料者离开时孩子的行为、情绪、语言等表现	照料者对陌生人焦虑的观点	反思与评判
观察对象1						
观察对象2						
观察对象3						
观察对象4						
观察对象5						

第三编　幼儿的发展

　　幼儿的发展内容包括幼儿生理发展、认知发展和社会性发展三大领域。本编包括第六至十三章,具体阐述了幼儿生理、认知、语言、智力与创造力,以及情绪情感、个性、社会性等方面的发展,系统呈现了幼儿发展的基本规律和特点,分析了影响幼儿发展的因素,探讨了幼儿发展中的行为表现、特点或容易出现的问题,为促进幼儿健康成长与发展提供了科学可行的指导策略。

第六章 幼儿生理的发展

知识结构

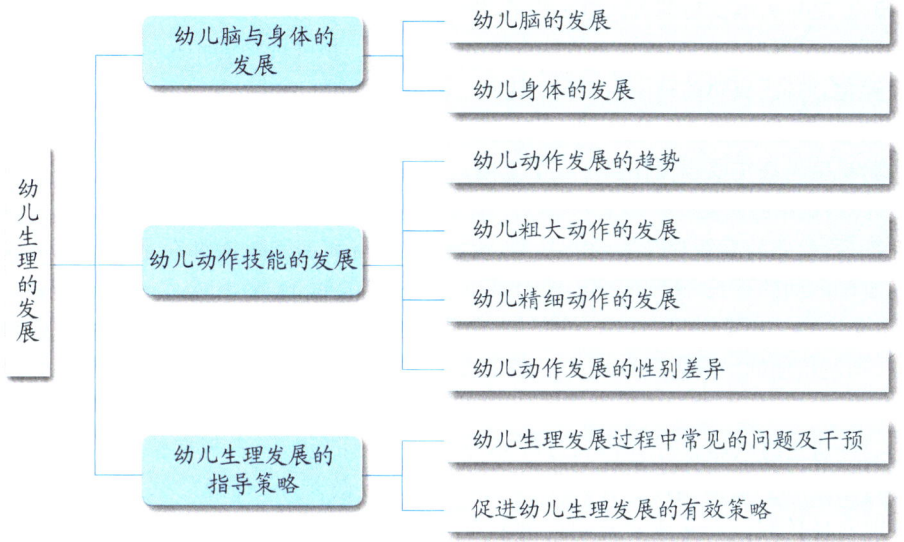

幼儿生理的发展
- 幼儿脑与身体的发展
  - 幼儿脑的发展
  - 幼儿身体的发展
- 幼儿动作技能的发展
  - 幼儿动作发展的趋势
  - 幼儿粗大动作的发展
  - 幼儿精细动作的发展
  - 幼儿动作发展的性别差异
- 幼儿生理发展的指导策略
  - 幼儿生理发展过程中常见的问题及干预
  - 促进幼儿生理发展的有效策略

引入

　　宝宝2岁左右可以自己拿勺子吃饭了,而且有些宝宝表现出对筷子的兴趣,于是很多妈妈在网上咨询,能否让2岁的宝宝练习使用筷子。对于这一问题,有些妈妈表示赞同,心羽妈妈说:"既然感兴趣,就让他试试呗,只要大人在旁边看着,我见过一个2岁小女孩就是自己用筷子的。"沐晗妈妈也说:"可以的,我家孩子一周岁时,我就教他用了,其实小孩学东西很快的。"也有妈妈表示反对,贝贝妈妈说:"不能那么早让宝宝用筷子,对小肌肉的发育不好,可别影响了宝宝发育"。

　　孩子到底什么时候学用筷子吃饭比较适合呢?这与幼儿生理发展的特点息息相关。幼儿的生理发展有何特点?这些特点对于教育又有何启示?幼儿又会遇到一些什么样的发展障碍?通过本章的学习,这些问题都可以得到合适的解释。让我们带着这些问题进入本章的学习吧。

　　幼儿的生理发展是指大脑、身体以及动作技能的生长发育过程,是幼儿心理活动的基础。生理发展影响并制约着心理的发生和发展,对于幼儿发展有着重要的意义。

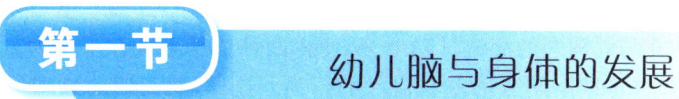

第一节　幼儿脑与身体的发展

一、幼儿脑的发展

(一)脑组织的发展

脑的成长和发育是一个动态的、持续变化的过程,在生活条件和教育条件的影响下,幼儿脑组织有了

进一步的发展,主要表现在以下两个方面。

1. 脑重量不断增加

从受孕开始,人类的大脑便一直迅速发展,一直到幼儿期才逐渐放慢。在幼儿期,虽然没有新的神经元形成,但是脑部的发育仍在持续之中。3 岁儿童平均脑重量 1 011 克,脑部的发育已经达到成人的 75%～80%左右,而到幼儿 7 岁时已经达到 1 280 克,已相当于成人(成人的脑重量大约是 1 400 克)的 90%左右。以后的增长就很缓慢,到 20 岁左右才会停止增长。

2. 大脑皮层结构不断复杂

儿童出生后脑的发展主要在于脑皮层结构的复杂化和脑机能的完善化。大量大脑生理学的研究显示,儿童脑重量的增加并不是因为神经细胞大量增殖导致,而是由于神经细胞结构的复杂化及神经纤维分支增多以及长度增长所致。髓鞘化是脑内部成熟的重要标志。新生儿出生时,脑部的低级部位(脊髓、脑干)已经开始鞘化,之后大脑皮层的各区域呈现非均衡性的发展,先是与感觉运动有关的部位,然后是与运动系统有关的部位,最后发育的是与智力活动直接有关的额叶、顶叶区的髓鞘化,6 岁末几乎所有的皮层传导通路都已经鞘化。各区成熟的顺序依次是:枕叶—颞叶—顶叶—额叶。

(二)脑机能的发展

幼儿的大脑机能发展主要表现在以下三个方面。

1. 兴奋和抑制机能的发展

进入幼儿期后,幼儿的高级神经活动的基本过程——兴奋和抑制机能都在不断增强。兴奋过程的增强表现在幼儿觉醒时间的延长,睡眠时间的相对减少。3 岁幼儿睡 12 个小时,5～7 岁幼儿睡 10～11 个小时,白天睡 1.5 个小时。睡觉时间的减少使得幼儿有更多的时间去看、去听、去接触各种事物,从中增长见识,汲取知识。抑制机能的增长表现在幼儿逐渐学会控制自己的言行,减少不必要的冲动,为之后培养良好的学习习惯、形成良好的个性品质提供了条件,提高幼儿对外界变化着的环境的适应能力。

但是总体上,幼儿的兴奋过程和抑制过程还处于不平衡的状态,表现在抑制性时间比兴奋性时间迟,这是因为幼儿皮层主动抑制过程比兴奋过程弱,幼儿年龄越小,神经的兴奋过程就比抑制过程占优势,兴奋特别容易扩散。幼儿 4 岁开始内抑制有明显发展,但延缓抑制机能即使到五六岁还是比较差的。

2. 条件反射的发展

脑的基本活动便是反射活动。新生儿的大脑皮层由于还未成熟,所以神经活动大部分是在皮层下部分进行,而且这些是属于先天遗传的无条件反射。

条件反射是后天获得的,它建立在非条件反射的基础上,是一种高级神经活动。对于幼儿条件反射出现的时间,学界尚有争论。原苏联科里佐娃等人的研究认为,儿童第一个条件反射是哺乳姿势条件反射,它大约出现在出生后十天至两周。而西方现在的一些研究认为,新生儿在出生后几天就能形成一些较复杂的人工条件反射。但可以确定的是,幼儿条件反射形成的速度是随着年龄的增长而加快的。相对于整个儿童期而言,幼儿的条件反射形成较快,且具有很高的稳定性,能够长久保存。比如教一个新故事,2～3 岁的幼儿即使教其很多遍,但如果不能够及时巩固,很快便会遗忘。但是对于 4～5 岁的幼儿,教几遍便能记下,而且不容易遗忘。

3. 两大信号系统的发展

在具体事物为条件刺激的基础上建立的条件反射系统称为第一信号系统,而在用词语作为条件刺激的基础上建立起来的条件反射称为第二信号系统。第一信号系统是符号系统,是对事物作出直接反映,是具体形象的、无意的;第二信号系统是言语系统,是对事物的间接反映,是抽象概括的、有意的。当幼儿不会说话时,只能运用自身的直接感知来认识周围事物。随着幼儿言语的发展,其第二信号系统便逐渐出现与发展。由于在日常生活中,幼儿与周围人的交流日趋增多,使得两种信号系统有了更为紧密的关系。这表现在幼儿既可以通过直接感知也可以运用言语左右自己的行为。这样,幼儿期的心理便产生了一种转变——具体形象朝着抽象概括转变,无意性朝着有意性转变。

然而,纵观整个幼儿期,还是第一信号系统占据主导地位,因为幼儿的第二信号系统发展还不是很充分,其产生的作用还未真正达到成熟。这也就使得这个阶段的幼儿在思维上表现出具体形象性的特点。

(三)脑科学研究对于早期教育的启示

近年来,随着各种神经影像技术的发展,神经科学研究取得了丰硕的成果。运用电脑成像技术,许多

研究者对人类发展过程中大脑的发育和变化进行了大量的研究。神经科学研究的结果对于早期教育实践具有重要的启示。

1. 重视发展的"敏感期"

大脑发展"敏感期"的研究表明，教育应该重视幼儿大脑发展的"敏感期"。"敏感期"是大脑某些认知功能发展的"机会之窗"，在敏感期幼儿更容易获得某种认知功能，错过"敏感期"并不意味着机会的完全丧失，但是，可能需要付出很多的努力来弥补因错过"敏感期"而造成的认知发展滞后[①]。

所以，教师应该了解幼儿发展的敏感期，并且为其提供适应的环境和学习条件，促进其认知功能的发展。比如，在语言发展的"敏感期"，为幼儿提供大量的语言刺激，在音乐发展的"敏感期"提供大量的音乐刺激。此外，教师还应该提供充裕的机会让幼儿与同伴进行交流和社会互动。封闭式的管理就像环境剥夺一样，会影响幼儿认知与社会性的发展，会影响其大脑神经元之间联结的形成。

2. 重视早期经验对幼儿大脑发展的影响

大脑是在刺激中发展的，在每个幼儿的成长和成熟过程中，早期经验发挥着巨大的作用，塑造着来自遗传的特征。早期发展可以是天性与养育之间一个合成的节律跃进过程。在最初几年里，教养引导着这个节律跃进的进程。之后，早期教育在幼儿的发展中扮演者重要的角色。早期经验在大脑神经网络的形成和发展中起着很大的作用，能够改变和调整发展着的神经系统，这就是人类独特的可塑性、适应性以及个体差异性的原因。

3. 每一个幼儿都是独特的个体

由于早期经验如此强大地影响着儿童的早期发展，因此，在成长与成熟过程中也就不可能有两个相同的大脑。幼儿从一开始出生就是个独特的个体，即使他们出生在相同的文化、地区和家庭里。即使同卵双胞胎也因为早期环境以及与成人的相互作用不同而导致发展也不一样。所以没有一个教师和父母能够预知或计划幼儿的成长和发展，成人所要做的就是尊重每个幼儿的个体差异，给予他们独特的、适宜的教育。对于幼儿个体化的指导是有效教学的一个重要特征。个体差异千差万别，我们要做的是要尊重幼儿，从幼儿自身能力出发，促进其合理发展。

二、幼儿身体的发展

身体的生长发育是学前儿童发展的基础和前提。儿童生长发育存在一定的规律。人类的身体不是直线向上式的发育，而是波浪式、快慢交替发育的。从出生到 2 岁是儿童生长的第一个高峰期，随后的幼儿期，身体发展开始比较平缓。

(一) 身高和体重的增加

身高和体重是幼儿身体发展的重要标志，它们标志着内部器官以及骨骼的发育状况。从幼儿初期开始，虽然身体上发展的速度逐渐缓慢，但与生命中其他阶段相比，身体仍然在迅速发展。此阶段，幼儿每年的身高增长 5～7.5 厘米，而体重大约增加 3 千克。幼儿期，往往男孩比女孩稍高一点，也稍重一点。《3～6 岁儿童学习与发展指南》对各年龄段幼儿的身高体重提出了参考指标(见表 6 - 1)。

表 6 - 1　幼儿身高体重参考指标[②]

年龄(岁)	身高(cm)		体重(kg)	
	男孩	女孩	男孩	女孩
3～4	94.9～111.7	94.1～111.3	12.7～21.2	12.3～21.5
4～5	100.7～119.2	99.9～118.9	15.9～27.1	13.7～24.9
5～6	106.1～125.8	104.9～125.4	15.9～27.1	15.3～27.8

(二) 骨骼和肌肉的发展

幼儿除了身高和体重的增加外，幼儿的神经系统与肌肉系统在发展中逐渐成熟，骨骼成长，软骨则以更加明显的速度转变成骨头，同时骨头则呈现出更加坚硬的状态。在此基础上，肌肉也发育得更为结实。

---

①　王亚鹏，董奇. 基于脑的教育——神经科学研究对教育的启示[J]. 教育研究，2012(11)：42—46.

②　教育部. 3～6 岁儿童学习与发展指南[EB/OL]. 中国教育网. http://www.edu.cn/xue_qian_779/20121016/t20121016_856526_2.shtml，2012 - 09 - 01.

此时,幼儿和婴儿的体型已经具有明显的不同(见图6-1)。但实际上,骨化的过程还没有全部完成,骨头还是很容易变形。这个阶段对于营养的要求很高,营养不良便会产生不良后果,比如幼儿缺钙导致骨骼发育比较迟缓。

图6-1 幼儿与婴儿在外形上的不同[①]

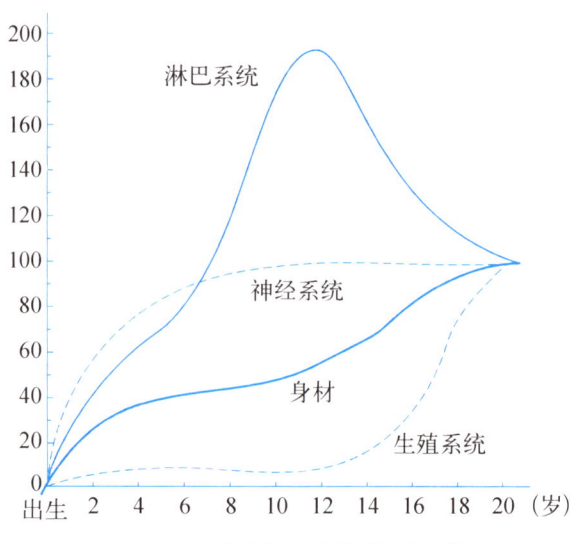

图6-2 身体各系统的成长曲线[②]

(三)身体各系统发育的不同步

自出生后,幼儿身体的各个系统的发展便呈现不平衡性(见图6-2)。在一开始的几年里,大脑和神经系统的发育速度很快,学前期已经接近成人的水平。生殖系统的发育比较迟缓,在整个学前期即在出生后的第一个十年几乎没有什么进展,直到全身第二次发育开始时才迅速发展。另外,淋巴组织在整个婴儿期和儿童期(第一个十年中)生长速度非常快,这是因为这个时期的幼儿需要强有力的淋巴组织来保护自己的身体,以抵抗疾病。10岁左右的儿童身体健康处在最良好的时期。在青春期之前到达顶点,此后便慢了下来,渐渐退缩。

第二节　幼儿动作技能的发展

婴儿面对的是静止的世界,他们主要通过控制自身的动作来适应环境。然而,对于幼儿来说,他们更需要面对变化的环境以及适应环境的活动能力。比如,幼儿扔球比婴儿扔得远就是运用了较为精炼和有效的运动技能。幼儿动作的发展是儿童全面发展中重要的一部分。

一、幼儿动作发展的趋势

到操场转一圈,你可能会看到幼儿在不停地进行身体活动,此时,他的粗大动作和精细动作都发生了巨大的变化。幼儿的粗大动作技能包括跑、单脚跳、翻跟斗、爬、旋转等,这是幼儿在周围环境中移动所必须的运动技能。精细动作则包括绘画、写字、剪裁、操作小物体等,包含的限制性、控制性较多,主要是用手操作。

随着身体活动的不断进行,幼儿胳膊和腿的生长以及由遗传所决定的肌肉的控制力和力量都会增强,他们的运动技能变得越来越流畅与协调。比如,两三岁的幼儿在扔球的时候只会用手臂直挺挺地将球扔出去,等他们到了四五岁时,在将球投出去之前就已经会旋转身体并且会向前助跑,然后再扔出去。这种行为就涉及肩、躯干以及腿等身体的多个部位,而且球的速度更快、飞得更远。

幼儿动作技能的发展遵循从粗到细的原则。他们先学会大肌肉、大幅度的粗大动作,以后才逐渐学会精细动作。比如四五个月的婴儿想要取放在前面的玩具往往不是用手,而是用手臂甚至整个身体去靠近

---

① 周念丽.学前儿童发展心理学[M].上海:华东师范大学出版社,2006:140.
② 刘金花.儿童发展心理学[M].上海:华东师范大学出版社,2006:44.

玩具。随着神经系统和肌肉的发育,加上幼儿大量的自发性练习,动作逐渐分化,幼儿开始学会控制身体各个部位的小肌肉动作。此外,幼儿在身体某部位受到刺激后能进行有针对性的控制,只支配身体的一些部分作出相应的动作反应,而抑制身体其余部分的动作,使反应更加专门化。表6-2显示了幼儿身体与动作发展的趋势。

表6-2 2~6岁幼儿身体与动作发展趋势①

可观察到的现象	多样性	启示
• 失去圆胖的外形,胳膊和腿变长,显现出更为成熟的比例。 • 新的粗大动作技能不断出现,诸如跑、单脚跳、翻跟斗、爬、旋转。 • 获得精细动作技能,比如紧握铅笔和使用剪刀。	• 在掌握各种运动技能上,此年龄段的儿童个体差异相当大。 • 男孩的体育活动比女孩多,但女孩却比男孩更健康。这种状况一直持续存在于整个童年和青少年期。 • 一些家庭环境(比如房屋狭小、无家可归)限制了儿童各种生理活动的发展,其他还有一些危险的因素(比如铅涂料、有毒气体)也会对儿童有影响。 • 智力落后儿童的运动技能将延迟。	• 经常为儿童提供户外玩耍的机会(在恶劣的天气里带他们到体育馆或其他较为开阔的空间中)。 • 把各种体育练习分散到休息和安静的时间中去。 • 通过猜谜、玩木块、装扮房子、观察艺术品和工艺品来鼓励儿童的精细动作技能。 • 选择适合于儿童粗大和精细动作技能水平的活动。

动作和动作技能的掌握对于幼儿心理发展有着重要意义,对幼儿智力发展、个性形成也有很大的关系。一定数量的动作技能的掌握可以尽早帮助儿童脱离对成人的过多的依赖,学会独立地行走、自由地活动,开阔眼界,增长知识。动作技能又能成为幼儿与幼儿之间交往的工具,一个动作粗笨、动作技能发展迟缓的孩子往往不容易与小伙伴打成一片,而动作技能发展较好的孩子往往容易成为受大家欢迎的对象。所以,学前阶段应该重视幼儿动作技能的发展。

二、幼儿粗大动作的发展

(一)幼儿跑、跳能力的发展

3岁时,幼儿的步伐很简单,他们能沿着直线走和跑,但是突然转弯与停止还是有一定难度。慢慢地,随着走路与跑步活动的增多,幼儿渐渐地对地面产生出平衡感。4岁时幼儿比一年前跑得远多了,也快多了。到了5岁,幼儿走起路来已经相当灵活和富有节奏感,而且能轻而易举地避开障碍物。

幼儿的跳跃也能更加灵巧起来,运动的方法增加了许多变化和花样。3岁时,幼儿的跳跃显得笨拙,而且跳不稳,跳出的距离比较短。4岁时,幼儿能够在原地起跳,能跳大约30厘米高,60~85厘米远,但对于超越障碍物仍然有困难。跑步跳是比较难的一种跳跃,在跑步中加入了跳跃或单脚跳,对于稳定性和协调性要求较高。3岁幼儿会做的寥寥无几,即使到了4岁,只有接近一半的幼儿会做。5岁时,已有80%以上的幼儿学会了此种技能。由于跑步跳是比较难做的动作,所以各个幼儿表现出来的差异很大,并且在跑步跳的能力上,往往女孩比男孩表现出来的水平较高。

(二)借助外部器械进行运动的能力发展

随着幼儿活动性的增强,幼儿就不再满足于单纯的蹦蹦跳跳,会对各种器械产生兴趣,并会跃跃欲试。比如在3岁前已经会骑三轮脚踏车的幼儿会有向自行车挑战的意愿。到5、6岁时,由于之前的一系列动作的发展和运动的持续,幼儿的协调性、稳定性、灵活性都有所增强,这时他们开始倾向于有挑战性的运动。他们很喜欢借助器械开展的游戏,如跳绳、攀爬、追逐、钻轮胎游戏都容易得到幼儿的青睐。借助器械进行运动使得幼儿锻炼身体各部分肌肉的机会增多,也为精细动作的发展提供了便利。

总的来说,在整个幼儿期,大肌肉运动能力逐年提高。每过一年,幼儿就能够跑得更快一些,跳得更高一些,掷得更远一些,活动性和协调性更强。而且,幼儿粗大动作技能的发展常伴随着许多富有创造性的幻想以及单纯的快乐。在追击游戏中,一名幼儿装扮成老虎或者其他食肉动物追击另一个幼儿。无论是进行追击的幼儿还是被追击的幼儿都很投入。希望被追的幼儿一边大喊着"抓我!",一边装出嘲弄的样

① [美]特里萨·M·麦克德维特、珍妮·埃利斯·奥姆罗德著,李琪、闻莉、罗良、潘洁译.儿童发展与教育(上册)[M].北京:教育科学出版社,2007:122.引用时有调整。

子,同时快跑着以免被抓。游戏的追击者常常慢下来而不是直扑逃跑者,以此来延续游戏的快乐。最终随着"猎物"激动地尖叫,游戏以友好的抓获而宣告结束。表6-3是幼儿早期和中期总体动作的进展情况。

表6-3 幼儿早期和中期总体运动的进展情况①

年 龄	总 体 运 动 技 能
2~3岁	● 走起路来更有节奏了;从急匆匆地走变成了跑。 ● 跳跃、单足跳、投掷以及利用上身直挺挺的抓取。 ● 用脚去推玩具;一点点的操纵动作。
3~4岁	● 上楼梯时知道换脚,下楼梯时也知道提住一只脚。 ● 在跨越和单足跳时知道弯曲上身。 ● 在做投掷和抓取动作时,知道让上身的力量也参与进来,在抓取时还知道用胸部去挡球。 ● 知道踩踏三轮车,也知道搬动三轮车的车头。
4~5岁	● 下楼时知道换脚;跑步也更平稳了。 ● 可以用单足跳了。 ● 在投掷物体时,知道利用身体旋转所产生的力量了,也知道把重量转移到脚上了;能够用手去接球。
5~6岁	● 跑步速度增加到每秒12英尺。 ● 在奔跑的时候越来越平稳,喜欢跳跳蹦蹦。 ● 能够进行成熟的全身性投掷和抓取动作;投掷的速度也在增加。 ● 可以在训练车上做骑车动作。

三、幼儿精细动作的发展

幼儿期的儿童对于自身双手的运用比起之前来显得更加从容。幼儿期的后半段是幼儿提高手部精细动作能力的关键时期,对于其以后日常生活中的自理能力而言意义深远,主要体现在自主穿衣、独立饮食及握笔书写等方面。

(一)穿衣技能的发展

在自主穿衣方面,出于好奇心或者是某个时刻不经意间,幼儿就已经开始注意到穿在自己身上的衣服了,他们会用拉扯、拨弄、搓揉等一系列动作去探索自己的衣服,还有玩纽扣、扯袜子等,这些行为对于之后而来的穿衣动作都有着积极的影响。对于幼儿来说,掌握脱袜、脱鞋的技能,在其2岁时大多就已学会,而当幼儿4岁左右时,他们便基本能够自己脱掉上衣和衬衫,而不再需要成人的帮助。3岁幼儿中有一半的幼儿能够脱衣服、扣纽扣,4岁则达到了60%~80%。一般而言女孩比男孩掌握的早一点,女孩4岁左右能自己穿衣服,而男孩则稍微迟点,要到5岁才会。可见,幼儿穿衣能力表现出的性别差异还是比较大的。

图6-3 大班幼儿用筷子②

(二)使用饮食用具技能的发展

3周岁的孩子已经可以掌心向上抓住勺子,非常熟练、无洒落地用勺子进餐。而且幼儿用勺吃液体的食物时整个动作的持续时间显著长于吃固体的食物,为了防止液体洒落,幼儿会通过减慢速度的方法来提高对手部动作的控制。

对这个年龄段幼儿来说,学会使用筷子才是挑战,因为用筷子需要协调更多的手指,对于手指灵活性的要求也更高。研究发现,幼儿手部执握动作约在四五岁时达到成熟。让4岁之前的幼儿去练习使用筷子的效果并不好,3~4岁的幼儿大多只能学会握住筷子的这一状态,对于如何使用手指去灵活夹、钩筷子并不能真正掌握,他们只能勉强夹起体积稍大的食物。山下俊好和松泰次研究了日本2~4岁幼儿的用筷动作,发现幼儿在四五岁时才能把筷子拿好且具有稳定性,能够有效地使用筷子,同时也更加灵活(见图6-3)。另

① [美]劳拉·E·贝克著,吴颖等译. 儿童发展(第五版)[M].南京:江苏教育出版社,2002:245.
② 图片来源:李平.心灵手巧之筷子兄弟——记文华幼儿园生活教育活动[EB/OL].拱墅教育网.http://www.gsjy.net/sites/main/template/detail.aspx?id=37278&menu=147&dept=,2012-06-12.

外,在中国社会中,如果一个5岁的幼儿还不会使用筷子,则幼儿家长就需要进一步区分幼儿不会用筷子是由于缺乏练习引起的,还是动作发展迟缓的表现。

(三)握笔书写技能的发展

握持书写是一种复杂的手指精细动作之一。握持工具书写并画出有意义符号的能力是日后书写的基础。一开始,婴儿用整个手抓住书写工具,也就是全掌抓握,用四指和拇指将铅笔完全围住;逐渐地,在书写和绘画过程中,幼儿将拇指和其他四指的功能区分开来,开始学习根据不同任务来控制和调节拇指和其他手指。

罗森布鲁姆和霍顿(Rosenbloom & Horton,1971)研究了幼儿如何利用动态的协调模式来协调书写动作。他们发现,一开始幼儿利用近躯干的关节(如,肩关节)来协助控制笔。随着书写能力的进一步提高,通过肘关节产生必要的动作来带动笔。最后,幼儿的手开始逐渐靠近笔的尖端,同时,拇指和四指能够充分控制笔进行运动,这种熟练的动态控制通常在4~6岁出现。7岁左右能够做出正确的三脚架式书写握持姿势。幼儿开始会写字时,多用整个手臂来写字,不是依靠用手腕和手指的动作进行,因此字体很大。

王稀(2009)通过学龄前儿童握笔姿势的发展性研究发现,3.5~5.5岁是握姿发展最为迅速的时期,大部分儿童在5.5岁左右表现出成熟握姿,到了5.5~6.5岁,握笔姿势处于相对稳定的发展时期。学前期的儿童在握笔书写技能上不存在显著的性别差异。但到了6.5岁,女孩比男孩更普遍地表现出成熟的握笔姿势,这可能是由于女孩在精细肌肉的发展上要早于男孩。

(四)手动能力的发展

幼儿的手指不只可以自由地活动,还会渐渐地做些需要用力操作的动作,如要拧干毛巾,就必须有手指头及手掌的握力,才能拧得干。幼儿刚开始拧毛巾时,常因为力气不够,而使得拧完的毛巾还是湿湿的。可是,一旦他们的手指力量发展到一定的程度,就可以拧干毛巾。幼儿四五岁就会做拧干毛巾的动作,但要到6岁才基本可以做好。

幼儿除了学会饮食、穿衣、握笔、个人卫生方面的动作外,还能较好地接球、扔球、用剪刀沿着画线的样子剪出简单的图形,能用橡皮泥捏出自己喜欢的物体、用纸折出可爱的小动物等。学前期是幼儿精细动作发展的最佳时期,成人应该积极地加以训练和指导。

四、幼儿动作发展的性别差异

男孩与女孩在动作发展上具有性别差异。一般而言,男孩与女孩相比,身体更强壮,肌肉也更发达,在丢球、快跑、跳跃、上下楼梯方面都比女孩表现好。但是女孩在绘画、书写等精细动作以及身体平衡和脚的运动方面的动作技能比男孩更具有优势。比如5岁的女孩在跳格子、踏脚、单脚平衡、单脚跳和接球方面比男孩子更好。女孩子在整体上的发育要早于男孩子,可能是导致女孩子在运动平衡和准确性上要好于男孩子的部分原因。

 **第三节** **幼儿生理发展的指导策略**

一、幼儿生理发展过程中常见的问题及干预

(一)肥胖

"小儿肥胖"这个字眼让许多家长抓耳挠腮,有的甚至捶胸顿足、大声感叹:"如何是好?"新的一项研究显示,目前幼儿肥胖的比例不断飙升,连暑期减肥夏令营的"极限减肥运动"中幼儿的人数比例也越来越多。肥胖是许多幼儿在身体成长过程中出现的问题,有很大一部分原因是因为食量过多、进餐速度快、饮食偏好不良以及运动不够等原因造成。幼儿每天摄取的能量超过了消耗的能量,从而导致了大量的脂肪堆积,引起肥胖。

过于肥胖会给孩子的健康带来许多麻烦和潜在危害。肥胖容易导致幼儿空腹胰岛素水平明显高于正常幼儿,长期肥胖容易导致糖尿病、造成肝功能损害以及心肺功能不全,影响幼儿身体的生长发育。此外,

肥胖的孩子更容易自我意识受损、自我评价低、不合群,会间接影响幼儿的自信心和自尊心。因此,有必要从幼儿园和家庭两方面入手,对幼儿进行饮食干预和运动干预。

1. 通过饮食控制肥胖

(1) 控制肥胖幼儿的进食量和进餐速度。在幼儿园进餐时,一方面可以调整幼儿进餐的顺序,比如,先让幼儿喝汤,再吃蔬菜,再吃荤菜。先喝汤可以增加饱的感觉,咀嚼蔬菜可以减缓咀嚼的速度,可以控制幼儿之后吃饭和吃荤菜等高热量食物的量。其次,还可以培养幼儿细嚼慢咽的习惯。比如要求幼儿一勺饭要在嘴里咀嚼15下才能咽下去。对于一些狼吞虎咽的孩子,可以引导:"香香的饭菜要慢慢地嚼美味才不会溜走哦。"还可以鼓励幼儿之间相互监督,让非肥胖幼儿监督肥胖幼儿,从而达到控制进餐速度的目的,养成良好的进餐习惯。

(2) 合理安排餐后活动。肥胖的一个很重要原因就是喜欢坐,而不喜欢走动,这样容易导致脂肪堆积,因此,在幼儿园,餐后可以请肥胖幼儿一起帮老师收拾桌子,防止他一吃完就坐下。特别是餐后组织的散步活动,能够帮助幼儿消化,是控制体重的好办法。

(3) 宣传合理饮食观念。可以在午餐环境和点心环节向幼儿宣传健康的饮食理念,让幼儿认识到什么是健康的食物,多鼓励幼儿吃蔬菜和水果。此外,还可以在主题活动如快餐店、小卖部等相应区域活动中融入健康饮食的相关知识,带幼儿一起讨论哪些是垃圾食品,哪些是健康食品,什么是平衡膳食等。

(4) 家长指导。对肥胖幼儿的饮食干预离不开家长的配合。教师需要与肥胖幼儿家长面对面进行沟通,并且对照各自家庭的饮食情况调查表,分析其中反映出的不合理的饮食习惯,对幼儿家庭的膳食结构、食物搭配、烹饪方式、餐前餐后活动安排以及进餐习惯等进行详细的指导。幼儿园还可以向家长介绍和分析幼儿园每周的食谱,建议家长在家中也可以按照食谱安排膳食。

拓展阅读6-1　　　　预防,把小儿肥胖挡在门外

六要:

1. 父母要给孩子树立一个好榜样,与孩子一起进餐,吃健康的食品。

2. 要在两餐之间为孩子提供充足的健康食物,如新鲜水果蔬菜、低脂饼干、酸奶等,减少孩子对高脂零食的欲望。

3. 如果孩子有天生的好胃口,父母要接受这一点,但要控制饮食量。

4. 从小鼓励孩子吃多种多样的蔬菜和水果。

5. 不要给5岁以下孩子喝脂肪含量低于1%的低脂牛奶,因为孩子在这个年龄需要从全脂牛奶中获得更多的热量。

6. 要让孩子帮忙一起做饭,如果父母总是依赖于快餐式的食物,孩子将享受不到做饭的乐趣。

六不要:

1. 不要在饮料和食物里加过多的糖。

2. 不要养成孩子多吃盐的习惯。

3. 不要将整个坚果喂给5岁以下的孩子,以免发生呛噎。

4. 不要强迫孩子吃太多。

5. 不要利用食物作为奖励引诱孩子。

6. 不要让孩子对吃饭有罪恶感。

除以上12点,父母还可在家储存一些健康食物,给孩子增加更多的选择。如全麦饼干、面包干、干果、酸奶、牛奶、果汁,或小截的萝卜、芹菜,以及小西红柿等。

(资料来源:佚名.六要六不要,将胖宝宝挡在门外.摇篮网. http://www.yaolan.com/health/201208281604842.shtml,2012-8-19.)

2. 通过运动控制肥胖

针对肥胖幼儿体能弱、易疲劳的特点,幼儿园可以寻找适合他们的运动方式,安排合适的运动量,提高他们的运动兴趣。比如可以为幼儿设计游戏性的有氧运动,像走楼梯、推球跑、学小矮人走、推轮胎、高抬

腿跑、踩小车、弓步走、拍皮球、后蹬跑等活动。这样的活动既可以安排在集体体育游戏中所有幼儿一起进行，也可以在户外活动时单独组织肥胖幼儿进行。还可以把有氧运动渗透到幼儿一日生活中，如午饭后让超重肥胖幼儿做一些小幅度的运动，比如双手上举，脚跟贴墙站立，深呼吸十下；双手放平，原地起伏，踮脚速度要慢，保持膝盖绷直，深呼吸十下。对肥胖幼儿进行运动干预应遵循幼儿的身心发展特点，逐步提高运动强度，延长运动时间，不能一蹴而就，循序渐进是运动干预取得成效的保证。

此外，与家长沟通，建议家长平时接送孩子时采用步行的方式上下楼梯，尽量不乘电梯，并且鼓励孩子在家多帮助爸爸妈妈做一些力所能及的家务，在生活中进行各种锻炼，尽量控制体重的增长。

（二）运动发育迟缓

运动发育迟缓又称为精神运动发育迟缓，常用来描述运动或者智力机能的落后，达不到正常的发育标准。幼儿运动发育迟缓是运动技能障碍的早期表现，如果没有及时地预防和干预，则会发展成运动技能障碍，严重影响幼儿的日常生活、学业成绩以及社会适应。

1. 幼儿运动发育迟缓的表现

（1）粗大动作发展落后。主要表现在：① 在走、跑、钻、爬、翻滚、跳跃、投掷、攀登等基本动作上明显落后于正常的幼儿。如有些幼儿 3 岁走路还不稳，4 岁不会滚球、踢球，5 岁还不能变换方向跑，6 岁双脚跳跃都困难，单脚不会跳跃等。② 平衡困难。幼儿经常在走、跑、跳的过程中摔下来，或者从游戏器材上摔下来，经常摔倒或碰到他人或者物品。比如有些六七岁的孩子还不能在平衡木上行走。③ 动作协调困难。有些幼儿在接从高处落下的球时无法同时用两只手臂接住。还有些幼儿不能够完全定位，在运动中总是会撞到障碍物或者只需轻轻一跳就能完成的事情会因为预期过高而出现夸张的弹跳动作。

（2）精细动作发展落后。主要表现在：① 单手动作困难。往往表现为有些幼儿出现一种或多种单手动作笨拙以及没有耐心完成任务的现象。如 4 岁幼儿不愿也不会用勺子吃饭，5 岁幼儿不能一页一页翻书等。② 双手互动困难。在完成任务时两手无法分工合作、相互配合、协调动作，完成任务效果比较差。比如拍手时两手无法拍到一起发出响亮的掌声。③ 手眼协调动作困难。手眼协调动作困难的幼儿完成任务时在准确性上有很大的偏差。比如有些六七岁幼儿无法画一条笔直的直线，或模仿画一个简单的图形，即使去粗糙地模仿，但画出图形也可能不封闭或者无规则。

2. 幼儿运动发育迟缓的影响因素

造成幼儿运动发育迟缓的因素主要有三方面。

（1）脑损伤、身体缺陷和疾病等生理因素。比如婴儿脑缺氧、脑膜炎以及大脑机械性损伤或者一些遗传性疾病造成。

（2）认知、情绪和行为等因素。认知发展迟缓和智力低下幼儿，有严重退缩、恐惧、焦虑等情绪问题的幼儿以及有注意缺陷多动症的幼儿都会动作发展比较迟缓。

（3）社会环境因素。一些家长对幼儿过度保护，以及"重认知、轻运动"的观念人为地剥夺了幼儿运动的机会。而且当前整个社会对于幼儿运动发育问题的认识度不够，也缺乏相关的咨询和指导服务，使得很多家庭错过了发现和及时干预的时机。

3. 幼儿运动发育迟缓的早期教育干预

幼儿运动发育迟缓的早期干预除了早期的发现、预防和康复治疗外，教育干预也日益得到重视。早期教育干预与幼儿日常生活和学习密切联系，是专业训练人员、教师以及家长共同来促进幼儿运动能力的发展，是一系列综合性的干预措施。

（1）开展专业的运动强化训练。运动强化训练是指在专业人员指导下对运动发育迟缓幼儿的运动系统展开有目的、有计划、一定量的动作锻炼，是目前康复治疗的主要手段，也是教育干预的重要措施。这种专业性较强的训练需要进行专门的培训和指导，一些特殊的康复中心，如特殊学校、妇幼保健院等会有专门的康复训练指导。

（2）创设适宜的物质环境。给予幼儿足够的运动空间和材料。幼儿园、家庭、社区以及康复中心要提供足够大的粗大运动所需的场地、空间和器具，比如操场、跑道、草地、攀爬设施、平衡木、滑梯、吊环、蹦床、秋千等。还要为幼儿提供有利于精细动作发展的区角、操作台和各种手部玩具，比如美工区、阅读角、自然角、积木区、拼插玩具、敲击玩具、按指玩具、串珠、算盘等。部分运动发育迟缓幼儿的动作不能自主，像不能正常行走的幼儿，要为其提供支柱、拐杖、扶车、轮椅、趴行平板车等相应的活动装置。此外，还需要为这些由于运动发展障碍的幼儿调整相关材料和环境。比如对抓握不利的幼儿，可以为其制作大号笔，或

在小号笔外面包裹布条;对不能控制食具的幼儿,可以为其盘子下装吸盘、汤匙上装把手等。

（3）创设热爱运动的群体氛围。教师引导幼儿体验运动的乐趣,培养幼儿对于运动的兴趣,当大家都热爱运动时,这种氛围将感染运动发育迟缓的幼儿,使他们也对运动充满向往和兴趣。然后教师应该经常鼓励这些幼儿进行体育活动的尝试。

（4）充分利用各环节给予幼儿运动的机会。生活环节在幼儿一日生活中多样而频繁,抓住生活环节给予幼儿多样的锻炼机会。教师还应该利用教学环节加入运动的机会。像早操、体育活动、律动、美工活动中可以给幼儿提供锻炼的机会。教师也可以在儿歌活动、歌唱活动中加入动作表演和手指活动,在科学活动中让幼儿多操作。总之,教师可以利用教学活动的契机融入多种机会鼓励、引导运动迟缓幼儿进行锻炼。当前,游戏活动给予幼儿的发展是全方位的,尤其是在动作技能的发展上。为运动发育迟缓的幼儿设计适宜于他们发展的游戏,鼓励幼儿积极参与。

（5）家庭的配合干预。运动发育迟缓幼儿的康复是一项长期而艰苦的工作,家庭在这一过程中起着举足轻重的作用。一方面,家长需要能够按照治疗医生的要求,协助幼儿训练,并不断鼓励。另一方面,还要在家庭中对幼儿进行特殊的护理,保持幼儿的营养和睡眠。家长可以借助观察记录和护理日记了解幼儿的发展状况并及时改进家庭护理。此外,家长还可以在医生和治疗师的指导下,根据自己的孩子的问题和特点进行针对性的按摩推拿,帮助运动发育迟缓幼儿改善肌肉营养及代谢状况,纠正异常姿势,改善关节活动障碍。

二、促进幼儿生理发展的有效策略

生理发展和心理发展一样,在幼儿期占据着重要位置,这一阶段的活动都是紧紧围绕着增强幼儿生理和心理健康发展的,这也就决定着我们在为幼儿选择活动的时候要充分考虑幼儿的身心特点,从生理方面来说,我们可以从以下几个方面着手。

（一）养成健康的饮食习惯

1. 科学安排幼儿一日活动,保证幼儿机体的最佳状态

幼儿进餐时候的情绪、食欲与教师是否科学安排幼儿的一日活动有关。如果幼儿一天中缺少活动或者活动过量,幼儿就会没有食欲,而如果运动适度的话,幼儿则会对吃饭有兴趣。在组织幼儿活动时要能够做到动静交替,坚持每天上午一个小时活动量,控制好运动的密度和强度;餐前不做剧烈运动,做些安静温柔的游戏,或者出去散步欣赏美丽的景色,这样就能使幼儿愉快地进入就餐环节。

2. 做好餐前诱导工作,激起幼儿食欲

进餐时愉快亲切的气氛能够增进食欲,教师可以通过音乐的点缀、故事的渲染以及温馨的谈话激起幼儿想吃的欲望,鼓励幼儿把饭吃完。比如可以通过"我喜欢的音乐"、"我爱听的故事"、"我爱吃的菜"三个餐前节目让幼儿听着好听的音乐,读读美食的故事,再谈谈自己喜欢吃的事物,定会增加进餐时的食欲。

3. 通过游戏和教学活动,培养幼儿良好的进餐习惯

教师既可通过一些游戏活动练习和巩固幼儿拿小勺、端碗、使用筷子的动作,又可以利用各种教学活动丰富幼儿营养、健康、饮食卫生方面的知识。比如让幼儿了解蔬菜水果的营养价值、垃圾食品对身体生长的影响等。

案例 6-1　　　　培养幼儿爱吃蔬菜的好习惯教育活动设计

活动主题：我的蔬菜宝宝(小班)

活动目标：

1. 认识几种常见蔬菜,初步了解蔬菜的营养价值。

2. 愿意吃胡萝卜、芹菜、香菇等蔬菜,养成不挑食的好习惯。

3. 初步培养幼儿不偏食的良好习惯。

活动准备：

1. 多种常见蔬菜：芹菜、西红柿、土豆、冬瓜、香菇、胡萝卜、蒜头等。

2. 供幼儿品尝的凉拌芹菜、胡萝卜和香菇。(可根据本班幼儿挑食情况选择蔬菜)

3. 小勺、盘子每人一份。

活动过程：

1. 举行蔬菜宝宝大聚会,帮助幼儿了解常见蔬菜。

(1) 教师出示胡萝卜、芹菜、西红柿、辣椒、香菇和蒜头,启发幼儿与蔬菜宝宝打招呼。

(2) 鼓励小朋友用小鼻子去闻一闻它们身上有什么味道。

小结：小朋友都用鼻子闻了闻,知道这些蔬菜都很香,但每一种菜的香味都不一样。

2. 让幼儿了解蔬菜的营养价值。

(1) 教师：这些蔬菜宝宝经常到我们的饭桌上来。有的小朋友喜欢吃,有的不喜欢,它们可喜欢小朋友了,你们想不想知道它们在说些什么?

(2) 一边看实物木偶表演一边提问,让幼儿了解蔬菜在人体中的特殊作用。并激起幼儿吃这些蔬菜的欲望。

如胡萝卜宝宝说："我是胡萝卜宝宝,小朋友要和我做朋友,吃了我以后,我们的眼睛会变得更加明亮。"胡萝卜宝宝刚说完,香菇宝宝跑上去说："我是香菇宝宝,我身上有许多的营养,吃了我,身体会更加健康。"芹菜宝宝也抢着说："我是芹菜宝宝,小朋友吃了我以后,就可以天天大便了。"蒜头宝宝抬一抬头说："可别忘了我,吃了我以后,我们就少生病。"

(教师边看边提问：吃了胡萝卜宝宝,我们的眼睛会怎样? 吃了芹菜宝宝,会怎样? 香菇宝宝身上有什么? 吃了香菇宝宝身体会怎样? 吃了蒜头宝宝,会怎样?)

小结：我们知道了这些蔬菜有许多营养,经常吃,对我们的身体有好处。

3. 幼儿品尝蔬菜,教师出示事先做好的凉拌芹菜、胡萝卜和香菇,教师与幼儿一起洗手,鼓励幼儿细细的咀嚼食物,说说它的味道。

4. 组织幼儿把蔬菜宝宝送到食堂,请食堂师傅做菜吃。

活动延伸：

可与幼儿园食堂联系,请幼儿参加摘芹菜叶、掰芸豆等活动。

评析：蔬菜含有丰富的营养,是幼儿身体发展的重要基础。但是很多幼儿因为各种原因不太爱吃蔬菜,通过设计这一活动,试图让幼儿在与蔬菜宝宝的互动中认识几种常见蔬菜,初步了解蔬菜的营养价值,喜欢蔬菜,从而在进餐中不排斥蔬菜,养成不挑食的好习惯。

(资料来源：羊口镇宅科幼儿园提供. 小班社会活动：我的蔬菜宝宝. 幼儿学习网. http：// www.jy135.com/html/youerjiaoyu/xiaobanhuodong/xiaobanshehui/53296.html,2013-11.)

4. 家园配合

幼儿良好饮食习惯的养成需要家园密切配合。教师可在家园联系园地中提出幼儿饮食习惯的目标要求以及请家长配合的内容,使家长了解幼儿园的要求并在家庭中保持一致。利用家园联系本进行双向信息反馈,及时了解幼儿在园以及在家的表现,有针对性地进行改善与培养。可以定期召开家长会,与家长一起探讨幼儿良好饮食习惯的养成方法和途径。

(二) 鼓励幼儿参加体育活动

1. 创造运动的氛围,让运动成为一项乐趣活动

教师应该鼓励幼儿参与运动,允许幼儿释放被压抑的精力,让幼儿的心理从紧张的智力活动中得以舒缓。有规律的体育活动与休息有利于加强幼儿对认知任务的注意力。教师可以精心安排多姿多彩的体育活动,如果幼儿对体育活动产生兴趣,发现活动具有挑战性,而且又在他们的能力范围内,那么幼儿会很有兴趣参加体育活动。

2. 为幼儿提供参加体育活动的环境和机会

幼儿园要保证足够多的运动器械及球类等能够满足幼儿进行体育活动。而且,要使所有的幼儿都有机会使用,同时,对器械的种类也可以适当限定,以使幼儿能够相互交流和合作。教师既可以指导幼儿自己选择器械进行自由地练习,要尽量减少对幼儿做某项具体体育活动的否定；又可以通过教学活动有意识地对幼儿进行体育锻炼。

案例6-2　　促进幼儿平衡能力发展的教育活动设计

活动主题：勇敢的小羊(中班)

活动目标：

1. 幼儿尝试、练习在多种平衡器上行走，发展平衡能力。

2. 幼儿能够大胆参与到游戏之中，体验成功的快乐。

活动准备：

1.《喜羊羊与灰太狼》的音乐、放松的音乐。

2. 平衡木3条、椅子12把、竹梯3把、轮胎4个、娃娃24个。

3. 图示7张。

4. 将幼儿分成红、黄、蓝队，身上贴好颜色标记。

活动过程：

1. 幼儿第一次看图搭桥、练习平衡

(1) 教师介绍材料以及第一套图示(图一、图二、图三)，幼儿根据图示尝试搭桥。

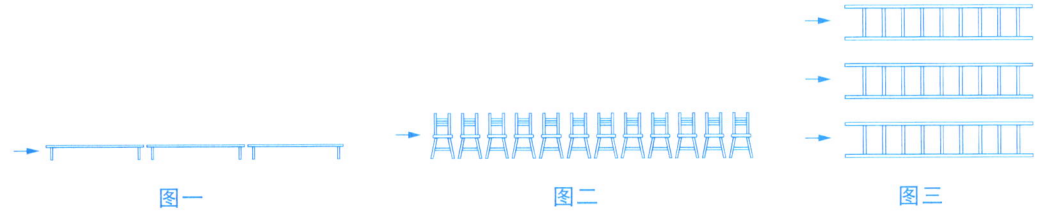

图一　　　　　　　　　　图二　　　　　　　　　　图三

蓝队要在蓝线上造平衡木桥，平衡木首尾相连；红队在红线上造椅子桥，每把椅子空开一定的距离；黄队造竹梯桥，共有三座。

(2) 第一次进行平衡练习。

① 要求：每座桥都要走一走，一个跟好一个，从箭头的地方出发。

② 幼儿分散练习，教师巡回指导。

③ 集中讲评。

2. 幼儿根据第二套图示，再次搭桥并练习

(1) 教师介绍第二套图示(图四、图五、图六)，幼儿根据图示尝试搭桥。

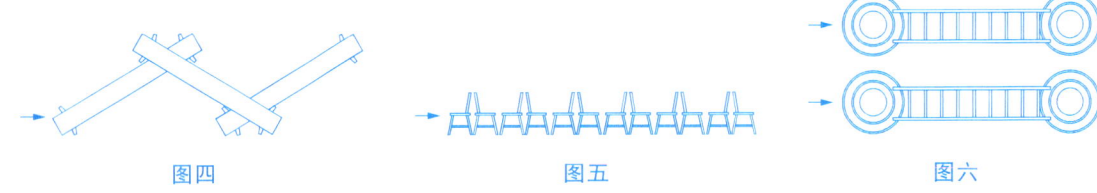

图四　　　　　　　　　　图五　　　　　　　　　　图六

平衡木桥要架起来，椅子桥要背对背和面对面，而竹梯桥而要加在轮胎上。

(2) 第二次进行平衡练习。

① 幼儿分散练习，教师巡回指导。

② 集中讲评。

3. 游戏：救小动物

(1) 幼儿根据图示(图七)布置游戏场地。

师：不好啦，包包大人来电话，说小动物都被灰太狼抓到狼堡里了，我们快去救他们吧。可是灰太狼把河上的桥都弄倒了，我们赶快来造三座桥，造完了才能去救小动物。这次我们三组都造一样的桥，先是一根平衡木桥，然后是四把椅子桥、最后是竹梯桥，大家快去吧。

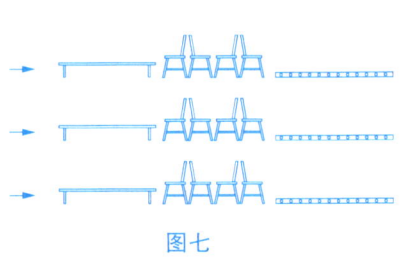

图七

（2）幼儿游戏。

① 方法：幼儿分成三队,分别走过三座桥,每次救回一个小动物,哨音响起游戏结束。

② 数一数哪队救的小动物多。

4. 结束部分：放松运动

师：小动物们都救出来了,我们一起把小动物送回家吧。

评析：平衡感是人类行动的基础。《3～6岁儿童学习与发展指南》中对于儿童动作发展的目标就有一条"具有一定的平衡能力、动作协调、灵敏",要求中班儿童"能在较窄的低矮物体上平衡地走一段距离"。《勇敢的小羊》通过三次不同难度的任务发展幼儿的平衡能力,在最后游戏中幼儿救回了小动物,情绪也达到高潮。这样的活动设计能够很好地达到活动的两个目标。

（本活动设计由苏州高等幼儿师范学校附属花朵幼儿园薛燕老师提供）

3. 把体育活动重点放在自我的提高上,而不是与同伴的比较上

如果教师经常让幼儿与他人比赛运动技能,那么就会让幼儿觉得运动能力很大程度上是天生的。而事实上,大多数体育技能主要是大量练习的结果。所以,教师应该鼓励幼儿跟过去的自己比赛,促进自我技能的提高。即使是竞争性的运动,也应更多地把重点放在幼儿怎么玩才能玩得开心上,例如幼儿是否合作得更好,是否尊重对方成员,而不应该是把重点放在输赢上。

4. 确保幼儿运动适度

对于正在成长中的幼儿来说,他们骨骼中柔软而富有弹性的部分容易因反复练习,尤其是过分承受力量而受伤。一些长跑、远距离游泳和体操中的过度练习也会造成伤害。所以教师给幼儿安排活动要适量,而且应该考虑幼儿的个体差异。

5. 家园合作,创造运动氛围

幼儿园与家庭沟通,鼓励家长平日多带孩子进行一些体育运动,比如带孩子去操场打球、玩追逐游戏、带孩子去公园晨跑等,既可以促进亲子间情感的沟通,又能够创造全家总动员的运动氛围。此外,幼儿园还可以经常组织亲子运动会,向家庭宣传运动对于幼儿生理发展的意义,通过亲子运动会增强家园之间的联系,创造亲子共乐的运动氛围。

案例 6-3 　　　　"老爸向前冲"亲子运动会活动方案

平时,爸爸总是因为工作忙碌而无法长时间陪在幼儿身边,通过本次亲子运动会鼓励家长跟幼儿多互动,促进父子间的情感交流,创造亲子共乐的运动氛围。

活动目的：

1. 通过运动会增强幼儿和同伴分工、合作、竞争的意识。

2. 激发幼儿对体育运动的兴趣、提高幼儿健康水平、身体素质。

3. 提高家长指导孩子运动的能力,增进师幼、家园之间的感情。

活动过程

1. 入场式

（1）主持人致开场词、介绍嘉宾。

（2）运动员入场、展示流程。

（3）教师健美操。

2. 单项亲子运动项目（20分钟）

（1）幼儿互动操（幼儿运动会歌）（这个环节中幼儿做,家长看）

（2）父子互动

① 滑滑梯：现在我们要开始滑滑梯喽！宝贝们要用力搂住爸爸的脖子,3、2、1,滑！

② 骑马：爸爸手撑地。现在爸爸是一匹马,小朋友们准备好了吗？上马。马儿快点跑。

③ 钻山洞：爸爸双手撑地,变成小山洞。幼儿可以从山洞钻一钻。快,加油！看谁钻得快！

④ 按摩：小朋友站到爸爸后面。请爸爸们坐下双手打开。我们的爸爸累了，小朋友帮爸爸捏一捏，揉一揉。

⑤ 跳大山：现在是表现爸爸力量的时候到了，小朋友站在爸爸的旁边，请各位爸爸趴下做 10 个俯卧撑，小朋友从爸爸背上跳过去。

⑥ 跷跷板：下面请爸爸变成跷跷板，小朋友来坐跷跷板。做 30 个，预备——开始。

3. 大型团体运动项目(30～40 分钟)

太空漫步：一个班一块布，(1)所有的家长蹲在布的两边手拉着布，小朋友一个一个的从上面跑过去；(2)所有家长站起来把布拉起来，小朋友也是从上面跑过去；(3)家长按主持人的要求拉着小朋友从下面钻过去。

4. 闭幕式

家长律动：《金色童年》

(本活动设计由杭州市长河街道幼儿园提供)

(三)保证休息和睡眠

休息和睡眠对于成长和生理健康都很重要。睡眠有助于幼儿的发育，因为当幼儿小睡时，生长激素才能以更快的速度释放出来。睡眠还有助于维持大脑正常的功能和促进大脑的发展。3～5 岁幼儿的睡眠时间应该保证 11 个小时。所以幼儿园的时间表应该包括午休时间。教师还应该注意那些显得瞌睡、烦躁或不专心的幼儿，及时发现幼儿休息不好的原因，并帮助幼儿解决这些睡眠问题。幼儿园需要跟家庭沟通，保证幼儿在家里的睡眠时间。

本章小结

本章重点介绍了幼儿脑、身体以及动作的发展特点与规律，探讨了幼儿生理发展过程中的问题与指导策略。在生活条件和教育条件影响下，幼儿的脑组织继续发展，主要表现在脑重量不断增加和大脑皮层结构不断复杂等方面。脑功能的研究成果对于早期教育具有一定的启示作用。除了身高和体重的增加外，幼儿的神经系统与肌肉系统也在发展中逐渐成熟，但发展过程具有不同步性。此外，幼儿的粗大动作技能与精细动作技能也在不断发展。幼儿在生理发展过程中可能会出现像肥胖、运动发育迟缓等问题，教师与家长应该及时发现并尽早进行干预，从饮食习惯、体育活动、休息与睡眠上保证幼儿生理的健康发展。

通过本章内容的学习，学生能够理解幼儿脑、身体以及动作的发展特点与规律，明确幼儿生理发展的差异性和发展过程中容易出现的问题。在此基础上，能够理解并掌握促进幼儿生理健康发展的有效策略。

▶思考与练习

1. 幼儿大脑的发展具有什么特点？
2. 脑研究成果对早期教育有哪些启示？
3. 幼儿身体发展有哪些特点？班级里如果有肥胖儿该怎么办？
4. 幼儿动作发展的特点是什么？幼儿动作发育迟缓的干预措施有哪些？
5. 如何促进幼儿生理的健康发展？

▶自己做研究

请对幼儿身体动作发展中"精细动作"的发展进行观察与分析。

请你选择幼儿园中班幼儿两名，观察这两名幼儿精细动作发展的状况，将观察情况与"身体动作发展——精细动作指标"(见表 6-4)进行比较，提出相应的教育建议，具体要求如下。

观察目的：了解中班某两名幼儿的精细动作发展水平，分析其影响因素，并尝试提出教育建议。

观察对象：中班任意两名幼儿。

观察方法：自然情境下的非参与式直接观察，叙述性观察法。

观察记录：采用实况详录法，填写观察记录表。

　　结果分析：了解这两名幼儿的精细动作发展水平，通过观察以及对教师、家长的访谈分析影响因素，提出相应的教育建议。

表6-4　身体动作发展——精细动作指标①

课程目标	3～6岁幼儿发展连续表			
	预备技巧	①	②	③
可以控制手部的小肌肉	有自理能力，例如用手指拿东西吃，在协助之下洗手。将东西放进容器里。用拇指和食指将东西捡起来。	用手来操作物体。例：把大的木栓放进洞洞板里，扣上自己衣服上的大扣子，用剪刀把纸剪成碎片。	用较好的控制力操作较小的东西。例：用叉子吃东西，插入或拔掉洞洞板上的小木栓，用晒衣夹将画吊挂起来，用剪刀剪出直线或稍微弯曲的线。	会操作需要运用更好的协调能力的物体。例：用黏土捏出能辨识的物体，会扣扣子、拉拉链（有时候还会绑鞋带），用剪刀沿着线剪直线、曲线，用纸剪出简单的图形。
手眼协调良好	会将木栓从洞洞板中拔起来。会打开硬纸板书并翻页。扶住下面的积木，然后把另一块积木放上去。	会进行简单的操作。例：用线和大珠子串成项链，揉捏面团，把木栓插进洞洞板中。	会进行简单的操作，但控制能力越来越好。例：将小珠子串成项链，把水倒进漏斗中。	有目的地操作物品，能规划和照顾到更多的细节。例：用线将各式各样的物体（吸管、扣子等）串起来，用积木堆成一个稳固的较高的建筑物，完成8片的拼图。
能用工具写字和画画	握住较大的书写工具并用它来涂鸦。用手掌抓住彩色笔来涂鸦。	用拇指和两个手指握住彩色蜡笔，会画出简单的线条。	会画基本的线条和图形，画出可以辨识的东西。	会照样子画出简单的形状、字母和单词，包括自己的名字在内。

观　察　记　录				
幼儿姓名		年　龄		
观察环境		观察时间段		
观察目的				
观察实录			精细动作发展分析	

教育建议：

　　①　［美］黛安·翠斯特·道治、劳拉·柯克、凯特·海洛曼著，吕素美译.幼儿园创造性课程［M］.南京：南京师范大学出版社，2006：59.

第七章　幼儿认知的发展

知识结构

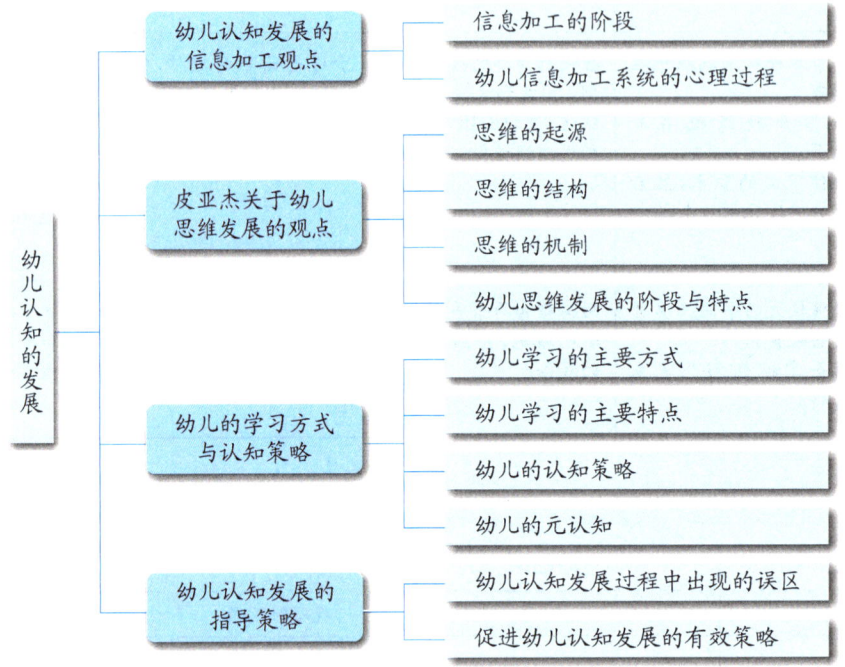

引入

6 岁的贝贝正在和妈妈谈论全家去动物园的一次旅行。

妈妈：我们和谁一起去的？

贝贝：璐璐。

妈妈：是哦。璐璐妹妹和我们一起去了。还有谁啊？

贝贝：还有爸爸。

妈妈：还有呢？

贝贝：还有爷爷和奶奶。

妈妈：对哦，我们一家人都去了动物园。一共有 6 个人呢。我们在动物园里看到了哪些动物？

贝贝：有老虎、狮子，还有鲸鱼。

妈妈：哦。还看到了鲸鱼。一共有多少条鲸鱼啊？

贝贝：好像有 15 条。

妈妈：15 条，是 5 条吧！那鲸鱼和老虎还有狮子是好朋友吗？

贝贝：它们不住在一起的。老虎和狮子在地面上。鲸鱼在水里。鲸鱼比狮子和老虎都大，有那么长呢。爸爸还说鲸鱼不是鱼，是哺乳动物。鲸鱼宝宝要吃奶的！

　　贝贝从这次经历中学到了一些动物世界的知识。通过亲眼看到各种各样的动物,贝贝对动物特征的认识更加深刻了。可能贝贝对数字的理解或者对事物的解释(比如对于鲸鱼的数量的认识,还有对于哺乳动物的概念的理解)不完全正确。贝贝与妈妈的对话为我们理解年幼儿童如何思考特定事件提供了一个简单的例子,换句话说,这个例子生动地解释了什么是认知。认知包括个体所有的精神活动,即感知觉、想象、记忆、分类、理解、推论、逻辑推理、问题解决等。这些心理过程在幼儿期会发生怎样的变化和发展,会表现出怎样的特点和规律? 这正是本章要学习的内容。

第一节　幼儿认知发展的信息加工观点

　　儿童年龄越大是不是越容易集中注意力? 是不是到了一定的年龄记东西的效率会更高? 儿童的知识到底是如何发生变化的? 这些问题可以在信息加工理论的观点中找到答案。20 世纪 50 年代末 60 年代初诞生了信息加工理论,并在后来几十年中得到了发展。信息加工理论学家认为人类思考的方式和计算机工作的过程相类似,他们借用计算机的一些术语来描述人类思考的过程,比如人类记忆中的存储过程类似计算机输入信息的过程,从记忆中的提取过程类似于计算机输出信息的过程。幼儿的学习就是获取、保持、加工以及提取信息的过程,教师的重要任务就是更好地利用这个过程来帮助幼儿记住必要的知识和掌握相应的技能,由此便产生了信息加工心理学的学习理论。

一、信息加工的阶段

　　信息加工理论认为环境信息输入提供了认知加工的原材料。人们通过各种感觉器官接受来自外界环境信息的输入,然后把这些原始材料信息转化为更有意义的信息。图 7-1 就是一个完整的人类信息加工体系。

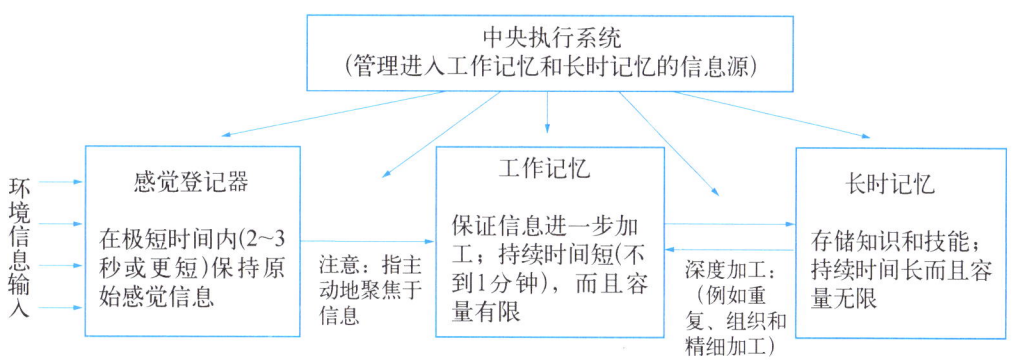

图 7-1　人类信息加工体系的模式①

　　信息加工体系的第一步是感受环境刺激的过程,叫作感觉,第二步是解释这些刺激的过程,叫作知觉。人类对环境信息进行最简单的解释也是需要时间的,人类的记忆就包括一个允许人们用极短的时间记住原始感觉信息的机制,我们把这一机制叫作感觉登记器,一般保持的时间为 2~3 秒钟。这是一种照相式的记忆,是极为初步的忠实的记录,但是它会很快地衰退,除非进入感觉登记器的信息及时进入工作记忆。

　　工作记忆,也叫作短时记忆,是人类记忆机制的一个组成部分。大部分思考和认知加工的过程都发生在工作记忆阶段,这是一个中央处理器,也是我们智力系统的意识部分。工作记忆中储存信息的容量非常有限,比如我们仔细研究一本书,就会不断地运用智力策略,控制信息输入,以保证保存这些信息并能用来解决问题。一旦工作记忆中的储存单元被占满,其他信息就无法再进入,即使进入也会将原有信息挤出。

　　① 资料来源:[美]特里萨·M·麦克德维特、珍妮·埃利斯·奥姆罗德著,李琪、闻莉、罗良、潘洁译. 儿童发展与教育(上册) [M]. 北京:教育科学出版社,2007:228.

长时记忆使得人们可以把多年来从经验里学习来的东西储存起来,比如高中毕业时的情景、2 加 2 等于几,以及如何骑自行车和怎么使用显微镜等。有时,储存在长时记忆中的东西会保持终生,但是当储存的信息太久不用之后可能会随着时间的流逝而消退。长时记忆中的容量是无限的。

想要回忆以前储存在长时记忆里的信息则必须提取信息。虽然长时记忆的容量是无限的,由于信息太多,以至于我们要将系统中的信息恢复或寻回时产生困难。为了能够回忆起这些信息,也需要使用一些回忆策略。

注意在信息的解释和记忆储存方面都扮演着很关键的角色。通过注意这个过程,信息从感觉登记器转移到工作记忆中。如果不对感觉登记器中的信息进行注意,这些内容必定会从记忆中丢失,而且以后也不可能记得这些东西。

如果人们想长时间记住某些信息就需要对信息进行更为复杂的加工。比如一遍遍地复述对于尝试储存信息是非常有效的。此外,把需要储存的信息与尝试记忆中的已有的概念和观点进行联系也是非常有效的办法,这些方法包括组织、精细加工等策略。

为了确保人们的有效学习和记忆,还需要一种认知的监督机制,这种机制叫作"中央执行系统"。该系统监控着信息加工的整个过程,它是人类认知的最关键,也是最"智慧"的部分。

二、幼儿信息加工系统的心理过程

(一)幼儿感觉的发展

幼儿的各种感觉都在迅速地发展和完善着,特别是一些复杂的感觉,如视觉、听觉和触觉有了进一步的发展。

1. 幼儿视觉的发展

随着年龄的提高,幼儿视觉系统的生理机能逐步成熟,视觉系统更加地接近成人。幼儿的视觉发展主要体现在视觉敏度以及颜色辨别能力的发展上。

幼儿的视敏度在不断地提高。根据多维茨娅的报告(1995 年),让幼儿看白色背景上有缺口的圆圈,4～5 岁幼儿需要 207.5 厘米才能看清楚,5～6 岁幼儿看清楚则需要 270 厘米,6～7 岁需要 303 厘米。如果把 6～7 岁幼儿视觉敏度视为 100%,那么 5～6 岁幼儿则为 90%,4～5 岁幼儿为 70%。

关于幼儿颜色辨别能力的发展,天津幼儿师范学校曾对 3～7 幼儿进行颜色辨认能力的研究。研究发现,各年龄组按照范例选择颜色的百分率都很高,但是按照颜色名称正确选择的百分率稍低,自己正确说出颜色名称的百分率更低。3～4 岁幼儿已经能初步辨别红、橙、黄、绿、天蓝、紫、白七种颜色。幼儿最容易掌握的名称是"红色",其次是"黄色"、"绿色"。随着年龄的增长,对颜色名称的掌握会不断提高。

2. 幼儿听觉的发展

随着年龄的增长,幼儿对语音听觉的敏感性和分辨能力也在不断地发展。幼儿中期基本上可以辨别语音上的细小差别,幼儿晚期几乎可以毫无困难地辨别本民族语言的各种语音。此外,在幼儿期,幼儿对于音乐的感受能力和表现能力都得到了进一步的发展,能够有较好的音乐节奏感、音乐理解力与表现力。

3. 幼儿触觉的发展

触觉是皮肤受到机械刺激时产生的感觉,是皮肤觉和运动觉的联合,是幼儿认识世界的主要手段。皮肤觉包括触压觉、冷觉、温觉、痛觉和震动觉。幼儿触觉的绝对感受性在儿童很小的时候就发展起来了,比如对软硬、轻重、粗细等的辨别。

(二)幼儿知觉的发展

1. 幼儿空间知觉的发展

(1)方位知觉。与婴儿阶段相比,幼儿的方位知觉能力有了较好的发展。一般来说,3 岁幼儿能正确辨别上下方位,4 岁能正确辨别前后方位,5 岁开始能以自身为中心辨别左右,7～8 岁儿童才能以客体为中心辨别左右。也就是说,学龄前的儿童还不能很好地掌握左右方位的相对性,只能以自身为中心辨别左右方位,幼儿园教师面向幼儿做示范动作的时候,其动作要以幼儿的左右为基准,进行"镜面的示范"。

(2)形状知觉。幼儿辨认物体平面形状的能力随年龄的增长而提高,认识形状的种类逐年增多。在图形任务中,幼儿最容易完成的任务是图形配对,其次是指认出要求的图形,最后是为特定的图形命名。幼儿最早掌握的图形为圆形、正方形、三角形、长方形,之后是半圆形、梯形、菱形和平行四边形。形状拼合是较高水平的形状辨认能力。

（3）大小知觉。2～3岁是婴儿辨别平面图形大小能力急剧发展的关键期。在立体图形上，4～5岁幼儿在判别积木大小时，要用手逐块地摸积木的边缘，或把积木叠在一起去比较，等到6、7岁时，就可以根据经验，单凭视觉指出一堆积木中大小相同的两块。

一项关于3～6岁幼儿的视、触大小知觉的研究(1983)发现，幼儿单一通道，比如"视-视（由视觉识记的图形，通过视觉再认）"、"触-触（由触觉识记的图形，通过触觉再认）"的大小知觉的准确性随着年龄的增长而提高；交叉感觉通道，如"视-触（由视觉识记的图形，通过触觉再认）"、"触-视（由触觉识记的图形，通过视觉再认）"的大小知觉的准确性在5岁阶段为高峰期，6岁后便开始有所下降。

2. 幼儿时间知觉的发展

婴儿期主要通过人体内部的生理状态来反映时间，比如人体的生物钟，到点就感到饿，想要吃。

幼儿初期，已经具备了一些初步的时间概念，但往往与他们具体的生活活动相联系，比如早晨就是起床的时间，中午就是在幼儿园吃午饭的时间，下午就是妈妈接"我"放学的时间，晚上就是在家里睡觉的时间。研究发现（方格、方富熹、刘翻，1984），幼儿首先认知一日之内三个较大的时间单位，即早晨、中午、晚上，然后认知一日的延伸时间，比如昨晚、明早。4岁幼儿还不大能正确认知一日之内早午晚的时间，5、6岁幼儿已能正确认知。

幼儿中期，已经可以正确理解昨天、今天、明天，也会运用早晨、中午和晚上等词，但对于像前天、后天等相对较远的时间便不大理解。

幼儿晚期，基本上所有幼儿都能够正确辨别昨天、今天、明天等时间概念，也开始辨别大前天、前天、后天、大后天，分清上午、下午，知道星期几，知道四季。

（三）幼儿注意的发展

在正常的环境里，我们对信息有高度的选择性，我们会注意选择的信息。注意是指心理活动对一定对象的指向和集中。

1. 幼儿以无意注意为主

年龄小的幼儿不大会控制自己的注意，容易为无关刺激的特征所吸引而分心，在注意有关和无关信息的部署中缺少灵活。3～6岁儿童的注意基本上还是以无意注意为主，刺激物的物理特性以及幼儿的兴趣和需要是引起幼儿无意注意的主要因素。比如强烈的声音、鲜明的颜色、生动的形象以及突然出现或变化的刺激都容易引起幼儿的无意注意。这也就是为什么动画片、卡通人物和各种玩具能吸引幼儿注意的原因。此外，符合幼儿兴趣的事物也容易引起幼儿的无意注意，比如有的幼儿对汽车感兴趣，不论在什么场合他都会注意到汽车以及与汽车相关的事情。

2. 幼儿有意注意开始发展

在幼儿阶段，虽然以无意注意为主，幼儿的有意注意也逐渐形成和发展起来。一方面，幼儿的分散注意下降，持续注意开始上升。一般而言，小班幼儿有意注意的保持时间只有3～5分钟，中班幼儿能保持10分钟，大班幼儿能保持15分钟左右。幼儿从一个事物到另一个事物的注意转移非常快，他们很容易被无关事情所吸引，随着时间的推移，幼儿能够将注意力集中到某一项专门的任务上并保持住。另一方面，幼儿的注意越来越具有目的性。随着年龄的增加，大年龄的儿童更容易把注意集中在有意要记住的东西上面，较少考虑不相关的信息。

3. 注意品质与幼儿活动

幼儿注意的品质随着年龄的增长也在不断发展。它主要表现在注意广度的扩大，注意稳定性的增长，以及注意转移能力的提高和注意分配能力的提升等方面。注意品质的发展与幼儿活动之间有着紧密地联系，注意品质是在幼儿参与各种活动的过程中发展起来的，同时其发展水平又制约着幼儿活动的效率。

（1）注意的广度是指人在同一瞬间所把握的对象数量的多少。幼儿注意的范围较小，有研究发现，在1/20秒内，成人一般能注意到4～6个相互之间没有联系的黑点，而幼儿只能看到2～4个。所以教师在组织活动时，同一时间内不能要求幼儿注意更多的方面；在呈现挂图或者直观教具时同时出现的刺激物的数目不能太多，也不能杂乱无章，要采用幼儿喜欢的方式和方法帮助幼儿获得经验，扩大注意范围。

（2）注意的稳定性是指注意集中于同一对象或同一活动中所能持续时间的长短。注意的对象单调无变化，或者不符合幼儿的兴趣，幼儿注意的稳定性就差，所以教师应该确保教育教学内容难易适中；教育方法新颖多样；不同年龄的幼儿活动时间长短有别。

（3）注意的转移是指自觉地调动注意，使之从一个对象转换到另一个对象上。转移与分心不一样。注意的转移可以发生在同一活动的不同对象之间，也可以发生在不同活动之间。幼儿注意转移的快慢和难易依赖于前后活动的性质、关系以及对它们的态度。幼儿注意转移能力较差，教师在组织活动时运用猜谜、谈话、出示教具等多种方式引起幼儿的兴趣，让幼儿的注意力转移到当前活动中来。另外，在活动中运用语言指导让幼儿明确活动目的，主动转移注意力。

（4）注意的分配是指在同一时间内把注意集中到两种或两种以上的活动上。幼儿注意分配比较困难，比如跳舞时注意动作就忘了表情，注意表情就忘了动作。注意分配的基本条件就是同时进行的两种活动至少有一种是非常熟练的。所以，培养幼儿熟练的技能是提高幼儿注意分配能力的重要途径。

（四）幼儿记忆的发展

1. 幼儿短时记忆的发展

短时记忆也称为工作记忆，是一种主动的、有意识的记忆，是核心的加工单位，把直接来自环境的信息与来自长时记忆储存的信息进行链接。

（1）幼儿短时记忆的加工速度越来越快。与年龄较小的幼儿相比，年龄越大，幼儿进行各种认知加工的速度更快，效率更高。比如，他们可以对相似的刺激进行比较、从长时记忆中提取信息、更快地解决问题，完成认知任务的时间越来越少。

随着时间和经验的积累，幼儿所存储的一些知识和经验会变得自动化，也就是说对于一些任务，幼儿不再需要很多时间，也不需要用意志努力，他们可以无意识地、很快地解决这些问题。一旦某种智力活动变成自动化，它们仅占工作记忆很少的"空间"，这样就可以给幼儿腾出更多的工作记忆的空间来解决那些更复杂的任务和问题。

（2）幼儿学习更有效的加工策略。随着年龄的增长，幼儿信息加工的速度越来越快，他们也将学习新的、更有效的认知加工策略。比如，在初期阶段，教师问幼儿"草地上有3只白兔，又跑来2只白兔，现在草地上一共有几只白兔?"幼儿就会操作旁边的玩具白兔，把2只白兔放在3只白兔旁边，然后一起数一遍，告诉老师一共有5只。等到再大一点，幼儿不再需要借助物体，就可以直接利用头脑中的相关表象进行加减运算了。这也就说明了幼儿习得了越来越有效的认知策略。

（3）幼儿的记忆空间越来越大。随着年龄的增长，幼儿的工作记忆能力也增加了，记忆空间中操作的信息单位数也在增加。比如，要求不同年龄的幼儿对不同的视觉刺激做不同的动作反应：看到红颜色就拍手，看到黄颜色就张嘴。一旦幼儿学会这种联想，就向他们呈现两种或多种视觉刺激，要幼儿做出正确的反应。幼儿完成合适动作的次数随年龄而增加。有些理论家认为工作记忆容量的明显增加可能是由于儿童认知加工速度越来越快、效率提高所致，本质上并不是实际记忆空间的增加（Fry & Hale，1996；Gathercole & Hitch，1993；Siegler，1991）。

2. 幼儿长时记忆的发展

工作记忆是一个主动加工的中心，长时记忆则更像是一个人们积累多年所获得的信息和所学技能的仓库。

（1）幼儿长时记忆中储存的知识越来越多。随着幼儿的发展，长时记忆中储存的知识越来越多。长时记忆为幼儿提供了今后遇到新情景并进行解释和做出反应的知识基础。这个基础越来越丰富，越来越充实，幼儿也就能解释越来越复杂的情况，并能够越来越有效地进行应对。比如，随着年龄的增长，幼儿头脑中关于动物的知识越来越多，在去动物园游玩时，他能指认并介绍越来越多的动物。

（2）长时记忆中越来越丰富的知识促进了更有效的学习。幼儿储存越来越多的知识，他们可以用这些知识来帮助自己理解和组织想要学习的内容。有些时候，在某个特定的话题上幼儿比成人知道得更多，幼儿往往是更为有效的学习者。比如，妈妈与6岁的亚历克斯一起阅读关于蜥蜴的书，亚历克斯总是记得比妈妈更多的内容，因为他自诩是"蜥蜴专家"。

值得注意的是，以前人们认为，只要一样东西经过编码进入了长时记忆就变成了永久性的，不会忘记。但是新的研究主张，人类的记忆是在不断的改变、改造和变形之中的。不论何时，有些新信息被进入到长时记忆中时，先前的记忆就有可能在同化新的信息时被改造。我们有时记不住学过的东西，可能就是因为这种无法回忆或者是由于长时记忆中有些内容在结构上的干扰，或者是接近信息有困难。也就是说，长时记忆是相对永久性的，并不是长时记忆中的信息在任何时候都是可以回忆起来的。

第二节 皮亚杰关于幼儿思维发展的观点

皮亚杰对知识的性质以及儿童怎样获得知识尤为好奇,为此他借鉴了哲学的一个分支——发生认识论来描述。皮亚杰观察了婴儿以及幼儿的日常生活并对那些似乎影响他们行为的逻辑进行推论。他首次使用了临床法对儿童进行研究,通过给儿童提出许多任务和问题,并针对每一任务和问题再提出一系列问题,然后根据儿童的特定反应形成访谈提纲,对不同的孩子使用这一访谈提纲。皮亚杰就通过这样的方式对儿童的具体推理过程进行探究。他的研究结果对儿童如何思考以及如何学习周围世界提供了许多独特的见解。

一、思维的起源

在皮亚杰的理论中,往往把思维、认识、智慧作为同义词来使用。儿童的认识或思维从哪里来?唯心主义者认为思维来自先天的遗传,思维水平的差异在于人的先天遗传素质的不同;经验论者认为,思维来自对客体的知觉,来自对客体的抽象,没有客体就没有对客体的抽象,也就没有思维。

皮亚杰提出了不同的观点,认为儿童的思维不是单纯地来自客体或主体,而是来自主体对客体的相互作用,所以皮亚杰的发展理论也被称为"相互作用论"。相互作用论的出现打破了几千年来心理是由遗传决定的还是由环境决定的绝对化的争论,为研究认识的发生发展开拓了新的航道。皮亚杰对于知识本质的回答则强调了儿童的主动性和能动性,也就是说知识必须通过儿童自身的动作和运算才能获得。他认为儿童不只是被动地观察和记住他们看到的、听到的物体。相反,儿童对周围的世界有着天生的好奇心,并积极寻找信息帮助自己理解和解释它。儿童不断地体验着事物,并通过操作物体来观察自己行为的效果,主动建构对于世界的感知。

儿童不是把学到的东西罗列成一系列孤立的事件,而是通过主动经历和体验,逐渐建构一个关于世界是怎样的整体观念。例如,通过观察东西在落下时总是向下、不会向上,儿童开始建构对于重力这一概念的理解。通过在家里与宠物玩耍、去动物园、看电视电影、看书等,儿童逐渐发展出对于动物这一概念的理解。

二、思维的结构

皮亚杰认为思维是一种结构,这种结构从出生到成熟一直处于不断编织、演变和递进的过程中。皮亚杰将认知结构组织的最基本单元称为图式。

人类最初的图式来源于先天的遗传,表现为一些简单的反射,如抓握发射、吸吮反射等。为了应付周围的世界,个体逐渐地丰富和完善着自己的认知结构,形成了一系列的图式。一开始,儿童的图式本质上很大程度上是动作的,随着年龄的增长,儿童的图式逐渐变成心理层面的,最终形成抽象图式。比如,一个婴儿具有把东西放到嘴里的图式,他会利用这个图式来处理许多事情,比如吮吸大拇指和玩具。7岁时,他可能有辨别蛇的图式,包括细长的身体、没有腿、有光滑的皮肤。13岁时,他可能对于时尚有着自己的观点,会觉得一些衣服"太傻"或者"太古板",他可能会觉得有洞洞的牛仔裤是时尚的表现。

随着儿童的发展,儿童不断演变出新的认知结构。"运算"也是一种非常重要的认知结构,皮亚杰认为运算结构的获得是智慧或是认知发展的核心。运算是一种可逆转的观念上的操作,比如 $2 \times 2 = 4$ 是一种运算,8 粒糖果平均分给 4 个孩子也是一种运算,7 个苹果如何分为大小不同的子群等都是运算。

皮亚杰认为儿童在家里或其他情境下不断重复应用图式,并不断获得新的图式。最后,他们把单个的图式整合到较大的心理过程或者运算中,使儿童逐渐以一种更复杂和更有逻辑的方式进行思维。

皮亚杰所设想的认知结构决定了儿童解决问题的能力或限度。不同年龄儿童之间,或者儿童与成人之间认知水平的差异实质上反映了认知结构上的差异。儿童的认知结构或组织随着年龄的变化而变化,不同的年龄阶段有着不同的认知结构,这就体现出认知发展的阶段性。当儿童从一个阶段过渡到另一

个阶段,其建构和解释世界的方式也会进行根本性的改组和重建。认知结构的变化是按一定的次序进行的,其发展的阶段也是不能改变的,只是每个儿童达到相应认知结构的阶段的速度具有个体差异。

三、思维的机制

(一)儿童通过同化和顺应来适应环境

皮亚杰从生物学的角度来研究思维的成长,他认为思维的本质是一种适应,是生物适应的一种特殊表现。认知结构的生长和变化正是适应和组织的结果。低级的思维适应是把动作加以组织,同时修改原有的动作图式。高级的思维适应是把经验内容加以组织,同时修改原有的思想观念以适应世界。

同化是儿童利用已有的图式把新刺激纳入到已有的认知结构中去的过程。比如婴儿具有把东西放到嘴里的图式,那么他可能有将一只新的玩具狗同化到放到嘴里的图式中。一个7岁的孩子可能会把外表光滑的物体当作蛇。一个13岁的孩子很可能会认为校服是"非常老土"的衣服。同化是图式发生量变的过程。

儿童有的时候很难用已有的图式来解释一个新的物体和事件,这种情况下顺应就会产生。顺应是指儿童通过改变已有图式或形成新的图式来适应新刺激的认知过程。例如婴儿必须把嘴巴张得比平时大来顺应玩具狗的胖爪子。7岁的孩子可能发现这个又细又长又光滑的东西不是蛇,因为它还有四条腿,儿童发展了一种新的动物图式——火蜥蜴。13岁的孩子必须根据什么是流行的文化、什么不是流行的文化来修改自己现有的时尚图式。顺应是图式发生质变的过程。通过顺应,儿童的认知能力达到一个新的水平。正是这样的过程,儿童在原有的知识基础上不断学习,既丰富了认知的内容,也改造了认知的结构,发展了思维。

同化和顺应是相辅相成的两个方面。如果一个人只有同化,没有顺应,那么这个个体永远处于适应外界的状态,无需学习,也无需发展。如果一个人只有顺应,没有同化,那么个体就会永远处于无法稳定的状态中。当同化和顺应处于平衡状态时,认知就提高了。不过,不是所有的活动中同化与顺应的比例相当,有时同化占优势,有时顺应占优势。当同化占优势时,儿童就会出现自我中心,主观歪曲事实。比如儿童在假想性游戏中,经常根据自己的想象任意改变客观事物。当顺应占优势时,儿童就会按照外部事物的特征来塑造自己的动作,比如模仿行为。

(二)平衡化过程促进儿童更复杂的思维形式的形成

儿童有的时候处于平衡状态:他们可以用现有的图式轻易解释新的事物。但这种平衡不会一直存在。儿童会逐渐遇到难以用现有的图式认识世界的情形,这时候失衡就出现了。这种心理的"不适"就会刺激他们努力去弄清楚所观察到的事情。通过替换、重组等更好地整合图式,也就是通过顺应,儿童最后可以理解和解释以前感到迷惑的事情。从平衡到不平衡再到平衡的过程就是平衡化。儿童正是在平衡化过程中不断建构和完善自己的认知结构,促进了更为复杂的思维和知识的发展。

同化和顺应两个过程有时处于不平衡状态,但最终都会取得平衡,这是什么原因呢?皮亚杰用"自我调节"的机制来解释和说明。当儿童与环境相互作用时,不断"从自身的动作中取得蕴藏着对这些动作的自动调节的信息",使思维朝着"必经途径"发展。当外界有因素影响主体偏离必经途径时,主体内部马上会产生一种流动平衡的反作用,又把机体引入到正常的顺序中。如果失败了,就把机体引入到新的,但是与原来相似的途径中。

概括地讲,思维的机制就是个体通过同化和顺应两种适应机能不断地从低级的平衡达到高级平衡的过程。平衡既是一种状态,又是一种过程。当主体与客体相互作用时,同化与顺应取得平衡,这个时候可以说平衡是一种状态。当我们认识到平衡不是最后的平衡,一种平衡的建立意味着新的不平衡的开始,那么就可以说平衡是一种过程。儿童的思维就是不断地从一种平衡走向更高一级平衡的过程,是儿童不断增加适应能力的过程,是思维结构形成和发展的过程。

四、幼儿思维发展的阶段与特点

皮亚杰认为儿童思维的发展既是连续的,又是分阶段的。他把人的思维发展分为四个阶段,每个发展阶段有不同的认知特点(见图7-2)。

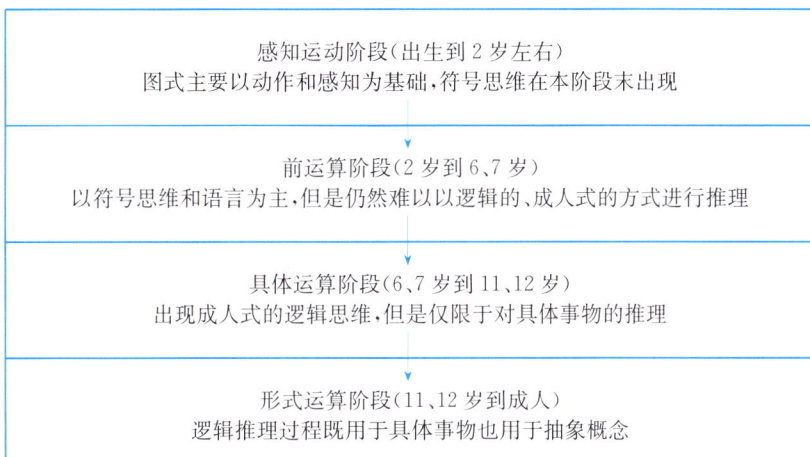

感知运动阶段(出生到 2 岁左右)
图式主要以动作和感知为基础,符号思维在本阶段末出现

前运算阶段(2 岁到 6、7 岁)
以符号思维和语言为主,但是仍然难以以逻辑的、成人式的方式进行推理

具体运算阶段(6、7 岁到 11、12 岁)
出现成人式的逻辑思维,但是仅限于对具体事物的推理

形式运算阶段(11、12 岁到成人)
逻辑推理过程既用于具体事物也用于抽象概念

图 7 - 2 儿童思维发展的四个阶段[①]

皮亚杰认为每个阶段都是建立在前一阶段完成的基础上,所以儿童一定是以一种相同的、不变的顺序经历这四个阶段。另外,这几个阶段都具有普遍性,可以描述全世界儿童的认知发展。本书主要介绍幼儿思维发展的阶段(前运算阶段)与特点,其他阶段则做简要介绍。

(一) 感知运动阶段(0～2 岁)

这一阶段的认知活动,主要是通过探索感知和运动之间的关系来获得动作经验,在这些活动中形成了一些低级的行为图式,以此来适应外部环境和进一步探索外界环境。这些图式主要是以行为(比如抓、丢)和感知(比如,视觉和声音的追踪)为基础。并且在这一阶段中儿童获得了客体永久性。这一部分内容在前面婴儿发展部分已有提及。

(二) 前运算阶段(2～6、7 岁)

幼儿期主要处于前运算阶段。前运算阶段与感知运动阶段相比有了一个质的飞跃:前一个时期的儿童只能对当前看到的物体以实际的行动进行思维,而这一时期中,由于信号功能或象征功能的出现,幼儿的思维可以脱离具体动作,凭借象征性格式在头脑里进行表象性思维。也就是说,这个时期幼儿在感知运动阶段获得的感觉运动行为模式已经内化为表象或形象模式,开始能运用语言或较为抽象的符号来代表回忆经历过的事物,能够想象未来的事情,并且还开始把自己的经验与展现在面前的、日益复杂的世界联系起来。皮亚杰又将前运算时期分为如下两个小阶段。

1. 前概念或象征性思维阶段(2～4 岁)

这一时期幼儿已经出现了象征性功能,能够运用象征性符号进行思维,所以这一阶段也成为象征性思维阶段。儿童的象征性游戏的产生是象征性思维开始的标志。在象征性游戏中,幼儿能够用别的东西替代不在眼前的人和物。比如幼儿会以积木当"电话",把椅子当作"马",用小棒当作"枪",用橡皮泥做成"菜"。这里的积木、椅子、小棒和橡皮泥就是意义所借的象征符号,电话、马、枪、菜则是意义所指的被象征物。

案例 7 - 1

在小易家里,男孩子们用几个桌椅摆在一起当起了餐桌椅,用玩具水池和炉子搭建了一个"小厨房",并在塑料盘子里放满了各种各样的"食物(各种积木)"。然后小杰和小易邀请他们的朋友来新的饭店吃午餐。在安排顾客"就坐"后,小杰拿出一份"点菜单"给顾客,然后假装将顾客要点的菜写下来。小易赶快跑到厨房去做,一会就端上来所有的饭菜,有西红柿炒蛋、羊肉串、鱼头汤还有小饼干。顾客们都很高兴地吃起来。吃完饭顾客付了钱,然后还给了两位小伙计几毛钱的小费。这些男孩子们不仅能够将水池和炉子想象成小厨房,将各种积木想象成食物,还能将自己想象成厨师、伙

① [美]特里萨·M·麦克德维特、珍妮·埃利斯·奥姆罗德著,李琪、闻莉、罗良、潘洁译. 儿童发展与教育(上册)[M]. 北京:教育科学出版社,2007:168.

计和客人。皮亚杰认为装扮游戏不仅能够使儿童将新获得的符号图式应用于实践,同时也使他们知道社会中不同的人会担任不同的角色。

这一阶段又称为前概念阶段。这个时期幼儿运用的概念与成人用的概念不一样,是幼儿能把学到的语言符号附加到一些事物上。这种概念是具体的、动作的,不是抽象的、图式的。这个时期的幼儿所掌握的词语还很贫乏,还没有形成类别概念,分不清个别与一般,会认为别人跟他一样的帽子就是他自己的。因为这个时候在他看来,"帽子"一词是指他专戴的那顶帽子。幼儿还会把房间里看到的一轮明月与马路上看到的云雾半遮的月亮认为是两个不同的月亮。

此外,这个时候的幼儿还不会做出合乎逻辑的推理,往往是从一个个别推理到另一个个别推理。比如,他们看到在泥土里种下豆子会长出豆子,种下花生会长出花生,就会以为种下糖果会长出糖果,种下洋娃娃会长出洋娃娃。

2. 直觉思维阶段(4～7岁)

这个阶段是从前概念向运算思维过渡的阶段。这个时期幼儿思维的主要特征是思维直接受知觉到的物体的显著特征所左右,思维方式主要是具体形象思维。此阶段幼儿在推理时更依赖于感知和直觉,而不是对基本逻辑原则的认识,还不是非常符合逻辑。还未获得守恒的概念,当物体形状变化或者重新排列后,认为数量发生变化,而实际上并没有增加或减少什么。

有人对儿童的"运算"做了四年的追踪研究(Tomlinson keasey etc.,1978),结果表明,儿童掌握各种守恒有一定的顺序。6～7岁能掌握的是数目守恒,7～8岁能掌握物质守恒和长度守恒,9～10岁能掌握面积和重量守恒,最后掌握的是体积守恒,大约在12岁左右。

案例7-2

给4岁的西西看三个玻璃杯,A杯和B杯在大小和形状都是相同的,而且盛有相同量的水。C杯比其他两个杯子更矮、更宽一些。问西西A杯和B杯这两杯水量是否相同。她很确定地说是的。然后把B杯的水当着西西的面倒进了C杯,再问西西两杯水(A杯和C杯)是否还是相同。西西回答:"不是,"她指着A杯说:"这个杯子里的水更多,它更高。"西西的反应表明她集中注意这杯子中的高度超过了另一个杯子,不能同时注意事物变化的两个方面或两个维度。这时的判断仍基于直觉思维活动,还不能真正认识事物本身。

虽然随着符号思维的出现,年幼儿童的思考和行为更为灵活,但这一时期幼儿的心理表象与直接知觉到的事物的形象的联系还是非常直接和密切的,所以这一时期的幼儿还有一个特点,就是思维的自我中心性。所谓自我中心就是指儿童往往只能考虑自己的观点,无法接受别人的观点,也不能将自己的观点与别人的观点协调。为研究这一阶段儿童思维的自我中心性,皮亚杰设计了著名的"三山实验"(见拓展阅读7-1),实验结果表明处于前运算阶段的儿童,其思维表现出明显的自我中心性特点,即幼儿还不会站在别人的立场上来观察世界、分析世界,只能站在自己的立场上去看问题。在现实生活中,我们也确实能够看到幼儿身上体现出的自我中心性,如他们难以理解为什么必须与小朋友分享点心,为什么要小心不能伤害别人的感情,甚至在一起游戏时也不会监督是不是每个小朋友都遵守了游戏规则。幼儿知道自己有个哥哥或姐姐,但有时又很难理解他的哥哥姐姐是否有弟弟或妹妹。他们还会表现出自我中心的语言,自言自语不顾别人的观点等行为。

拓展阅读7-1　　娃娃看见了什么?——三山实验

三山实验材料包括高低、形状、颜色各不相同的三座山的模型,把它们放置在桌面上,使得从桌子的不同侧面看过去,三座山的景象各不相同。三座山以不同的颜色加以区别,一座山上有一间屋

子，另一座山上有一个红色的十字架，第三座山上覆盖着白雪。让儿童坐在桌子的一边。首先让儿童从前后、左右不同方位观察这三座模型，然后让儿童看四张从前后、左右四个方位所摄的这些山的照片，让儿童指出和自己站在不同方位的另外一人（实验者或娃娃）所看到的沙丘情景与哪张照片一样。实验结果发现，前运算阶段的儿童无一例外地认为别人在另一个角度看到的沙丘和自己所站的角度看到的沙丘是一样的。皮亚杰认为，这个现象

图7-3　皮亚杰的三山实验①

说明了这个年龄阶段的儿童通常依据自己的视角来看问题，还不会站在别人的立场上观察现象、分析问题，思维具有明显的自我中心特点。

　　然而，一些研究者对皮亚杰的观点提出了疑问：这一时期儿童是否像皮亚杰所发现的那么"无能"和"无助"？自我中心是不是这一阶段的儿童不可避免的普遍特点？儿童是否在一切任务面前都逃脱不了"自我中心"？于是，针对"三山实验"的两点质疑：(1)儿童是否熟悉"三山实验"中的情境？(2)"三山实验"中的问题难度是否适合儿童？许多心理学家对"三山实验"进行了验证性研究，并重新修订了皮亚杰的"三山实验"，使其更容易被儿童理解。其中最有影响力的是博克(Borke)的"农场景观实验"和马丁·休斯(Martin Hughes)的"警察与小孩"的实验(见拓展阅读7-2)。实验发现，三四岁的幼儿已经很少表现出自我中心思维，而在前运算初期，即2～3岁婴儿的身上体现得更为明显。由此，研究者们认为，儿童并非如皮亚杰所认为的那么"无能"，只要给予他们便于理解的富有情境性的问题，他们也能摆脱"自我中心"的束缚。

拓展阅读7-2　　　　"农场景观"实验和"警察与小孩"实验

博克的"农场景观"实验

　　博克(Borke，1975)设计了"农场景观"模型，农场中有一座房子，一个小湖，湖中有只小船，还有牛和马在草地上，布局类似于"三山实验"。代替娃娃的是格罗弗——美国儿童电视节目"芝麻街"中的主角，儿童普遍熟悉和喜欢的人物。他开着轿车绕农场一周，不时停下来观赏农场的景色。儿童的任务是指出格罗弗看到了什么，问题的形式与皮亚杰相同。被试同时也参加"三山实验"。结果发现，3岁的儿童已能很好地完成博克的任务，而这些儿童在三山实验中成绩却很差。这种对比使研究者相信，当场景是儿童熟悉的，问题也容易让儿童理解时，幼儿是能够考虑到别人的观点的。

休斯的"警察与小孩"实验

　　休斯的"警察与小孩"的实验中，研究者向儿童呈现两堵墙的模型成十字形竖立着。用三个洋娃娃，一个代表小孩，两个代表警察。实验任务是"躲警察"：让被试将"小孩"放在十字形墙构成的四个不同的位置上，不让警察看见。研究结果表明，90%的3.5～5岁的儿童能把"小孩"放置在正确的位置上，不让警察看见，也就是说，他们能采纳别人的物理视角。

　　唐纳德逊(M. Donaldson，1978)把"警察与小孩"的实验与皮亚杰的"三山实验"的结果进行了比较，认为前者实验情境生活化，易于理解；人物的动机、意图十分明显；被试自身有躲藏的经验。而后者实验情境过于抽象、复杂，没有生活情趣，显得冷漠生硬，而且儿童对于诸如"在上面"、"在下面"、"在前面"、"在后面"之类的表示空间关系的词汇还不能完全理解，因此完成任务出现困难。

　　(资料来源：边玉芳等编著.心理学经典实验书系——儿童心理学[M].杭州：浙江教育出版社，2009：153—154.)

---

　　① 图片来源：廖凡.百度百科.http：//baike.baidu.com/link? url＝UqpMHXkGe6q-hKtwXf52gCanodY-GmIv1S5hKVrLt0oE4fVc68s3kA60fjGUvEAU，2013-12-28.

（三）具体运算阶段(6、7～11、12 岁)

大约六七岁,儿童可以把思维的过程整合成运算,使自己的思想和观点比以前更有效地结合起来。这一阶段的儿童的认知结构已发生了重组和改善,思维具有了一定的弹性,主要表现在以下方面。(1)他可以认识到别人跟自己的思想和情感可以不一样。(2)思维可以逆转,已经获得了有关长度、体积、重量和面积等的守恒。(3)能进行多种形式的逻辑思维,出现了多重分类能力和演绎推理能力。(4)这一阶段儿童的思维有时仍需要具体事物的支持。因此,皮亚杰认为对这一年龄阶段的儿童应多做事实性的技能性的训练。

（四）形式运算阶段(11、12 岁～成人)

这一阶段儿童的思维已超越了对具体的可感知的事物的依赖,使形式从内容中解脱出来。本阶段儿童的思维具有以下特点。(1)是以命题形式进行的,并能发现命题之间的关系。(2)能够根据逻辑推理、归纳或演绎的方式来解决问题。(3)能理解符号的意义、隐喻和直喻,能做一定的概括。(4)不再刻板地恪守规则,并且常常由于规则与事实的不符而违反规则或违抗师长。

第三节　幼儿的学习方式与认知策略

一、幼儿学习的主要方式

随着语言的发生及其在心理活动中作用的增长,幼儿的学习方式发生了变化。幼儿的学习方式主要有操作学习、观察模仿学习、语言理解学习、综合性学习、交往中学习、游戏中学习等。不同的学习内容幼儿则采取不同的学习方式。

（一）操作学习

尽管 2 岁之后儿童的语言在不断发展,但是操作活动,特别是实物操作,仍然是幼儿的主要的学习方式。幼儿对周围世界的探索,对物体的探究都离不开操作活动。操作活动是幼儿探索世界的主要方式。幼儿在操作摆弄物体的过程中会发现操作与物体结果之间的因果关系;当幼儿不能通过语言来表达自己的思想时,他常常可以通过操作活动来辅助;此外,操作活动是提高幼儿运动技能最为重要的方式,比如舞蹈、游泳、滑冰、甚至玩具与工具的使用,都要靠操作学习去掌握;幼儿通过亲自操作物体引发物体的一系列变化,不仅促进了幼儿对于事物的因果关系的认识,而且还获得主体的经验,认识到自己在改造和影响物体中的重要作用,大大提高了幼儿的成就感和自我价值感。

（二）观察模仿学习

幼儿还会通过视觉、听觉、触觉、嗅觉、味觉等直接的方式进行观察模仿学习。4 岁前的幼儿别人做什么他也做什么,4 岁之后幼儿就将学习行为逐渐内化。幼儿的模仿学习主要模仿大量的行为与态度。如果幼儿教师经常为幼儿树立学习的榜样让幼儿学习,收效较好。此外,教师也要尽量避免幼儿对不良行为的模仿学习。

（三）语言理解学习

语言理解的学习用于成人讲解下对行为和态度的学习,包括倾听、提问、对话等方式。由于幼儿的认知水平有限,教师在运用语言指导幼儿学习时,过多的抽象说教或者对某一件事情进行演绎推理,幼儿往往是听不懂,也理解不了的。因此,教师应该根据幼儿的知识经验、年龄特点,运用适宜的、易于理解的语言指导幼儿的学习。

（四）综合性学习

幼儿更多时候的学习方式是综合的,每一种学习活动兼有操作学习、观察学习与语言理解的学习。幼儿作为活动的主体,通过各种学习方式与周围环境中的人和物进行互动,形成对周围世界的直接感知、基本认识与态度。所以,教师应该积极为幼儿创设丰富的活动环境,支持并引导幼儿大胆地探索周围的环境,允许幼儿根据自己的兴趣、以自己的方式作用于环境,从环境中学习。

（五）交往中学习

与成人、同伴的交往活动能促进幼儿多方面的学习与发展。在与他人的交往中,幼儿能够扩大认识的范围、增加认识的深度,学习并掌握人类解决问题的方法,激发言语的产生与发展。通过与他人的交往,幼

儿还能得到情感的满足,以及主动性与创造性的发展。

(六)游戏中学习

游戏是幼儿进行学习和发展社会性、情绪以及认知能力的重要手段。游戏让幼儿在与同伴的互动中学习表达与控制情绪、理解他人、发展想象力。维果斯基就曾指出,幼儿在游戏中的表现比平时生活中的表现好很多,游戏是幼儿练习新能力的舞台,在幼儿的学习中有着重要的地位和作用。

二、幼儿学习的主要特点

(一)幼儿学习具有主动性

幼儿是主动的学习者,会积极地从观察及参与人际活动、亲自操作及思考过程中进行学习。幼儿学习主动性主要表现在好奇、好问、好探究以及好模仿。幼儿往往是为了"好玩"而学习,幼儿觉得有趣的事情就愿意做,学习的积极性与坚持性也会更高。所以成人应当充分利用幼儿的学习主动性,在环境中设置能引起幼儿好奇心的事物,促进幼儿去观察、学习与探究,提高活动的趣味性,调动幼儿学习的积极性。

(二)幼儿学习具有实践性

个体的经验和情感体验在幼儿学习中的作用十分明显。幼儿的学习主要以行为实践为主,直接参与的经验是幼儿学习的要素。在一日生活中,无论是教师组织的集体活动,还是幼儿的游戏与自由活动,都应该尽可能地给予他们动手操作、直接观察和动手实验的机会,让他们获得亲身的经验和体验,并能用自己的语言、操作等方式表达与表现。

(三)幼儿学习具有无意性

幼儿的学习往往具有无意性、随意性,而且常常出现内隐学习。内隐学习是指在偶然的、意想不到的条件下,特别是关键信息不明显的情况下产生的,是在无意识状态下无目的、自动化的加工活动。比如,教师在组织集体教育活动时,有一个幼儿在角落里玩积木,没有参与活动,但事后却发现这个幼儿将老师讲的所有内容都学会了。教师和家长经常很惊奇地发现幼儿学会了一些东西,他们也不知道他们是在哪里,以及如何学会的。因此,润物细无声、潜移默化的教育对于培养幼儿的行为习惯也是非常有效的。

(四)幼儿学习具有直观形象性

幼儿对世界的认识是感性的、具体的、形象的,这就决定了他们的学习是以直接经验为基础的。幼儿比较容易接受直观形象的学习内容,对具体的、形象的和熟悉的事物更容易理解和掌握,而对抽象的、概括的或不熟悉的事物则不易理解。幼儿教师在幼儿园教学中应该使用大量直观形象的教具,以帮助幼儿理解教学内容。

(五)幼儿学习具有个体差异性

幼儿的学习存在个体差异。不同的幼儿有不同的认知与学习方式,也会用不同的方式表达认知与理解。比如,有些幼儿倾向于视觉性学习,有些则偏向听觉及触觉学习;有些幼儿是场依赖性,有些则是场独立性[①]。幼儿经由多样化的学习方式了解万事万物,并将其对事物的了解用多种方式表达出来。

三、幼儿的认知策略

认知策略主要是指个体在解决问题时运用既有的知识经验,从而达到目的的一切心智活动。幼儿的认知策略主要体现在工作记忆的加工上,包括幼儿的学习策略与问题解决策略。伴随着幼儿的成长,这些智力过程也越来越复杂、越来越有效。

(一)幼儿的学习策略

学习策略也即是记忆策略。随着年龄的增长,儿童会使用越来越多的方法来学习和记忆信息。幼儿不同于婴儿,婴儿所学的知识是一些无系统的粗浅的知识,幼儿则需要掌握一些基本的知识和技能,学习活动也开始有目的、系统化地进行。在学习活动中,幼儿已经开始自发或者有目的地使用一定的方式、方法来提高学习的效果。在幼儿时期,学习策略已经开始萌芽,并且有了初步的发展。

1. 复述

复述策略是幼儿认知活动中非常重要的一种储存策略,它也是幼儿最常用的策略之一。据一项研究

---

① 场独立性(field independence)和场依存性(field dependence)这两个概念来源于美国心理学家 H·A·维特金(H. A. Witkin)对知觉的研究。场独立性者指个体较多依赖自己内部的参照,不易受外来因素影响和干扰,独立对事物做出判断;场依存性者对物体的知觉倾向于把外部参照作为信息加工的依据,难以摆脱环境因素的影响。

(J. Flavell,1966)发现,当主试要求幼儿记住呈现的图片时,能清楚地看到幼儿的嘴唇在轻微的张合,感觉念念有词,表明幼儿在通过复述的方式进行记忆。幼儿还很难采用内部言语进行复述,因此幼儿最常用的复述方式是出声的,也就是我们经常看到的幼儿在喃喃自语,这就是幼儿出声复述的体现。

但是,与小学阶段比,幼儿阶段使用该策略进行学习的方式相对较少,使用频率较低。魏斯伯格和帕里斯(Weissberg & Paris,1986)研究表明,3~4岁的幼儿中只有43%的幼儿使用复述策略,而6~7岁幼儿中则有79%使用该策略。年幼儿童一开始并没有把复述看作是识记的好方法,到了幼儿后期,甚至到学龄初期才会自动出现。

2.组织

组织性策略也就是把学过的材料加以序列化、模式化或规范化的过程。研究一致显示,经过组织的信息比没有经过组织的信息学习起来更加容易,记忆也更完整。即使是幼儿也会在特定的情境下组织信息。在组织策略中,分类策略是其中较常用的策略之一。在利用类别关系作为回忆线索的情况下幼儿的回忆成绩能够得到明显提高。幼儿能够在记忆过程中自动对记忆材料加以整理分类。例如,会边识记边把图片分类,并自言自语地说:"苹果是水果,梨也是水果,萝卜是蔬菜……"

但是,在幼儿阶段,幼儿经常意识不到自己在组织自己要记住的东西,他们归类的时候常常依赖于物体的外表、功能或一般的联系。当儿童到了小学后期开始,才会经常有意识地使用组织策略来帮助自己的学习。

3.精细加工

精细加工是一种将新学材料与头脑中已有知识联系起来从而增加新信息的意义的深层加工策略。儿童最早在学前期就开始对自己的知识进行精细加工了。但是幼儿还没有有意识地使用这种策略来帮助他们学习,这种策略在儿童发展过程中出现得相对较晚。

如果老师和家长告诉并鼓励幼儿使用有效的学习策略,幼儿就会更有可能地去使用。因此,幼儿教师和家长可以有意识地教给幼儿复述、组织以及精细加工的策略,鼓励幼儿在学习中尝试运用。

(二)幼儿的问题解决策略

随着年龄的增长,幼儿学会越来越多地有效解决问题的办法。比如给幼儿出一道题:"如果我有2个苹果,然后你又给了我3个,我现在一共有多少个苹果?"即使没有在幼儿园专门学过加法,幼儿也会解决类似的问题。其中,最简单的策略就是先伸出2个手指头,再加上3个手指头,然后把所有的手指头都数一遍,告诉你一共有"5个苹果"。过些时候,幼儿可能会使用小数策略,他们从大数开始,然后把小数一个一个加上去。比如,他们就会说"3个苹果,然后4个,然后5个,一共5个苹果。"再过些时候,他们就会使用基本的加法策略——"2+3=5",这样他们就会跳过以前使用的相对无效的数数策略。幼儿的问题解决有时候也包括使用特定的规则来对付特定类型的题目。随着幼儿的成长,这些规则越来越复杂,也越来越有效。

信息加工理论家们认为,一种认知策略并不是突然出现的,而是在时间的基础上渐渐产生的。比如幼儿第一次使用组织,或者精细加工的策略可能有些突然,然后渐渐地他们发现这样的策略有用,那么以后就会有意识地使用这些策略来记忆新的信息了。此外,幼儿并不会一直使用固定的一种策略,经常有几种策略进行选择。有些策略可能没有另一种有效,但是幼儿还是会经常选择使用,可能因为幼儿难以一开始使用更为有效的策略,所以他们还是会使用那些不太有效,但是更为可靠的"支持性"策略。比如一开始学习数字加减时,他们做不到每次又快又准地算出来,只好用掰手指头的策略解决。也就是说,策略的发生不是阶段性和一步到位的,每一种策略的出现都很缓慢,随着使用频率的增加,经过很长的一段时间幼儿才能有效使用。一旦幼儿完全掌握之后,就能信心十足地使用,他们才会逐渐舍弃那些不太有效的策略。

四、幼儿的元认知

随着不断学习的认知策略,幼儿也会渐渐地了解关于思维本质的复杂知识。元认知是指对认知的认知。具体地说,元认知是关于个人对自己认知过程的认识和调节这些过程的能力,也就是对思维和学习活动的认识和控制。幼儿的元认知包括对思维存在的认知、对自己思维过程的认知、对记忆有限性的认知、对有效的学习和记忆策略的认知,以及对学习过程的自我监控。

(一)对思维存在的认知

3岁幼儿就已经能够意识到自己是可以思考的。不过他们对于思维的认识非常简单,只有当一个人专

心解决问题,并伴有思考或疑惑的面部表情时,幼儿才会说这个人在思考。而且他们认为思考不是一件有趣的事情,是被动的,不是自己想主动做的事。

(二)对自己思维过程的认知

尽管许多幼儿的词汇表里也有知道、记住和忘记这些词语,但是其实他们并没有完全掌握这些词所代表的心理过程的本质。比如,3岁的幼儿简单地使用忘记来表示"不知道"某些东西,而并不管这一信息他以前知不知道。当幼儿四五岁的时候知道了一个新的东西,或者学习了新的知识,他们可能会说很久以前他就知道这个了。

(三)对记忆有限性的认知

幼儿总是对他们能记住多少东西过于乐观。伴随着幼儿的成长,他们会遇到各种各样的学习任务,他们会慢慢地发现有些东西确实比另一些东西难学,也开始认识到自己的记忆力并不是那么厉害,能记住所有看到或听到的东西。年龄较大的儿童比年龄较小的儿童更能意识到记忆的有限性。

年幼儿童过于乐观地评价他们自己的学习和记忆能力,实际上对他们的认知发展是有好处的。正因为对自己自信,他们才会有足够的信心去尝试新的、难的任务,只有挑战才能促进认知的发展。

(四)对学习和记忆策略的认知

许多幼儿即使会利用诸如复述和组织等记忆策略,但是却不能自发地去做。也就是说幼儿还不具备对记忆策略的认知,或不具备什么时候利用这些策略是最为合适的经验(J. Flavell,1982)。年幼儿童在知道必须要记住某样东西的时候常常无法有效使用记忆策略,但是学龄期的大孩子就知道该如何去记忆,也能较为准确地评估自己的记忆能力,说出自己的记忆策略。而且根据经验,他们还会越来越清楚在不同的情境下使用哪种策略最有效。

(五)对学习过程的自我监控

对学习过程的自我监控是持续地追踪自己的行为,并相应地调节自己学习的策略。幼儿还不会很好地监督自己的行为,因为他们还认识不到一个好的行为应该是什么样的,有什么要求。幼儿还无法控制自己的注意,也无法管理目标以及有效评价学习策略。

第四节　幼儿认知发展的指导策略

一、幼儿认知发展过程中出现的误区

望子成龙是许多家长的愿望,他们为了让自己的子女不要输在起跑线上,非常重视早期教育。特别是年轻的父母,有的时候更是不计成本,为了幼儿的发展又出钱又出力。然而,很多父母却不知在培养幼儿的过程中对早期教育的认识陷入了误区。

(一)将幼儿的认知发展等同于知识的获得

有些家长认为早期教育最重要的内容就是促进幼儿认知的发展,孩子掌握的知识越多,其认知水平也就越高。在这样的错误观念的引导下,家庭中的小教倾向很严重。家长不顾幼儿的接受能力如何,非常重视幼儿识字、阅读和英语口语,强迫他们背诵唐诗、背诵外语单词,给幼儿报名参加了不少特色班、兴趣班。如今,很多四五岁的幼儿就识字、讲英语、背古诗,有些幼儿在学龄前就已经掌握了1 000多个汉字。要知道,知识并不是认知,知识储量的多少也不能等于认知水平的高低。知识是人们在实践中所得到的认识和经验的总和,而认知除了知识之外,还有注意力、观察力、记忆力、思维能力以及解决问题的能力等,两者具有质的区别。所以,促进幼儿认知的发展不应该将重点放在知识的传授上,而应该放在以多种手段促进幼儿感知、注意、观察、记忆、想象、思维等多种能力的发展上。

(二)将幼儿的全面发展等同于认知的发展

有些家长误认为早期教育只需要促进幼儿认知的发展即可,对幼儿的社会性发展、学习品质的发展等方面关注较少,这也是一种片面的做法。有些幼儿园也会迎合家长的需要,在园本课程中加上许多所谓的特色,如拼音特色、书写特色、双语特色等,这样的做法违背了教育促进幼儿全面发展的原则,更加强化了家长的只重视认知、忽视全面的心理。幼儿期的发展应该是一个全面的过程,过分重视幼儿认知的发展,

忽视非智力因素的培养也是不值得提倡的。幼儿非智力因素主要指智力因素以外的一切心理因素,包括动机、兴趣、情感、意志、性格等。非智力因素是幼儿全面发展的重要组成部分,是幼儿社会适应的基础。像勤奋、勇敢、谦虚、刻苦、坚强等品质比认知发展对一个人能否成功的影响更大。如果家长忽视幼儿的非智力因素反而会不知道如何刺激幼儿学习的内在动力,不注意培养孩子的兴趣和情感,不给予幼儿更多锻炼意志的机会。所以,幼儿的培养是一个系统工程,幼儿发展的各个方面是相互独立又是相互影响的,家长应该将幼儿的认知发展摆在一个正确的位置上。

二、促进幼儿认知发展的有效策略

幼儿园与家庭都具有促进幼儿认知发展的责任。幼儿园是有目的、有计划地实施幼儿教育的机构,对幼儿的发展起到至关重要的作用。幼儿园应该在一日生活中贯彻全面发展的理念,在促进幼儿全面发展的过程中促进幼儿认知的发展。家长也应摒弃知识本位的狭隘观念,家园共育,在早期教育过程中通过各种方法促进孩子注意力、观察力、记忆力以及问题解决能力的发展。

(一)促进幼儿注意力发展的策略

幼儿阶段主要以无意注意为主,有意注意开始发展,他们在一件事情上的注意时间很短。教师和家长既要利用幼儿注意发展的特点与规律防止幼儿的注意分散,又要开始注重培养幼儿的有意注意。那么,如何培养幼儿的有意注意呢?

1. 营造新颖有趣的环境,激发幼儿的好奇心

幼儿以无意注意为主,一切好奇、多变的事物都会让他们兴趣盎然。幼儿对颜色新颖靓丽、活泼可爱、能够活动的物体特别感兴趣。教师在组织教育教学活动时可以采用多种多样的教学手段和方法,准备各种各样直观新颖的教具来唤起幼儿的有意注意,调动幼儿学习的积极性,使幼儿养成注意听讲的好习惯。在家庭中,家长也需要时刻保持好奇的状态,为幼儿营造一个有意探索事物的环境,幼儿的好奇心与成人榜样的强化有密切的关系。父母本身具有好奇心,其子女也会具有这样的品质。

2. 明确活动目的,培养幼儿的有意注意

在所有的活动中,无论是室内活动,还是带领幼儿去大自然中观察,如果成人无计划、无目的地指指点点,幼儿就无法形成强烈的有意注意。比如教师带幼儿出去踏青,在生机勃勃五光十色的大自然中,幼儿会感到眼花缭乱,不知看什么好。为了唤醒他们对周围世界的有意注意,教师在每次活动之前,都应该把活动目的对幼儿讲清楚。家长带孩子出去玩也可以有意识、有目的地引导幼儿观察。

3. 根据幼儿有意注意的持续时间,及时更换任务

如果幼儿持续做一件事,很快就会注意力分散。所以教师要根据幼儿有意注意的时间及时更换任务。教师要运用新颖、多变、强烈的刺激,灵活地将无意注意与有意注意的形式交替运用,使幼儿持久地集中注意力。

案例 7-3 **"可爱的小白兔"**

有位教师是这样组织小班活动"可爱的小白兔"的:首先她先用语言激起幼儿观察小白兔的兴趣,然后再提出一个个问题引导幼儿从小白兔的头部到全身,一直观察到尾部。在观察中给幼儿多想多说的机会。观察完毕后,孩子们保持注意力的时间也将过去,为了再度唤起他们的注意力,教师又让孩子们观察小白兔走路的特点,并引导孩子们思考"小白兔为什么一跳一跳的?"。然后教师又引导让幼儿观察小白兔吃食,并让孩子们亲自体验喂小白兔。最后教师用儿歌总结了小白兔的特征和生活习性。在这堂课中,这位教师在每个教学环节上都对幼儿的思维施加了一种精细而微妙的刺激,这种刺激就像无形的线,将每个幼儿的注意力紧紧地系在主题活动上。

4. 利用游戏活动,培养幼儿的专注度

教师可以通过跟幼儿玩一些需要集中注意的游戏来培养幼儿专注度。比如玩"拼图"游戏,让幼儿选择熟悉、喜欢的小动物、卡通形象,对照着完整的图形进行拼搭。还可以玩"找不同"的游戏,让幼儿找出不同类型的动物,或者动物身上不同的特征。此外,数字游戏与美术创作也能培养孩子的注意力。在家庭

中,家长也可以与幼儿一起玩诸如拼图、下棋、画画等培养专注度的游戏。

5. 注意个别差异,让每个幼儿都有所发展

最后,幼儿注意的发展有明显的个别差异,教师和家长应该根据幼儿的个别差异进行针对性的培养。比如,有些幼儿能长时间地看小人书、听故事、做手工,而有的则非常好动,注意力难以持久集中。对于好动的幼儿,可以多给他们安排一些如搭积木、串珠子、画画、剪纸等活动,加强注意稳定性的训练。

(二)促进幼儿观察力发展的策略

1. 保护幼儿的感觉器官

感觉器官是幼儿进行观察必不可少的生理条件和工具。研究发现人的大脑所获得的信息有80%~90%是通过眼睛和耳朵吸收进来的,只有具备良好的感觉器官幼儿才能顺利的完成观察活动,形成较好的观察力。这就要求教师和家长保护好幼儿的感觉器官,防止发生缺陷。

2. 激发幼儿的观察兴趣

"兴趣是最好的老师"。没有浓厚的观察兴趣,就谈不上发展幼儿的观察力。教师可以为幼儿选择一些色彩鲜明、会活动以及幼儿感兴趣的东西作为观察对象。幼儿最感兴趣、最爱观察的东西往往是他们身边所熟悉、经常接触到的环境。比如,班级上的自然角,很多时候是幼儿自己参与建设的,幼儿在观察的过程中就能产生愉快的情绪体验,对这样事物的观察更能调动幼儿观察的积极性。家长也可以引导幼儿观察家里种植的盆栽和饲养的小动物,或者带幼儿去公园和动物园玩的时候有意识、有目的地引导他们观察,激起孩子的观察兴趣。

3. 明确观察的任务

幼儿观察的效果如何,取决于目的任务是否明确,目标越具体越好,否则幼儿就会得不到收获。同样的观察对象,不同年龄阶段幼儿的观察任务和目的应该是不一样的。

案例7-4　　　　　　　观 察 蝌 蚪

比如同样是观察小蝌蚪,小班幼儿在观察事物时,仅能关注事物的表面现象,如颜色,形状等,给小班儿童提出的观察任务可以是:"小蝌蚪有嘴巴吗?"、"它是什么颜色的?"、"小蝌蚪会变成什么?"、"小蝌蚪的尾巴会变没有吗?"中班幼儿则能逐渐认识和了解事物与事物之间的简单关系,提出的观察任务可以是:"小蝌蚪喜欢吃什么呢?"、"蝌蚪是怎样变成小青蛙的?"、"小蝌蚪是先长前腿还是先长后腿?"大班幼儿已能在教师的启发、引导下发现事物变化的较本质的原因,提出的观察任务可以是:"小青蛙喜欢什么样的家?"、"青蛙是一种什么样的动物?""你能将小蝌蚪变化的过程画出来吗?"给予不同年龄段的幼儿以适宜的、明确的观察目的,对提高幼儿的观察效果具有重要的作用。

4. 教给幼儿观察的方法

古代盲人摸象的故事中四个盲人各自只摸到大象的一个部位,并没有摸到大象的整体,所以争论时各自坚持自己片面的意见,这就是不正确的观察方法引发的结果。而幼儿在观察时,往往会注意某些能吸引他们的个别特征,而不顾及整体。因此,我们在引导观察时,应逐步教给幼儿正确的观察方法,从局部到整体,使幼儿养成全面观察的好习惯。

拓展阅读7-3　　　　　　观 察 的 方 法

1. 典型特征观察法。应用典型特征观察法能迅速抓住观察对象的主要特征。教幼儿运用典型特征观察法,准确抓住事物的主要特征,提高辨认事物的能力。比如,引导小朋友观察小兔子的特征,幼儿就会发现小兔子眼睛是红红的,耳朵会竖起来,尾巴很短。观察鸽子、大雁和麻雀有什么相同的地方,幼儿会发现它们都有羽毛,都能够在天上飞。典型特征观察法能够让幼儿注意物体的典型特征。

2．有序观察法。引导幼儿对事物从整体到局部、从左到右或从上至下有顺序地观察,可以保证输入大脑的信息是有系统、有条理的。这样的信息便于智力活动对它进行加工,从而提高认识活动的速度和准确性。比如引导幼儿观察植物,认识花草、树木、蔬菜等就要从下至上,按照根、茎、叶、花、果实的顺序观察。观察景物可以从整体到局部,由近及远地观察。

3．跟踪观察法。指在较长的时间里,持续不断地观察某种物体在质和量两个方面的变化发展。可以用于观察动物、植物的生长变化过程以及气象的变化,从而了解物体间的相互关系。可以在观察的过程中建立观察记录卡。比如,春天是播种的季节,老师可以带领孩子一起在教室的盆栽或者校园的植物角里一起播种花生,让幼儿间断地观察并记录。了解花生发芽——生长叶片——开花——结果——丰收的全过程。在整个观察过程中,幼儿不但观察了植物的生长规律,也获得成功的愉悦体验。

5．多途径、多通道培养幼儿的观察力

客观事物的特征是多方面的,有色、香、味、软硬、光滑、粗糙、大小、冷热、声音、形状等。在引导幼儿观察时,力求鼓励幼儿使用多种感觉器官参与观察活动。如观察水果时,可以让幼儿用眼睛看、用手摸、用鼻子闻、用口尝,从而获得各种水果的形状、颜色和味道。可以带幼儿到大自然中亲眼看看破土而出的禾苗与小草;亲耳听听优美动听的鸟叫蝉鸣;亲手摸摸饱满飘香的谷穗麦粒;亲口尝尝凉而爽口的雪花冰块,感受春夏秋冬的不同特点。认识水时,可以让幼儿多看一看、闻一闻、尝一尝、倒一倒,利用多种感官感知水是透明的、无色的、无味的、可以流动的液体。幼儿利用多种感官参与观察活动,不仅能让幼儿获得积极愉悦的体验,还能培养训练幼儿各种感觉的敏捷性。

（三）促进幼儿记忆力发展的策略

培养幼儿记忆力所用的方法要适合幼儿的年龄特点,幼儿教师和家长可以尝试采用以下几种方法进行培养。

1．重复强化

重复强化是提高幼儿记忆力最主要的策略。重复印象可以强化记忆,幼儿一次又一次地感知所要记住的事物,可使大脑中淡漠的印象变得深刻,模糊的印象变得清晰。而且幼儿还喜欢重复,比如他们能不厌其烦地要求成人一遍又一遍重复同一个故事,他们还是会乐此不疲。

2．形象强化

新奇的现象,鲜艳的色彩能激起幼儿识记的兴趣,激起幼儿兴奋愉快的情感。研究证明,积极的情绪情感能从生理机制上激活大脑,使大脑活动节省脑力、节省神经能量的消耗,从而使大脑活动提高效率。幼儿对具体形象的事物越感兴趣,对这一事物在大脑中留下的印象就越深刻。成人可以利用这一特点提高幼儿的记忆力。

3．多感官强化

引导幼儿多种感官参与感知,会提高识记的效果。多感官的强化可以使大脑神经联系广泛,次数增多,在对丰富的信息进行综合时,获得的印象全面与清晰。

4．归类强化

有意识记分为机械识记与意义识记。机械识记就是死记硬背。意义识记是在进行分析、概括的基础上进行记忆。通过分类、概括、比较可以加深对具体事物的认识,了解事物间的差异和联系,促进幼儿的知识序列,从而使记忆更深刻。

5．应用强化

从生活中获取的知识和经验又应用到生活中,可以加深印象和理解。比如,幼儿能够在生活中运用某些道德礼仪,那么很快这些内容就会内化。在应用中,幼儿能逐步理解有关要求的意义,牢记要求,并在应用中形成一定的习惯,形成动作记忆。

6．游戏强化

游戏是幼儿的主要活动。记忆游戏是锻炼幼儿记忆的重要手段,包括认知性游戏与应用性游戏。游戏既可以复习知识、练习技能,还可以对知识进行比较分类。幼儿教师可以组织专门的游戏活动提高幼儿的记忆能力。

（四）促进幼儿问题解决能力的发展策略

"问题解决能力"是指具有认识问题、解决问题的能力。幼儿在游戏、生活、学习的过程中，经常会遇到各种各样的问题，有的是同伴交往问题、有的是工具与材料的使用问题、有的是应急情况处理问题、有的是玩具与物品的分配问题等，教师与家长应该将这些问题看作幼儿学习的最重要时机与资源，了解幼儿处理这些问题的态度与方法，鼓励幼儿自己想办法解决问题，并给予适宜的支持与帮助，培养幼儿的自信心。在学前阶段培养幼儿"自己解决问题的能力"对幼儿一生的发展有着重大意义。

1. 给幼儿提供自主解决问题的空间

幼儿在幼儿园、家庭中经常会遇到来自交往、游戏、学习、生活的多种问题，有时候教师与家长经常采取妥协与包办的态度。殊不知，这样做却剥夺了孩子克服困难、提高各种能力的机会。教师与家长应该给予幼儿足够的、自主解决问题的空间，比如，在游戏中，如果看到孩子在人际交往或者材料操作中有困难，成人应该先鼓励他自己想办法解决，在适当的时候，可以给了一定的支持和帮助，如建议幼儿使用材料替代、同伴帮忙、角色互换、轮流分享等解决问题的方法，但是切记不要剥夺孩子自主尝试的机会。

2. 主动为幼儿创设解决问题的机会

在学习与游戏中，教师与家长也可以故意设置一些障碍，鼓励幼儿自己去思考、操作，逐步培养幼儿在各种情境中主动探索、不断尝试、勇于克服困难的精神，让幼儿经历解决困难、获得成功的体验，促使幼儿养成爱思考的习惯，提高自主学习的能力。比如，在游戏中，教师可以以同伴的身份参与游戏，通过丰富游戏情节给幼儿提出更高的挑战。家长可以鼓励幼儿与小区内的其他小朋友一起玩耍，为幼儿提供主动解决同伴交往中问题的机会。在生活中，家长也可以让幼儿参与一些家庭事务管理，比如，帮助家庭采购物品，制订家庭旅游计划等。

总之，培养幼儿的问题解决能力是幼儿教育的目标之一，是幼儿今后学业成绩及社会适应的重要保障，教师应该与家长经常沟通，家园共育，采用一致的教育方法，培养幼儿克服困难的意志品质，提高幼儿解决问题的能力。

-------------------- **本章小结** --------------------

本章重点介绍了信息加工理论、皮亚杰关于思维的研究、幼儿的学习方式与认知策略以及成人在促进幼儿认知发展过程中出现的误区。幼儿通过各种感觉器官接受来自外界环境输入的信息，然后把这些原始材料信息转化为更有意义的信息。皮亚杰认为发展是一个建构的过程，是幼儿在与环境不断的相互作用中实现的。幼儿有着这个年龄独特的、不同于成人的思维特点、学习方式、学习特点和认知策略，成人的教育方式应该符合幼儿的年龄特征。幼儿园和家庭在促进幼儿认知发展的过程中应该避免只重知识获得的片面做法，利用各种机会和方法促进幼儿注意力、观察力、记忆力等方面的发展。

通过本章内容的学习，学生能够了解幼儿认知发展的特点和规律，并在此基础上，能够理解并掌握促进幼儿认知发展的有效策略。

▶ 思考与练习

1. 幼儿感知觉、注意、工作记忆以及长时记忆的发展特点各是什么？
2. 思维的结构和机制是什么？
3. 皮亚杰主张的幼儿思维发展的阶段与特点是什么？
4. 简述幼儿的学习方式。
5. 幼儿学习的主要特点是什么？
6. 如何促进幼儿认知的发展？

▶ 自己做研究

幼儿观察力的测量与评估①。

观察目的：了解不同年龄段幼儿在观察的目的性、持久性、细致性与概括性方面的不同水平。

---

① 改编自张永红主编. 学前儿童发展心理学［M］. 北京：高等教育出版社，2011：92.

观察对象：幼儿园小、中、大班幼儿各一名。

观察方法：自然情境下的非参与式直接观察，叙述性观察法。（如在科学活动中观察幼儿对观察对象注意集中的时间；在语言活动的看图讲述过程中看幼儿对图片中背景、人物、时间、情节的描述等以了解其观察力发展的情况等。）

观察记录：采用实况详录法，撰写观察记录。

结果分析：对观察记录材料进行整理与分析，根据表7-2中观察力的不同等级，分析各幼儿在观察目的性、持久性、细致性与概括性上的不同水平。

表7-2　观察力的测量项目与评估标准表

测量项目	A　级	B　级	C　级
观察的目的性	按照成人的要求，自觉地排除各种干扰，圆满地完成各项观察任务。	基本按照成人的要求，经成人提醒后能基本完成大部分的观察任务。	不能按照成人的要求，虽然经过成人反复提醒，仍不能完成观察的大部分任务。
观察的持久性	根据任务，排除干扰，对观察对象持续15分钟以上。	根据任务，排除干扰，对观察对象持续10～15分钟。	根据任务，排除干扰，对观察对象持续5～10分钟。
观察的细致性	能主动从事物的大小、形状、颜色、数量、空间关系等属性进行观察。能主动观察物体的细节部分。	能在老师的引导下从事物的大小、形状、颜色、数量、空间关系等方面进行观察。重要部分无遗漏。	只能观察到事物粗略的轮廓，以及面积大和突出的特征。遗漏重要部分。
观察的概括性	观察对象各个要素之间有联系、成系统，能顺利地概括观察对象的本质特征。	能观察对象的各个要素之间有一定联系，能基本概括出观察对象的本质特征。	观察到零散的、孤立的现象，不能概括出观察对象的本质特征。

范例

观察目的：了解幼儿观察的细致性和目的性。

观察记录：

情景一：今天，林苗到小园地去为小白菜浇水。回来后，她急切地告诉老师"菜叶上有小洞洞"。经检查，原来白菜开始长虫了。

情景二：今天带幼儿到百货商店去参观，要求小朋友看售货员是怎么说、怎么做的，顾客是怎么说、怎么做的。吴山、黄磊、晓斌三位小朋友却对货柜里的货品更感兴趣，再三提醒他们，仍时常分心。

观察分析：从情景一可以看出林苗小朋友的观察能力较强，善于发现事物的细微变化（虫子刚开始长、洞眼小，数量并不多）。从情景二可以看出，与其他幼儿相比，这三位小朋友观察的目的性较差，容易受外界其他事物的干扰，忘记观察的任务。而且即使在老师的再三提醒下，他们仍然时常分心，这更说明了他们观察的目的性水平低。

第八章　幼儿语言的发展

 **知识结构**

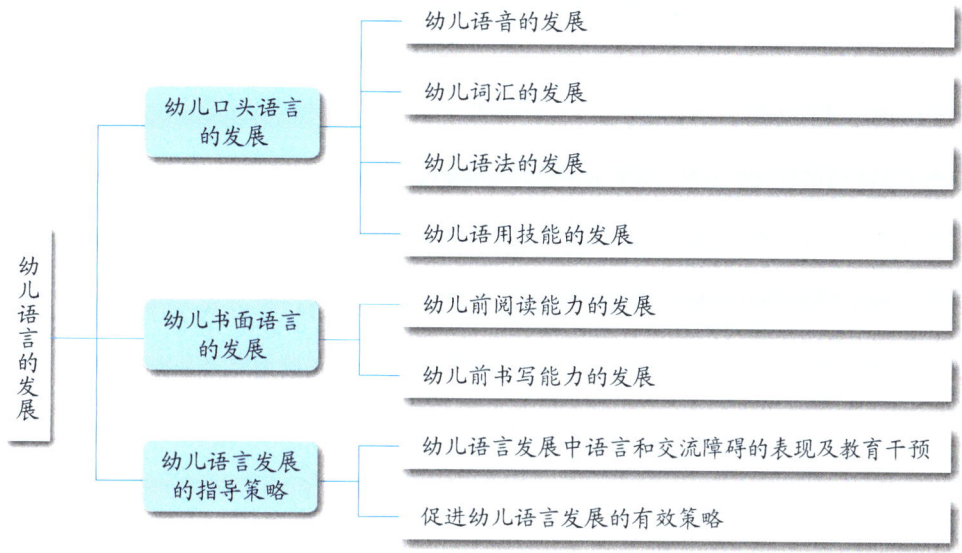

幼儿语言的发展
- 幼儿口头语言的发展
  - 幼儿语音的发展
  - 幼儿词汇的发展
  - 幼儿语法的发展
  - 幼儿语用技能的发展
- 幼儿书面语言的发展
  - 幼儿前阅读能力的发展
  - 幼儿前书写能力的发展
- 幼儿语言发展的指导策略
  - 幼儿语言发展中语言和交流障碍的表现及教育干预
  - 促进幼儿语言发展的有效策略

引入

　　王老师是大班的幼儿老师,她最近遇到了一件非常郁闷的事情。这几天,班上好几位幼儿家长都找她抱怨,说孩子都已经上大班了,连基本的数字都不会写,把2和5都会左右写反。而邻居家的孩子所有的数字都会写得又好看又正确,让王老师好好组织孩子们练练写数字。

　　王老师特地仔细观察了幼儿在记录本上的对于数字的记录,发现幼儿真的存在这样的问题:会把2右边的弧度写到左边,把5右边的弧度也写到了左边。王老师觉得这是一件非常严重的事情,就去找园长商量,可否申请一些格子本,让幼儿练习写数字。园长听了王老师的理由,没想到非但没有赞同王老师的行为,反而严厉地批评了王老师,说王老师一点都不了解幼儿的语言发展特点。

　　王老师回到家仔细地查阅了资料才知道,原来这个年龄段的幼儿处于"前书写"阶段,由于空间认知能力有限,将数字左右结构写反是很正常的事情,等到幼儿发展到一定年龄,自然就会写正确了。如果通过机械训练的方式练习,可能幼儿会正确书写数字了,但是失去的却是对于书写行为的兴趣,反而得不偿失。王老师庆幸自己没有一时冲动让幼儿练习写数字。

　　原来,幼儿还有"前书写"这样的语言发展阶段呢!幼儿语言的发展不只是口头语言的发展,也包括书面语言的发展。前书写就是幼儿书面语言发展中的一个方面。幼儿语言发展有什么特点呢?应该如何促进幼儿语言的发展?让我们进入这一章的学习吧。

第一节　幼儿口头语言的发展

为了有效地获得、理解与使用母语,利用母语进行交流,幼儿必须掌握口头语言的几个基本要素,分别为语音、语义、语法以及语用技能。语音,就是词语如何发音。语义,就是词语的含义。语法,包括造句法和词法,造句法就是组词成句的规则;词法就是表示数量、动态词汇、人称、词性、主动和被动语态以及其他的含义。语用技能,就是语言的畅言表达。要掌握这四个基本要素中的任何一个都是一项相当复杂的、具有挑战性的任务。幼儿在发展过程中必须掌握以上四者的一些基本规则才能获得产生和理解母语的能力。

学前期的幼儿已逐渐会使用越来越长、越来越复杂的句子。大约在五六岁时,他们在许多方面都使用类似于成人的语言了。

一、幼儿语音的发展

随着发音器官的成熟,4岁的幼儿能够掌握本民族或本地区语言的全部语音,并且能够发音基本正确,见表8-1。在幼儿的发音中,韵母正确率较高,只有"o"和"e"容易混淆,其原因是部位相同,只是在发音方法上有细微差别。

幼儿对声母的正确发音率较低,主要是因为对一些发音方法还没有掌握,某一些发音器官不会运用。3岁幼儿经常不能掌握某些声母的发音方法,会把"哥哥"说成"得得","老师"说成"老基"。我国幼儿发音错误最多的是翘舌音 zh、ch、sh 和齿音 z、c、s,4岁以后,幼儿发音的正确率有显著提高。

表8-1　3～6岁儿童语音发展的正确率[①]

语音	城乡	3	4	5	6
声母	城	66	97	96	97
声母	乡	59	74	75	74
韵母	城	66	100	99	97
韵母	乡	67	85	87	95

幼儿发音的一些困难,如果不是生理缺陷造成的,一般是受方言的影响。比如,在四川的方言里没有"j"这个辅音,所以幼儿基本不会发这个音。安徽某个地区的方言中"n"、"l"发音不分,所以那个地区的幼儿经常会把"牛奶"发成"liu lai"。

所以幼儿园教师在教育过程中,一定要使用标准的普通话。而且应该有意识地选择出方言与普通话发音不一致的地方,有针对性地编创一些听音练习活动,训练儿童的辨音能力。

二、幼儿词汇的发展

词汇是构成语言的材料,是影响句子意义的重要因素。词汇越丰富、越广泛,其语言的使用就越生动、越准。3～7岁是幼儿大量积累词汇的时期,在这个时期扩展幼儿的词汇,就会使他们在上学之前打下坚实的语言基础。

(一)词汇数量的增加

3～7岁是人的一生中词汇增长最快的时期,据国内外一些研究材料报道,3岁幼儿的词汇已经可以达到1 000～1 100个,4岁为1 600～2 000个,5岁增长至2 200～3 000个,6岁可以达3 000～4 000个,7岁的时候大约能增长到3岁时的4倍。

---

① 转引自周念丽编著.学前儿童发展心理学[M].上海:华东师范大学出版社,2006:191.

(二)词义的发展

研究发现,幼儿各类词的使用表现出一定的发展顺序,依次为名词、动词、形容词、数词和量词、副词、代词、介词、连词、助词和语气词[①]。幼儿如何逐步获得这些词的词义呢?

1. 普通名词

(1)词义的扩张。在幼儿早期词汇中,普遍表现出对词的使用范围的扩张。比如,他们不仅把狗称为"狗",把牛、羊、马等能走动的四条腿的动物都称为"狗"。而且扩张的范围非常广泛,如有的幼儿看月亮是圆的,就把窗户上或墙上看到的所有的圆形图案都称为月亮。

幼儿为什么会出现词义的扩张呢? 一个词义由许多很小的特征组成,有些特征是一般的特征,有些是特殊的特征。而幼儿在最初学习词语的时候不能一下子掌握所有的特征,只是把词义和其中的几个特征联系起来,这样对于该词语的理解就产生了偏颇,出现了词义的扩张。比如,幼儿把"狗"的特征只限定于"四足"和"能行走",那么"牛"、"马"、"羊"也就有这些特征,幼儿就把这些动物也称为"狗"。随着所掌握词义的逐渐增加,每一个幼儿新了解的事物的特征进一步限制了这个词的使用范围,直至最终掌握该词的词语。斯劳宾(D. Slobin)则认为,主要由于当时在幼儿的主动词汇中还没有"牛"、"马"、"羊"等词,而这些动物都具有类似于狗之处,所以幼儿临时借用已知词"狗"来称呼。

(2)词义的缩小。幼儿词义的发展过程中,还出现与词义的扩张相反情况。比如,幼儿会将动物定义为"有头、有尾巴、脚、爪子、眼睛、鼻子、耳朵、好多毛"。所以对他们来说,马和狗这样的哺乳动物是动物,而鱼、鸟、昆虫等就不是动物了。可能是幼儿还没有对某类事物的基本属性达到适当的抽象概括水平,将词义范围缩小。

在幼儿期,词义的扩张和词义的缩小现象比较常见,之后随着经验的积累和抽象概括能力的发展,幼儿对生活中常用的名词的词义会越来越准确,但是对于抽象名词词义的理解可能还需要更长的学习时间。

2. 形容词

幼儿使用形容词的数量随年龄而增长,从 4 岁开始增长较快。幼儿形容词的发展过程有以下几个特点。

(1)从物体特征的描述发展到对事件情景的描述。幼儿最早使用形容词来描述物体的特征时首先使用较早的是有关颜色的词语。其次是使用描述味觉、温度觉和机体觉的形容词,比如"好甜呀!"、"橘子好酸!"、"冰激凌太冷了"、"我饿了"等。接下来,幼儿会使用描述动作的词语,比如快、慢、轻轻地。此外还会出现描述人体外形的形容词,像胖、瘦、高、矮等。幼儿最迟使用的是对情感和个性品质的描述用词,比如高兴、快乐、好、坏、凶、认真、勇敢。还有对事件情景的描述,如危险、困难等。

(2)从事物单一特征到复杂特征的描述。"胖"与"瘦"是单一的特征,而"年老"、"年轻"是人的外形的多种特征的综合。幼儿在 3.5 岁的时候就能对"胖"、"瘦"进行正确使用,而对于"年老"、"年轻"则要等到 4.5 岁、5.5 岁才先后能使用。

(3)从形容词的简单形式到复杂形式的描述。幼儿一开始使用的形容词都比较简单,比如红、好、快等,还有像干净、整齐等双音节形容词。随后幼儿慢慢地就会使用像红彤彤、乱七八糟等复杂形式的形容词。与形容词的简单形式相比,复杂形式形容词的掌握往往要落后很久。

3. 时间词

(1)表示时间阶段的词。3～6 岁幼儿首先理解今天、昨天、明天,然后能正确地表达上午、下午、晚上等词语,到 6 岁左右,幼儿就能准确地知道并说出整点,而且对于今年、去年、明年等有关时间的名词也能正确掌握。

(2)表示时间次序的词。一般情况下,幼儿对单一的时间"先"、"后"的理解比对"以前"、"以后"的理解更早。不过同一词语所处的语言环境不同,对于"正在"、"已经"、"就要"这三个有关时间的副词,幼儿则先理解"正在",接着理解"已经",最后理解"就要"。

4. 空间方位词

幼儿掌握空间方位词的水平随着年龄的增长而发展,其中 3～4 岁发展最快。他们获得空间方位词的

---

① 潘超.3～6 岁幼儿的词汇发展研究[D].辽宁师范大学,2012.

大致顺序是"里"、"上"、"下"、"后"、"前"、"外"、"中"、"旁"、"左"、"右"①。为什么幼儿对"里"这个方位词的掌握最早呢,可能的原因是受幼儿"非语言策略"的影响,在许多任务中,要求幼儿操作时,成人经常使用"里"这个词,如"把娃娃放在被子里面"、"把硬币放在盒子里面"、"把小手藏在手套里面"等。幼儿对空间词汇的理解要先于表达,越是年幼的儿童,其理解和产生的差别就越大,大约从4岁起,两者的差别逐渐缩小。

5. 指示代词

对指示代词意义的理解应该表现在能够根据语言环境的变化随时调整参照点,从而正确判断词所指的对象或位置。指示代词的指称对象是不固定的,需要语言环境的变化而转换。对于相对近的对象,用"这"或"这边",相对远的对象用"那"或"那边"。如果交谈双方以一定距离相对而坐,则说话者的"这"、"这边"所指的对象,听话者就应该用"那"或"那边"来指称。我国的诸多研究发现,幼儿对"这"、"这边"、"那"、"那边"的理解没有先后差异,而语言情景的不同以及幼儿是否处于自我中心对指示代词的理解与使用具有明显的影响。当幼儿与谈话者在同旁时对指示代词理解最好,与交谈着对面坐时对指示代词的理解最差。幼儿能在各种语境中真正掌握这两对指示代词还是有较大困难的,即使7岁组的儿童,在和说话者面对面坐着的时候,对这四种指示代词的理解与使用的正确率还是很低。

6. 人称代词

朱曼殊考察了儿童在各种情景下对人称代词的理解②。研究发现,在幼儿阶段,幼儿无论是作为旁观者,还是自身实际参加三人交流,充当说话者和第三者,都对"我"理解最好,其次是"你",对于"他"的理解最差。幼儿在自身参加交谈充当第三者时对人称代词的理解最难,即使5岁半的幼儿也很难理解别人口中所说的"他"指的是自己。

7. 量词

量词是表示事物或动作单位的词。三四岁的幼儿仅能使用少量高频词"只"、"个",并表现出对它们的高度概括,他们尚未对量词和名词的搭配加以注意。5岁的幼儿开始注意量词和名词的搭配,但是还没有掌握正确的搭配方法。比如,他们常常将动词或者形容词作为量词来使用,将"一辆自行车"说成是"一骑自行车",将"一朵云"说成"一飘云",将"一桶水"说成"一满水"。他们还常常错误地使用量词,比如会将"一列火车"说成"一条火车"。

总的来说,3～6岁幼儿对词义的理解表现出以下两个方面的特点。

第一,从理解词的具体意义到理解词的抽象意义。幼儿对于词的理解更多的是对词的具体意义的理解。比如,家长告诫小朋友,在幼儿园要和小朋友搞好团结。幼儿就会回答:"我没有和小朋友打架。"幼儿对于"团结"的理解就是"不打架"。而当幼儿听到广播里播报一些抽象的词语时,他们理解起来就有一定困难了。比如听到广播里说"黑暗的旧社会",幼儿就会问成人"比黑夜还黑吗?"他们还无法理解词的隐喻和转义。整个幼儿期,幼儿对于抽象词的理解还是比较困难的。

第二,从理解具体意义的词到理解抽象的词。比如对于"糖块"和"土地",幼儿先掌握的是"糖块",而不是字形简单的"土地"。因为对于幼儿来说,"糖块"是具体的,是看得见摸得着的,而"土地"却比较抽象。这一时期,幼儿所能理解的词仍然以具体词为主。

三、幼儿语法的发展

(一) 句子的发展

幼儿句子结构的发展从不完整句,到完整句,再到复合句。复合句是指由两个,或者两个以上意思相关联的单句合起来而构成的句子。幼儿在2岁开始就说出极为少数的简单的复合句,4～5岁时复合句的发展较快。

复合句主要有联合复合句和主从复合句两大类。联合复合句是幼儿比较容易掌握的复合句,其中出现最多的是并列复合句。比如"妈妈排排座,宝宝吃饭饭";"我不喜欢小猫,我喜欢小狗"。其次是连贯复合句和补充复合句。连贯复合句的前半部分和后半部分说的事情是连续的,前后分句的次序不能调换。比如:"吃好饭之后,我去小华家玩了一会";"我先去了积木区,后来去当小医生了"。补充复合句如:"我搭

---

① 张仁俊. 幼儿对空间词汇的掌握[J]. 心理发展与教育,1986(4):34—39.
② 朱曼殊. 幼儿对人称代词的理解. 儿童语言发展研究[M]. 上海:华东师范大学出版社,1987.

马路,你搭桥。"幼儿比较难掌握的是主从复合句,因为它反映了较为复杂的逻辑关系。主从复合句中最常见的是因果复合句,比如:"我不要穿绿色的裙子,它不好看";"我喜欢小佳,她跳舞很好看"。不同年龄段的幼儿所使用的复合句的复杂程度是有差异的,年龄越大,复合句的程度越复杂。

在整个幼儿期,复合句的结构简单而松散,缺少连词,仅由几个单句并列组成,往往使句子意义不甚明确,听话者必须结合说话的情景才能理解。幼儿在 3 岁时开始使用极少数的连词,以后逐渐增加。到 6 岁时,使用连词的句子仍然不多,只占到复合句总数的四分之一左右。三四岁时,幼儿使用最多的是"还"、"又"、"也"、"以后"等,到五六岁时,出现了"因为"、"如果"、"为了"、"结果"等表示因果、转折、条件假设等关系的连词。不过,这时幼儿的关联词虽然比较丰富,但是并不总是恰当的。

(二) 句子的理解

在语言发展的过程中,幼儿对于句子的理解先于句子的产生。也就是说,幼儿在能够说出某种结构的句子之前,就已经能够理解这种句子的意义了。四五岁的幼儿已经能够和成人自由交谈,但是对一些复杂的句子的理解还存在一些困难。比如,幼儿对被动句(如,小华被小明撞倒了)和双重否定句(没有一个小朋友不喜欢看动画片的)就不能很好地理解。大约到了 6 岁左右,幼儿才能比较好地理解常见的被动句和双重否定句。

幼儿对于复合句的理解也有一个循序渐进的过程。国内的一些研究①表明:幼儿理解复合句类型的顺序依次是:并列复句("还"、"不是……而是")、递进复句("不但……而且")、条件复句("如果……那么"、"只有……才")、因果复句("因为……所以")、让步复句("虽然……但是")。4 岁幼儿能理解并列复句,6 岁幼儿基本上能理解递进复句,到七八岁他们才能理解让步复句。幼儿对复合句的理解顺序主要取决于各种复合句所表达的事物关系的复杂程度和理解这种关系所需要的认知活动的困难程度。此外,句子的句法复杂性、句子中所用连词的特点对幼儿理解复句也有一定的影响。

幼儿往往会从以前的经验中概括出来一些"规则",然后采用这些"规则"去解释一些尚未完全掌握的新句子。不同年龄段的幼儿所使用的理解句子的策略有所不同。一般来说,幼儿理解句子的策略大致有以下几类。

(1) 事件可能性策略。这是幼儿在开始理解句子时采用得比较多的策略,是指幼儿往往只根据事件的可能性,而不是根据句子的结构来确定各个词在句子中的语法功能和相互关系。比如,无论是要求幼儿"人拍球"或是"球拍人"时,3 岁幼儿同样会做出人拍球的动作。幼儿在听到"用小羊打鞭子"时,他们会根据两个名词有无生命而理解为"用鞭子打小羊"。在"事件可能性策略"中,幼儿只对词与词之间的意义关系做出反应,而不管词序,这种策略也称为语义策略。

(2) 词序策略。词序策略是指幼儿完全根据句子中的词的顺序来理解句子。国内外的研究发现,5、6 岁的幼儿因为经常使用主动语态的句子,所以他们就形成了一种把句子中出现的"名词-动词-名词"的词序当作"施事-动作-受事"来进行句子加工的策略。比如,他们常将"晶晶被亮亮推倒"理解为"晶晶推倒了亮亮"。将"小班幼儿上车之前,大班幼儿先上车"理解为"小班幼儿先上车,大班幼儿后上车"。

(3) 非语言策略。幼儿在理解句子中某些词的词义时常使用一些非语言策略。如在一项研究中,要求年幼儿童按实验者的指导语将玩具放在参照物的适当位置中。结果发现,幼儿按照以下两种非语言策略放置:① 如果参照物是容器,幼儿喜欢把玩具放在容器的里面;② 如果参照物有一支撑面,幼儿喜欢把玩具放在它的上面。

"预期"是非语言策略的一个方面。幼儿在理解句子时常常会受到之前所获得的知识的影响,从而对当前的理解有个预期。所以他们往往不顾句子的结构和实际内容,只是根据自己对人物或事物间关系的比较稳定的看法来做出主观预期的回答。比如,"张医生被李华背着去医院,他的腿受伤了"要求回答谁受伤了,7 岁左右的儿童仍然认为是李华受伤了。对年龄较大的儿童来说,首先起作用的就是预期。只有在同一预期的水平内,语言结构才起作用。

幼儿通过以上这些策略的使用逐渐发现,并不是所有的句子的意义都跟自己的理解相符,进而会改进策略使它们更符合语言的实际,幼儿对于句子的理解也越来越向成人的水平靠拢。

四、幼儿语用技能的发展

有时候,语言中的许多现象不是句法和语义所能说明白的,必须要参考说话者和听话者交谈时候的具

① 谬小春,朱曼殊.幼儿对某几种复句的理解[J].心理科学通讯,1989(6):1—6.

体语境。有些话语在不同的情境中会有不同的含义,而有些话不在一定的语境中就无法理解其正确的意义。

语用技能就是指交谈双方能够根据语言的意图以及语言环境,有效地使用语言工具进行沟通的技能,包括说和听两方面的技能。

(一)说话的语用技能的发展

说话的语用技能是指说话的人必须善于吸引听者的注意,讲话内容和方式还要适应听者的水平和需要,并且能根据听者的反馈以及不同的交谈情景及时调整自己的语言等。

2岁孩子已经表现出巧妙的交流能力。4岁幼儿已经能够根据听者的能力而调整谈话的内容。4岁幼儿向2岁孩子和成人介绍一种新的玩具时,他们所使用的语句的长度、结构和语态都不相同。他们对2岁孩子介绍玩具时,多用引起和维持对方注意的词语,谈话时更加自信、大胆和直率,告诉他人如何玩玩具。对成人介绍时,话语更长,结构比较复杂,更加有礼貌和谨慎。而且感觉更谦虚,更想从成人那里得到反馈和帮助。可见,4岁幼儿已经初步学会了有效交流的基本规则之一,也就是使自己的语言适应不同听者的水平。

说话的语用技巧表现在能够根据具体语境调节自己的语言。比如,面对同一块黄色圆形积木,5、6岁的幼儿就能根据它旁边的积木而改变对它的称呼,当周围全是黄色的,但是不同形状的积木时,他们就能将这一积木称为黄积木;如果周围全是圆形的积木,他们又会调整称呼,将其称为圆积木。有的时候还称之为黄色的圆积木。

整个幼儿期,幼儿已经能够在交谈过程中,利用前面话语的语义和句法信息,使自己说的话和前面的话保持同一话题,而且使得前后面的话语具有共同的语言形式,保持连贯性。他们还能根据前面说的话语,有规则地消除多余的部分,使语言更加简练和流畅。

(二)听话的语用技能的发展

听话的语用技能是指必须从直接的和间接的语言中推断出说话者的意图,并能对所听消息的可靠性和明确性做出判断和估计,进行及时反馈。

4到4.5岁的幼儿,即使在说话者话语的字面意义提供线索很少的情况下,也能推测出说者的意图。如果给幼儿呈现一张画有空心圆圈的纸和红蓝两张纸,告诉幼儿不要将圆圈涂成红色,4.5岁的幼儿就已经能够领悟到是要求他们将圆圈涂成蓝色。

幼儿对于话语中具有讽刺意图的理解能力,以及对诚实话、嘻嘻话以及侮辱性话的辨别能力相当迟才能出现。他们常常把成人的反话当成正面话理解。比如,成人对一直往地上扔玩具的幼儿说"你再扔,再扔扔看!",幼儿就真的又开始扔了。大约到小学三年级,儿童才能真正理解隐含在话语中的讽刺意义。

第二节　幼儿书面语言的发展

幼儿的语言发展除了口头语言的显著进步,也包括认识环境中的书面语言,以及逐步尝试书写等早期读写能力的发展。幼儿早期读写能力的发展是指幼儿在获得口头语言经验的基础上,接触有关书面语言的信息,获得关于书面语言的意识、行为和初步能力的过程。

一、幼儿前阅读能力的发展

(一)什么是前阅读

阅读是从书面语言材料中获取信息建构意义的过程。真正的阅读需要满足两个条件:第一,读者的识字水平达到一定程度的自动化;第二,内容要符合阅读者的经验。如果这两个条件中有一个不满足,读者就无法顺利地读下去。虽然识字是幼儿阅读活动的最初基础,但是在幼儿识字(进入小学)之前,从语言方面讲,他们已经能够听懂别人的话了;从感知方面看,他们的形状知觉和颜色知觉已经有了初步的发展,能够感知基本的图形和常见的事物;从思维方面讲,他们已经能够理解直观画面的局部或整体的内容,并通过口头语言进行表达。因此,幼儿在识字(进入小学)前事实上已经能够阅读。不过,他们阅读的不是文字

材料，而是图画材料。这一时期的阅读，是真正意义阅读的准备期，其发展水平直接影响幼儿进入小学之后真正的阅读能力的发展。所以，这一时期也称为前阅读时期。

幼儿的阅读不同于成人的阅读：在阅读材料上，成人主要阅读报纸、书刊、网络信息等，而幼儿主要以阅读图画书为主；在阅读对象上，成人主要以文字阅读为主，而幼儿的阅读遵循着从图画到文字的过程，而且主要以图画为阅读对象。

（二）幼儿前阅读的核心经验与发展阶段[①]

"前阅读"的核心经验是支持幼儿在终身学习中成为一个成功阅读者必备的经验，是一个有着良好阅读能力的幼儿应该具备的态度行为和能力。刘宝根、高小妹梳理了学前儿童前阅读的三大核心经验以及发展阶段。

1. 良好阅读习惯和行为的养成

这一核心经验包括三个方面：一是图画书概念的获得；二是良好阅读习惯的养成；三是阅读行为的获得。幼儿在这个范畴核心经验上的发展阶段如下。

（1）初始阶段：在这一阶段中，幼儿获得了对于图画书的初步认识，知道从哪里开始看起，也知道一些基本的阅读规则。此外，他们开始愿意与成人一起阅读图画书，在空余的时间里还主动选择和阅读喜欢的图画书。而且在阅读的时候能够做到不撕书，不乱扔书。

（2）稳定阶段：在这一阶段中，幼儿已经能够熟练地按照阅读规则翻阅图画书，迅速地找到成人提到的页面，阅读的时候用手指着图画书中的物体。会经常翻阅自己喜欢或与成人共读过的图画书，在读书的时候能够专注，并且能在成人的提示下根据图画书的封面或标记初步学习整理图画书。

（3）拓展阶段：在这一阶段中，幼儿已经熟悉图画书的结构，知道封面中不同形式文字所表示的意义。能熟练地跟随成人的朗读翻阅图画书，认真观察图画书的画面和文字信息。开始喜欢阅读不同类型、题材的图画书，并能较长时间专注地阅读。具有了初步独立阅读的能力，愿意跟别人分享图画书。

2. 阅读内容的理解和阅读策略的形成

这个范畴的经验包括两个方面：一是阅读内容的理解，主要包括对主角形象的感知，对主角行动和主角状态的理解，对图画书从单个画面到整本图画书情节的理解。二是形成初步的阅读策略，指通过预期、假设、比较、验证等进一步理解图画书内容。幼儿在这个范畴核心经验上的发展阶段如下。

（1）初始阶段：在这个阶段中，幼儿通过封面的阅读初步了解图画书中的主角，并初步感知主角的动作和表情，猜测图画书中的主角与故事情节。在阅读的过程中，能清晰、准确指认页面上的物体，能够描述单个画面上的故事情节。

（2）稳定阶段：在这个阶段中，幼儿能主动观察图画书中主角或主要人物的动作以及行动路径和方向，能描述单个画面上较为丰富的情节，并能将前后画面的故事情节串联起来。在阅读中，能在成人的提示下猜想图画书后面的情节，在成人的提问下会通过观察图画书中主角或主要人物的动作、表情、姿态来验证文字所传递的信息或自己的猜想。

（3）拓展阶段：在这个阶段中，幼儿能细致观察画面中主角或主要人物的状态，理解主角的心理状态，有意识地观察画面中的细节，并将细节与主要情节联系起来，准确理解完整图画书的内容。在观察阅读图画书的封面时会预测图画书中的情节，也能根据图画书的结构作出合理的预期。

3. 阅读内容的表达与评判

这个范畴的经验包括三个方面：一是对阅读内容的叙述；二是阅读内容的表达与迁移；三是评判性思维的形成。幼儿在这个范畴核心经验上的发展阶段如下。

（1）初始阶段：在这个阶段中，幼儿会在成人的提示下做出与图画书主角相应的动作和表情，能用口头语言来叙述图画书的内容。但所叙述的内容情节性不强，缺乏逻辑性，不同画面之间未能形成联系，同时还不能用图画书中主角的行为来调节自己的行为。在绘画活动中会回忆和初步表现出自己看过的图画书中的形象。在阅读完一本图画书之后会表达自己是否喜欢所阅读的图画书。

（2）稳定阶段：在这个阶段中，幼儿会根据自己对图画书的理解，产生与主角或主要人物相应的情绪。在日常生活中会有意识地联想起自己看过的图画书并根据图画书中主角的行为来调节自己的行为。在阅读完一本图画书之后，会表达自己是否喜欢所阅读的图画书，并能初步说明原因，还会表达自己对主角或

主要人物特征的理解和喜好。

（3）拓展阶段：在这一阶段中，幼儿会准确地解释主角或主要人物出现的行为、状态的原因。在叙述图画书的内容时，能逐步以书面语的方式清晰连贯地叙述图画书的内容，表现出类似文字阅读的"朗读"。在日常生活中会根据自己的经历和想法在仿编、续编图画书情节的基础上合作制作图画书。在阅读完图画书之后，会对图画书中人物的特征进行评价，并对图画书所传递的主旨和含义进行初步的思考，表现出对作者意图的认同或质疑，并说明理由。

二、幼儿前书写能力的发展

（一）什么是前书写

书写，作为幼儿学习书面语言的重要组成部分，不仅是幼儿学习书面语言必须获得的关键经验和能力，更体现了他们对于环境中文字信息的关注和理解程度，是儿童未来学业顺利的基础。

"前书写"是指幼儿在未接受正式的书写教育之前，以笔墨纸张以及其他书写替代物为工具，通过涂鸦、图画、像字而非字的符号以及有一些接近正规"字"的形式所进行的书写，是幼儿依靠这些图画和符号来表达和传递信息，交流思想、情感和经验的游戏与学习活动。这种非正规的文字书写活动能够帮助幼儿建立和巩固握笔、用笔在纸上涂画以及写字等与纸笔互动的经验，能够感受和明白一些文字组成的简单规则，并熟悉书面文字字形，深入理解词汇，从而有效提高读写和语言能力。

 案例 8-1　　　　　　　　　　　　畅想小学生活

姚老师为大班下学期的孩子设计了主题活动"畅想小学的生活，和幼儿园说再见"。在两周的时间里，姚老师带领孩子们参观了小学的课堂，讨论了将来要入的小学，回顾了在幼儿园的生活，还请孩子们说一说自己最舍不得幼儿园的是什么。经过充分的活动和讨论，孩子们对未来的小学生活充满期待，也舍不得幼儿园时代的好朋友。他们和老师说，以后还想和小朋友一起玩。姚老师启发他

图 8-1　儿童畅想小学生活的前书写作品①

们思考：那我们要怎样才能和幼儿园的好朋友保持联系呢？最后孩子们和老师一致认为，给好朋友留一张"名片"是最好的办法，名片上有自己的名字和电话，能方便与好朋友联系。在几天的讨论和创作之后，每个孩子都画了与图8-1类似的"名片"，上面有自己的名字、电话、想和好朋友说的话，有的孩子还写上了自己以后要上的小学名称等。只要仔细观察，我们就可以发现孩子们的作品都是汉字和图画组合而成的，其中还会出现一些数字、字母和自创的符号。活动结束阶段，孩子们解释了这些图文的意思。这些图文组合后能够表达一定的意思。

（二）幼儿前书写的核心经验和发展阶段

"前书写的核心经验"是指幼儿在前书写能力萌发及发展的过程中，一些关键的、重要的发展指标和内容。这些经验的缺失可能会影响幼儿前书写能力的发展。陈思研究了我国幼儿前书写的发展规律和特点，总结出学前阶段幼儿前书写的核心经验和发展阶段②。

1. 建立书写的行为习惯

建立书写行为习惯是幼儿最初积累的关于前书写的经验。这里的"书写"是指幼儿能够涂画、模仿与书面文字相关的符号，包括简单的汉子字形、笔画和图形等。

（1）初始阶段：以随意的涂鸦和线条"假装"书写。在幼儿很小的时候，他们会因为好奇心在纸上画出非常潦草的、简单的线条及随机的图形。这种涂鸦行为，或者说"假装书写"行为是幼儿前书写能力发展的

---

①　陈思.儿童前书写的核心经验和发展阶段[J].幼儿教育，2012(34)：10—12.
②　同上.

必要经验,是幼儿进入小学正式书写的准备。

(2)稳定阶段:有初步的与纸笔互动的经验。幼儿在"假装"书写的基础上,进一步探索书面语言的功能和形式。这一阶段中,幼儿书写的内容比前一阶段略微丰富,不仅有随意的涂鸦,还出现了一些符号和图形,比如用一个方框代替一个汉字。

(3)拓展阶段:积累并能书写一些简单的汉字字形。幼儿开始能够认识一些简单的汉字字形。比如,有些幼儿能够从若干汉字中认出自己名字里包含的汉字,还能说出这个字的意思。接着幼儿能够书写一些生活中常接触的、笔画和结构简单的汉字字形。他们会遵从汉字方块字的特征,尽力将习得的书面文字规范地反映在自己的书写中。

2. 感知、理解汉字结构

汉字的结构和形式具有很强的视觉特征。幼儿早期就发现了这些视觉特征,并能在逐步熟悉书面文字的过程中积累对于汉字结构的认识和理解,然后将这些立即贯彻在前书写中。比如,汉字的"方块字"的视觉特征十分突出,幼儿会使用方块来代替不会写的字。而且幼儿写字时字与字的间距趋于统一。

(1)初始阶段:感知汉字"方块字"的特点,区别于图画。在这一阶段中,幼儿会知道汉字是"一块一块"的"四方形"。有些幼儿会用一个一个的方块来代替汉字。渐渐地,幼儿就能观察和发现简单笔画和复杂笔画的方块字组合。之后,幼儿又尝试按照方块的形式进行前书写的探索。

(2)稳定阶段:发现汉字"一字一音"的特点。一开始,幼儿可以根据汉字的读音区分不同的汉字;之后,幼儿能明白一些简单的读音和汉字之间的联系。在这一阶段中,具有一定前书写经验的幼儿能够敏锐地觉察到汉字具有"声旁"的特点。

(3)拓展阶段:理解汉字之间的间隔,书写时能逐步统一字体大小。幼儿在开始学习书写时,往往不能很好地掌握汉字之间的间隔,前书写经验增加后,就能按照汉字书写的结构将汉字之间的间隔调整合适。

3. 学习创意书写表达

幼儿在较多地尝试前书写后,能够创新地使用一些特别的方法来表达自己的意思。在与成人交流时,他们能够说出这些图形所代表什么。渐渐地,幼儿会将某些固定的"替代"方式记下来,重复使用,形成自己独特的表达策略。

(1)初始阶段:模仿成人的书写,借助图画来表达想法。随着前书写能力的发展,幼儿逐渐出现了运用纸笔进行交流的愿望。这时,他们就随意地画图、画符号。他们能够向他人解释这些符号和图画代表什么意思。但是下次再遇到同样的情景,他们不一定会用同样的符号来代表同样的意思。

(2)稳定阶段:使用图画、符号、文字等多种形式,有创意地表达比较复杂的意思。比如,幼儿画老鹰来代替"因为"的"因"字,由于老鹰很复杂。后来幼儿就只画了一个鸟头,同样取了"鹰"的音。除了图画,用简单的文字代替也是幼儿常用的创意书写手段。

(3)拓展阶段:在创意书写中出现利用汉字"同音"、"形似"等特点进行书写,能够表达更复杂的内容。"同音"即利用比较简单的、具有相同或相近读音的汉字来替代较为复杂的陌生汉字。"形似"就是利用外形接近的一个字来代替另一个字。比如,用"是否"的"是"代替"知识"的"识",用"日"代替"阳"。幼儿在创意表达的过程中,能够灵活地使用多种替代策略,并逐步积累一些常用的替代策略。

教师和家长应该理解幼儿前书写的发展阶段和特点,了解幼儿前书写能力发展的不同层次及其可能的发展程度,合理安排前书写课程和活动。根据幼儿前书写能力发展的不同阶段特点,教师可以在课程设计中合理地融入以核心经验的获得为教育目标的系列活动。

案例8-2   关注幼儿生活环境   促进幼儿前书写经验形成

幼儿通过前书写进行交流,意味着幼儿可以用图画、符号和自己认为是字的前书写方式,表达和交流自己的想法。那么,在幼儿园的一日生活中,隐藏着哪些幼儿可以学习前书写的机会?成人应该如何运用恰当的指导策略帮助幼儿学习前书写呢?

1. 写计划

在幼儿园一日生活中,成人要经常跟幼儿谈谈一日活动的计划、重点,这时就是幼儿学习前书写的机会。成人可以请幼儿思考、讨论活动计划:"我们今天要到小班去帮助弟弟妹妹们学习穿衣服,你们有什么打算,请把自己的计划写下来。""明天我们要去公园春游,你们觉得可以先做什么,再做什么?请写写自己的春游计划。"一张小纸片,一本小本子,幼儿可以在上面画画写写,做出计划。

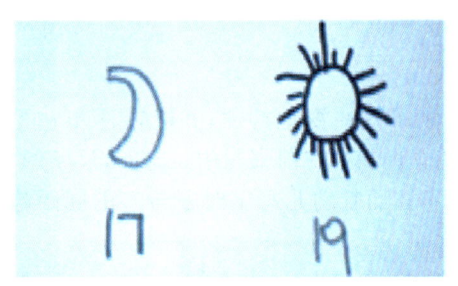

图 8 - 2

2. 写备忘

在准备参加一个活动或要记住一件容易忘掉的事情时,人们常常采用备忘录或者便条等书写提示语。幼儿园一日生活中蕴含着很多这样的学习前书写的机会。上海乌鲁木齐南路幼儿园的成人帮助幼儿从"想要记"到学习"怎样记",从"不会记"到"记不全",再从"记得来"到"看得懂"。如美美将自己"书写"的备忘(见图 8 - 2)贴在姥姥的床前,提示姥姥每天早晚打胰岛素。她还特别注明早晚打针的不同剂量,得到了姥姥的夸赞。这种生活中的前书写培养了幼儿对前书写的兴趣,有助于幼儿积极主动地建立早期书写的关键经验。

3. 写卡片

幼儿在学习社会交往的过程中常常会产生各种表达情感的需要。例如,有老师和小朋友生病了,幼儿想要表达同情和慰问之意;得到老师和小朋友的帮助,幼儿想致谢;幼儿园或班级有聚会、庆典,幼儿想要邀请家人参加。这时,成人可将写问候卡、感谢卡或邀请卡的机会让给幼儿。这样,幼儿就可以用前书写的方式学习表达自己的情感,各种图文并茂的充满情趣的卡片就会出现。

4. 写日记

写日记通常被认为是成人或识字的学生的书写活动。但是,幼儿也有记录和表达自己想法的愿望,而用前书写的方式写日记可以帮助幼儿达成这样的目的,并获得有关这种书写内容和形式的经验。例如,一个幼儿在妈妈患癌症去世后,得到了家人和老师的特别关注和呵护,她用写日记的方式回顾了和妈妈一起玩的情景(见图 8 - 3),反映了妈妈去世后爷爷对她的特别照顾(见图 8 - 4)。"我开心,爷爷也开心"是她的真心话。相信"书写"日记还部分地起到了帮助这个大班幼儿度过母亲去世的心理适应期的作用。

图 8 - 3

图 8 - 4

其实,在幼儿的生活中,无论是在家里还是在幼儿园,都存在着大量学习用前书写的方式表达和交流的机会。创造前书写的教育环境,就是为幼儿提供支持和鼓励,吸引幼儿在与成人、同伴或他人交往的过程中,运用前书写的方法来记录想法、传递信息、表达观点。有心的教育工作者要注意抓住有利时机,让幼儿获得前书写的机会,保护幼儿运用前书写的方式进行交往的主动性和积极性,让他们在宽松而真实的语言运用情境中获得有效的语言和读写经验。

(资料来源:周兢.促进幼儿前书写经验形成的教育支持策略[J].幼儿教育,2012(34):13—16.)

第三节 幼儿语言发展的指导策略

一、幼儿语言发展中语言和交流障碍的表现及教育干预

语言是生存与交往的基本技能,在人的生活中极其重要,当幼儿语言发展出现问题甚至障碍时,幼儿其他方面的发展也会相应迟缓。既会影响幼儿的认知发展,还会导致幼儿交往困难与社会适应不良,应该引起足够的重视,给予适当的教育指导。

(一)语言和交流障碍的表现

语言和交流障碍的幼儿在口语或者语言理解能力上不太正常,包括发音(如发音错误或漏掉某个音节)、流利程度(如口吃或者讲话中不正常的短句)、句法异常(如反常的句子结构,或者错误的单词顺序)、语义理解(如难以理解有两个不同含义的单词)、语言使用(如滔滔不绝不让其他人插嘴)、语言接受(如不能在他人的谈话中区分不同的因素,或者难以理解和记住指示)中一个或几个方面的问题。如果幼儿不能表达与年龄相适应的语言,比如,幼儿与人交流只通过点头或手势进行,可能会存在一定的语言和交流障碍。有此障碍的幼儿,除了口语外,在阅读与写作方面也存在问题,还可能产生人际交往问题。

有些语言问题是遗传的,如果双胞胎中有一个有缺陷,另一个则很有可能也有。有的时候,这种缺陷与特殊的大脑障碍有关。不过,语言和交流障碍的真正原因目前尚无定论。

(二)对语言和交流障碍幼儿的教育干预

有些时候,幼儿自己明白,但是讲话时却感到难为情,或者根本不愿意讲话,因为他们讲话听起来很"古怪"或者难以理解,同伴可能就会嘲笑他,会影响幼儿的自信心,也会有一种挫败感。所以,成人应该从如下方面帮助他们。

1. 鼓励规范的口头交谈

因为有语言和交流障碍的幼儿和其他孩子一样需要大量在公众场合锻炼讲话,所以成人应该鼓励他们参与分享与讨论。前提是,不要给这些幼儿施加过多的压力。成人还应该鼓励其他的幼儿细心、耐心地帮助这些有语言和交流障碍的幼儿。

2. 耐心倾听

当幼儿自我表达有困难的时候,成人可以帮助他们完成整句话。如果成人以及其他幼儿都能允许语言和交流障碍的幼儿完整地表达自己的想法,表现出耐心和鼓励,这些幼儿可能会取得更大的进步。

3. 当信息不明确时询问清楚

当成人在理解幼儿所说的话有困难时,应当重复他们已经听明白的部分,让幼儿把其余部分再讲清楚。成人准确的反应有助于幼儿知道他们交流的情况如何。

案例8-3 对一个语言发展障碍幼儿的教育干预

1. 幼儿的行为表现

小雨是一名中班的幼儿,在班里他不爱说话,不与同伴交往,不爱玩玩具,不运动,不愿做操,拒绝参加班级的任何活动。一人默默地坐在小椅子上,不让老师和小朋友接近他。家庭调查情况:小雨从小说话就发音不清楚。四岁前一直由父母照看,没有入园经验。父母是个体商贩,没有太多的时间照顾他,因他说话不清楚,怕别人笑话、嘲弄他,经常把他一人锁在家里,很少让他与别人接触,忽视了孩子探索周围世界的正当需求,不能满足和支持孩子的语言活动尝试,致使孩子产生交流困难、依赖父母、怕与人交往的自卑心理。

2. 语言表达能力发展缓慢的原因分析

语言障碍是指幼儿在语言交谈中,表现出吐字不清楚,主要对韵母发音不清,或对一些语言发声

有变调、错误、遗漏、替换等,以及讲话不能成句的行为。而小雨是属于生理有点缺陷引起的发音不清楚,父母没有采取积极有效的治疗、教育等措施,只是采取消极的"保护",使小雨的身心得不到健康的发展,成为由自卑感导致退缩行为和语言发展障碍的幼儿。

3. 教育措施

(1)培养良好的情绪情感。一个宽松、平等、民主的交往气氛可以诱发孩子的良好情绪。每当小雨来园时,总是给他更多的关怀和照顾,或领着他在园里的走廊里转一转、看一看、讲一讲,放松他的紧张情绪,或让他和我一起站在门口迎接其他的小朋友入园。经过近一个月的引导和宽松的教育气氛,小雨来园时不再哭闹,不再纠缠父亲了,有时还能自己走进幼儿园来。

(2)增加与孩子亲密接触和关注的机会。在小雨能轻松入园后,我又着手帮助他消除对他人的戒备、防范的心理。在为幼儿准备进餐时,我会微笑着请他帮助我,和我一起来摆放碗勺。这以后他能主动地和我去放置碗勺并摆放得很整齐,也逐渐接受我抚摸他的头发、脸颊、拥抱等亲昵的行为举动,逐渐消除了紧张戒备的心态,或还我一个灿烂的微笑。

(3)树立自信心,得到他人尊重。树立自信心,得到他人的尊重,是小雨消除自卑感的重要条件。在小雨能帮助老师为集体做事情时,我便在集体面前表扬他,让孩子们知道小雨和他们一样有了进步,并引导孩子们一起分享小雨进步的快乐,让大家对他说些感谢、鼓励他的话,使小雨知道小朋友们需要他,大家尊重他、喜欢他,使他逐渐有了与人交往的自信心。

(4)使孩子感受与他人交往的快乐。教师有意识地多组织、创设一些较能引起幼儿注意的活动,让幼儿能更多、更清晰地观察,深切地感受到小朋友在交往、活动过程中的愉悦。随着情感体验的增强,让幼儿自己逐步参与到社会实践活动中。如在一次小朋友玩"小鱼、小鱼快快游"的游戏时,我发现小雨在旁边看得特别投入,看到开心处嘴角还微微露出笑意。我读懂了他对游戏的渴望,轻轻地走到他身边,拉起他的手一起加入到了游戏的行列。

4. 效果

小雨入园一年七个月以来,经过教师和家长的共同努力,小雨基本上克服了自卑心理。现在,小雨上课时能注意集中地听讲,情绪愉快,体重也增加了,能轻松地与同伴游戏、交往,还和小朋友一起参加节目演出,活泼开朗多了。发音也比以前清楚了许多。

(资料来源:景艳华.对一个语言发展障碍儿童的研究与分析[J].心理咨询,2012(1):86—87.)

二、促进幼儿语言发展的有效策略

(一)幼儿园促进幼儿语言发展的策略

幼儿园进行语言教育的首要任务就是帮助幼儿成为积极的语言运用者,能够有效地倾听他人的讲话,并且在交往中逐渐学习理解和表达不同的意图。

1. 保护幼儿运用语言交往的主动性和积极性

在幼儿园里,经常看到幼儿在集体活动中积极举手发言时,教师有意或无意地忽视幼儿的说话愿望,久而久之,相当一部分幼儿成为待老师点名发言的"被动者"。还有些时候,教师出于"教育"的目的,打断正在说话的幼儿,要求他"说完整"、"再想想看"等,实际上却使得幼儿的交往愿望就这样在"打断"的过程中受了挫。其实,老师可以不在乎幼儿的发言是多么准确和优美,可以让每个幼儿说说哪怕不成熟的想法,也可以在很多幼儿争着要说的时候,用分组或者三三两两自由讨论的方式给他们说话的机会,让他们想说的愿望得到满足。

没有交往的愿望,也就不会有语言的学习和运用。所以,教师应当允许幼儿暂时说得不完整,要相信幼儿在交往过程中会说得越来越完整。应该给幼儿提供一个宽松的、愉悦的语言环境。

2. 为幼儿提供真实而丰富的语用环境

语言是在运用中发展的,幼儿语言的运用又是在实际交流中实现的,所以老师应该给幼儿提供真实而丰富的语用环境,也就是创设可以帮助他们操作多种语言的交往情景。

一方面,专门的语言教育活动要让幼儿学习不同的语用情景中如何运用适宜的语言交往方式与他人交往。比如,谈话活动中,让幼儿学习如何倾听他人谈话,并且采用合适的内容和语言形式与他人交谈;讲

述活动中,让幼儿学会怎样在集体面前比较清楚地叙述个人的观点;文学活动中,让幼儿侧重理解和使用叙事性的语言表达方式;听说游戏中要求幼儿使用敏捷应变的语言;阅读活动中,提供幼儿接触书面语言的机会。

另一方面,利用日常生活这一真正真实而丰富的语言教育环境,让幼儿有更多的机会与各种各样的人交往,锻炼、扩展其语言经验。目前,许多幼儿园还存在只"看课"的问题,即成人主要关注在集体的语言教学活动上,而轻视了对幼儿来说时刻都存在学习运用语言的机会,这是一个需要引起我们重视的现象与问题。幼儿园的语言教育决不能忽视日常环节中语言的渗透作用。

案例8-4　　　　　　　　**促进小班语言发展的活动设计**

活动主题:挤呀挤(小班)

活动目标:

1. 能仔细地观察画面,并通过各种特征猜测小动物。

2. 在活动中讲讲、说说,能把"好舒服的床,让我也睡一睡吧!"这句话表达完整。

3. 通过玩挤呀挤的游戏,初步体验合作的快乐。

活动准备:故事《挤呀挤》ppt、垫子若干

活动过程:

1. 观看 ppt,理解故事内容。

观察封面,引出故事。

师:宝宝和一群小动物脸上笑眯眯的很开心,它们在干吗呀?(幼儿回答:挤呀挤)

2. 理解故事内容,根据特征猜测动物,学说:"好舒服的床啊,让我也睡一睡吧。"

(1)都有哪些小动物在挤呀?

瞧,宝宝一个人在睡觉,真害怕呀!他哇哇地哭着去找妈妈。这时候,谁来了?(指导幼儿观察画面,找到小老鼠。)小老鼠一个人住在洞里,可孤单了。于是小老鼠钻进了宝宝的被窝。"吱吱吱,真暖和呀!"小老鼠说什么呀?

(2)暖暖的被窝引来了许多小动物,猜猜谁来了?

你怎么知道是小鸭子来了?小鸭子也钻进了暖暖的被窝,说……(老师边做小鸭子的动作,边说:好舒服的床,让我也睡一睡吧。)它怎么说的?(集体,个别说)。

(3)猜猜谁又来了?哦,原来是小公鸡和小母鸡来了。你怎么知道是小鸡们来了?它们也在说:(师引读)好舒服的……

(4)还会有谁来呢?它们是怎么来的呀?它们会怎么说呀?(教师带宝宝一起通过观察、猜测,引导宝宝说一说。小花猫、小黄狗、小山羊、小马驹、小胖猪来了。)

(5)这么多的小动物都挤在一张小床上,一起睡觉好开心呀。这时宝宝回来了,"哎呀,怎么来了这么多朋友?"大家一起睡吧,挤呀挤,挤在一起真暖和啊。

3. 完整阅读,感受绘本情节的趣味性。

(1)这本书好玩吗?小动物们都在干什么呀?(挤呀挤),那这本书的名字就叫《挤呀挤》。

还想再看一遍吗?(集体阅读)

(2)(教师很紧张地)忽然……咚、咚、咚(声音低沉缓慢地),呀,又是谁来了?(幼儿猜测)瞧,谁?(老牛)老牛来了床上还挤得下吗?为什么?

4. 游戏:挤呀挤,初步体验合作游戏的快乐。

(1)准备四块垫子,请若干幼儿在垫子上挤呀挤。

(2)增加幼儿人数,请幼儿继续想办法在垫子上挤呀挤。

(本活动设计由苏州市虎丘幼儿园王蕾老师提供)

3.为幼儿提供创造性使用语言的机会

以往的研究发现,幼儿提问和质疑类语言不足,可能会对他们的创造性思维和行动造成影响。很多时

候,教师在与幼儿互动过程中由成人发起的提问很多,有时成人在一次专门的语言活动中能够一问到底,这样的师幼互动交往过程不大可能为幼儿留下提问的空间。另外,我们的语言活动中,鼓励幼儿大胆地用语言表达自己"预期"和"假设"也不多。有些时候,幼儿大胆地创编故事,表达自己想法,成人却因为逻辑性问题否定了幼儿的创意,这样做实际上影响了幼儿创造性语言的使用。所以,成人应该增加幼儿质疑、提问的机会,创设幼儿可以大胆提问的学习环境,鼓励幼儿勇敢地表述对学习内容的预期和假设,这样才能促进幼儿创造性语言的使用,从而提高创造性思维和行动。

(二)家庭中促进幼儿语言发展的策略

1. 耐心、认真倾听幼儿说话

在谈话中,家长首先要克服的就是打断幼儿说话,或者不假思索地做出某种结论性的评价,或者敷衍了事。比如简单地用"啊","哦","知道了!"等语句打断幼儿说话的积极性。家长应该有耐心,让幼儿感受到与家长谈话时地位是平等的、朋友式的,而非专制的。这样幼儿才会在宽松的氛围内更好地交流,也能进一步培养乐于倾听的好习惯。

2. 鼓励、引导幼儿多发表意见

家长可以围绕幼儿在幼儿园里的学习与生活,谈谈一些符合幼儿语言特点的、幼儿比较感兴趣的话题。比如:"今天做什么游戏了?""今天老师给你们讲什么故事了?"鼓励幼儿主动讲述幼儿园里有趣的事情。在带孩子去公园、书店、游乐场、动物园的时候,充分利用幼儿感兴趣的周围景物,鼓励幼儿发表自己的看法,积极主动与其他小朋友、售货员、管理员对话。

睡觉前讲故事对幼儿来说是非常温馨和开心的时刻,不但可以沟通亲子之间的感情,还能让幼儿在不知不觉中接受语言的熏陶,聆听有趣的故事。在幼儿的文学作品中,有淘气的小白兔、善良的小松鼠、机灵的小猴子、凶残的大灰狼等,一个个生动的形象深深地吸引着幼儿,他们在听故事的时候会屏声静息,全神贯注。家长讲完故事后可以让幼儿说说刚才故事中发生了什么事,鼓励幼儿表达对故事中人物的看法,培养幼儿倾听、表达以及理解故事的能力。

3. 重视亲子早期阅读

图画书对于促进幼儿语言发展也有着非常重要的作用。家长应该建立一个良好的阅读环境,提供各种机会让孩子在生活中接触书面语言信息。有条件的话,准备一个专用的书房,摆放一些适合孩子看的图书、画报,让孩子随手可以拿到,家庭成员都可以在固定的时候去阅读。此外还可以定期带孩子去图书馆和书店,指导幼儿自己选择图书,增加幼儿的阅读兴趣。

此外,家长需要给幼儿选择适宜的图画书和其他阅读材料。选择的材料应该符合各个年龄段的认知特点,主题接近幼儿生活,内容与幼儿的生活经验和已有经验高度结合,情节精彩,想象力丰富,能够最大限度地激发幼儿阅读的兴趣。家长还应该和幼儿一起阅读图画书,建立起良好的阅读常规,并且阅读过程中给孩子恰当的指导,帮助孩子逐渐学会阅读图书内容。

- 本章小结 -

本章重点介绍了幼儿口头语言与书面语言的发展特点,探讨了幼儿语言发展中常见的问题与指导策略。幼儿口头语言的发展包括语音、词汇、语法与语用技能的发展,书面语言的发展则包括幼儿前阅读、前书写的核心经验与发展阶段。通过家园共育共同促进幼儿语言的发展:教师应该保护幼儿运用语言交往的主动性和积极性、为幼儿提供真实而丰富的语用环境;家长则应该认真、耐心地听幼儿讲话,鼓励幼儿多发表自己的意见,陪伴幼儿一起阅读。

通过本章内容的学习,学生能够理解幼儿口头语言和书面语言的发展特点与规律,明确幼儿语言发展中容易出现的问题,在此基础上,能够理解并掌握促进幼儿语言发展的有效策略。

▶ 思考与练习

1. 幼儿口头语言发展包括哪些方面?各有什么特点?
2. 幼儿书面语言发展包括哪些方面?各自的核心经验与发展阶段是什么?
3. 如何促进幼儿前阅读、前书写的发展?
4. 幼儿语言障碍的表现是什么?如何干预?

5. 如何促进幼儿的语言发展?

▶ 自己做研究

请你对幼儿句子的发展水平进行测查①。

句子的发展是幼儿语言发展的一项重要内容,了解幼儿句子的发展水平能够更好地了解幼儿语言发展的状况。请你选择小、中、大班的幼儿各一名作为研究对象,测查这些幼儿的句子发展水平,具体要求如下。

测查目的:了解不同年龄阶段幼儿句子的发展水平,对这些幼儿的语言发展提出适宜的教育建议。

测查材料:准备三组图卡,每组图卡中包含三张图片。例如:猴子、秋千、小兔子三张图卡为一组。检测表见表8-2,1、2、3表示利用三组图卡造句,每组造句项目中都包括"是否将图卡中的词用进句子"(用词),"句子是否完整和严谨"(完整),"句子修饰词运用的数量"(修饰语)三项指标。

测查步骤:

1. 请幼儿用一个词说出图卡上的物体。教师指导语:"老师给你看三张图卡,请你说说图卡分别画的是什么。"

2. 引导幼儿运用图卡口头造句。教师指导语:"现在,请你将三张图卡上的物体连起来讲一句话,这句话讲得越长越好,这句话中必须有图卡上的物体。"比如,如果给幼儿看的是"宝宝"、"妈妈"、"苹果"三张图卡,可以引导幼儿说:"你可以说'妈妈给宝宝苹果吃',也可以说'妈妈看宝宝吃苹果',如果能说'懂事的宝宝正准备吃一个苹果,看见妈妈回来了,就把苹果让给妈妈吃',这就更好了。"

3. 逐一出示图卡,让幼儿造句。教师记录实况,填写句子发展水平测验表(根据"是否将图卡中的词用进句子"、"句子是否完整和严谨"、"句子修饰词运用的数量"三项指标,在"用词"、"完整"栏目中填写"是"或"否",在"修饰语"栏目中写上运用修饰词的数量)。

4. 对观察记录材料进行整理与分析,提出促进幼儿语言发展的教育建议。

表8-2　句子发展水平测验表

幼儿姓名	1			2			3		
	用词	完整	修饰语	用词	完整	修饰语	用词	完整	修饰语
×××									
×××									
×××									
……									

---

① 改编自张永红主编. 学前儿童发展心理学[M]. 北京:高等教育出版社,2011:156.

第九章　幼儿智力与创造力的发展

 **知识结构**

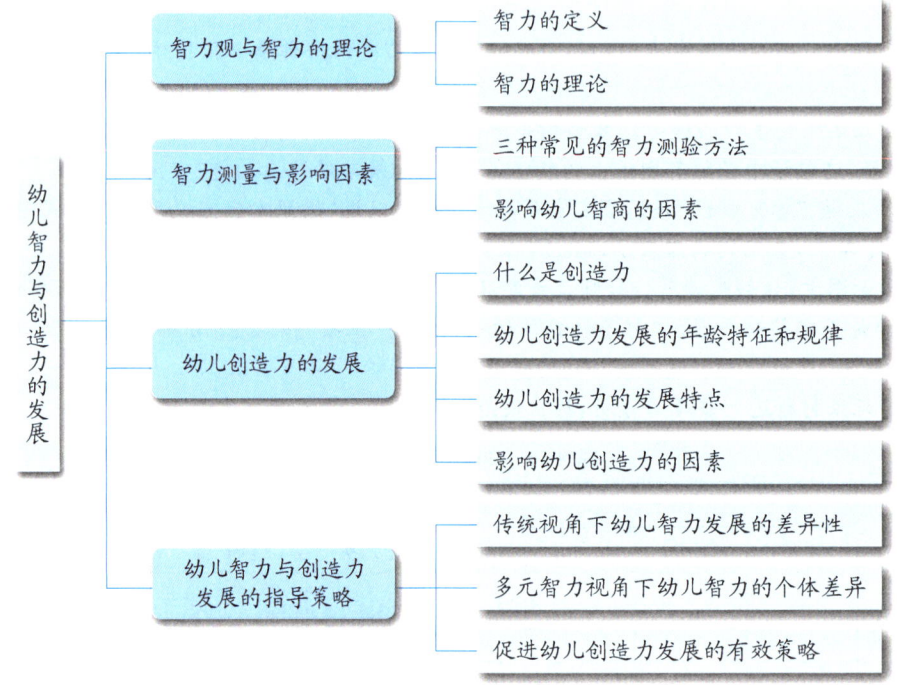

幼儿智力与创造力的发展

- 智力观与智力的理论
  - 智力的定义
  - 智力的理论
- 智力测量与影响因素
  - 三种常见的智力测验方法
  - 影响幼儿智商的因素
- 幼儿创造力的发展
  - 什么是创造力
  - 幼儿创造力发展的年龄特征和规律
  - 幼儿创造力的发展特点
  - 影响幼儿创造力的因素
- 幼儿智力与创造力发展的指导策略
  - 传统视角下幼儿智力发展的差异性
  - 多元智力视角下幼儿智力的个体差异
  - 促进幼儿创造力发展的有效策略

引入

　　一个错误，有可能侥幸地成为另一个发现。

　　儿子走上前来，向我报告幼儿园里的新闻，说他又学会了新东西，想在我面前显示显示。

　　他打开抽屉，拿出一把还不该他用的小刀，又从冰箱里取出一只苹果，说："爸爸，我要让您看看里头藏着什么。"

　　"我知道苹果里面是什么。"我说。

　　"来，还是让我切给您看看吧。"他说着把苹果一切两半——切错了。

　　我们都知道，正确的切法应该是从茎部切到底部窝凹处。而他呢，却是把苹果横放着，拦腰切下去。然后，他把切好的苹果伸到我面前："爸爸，看哪，里头有颗星星呢。"

　　真的，从横切面看，苹果核果然显一个清晰的五角星状。我这一生不知吃过多少苹果，总是规规矩矩地按正确的切法把它们一切两半，却从未疑心过还有什么隐藏的图案！于是，在那么一天，我孩子把这消息带回家来，彻底改变了冥顽不化的我。

　　不论是谁，第一次切"错"苹果，大凡都仅出于好奇，或由于疏忽所致。

　　使我深深触动的是，这深藏其中，不为人知的图案竟具有如此巨大的魅力。

156

它先从不知什么地方传到我儿子的幼儿园,接着便传给我,现在又传给你们大家。

是的,如果你想知道什么叫创造力,往小处说,就是苹果——切"错"的苹果。

(资料来源:[美]迪·恩·帕金斯.苹果里的星星[J].少年写作,2011(7):51.)

幼儿通过自己的尝试发现新现象的活动可以称得上是一种创造力的活动。幼儿的创造力活动与幼儿的智力有着密切的联系,创造力活动的主要特征是充满探索性。这种好奇心与探索性对幼儿的发展有着极其重要的作用。本章将介绍幼儿智力和创造力的发展。

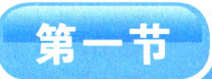 智力观与智力的理论

在对幼儿的智力发展研究中,人们最关注的问题是:智力如何随着年龄的增长而发展? 要回答这个问题,我们必须先了解有关智力的定义和相关的理论。

一、智力的定义

智力源于古希腊哲学家的"三分说",即人的心理过程有智、情、意三种分类。但对于什么是智力,至今尚无一个公认的确切定义。有些心理学家总是试图去确立他们自己的智力观点。

开创智力测验之河的斯皮尔曼和比纳把智力视为心理要素的综合。我国学者孟昭兰把智力定义为:"人完成某种活动所必备的个性心理特征。……是影响活动效果的基本心理因素。"

教育心理学创始者桑代克(Thorndike)和第一个把比纳的智力测验付诸实践的推孟(Terman)则把智力视为一种对环境的反应和适应能力。比纳认为:"善于判断、善于理解、善于推理是智力的三要素。"推孟认为:"一个人的聪明程度与抽象思维能力成正比。"

韦克斯勒量表制定者韦克斯勒(Wechsler)定义智力是"一个人有目的地行动,合理地思维和有效地处理环境的总括和综合能力"。

斯托达德(Stoddard)认为:"智力是从事艰难、复杂、抽象、敏捷和创造性活动以及集中精力、保持情绪稳定的能力。"

多元智力的提倡者加德纳(Gardner)提出了智力是一种在文化情境中有用的技巧和发现问题、解决问题的能力。

虽然众说纷纭,但也不无共同之处。归纳起来,不外乎是从智力的功能和特性方面加以阐述。认为智力一方面是适应环境的能力,是学习的能力;另一方面是一种抽象思维和推理能力,是问题解决和决策能力。

二、智力的理论

(一)智力的特质结构理论

1. 二因素论

斯皮尔曼(Spearman,1927)利用因素分析法,分析出人的智力中有两种因素:一种是一般因素,即所有智力活动中共有的因素(g因素);另一种则是特殊因素(s因素),是某一种智力活动所特有的。其中,一般因素是智力活动中的主体,因为它在各种不同场合中都表现出来。

2. 多因素论

塞斯顿(Thurston,1938)对斯皮尔曼的理论进行了批判性的继承。他运用群因素分析法,分析出智力活动中有七种基本的因素,即言语理解、词的流畅、计数、空间关系、联想记忆、知觉速度、推理。这七种因素被塞斯顿称为"基本能力",并且认为它们之间有密切的联系。

(二)卡特尔的流体和晶体智力理论

卡特尔和霍恩(Cattell & Horn)在塞斯顿的"多因素论"基础上,又分析出两种性质的智力,一种称为流体智力,另外一种称为晶体智力。流体智力是以神经生理为基础,随神经系统的成熟而提高,受教育文化影响较少,比如机械记忆、分类和图形关系等;晶体智力是通过学习和经验而获得的智力,如词汇、语言

理解和普通常识等以回忆贮存的信息为基础的能力。这两种智力发展的模式不一样,流体智力随着年龄的增长而衰退,晶体智力则随着年龄的增长而增强,在青春期仍然上升,并保持该水平直至老年。

(三) 多元智力理论

加德纳(1983)提出的多元智力理论则引起了心理学界和教育界的极大震动。该理论建立在对传统智力理论的批判和对八种心理特殊个体研究的基础之上的。

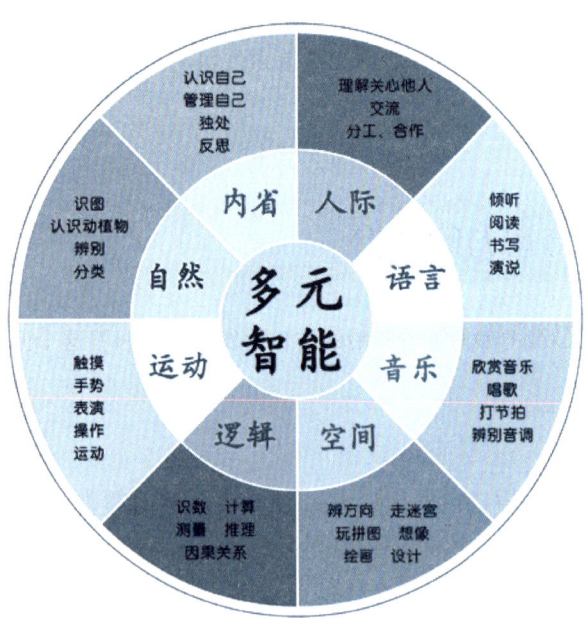

图 9 - 1　加德纳的多元智力①

1. 多元智力的组成

加德纳认为,传统的智力理论以及智力测验不能全面地对个体在某些领域中所获得的高水平能力进行定义和测定。比如,不能测定那些能借助星象进行航海的个体,测定那些能掌握外语或者有谱曲方面潜力的个体。加德纳认为,那是因为传统的智力观使人们形成了对智力的误解,认为智力是固定的,并且只局限于逻辑思维、机械性记忆等。所以,只有扩展并重新建立智力理论,才能设计出更为恰当的智力评价方式。他承认智力中确实存在一个一般因素,但他对这一因素用来解释人们在特殊情况下表现的有用性提出质疑。他认为,人们有八种特殊的能力,而且它们彼此是相互独立的,所以称为多元智力。这八种智能分别为:语言智能、数理逻辑智能、空间智能、音乐智能、身体动觉智能、人际交往智能、内省智能和自然观察智能(见图9 - 1)。

根据加德纳的多元智力理论,每个人的这八种智力不都是均衡的,有强项也有弱项。比如,某一个人在作曲方面比较强,可能就在其他方面表现出一般的能力。一个人可能在语言方便表现不佳,而另一个人可能在完成需要空间推理能力的任务方面有困难。也就是说,大多数儿童在某一方面或另一方面是聪明的。许多教育学家接受了这种人类潜能的乐观主义观点,认为只要教育方法利用了每个儿童的智力能量,所有的儿童都会成功地掌握所学知识。

2. 八种智能的表现

(1)语言智能。语言智能是指个体运用言语思维,用语言表达和欣赏语言作品深层次内涵的能力。具有这种杰出能力的人物包括作家、诗人、记者、演说家、新闻播音员等。加德纳认为,语言智能是传统智能测验的重要的部分。在大脑的一个特定区域,比如布罗卡区,主要负责合乎语法句子的产生,如果该区域受损伤,可能还会理解单词和句子,但是不能将单词组合成句子。在世界各种文化环境下生活的儿童,他们的语言发展具有相同的阶段。

(2)逻辑数学智能。逻辑数学智能主要指人能够计算、量化、思考命题和假设,并进行复杂数学运算的能力。具有这种杰出能力的人物包括科学家、数学家、会计师、工程师、电脑程序设计师等。逻辑数学智能有两个特点:第一,该能力突出的个体在解决问题时的速度常常快得惊人;第二,该能力强的人能在同一时刻解决许多变量或提出大量的假设,并一一加以评价,最后决定是接受还是放弃。逻辑数学智能与大脑特定部位有密切关系。例如有一些被认为是白痴学者的人,在其他方面表现出很低的能力,但是在数学方便却表现出很高的能力。

(3)身体运动智能。身体运动智能是指能够巧妙地操纵物体和调整自己身体动作的技能,这种杰出能力的人物包括运动员、舞蹈家、手艺人、外科医生等。善于支配自己身体的能力是个体赖以生存的必备条件,也是取得社会声望的重要特征。加德纳认为,身体运动智能受大脑运动神经皮层控制,大脑的每一个半球都控制或支配对侧身体的运动。

(4)视觉空间智能。视觉空间智能是指人们利用三维空间进行思维的能力。这种杰出能力的人物包括航海家、飞行员、画家、建筑师等。空间智能使人能够知觉到外在和内在的图像,能够重视、转变或修饰

---

① 图片来源:佚名.以太网.http://www.ether-soft.com/emidc/mi.html,2014 - 04 - 03.

心理图像。这种能力还能使个体有效地调整物体的空间位置,创作出独特的图像。加德纳认为,视觉空间智能由大脑右半球负责。如果一个人的右半球受损后,就会失去辨别方向、识别面孔和关注细节等能力。

（5）音乐智能。音乐智能是指人敏锐地感知音调、旋律、节奏和音色等能力。这种能力的杰出人物包括作曲家、指挥家、钢琴家、歌唱演员、音乐评论家以及善于聆听音乐的听众。加德纳认为,在一个人的身上,音乐智能比其他智能更早表现出来,这可能是因为音乐智能有其生理上或先天的渊源。脑科学的研究发现,音乐智能由大脑右半球主管。

（6）人际关系智能。人际关系智能是指能够有效地理解别人和与人交往的能力。这种能力的杰出人物包括教师、演员、社会工作者和政治家等。这种能力的核心是指一个人能够敏感地观察到他人的情绪、性格、动机、意向的能力。高水平的人际关系智能就是能够看到他人隐藏的意向和期望。加德纳认为,人际关系智能与大脑的前叶有关。这个地区受损,虽然不会影响一个人解决问题的能力,但是可能会引起个人性格发生很大的变化。研究还发现,婴儿对母亲有强烈的依恋,失去母爱的人,他们的人际关系往往受到影响。

（7）内省的智能。内省智能是指关于建立正确的自我知觉并善于用具体计划来指导自己人生的能力。这种能力杰出的人物有哲学家、神学家和心理学家。加德纳认为,内省就是有关对人内心世界的认识,也就是说能够了解一个人的心理状态,如感情生活和情绪变化,有效地辨识这些感情,加以标识,作为理解和指导自己行为的准则。具有较高内省智能的人,有自己的一个积极的、可行的、有效的行为模式。这种智能具有明显的隐私性。

（8）自然观察智能。加德纳认为,具有自然观察智能的人在辨识和区分众多物种（植物群和动物群）方面表现出专业能力。这种能力杰出的人物有生物学家、猎人、农民、厨师等。

上述的八大智能属于三个范畴:与物体相关的智能范畴、与物体无关的智能范畴以及与人有关的智能范畴。其中,与物体相关的智能包括视觉空间智能、逻辑数学智能、身体运动智能以及自然观察智能;与物体无关的智能包括语言智能和音乐智能;与人有关的智能包括人际关系智能和自我认识智能。而且,每一种智能的发展都受到遗传因素的影响。

3. 多元智力的发展规律与特点

各种智能的出现具有年龄差异。音乐智能,可能在儿童年幼时期就表现出来,而人际交往和内省智能则要到很大,甚至成人时期才表现出来。

各种智能的表现也各不相同。婴幼儿时期,智能的发展通过符号系统来表现。比如,音乐智能通过唱歌来表达;空间智能通过理解绘画来表达;语言智能通过句子和故事来表达;身体运动智能通过动作和舞蹈来表达。到了儿童期,智能的发展由另一种体系的标记所表达,比如数学公式、地图、字母等。这些符号均用纸上的标记或记号来表示。到了成人期,各种智能则通过对理想的职业和业余爱好的追求表现出来。

每一个人的各种智能发展是不平衡的。有些人拥有这一方面杰出的才能,而其他人则拥有另一方面杰出的才能。运动健将不一定是歌唱高手,科学家也不一定擅长人际交往。还有些人,某一方面的才能很突出,但是在另外一些智能上却存在问题,如果不提供支持和帮助,这些人在解决某些问题时就可能会失败。比如,有些孩子有很强的音乐天赋,但是生活自理能力却很差。因此智能的发展虽然会受遗传的影响,但后天的教育和文化环境的影响更不容忽视。

4. 多元智力对幼儿教育的启示

多元智力理论在当前美国教育改革的理论和实践中产生了广泛的积极影响,并且成为许多西方国家20世纪90年代以来改革教育的重要指导思想。加德纳的多元智力理论对我国幼儿教育改革有着如下重要的启示作用。

（1）应该树立全新的幼儿观,接纳、欣赏每一位幼儿。根据加德纳的多元智力理论,每个幼儿的智力都是八种相对独立智力错综复杂地以不同方式、不同程度的组合,每一个幼儿都会有自己的优势智力和弱势智力,也都有自己的学习方法与类型。多元智力理论为幼儿教师们提供了一个积极乐观的儿童观——我们的每一个幼儿都有闪光点和可取之处,每个幼儿都具有在某一方面或几方面的发展潜力,适当的教育和培养将使每一个幼儿的优势智力发挥到更高水平。教育工作者应该从多方面去了解幼儿的特长,为具有不同智力潜能的孩子提供适合他们发展的不同教育,让每个孩子都可以得到良好的发展。

（2）应该树立全新的教学观,激发幼儿潜能,促进幼儿全面发展。每个幼儿都有着不同的智力优势和发展方向,教育应该在开发幼儿多元智力的基础上帮助幼儿发现适合其占优势的智力,并发展它。幼儿教

师应该了解每个幼儿的优势,根据不同的教育对象选择相应的教育方法与手段,因材施教,使每一个幼儿的智力强项得到充分发展。此外,在激发幼儿优势领域潜能的同时,也应该向幼儿展示多方面的智力领域。幼儿教师应该根据教育内容以及幼儿的智力结构、学习兴趣和学习方式的不同特点,选择和创设多种多样适宜的、能够促进每个孩子全面充分发展的教育方法和手段。

(3)应该树立全新的评价观,使评价成为促进幼儿发展的有效手段。在传统的幼儿教育中,智力测验分数是评价幼儿发展的主要指标,最关注的是语言智力和数理逻辑智力这两大核心职能。这样的评价通常只采用纸和笔测试的方式进行,过分强调死记硬背的知识,对幼儿的理解能力、动手能力、应用能力以及创造能力缺乏客观考核。在加德纳的多元智力理论指导下,评价幼儿的方式应该通过多渠道、采用多种形式进行,应该在不同的实际生活和游戏情景下进行,应该考察幼儿多方面的初步解决问题的能力和创造出初步精神产品和物质产品的能力。此外,幼儿教师也应该从多方面观察和评价孩子的智力优势与弱势,并依此选择适宜的教育方法和教育手段,使评价成为促进幼儿教育的有效手段。

(4)应该树立全新的发展观,促进幼儿可持续发展。幼儿教育的宗旨应该是开发孩子的多种智力并帮助他们发现适合其智力特点的学习方向和业余爱好。如果幼儿在幼儿园发现自己至少有一个方面的长处,他们就会表现出极大的兴趣和自信,就会显现出极大的学习动力,燃起热切的追求自身兴趣的火焰。根据多元智力理论,幼儿教师应该明确在当前教育计划和活动中,包含了哪些在孩子身上可以培养的多元智力要素,以及如何普及这些要素,确保所有的孩子能够从中受益。当每个幼儿都有机会挖掘自身的潜能而快乐地学习成长时,他们必将在认知、情绪、社会甚至生理各方面展现出前所未有的积极变化,表现出持续不断的学习热情。

多元智力理论使我们对幼儿教育有了新的认识,使我们树立了全新的幼儿观、教育观、评价观与发展观。

第二节 智力测量与影响因素

尽管心理学家还不能给智力下一个比较准确的定义,但是近一个世纪以来,他们一直在尝试测量智力。20 世纪早期,法国的学校官员要求比纳(Binet)建立了一套完整的测量体系,用来确定哪些学生不能从常规的学校教育中受益,而需要进行特殊教育。为了完成这个任务,比纳设计了一套用来测试常识、语言、感觉、记忆和抽象思维的工具。而且,他发现在他的测试中表现差的学生通常难以完成学校的学习任务。比纳测试量表是智力测验的最早译本。今天,智力测验被广泛地用来评价儿童的认知发展,儿童的测验成绩常常用一个独立的智商(IQ)分数来表示。

智力测验通常包括多种多样的题目和问题来让儿童解决。它并不关注儿童在学校里被专门教授了什么,而是他们从日常的生活中学到了什么,推论出什么。所以,大部分的智力测验都包括推理能力和解决问题的测量,要求学生操作实物、分析图片和空间关系。

现行的智力测量主要有两种:个别测验主要用于心理咨询和教育测定,目的是为了了解个体的智力发展水平,多用于临床;集体测验用于中小学儿童入学时的健康诊断。

一、三种常见的智力测验方法

(一)斯坦福-比纳量表

斯坦福-比纳量表(Binet-Simon Scale,简称 S-B)是推孟与他的助手在比纳量表的基础上修订出来的。它首次采用智商(IQ)的概念,提出了以下公式:

$$IQ=\text{智力年龄}/\text{实际年龄}\times 100$$

智力年龄[①]是比纳提出来的,指的是心理发展的年龄阶段。这里以智力年龄与实际年龄的比率作为个体的聪明程度。比如两个实际年龄均为 5 岁的幼儿,一个智力年龄是 9 岁,另一个智力年龄是 7 岁。那么

---

① "智力年龄"由比纳首先提出并采用,指在智力测验量表上与某一智力标准水平相当的年龄,也称"心理年龄"或"智龄",是相对于实际年龄(生理年龄)而言的。比如,一个 5 岁的孩子,他在智力测试中的表现与普通 7 岁的孩子一样好,我们就说这个孩子的智力年龄是 7 岁。

第一个孩子的智商就是 IQ＝9/5×100＝150，第二个孩子的智商是 IQ＝7/5×100＝117。虽然他们的实际年龄相同，但是根据智商，第一个孩子可能更聪明。

斯坦福-比纳智力测验使用的对象从 2 岁婴儿到成人。测验要求被试完成大量的多种多样的任务，大部分与语言能力有关（比如，定义词汇，找出故事在逻辑上的矛盾，或者解释谚语等），也涉及一些具体物体的操作（如卡片盒子、纽扣或者木块）。

（二）韦克斯勒儿童智力量表

韦克斯勒儿童智力量表（简称 WISC），是为学前儿童和学龄初期儿童编制的智力量表，现在被广泛应用的是第三版韦氏儿童智力测验（简称 WISC－III）一共包括 13 个分测验，每一个分测验都涉及语言测试或者实物操作。比如下面的例子中，一部分测验的分数合起来会得到一个语言的 IQ 分数，另一部分测验的分数合起来就能得到一个操作（非言语）IQ 分数。两者分数合起来，就可以得到一个完整的 IQ 分数（见图 9－2）。

1. 语言测验题目
- 一只鸟有几只翅膀？
- 把钱存在银行有什么好处？
- 如果两个纽扣需要 15 元，那一打纽扣需要多少钱？
- 锯子和锤子有什么相似的地方？
2. 实物操作题部分：
- 这个图片中缺了什么？

- 按顺序摆放下面的图片使它们讲的故事合情合理。

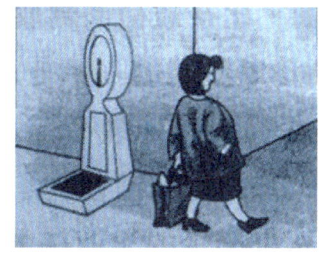  

- 请把这些纸拼成一只鸭子。

图 9－2　韦氏儿童智力测验题目列举[①]

（三）通用非语言智力测验

通用非语言智力测验叫作 UNIT(Brachen & McCallum,1998)，不涉及语言。该智力测量工具为 5～17 岁儿童设计，包括涉及记忆和空间推理六个分测验，（见图 9－3）。它的很多内容选自所有工业化后的文明通用的物体和符号。指导语完全用姿势、手势和模仿给出，儿童只需要通过指认或者操作物体完成测验。

这种非语言智力测验对于那些有听力障碍的儿童、有语言学习障碍的儿童和英语是第二语言的儿童

---

① ［美］特里萨·M·麦克德维特、珍妮·埃利斯·奥姆罗德著，李琪、闻莉、罗良、潘洁译. 儿童发展与教育（上册）［M］. 北京：教育科学出版社，2006：302.

是非常有用的。

● 符号记忆

主要是测查短时视觉记忆和复杂的有意材料的顺序的记忆能力。给被试呈现5秒一系列通用符号,然后让被试使用符号记忆卡片,根据记忆把图片重新拼起来。

● 空间记忆

主要测查抽象材料的短时视觉记忆能力。给被试呈现5秒3*3或者4*4的方格子,格子里面分布着绿色或者黑色的一些点。然后让被试根据记忆用绿色的和黑色的图形工具在空的方格图里摆出刚才看过的各个点的位置。

● 立方体图形

主要测查视觉空间推理能力。要求被试用两色的正方体摆出一个和刺激图形相匹配的三维图形。

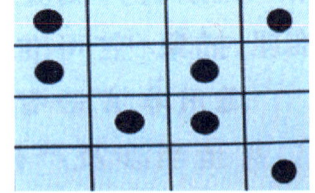
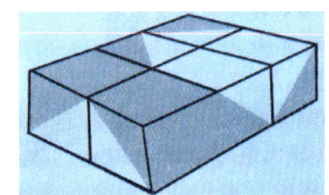

● 迷宫

主要测查推理能力和计划性行为。被试使用纸和笔做记号,从每个迷宫中心的起始点出发,通过迷宫,以找到迷宫的正确出口。每一线路都不允许做出错误的决定。将陆续呈现越来越复杂的迷宫。

● 物体记忆

短时再认能力和回想有意义的符号材料。将给被试呈现一张随意摆放着一系列普通物体的照片5秒钟,当这张刺激图片被拿走之后,再呈现另一张图片,这张图片中除了包含上图中的所有物体以外,还有一些添加物体作为干扰物。测验要求被试确认在第一张系列图片里看到的物体并在所给的纸上按顺序摆放。

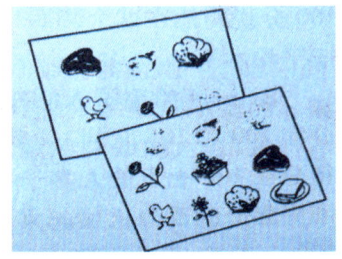

● 类推

主要测试符号推理能力。测验要求被试完成矩阵推理,即在四个既包含普通物体又包含新奇几何图形的备选答案中选出合理的一个。

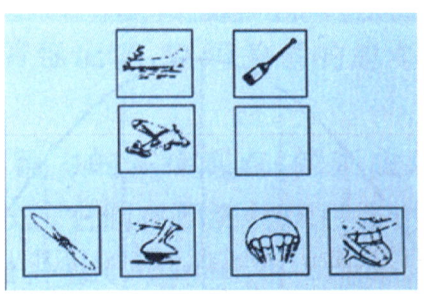

图9-3 非言语智力测验举例①

---

① [美]特里萨·M·麦克德维特、珍妮·埃利斯·奥姆罗德著,李琪、闻莉、罗良、潘洁译. 儿童发展与教育(上册)[M]. 北京: 教育科学出版社,2006:304.

二、影响幼儿智商的因素

（一）智商（IQ）的分布

早在 20 世纪初，一些心理学家就通过计算儿童在智力测验中的分数来比较他在同龄人中的智龄，智力测试的分数通常都是以智商（IQ）表示。

现在，我们还是使用智商（IQ）这种说法，但是智力测验分数已经不再以数学公式为基础了。分数最终通过比较一个人在测验中的表现和其他同龄人在测验中的表现而得出。以 100 分上下的分数为平均智力，如果一个人的得分低于 100 分，说明他在这个测验中低于同龄人的平均水平，高于 100 分的说明他在这个测验中的表现高于同龄人的平均水平。

从智商的分布图看，世界上所有人的智商呈正态分布，绝大多数人的 IQ 得分介于 70～130，只有少数得高分或低分（见图 9-4）。

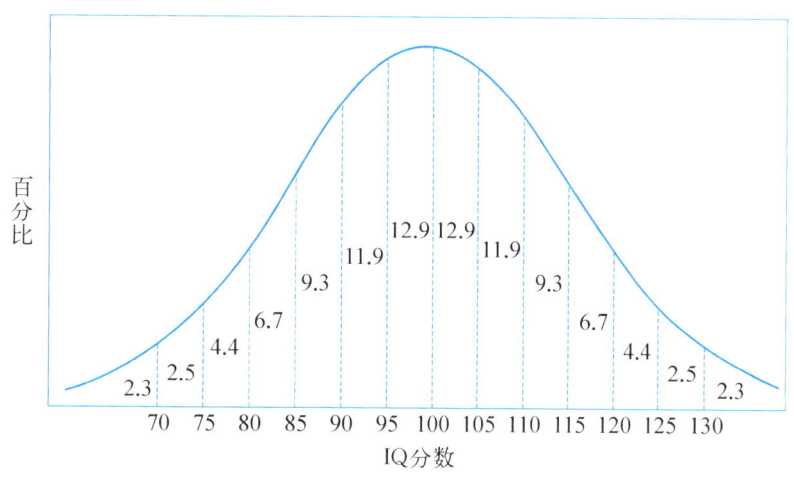

图 9-4　不同智力水平 IQ 分数的百分比[①]

（二）智商的影响因素

1. 遗传的影响

一些对双胞胎和收养孩子的研究表明，智力受遗传的影响。

（1）双胞胎研究。许多研究基于同卵双胞胎进行。因为同卵双胞胎是单一的卵子分裂而来的，他们在基因成分上是完全相同的。异卵双胞胎由两个不同卵子孕育而成，他们只分享 50% 相同的基因成分。如果同卵双胞胎比异卵双胞胎的 IQ 分数更相近，那么就可以推断出遗传会影响智力。

大部分的双胞胎由相同的父母抚养，也生活在同一个家庭里，他们既有相同的基因，又有相同的环境。研究发现，即使他们被分开抚养，也有极为相似的 IQ 分数（Borchard & McGue，1981；Brody，1992）。而且，被分开抚养的同卵双胞胎比生活在一个家庭中的异卵双胞胎有更接近的 IQ 分数。

（2）有关收养幼儿的研究。收养的幼儿与养父养母有着同样的家庭环境，与亲生父母有着相似的基因。研究发现，被收养幼儿的 IQ 分数与其亲生父母的智力相关性高于与其养父母智力之间的相关性。到了青少年后期，养子与亲生父母 IQ 分数的相关性会越来越高，与他们养父母 IQ 分数的相关性会越来越低（Bouchard，1997；Plomin & Petrill，1997）。

2. 环境的影响

并不是说所有幼儿注定会与其亲生父母有相似的智力水平。事实上，大部分高智商幼儿都来自于一般智商的父母，而不是高 IQ 分数的父母（Plomin & Petrill，1997）。所以说，长辈的基因并不能完全成为幼儿本身潜能的预测，环境的影响也会导致差异。比如，在斯卡尔（Scarr，1976）的一项研究中，一些穷人家的孩子被良好教育背景（IQ 分数在 118～121）的中产阶级的父母收养，另一些穷人家的孩子和他们的亲生父母生活在一起。这些孩子在 4～7 岁时进行了标准化的智力测验，被收养孩子的平均 IQ 为 105，而未被收养孩子的平均 IQ 数为 90。尽管被收养的孩子的 IQ 平均数略低于他们的养父母，但还是比和亲生父母一

---

①　周念丽编著.学前儿童发展心理学[M].上海：华东师范大学出版社，2006：174.

起长大的控制组的孩子高出 15 分。该研究结果表明,个体表现出的这种智力品质很显然是受到了环境影响的结果。

(1)家庭环境的影响。在上述关于收养儿童的研究中,被中产阶级领养的儿童比他们的亲生父母的智商高出许多的一种可能解释就是,这些养父母比那些低收入的亲生父母能够提供更好的家庭条件。包括更频繁地与孩子交流,提供更多的学习和阅读材料,提倡新技术的发展,以及在谈话中使用更为复杂的语言结构,而这些都与孩子的更高智商有关。

萨莫夫(Samoff)及其同事(1993)列出了十种导致儿童有低智商危险的因素,其中九种是儿童的家庭或家庭成员的特征(见表 9-1)。研究发现,每一种危险因素都与儿童的智力有关,而且危险因素越多,儿童的智商就越低。所以,如果在一个有经济水平较低的家庭里,父母的教育水平低,给儿童提供的智力刺激环境差,就会影响儿童的智力发展。

表 9-1　与低智商有关的十种环境危险因素与 4 岁儿童的平均智商①

危　险　因　素	4 岁儿童的平均智商	
	处于危险因素中的儿童	未处于危险因素中的儿童
少数裔儿童	90	110
户主没有工作,或者只是技能很低的人	90	108
母亲没有高中学历	92	109
家里有 4 个或者 4 个以上的孩子	94	105
家庭中没有父亲	95	106
家庭经历过多次压力生活事件	97	105
父母有严厉的育儿价值观	92	107
母亲高焦虑或者压抑	97	107
母亲心理不健康或者诊断为心理失常	99	107
母亲对孩子没有积极的情感表现	98	107

(2)早期干预的影响。对生活在贫穷家庭环境中的幼儿进行丰富的学前教育或者其他形式的早期干预可以促进儿童智力的发展。比如,研究发现,美国的早期教育项目"开端计划"就会促进儿童 IQ 分数的提高(Bronfenbrenner,1999a;Ramey,1992)。不过,这些积极的影响并不能一直持续下去,如果没有入学后的正规教育,那么 IQ 的优势也会随着时间的推移而渐渐消失(Bronfenbrenner,1999a;Campbell & Ramey,1995;Gustafsson & Undheim,1996)。

(3)学校教育的影响。入学比较早或者按时上学的儿童比不上学的儿童的 IQ 分数要高。研究发现,如果儿童因为家庭的不可控的原因而没能在他们该上学的时候上学,每耽误一年,他们的 IQ 就会低于正常分数 5 分。如果儿童不按时上学,他们的 IQ 会随着时间的推移而下降(Ceci & Williams,1997)。

(4)弗林效应。在过去的几十年里,人们变得越来越聪明,在智力测验中的分数已有了一个逐渐稳定和普遍的增长。从 1940 年开始,每 10 年,世界各国公民的智商平均增长了 3 分。这种趋势就是广为人知的弗林效应(Flynn,1987,1999)。此外,幼儿在传统的皮亚杰任务中的表现也有所提高(Flieller,1999)。这么短时间内的变化,不可能是进化的结果,那是什么导致了人类平均智商的不断提高? 心理学家认为,可能是更好的营养与健康水平、更好的教育以及更丰富广博的环境刺激提高了人们的智力成绩(Flieller,1999;Flynn,1987)。

第三节　幼儿创造力的发展

关于创造力与智力的关系,前人有不同的观点,有些认为两者没有关系,有些认为两者高度相关。我

---

① 转引自周念丽编著.学前儿童发展心理学[M].上海:华东师范大学出版社,2006:177.

国心理学家朱智贤认为,智力是人的一种偏于认知方向的心理特征或个性特点,创造力则是智力的高级表现。他认为创造力本身就是一个高度发展的智力,一个人要发现问题、提出观念以及创造性地解决问题,必须借助于语言和知识,以严密的逻辑来进行思考。所以,从本质上来说,创造力与智力应该属于同类,而且创造性水平的高低是衡量一个人智力水平的标准之一。

创造力对于幼儿来说极其重要,关系到幼儿今后的学习成绩及社会成就,培养幼儿的创造力是幼儿教育中非常重要的一项任务。推孟的《天才的发生研究(1925～1959)》是当时研究儿童创造力的经典之作。推孟对他的研究对象进行了长达34年的纵向研究,并将这些年的研究结果进行综合,对童年期、中年期和老年期各个阶段的心理素质、发展特征进行了总结,揭示了天才儿童的发展轨迹。在科学技术突飞猛进的时代,对创造性人才的需求在整个世界范围内都非常迫切,当前的形势更推进了对于幼儿创造力的研究。

一、什么是创造力

创造力是指根据一定目的和任务,运用一切已知信息,开展能动思维活动,产生出某种新颖、独特、有社会或个人价值产品的智力品质。在这里,产品是指以某种形式存在的思维成果,它既可以是一种新概念、新设想、新理论,也可以是一项新技术、新工艺、新产品。

创造力具有层次性。根据创造力本身从萌发到形成的动态过程,可以将创造力划分为类创造、潜创造、真创造三种层次。第一种是类创造,是创造力的雏形,这种创造不能产生创造性结果,如儿童的幻想、青年的憧憬等,是创造力的准备层次。第二种是潜创造,产生一种对本人来说是新颖、独特的,但已为人类发现或发明过的成果。第三种是真创造,它提供的是具有新颖性、独特性和社会价值的创造成果,科学家、发明家、艺术家等的创造更多属于这一类,如牛顿发现地球的引力、爱迪生发明电灯、莱特兄弟发明飞机、贝多芬创作《命运交响曲》、曹雪芹创作《红楼梦》等,这些就是一种真创造。

幼儿的思路极其广阔,想象和思维相当活跃,当幼儿能创造出一种表达自己思维的方式和能发现新问题时,就说明幼儿有创造力。如3岁的南南在画画时虽然不会画树,但是他会用不同形状、不同颜色的线条来表示树干、树叶、花等,还会用语言补充说:"当树坐上火箭,就很高兴了。"4岁的茜茜用磁性拼板拼出一只蝴蝶,并在蝴蝶下面拼上一块长方形,然后说道:"蝴蝶飞累了,在上面休息一会儿。"仔细观察幼儿的语言和行为,就会发现幼儿创造性的表现。

拓展阅读9-1   **幼儿创造力的表现**

1. 在倾听、观察或做事时,精神高度集中,以至听不见别人的说话或忘了吃饭等。如"哦,我没听见你叫我吃饭。"

2. 异常的活跃、难以安静。例如他会说:"我正在思考问题,我不能坐下。"

3. 说话时喜欢用比喻,而且比喻又很别致。如"我觉得自己像一条即将变成蝴蝶的毛毛虫。"

4. 有向权威思想挑战的倾向。如"为什么书上说的都对呢?"

5. 有追根究底的倾向。如"妈妈,我查看了所有的参考书,也看了电视的特别节目,而且问过老师,可我还是不知道上帝在哪里!"

6. 观察事物很仔细。如"嗨,这只蜈蚣只有41条腿。"

7. 渴望把自己的发现告诉别人。

8. 即使在闲暇的时间也不放弃创造性活动。如他会说"休息时,我做了样东西。"

9. 把两个毫无关系的东西联系起来。如"嘿,妈妈,你的新帽子简直像个飞碟。"

10. 坚持把自己的某种想法付诸实施。

11. 对各种事情表现出好奇,并渴望了解它们。如"我就是想知道从这个院子的房顶上看出去是什么样子的,所以我就爬上了房顶。"

(资料来源:佚名.创造力.摇篮网.http://www.yaolan.com/zhishi/chuangzaoli/,2014-3-15.)

二、幼儿创造力发展的年龄特征和规律

幼儿期被认为是创造力的萌芽时期。研究发现,幼儿的绘画、音乐、讲故事以及发散性思维测验等各

方面中的创造性成分随着年龄的增长也在不断增长。

安德鲁斯(Andrews)用图片、墨迹图来研究幼儿的创造性思维。发现4岁幼儿在独创性、深刻性方面的分最高,5岁后逐渐下降。拖兰斯(Torrance)及其同事对15 000名幼儿和小学儿童进行测验,发现3~5岁是创造性倾向较高的时期,5岁以后呈下降趋势。

我国心理学家潘洁对3~6岁幼儿的发散性思维研究的结果与上述两个研究有类似的趋势。研究发现,6岁幼儿在语义、符号、图形及操作方面的15项测验中,有13项平均值低于四五岁的幼儿。

王小英(2005)的研究也发现,幼儿发散性思维发展是不均衡的。小班幼儿的发散性思维水平较低,到中班和大班有了飞速的发展,并进入了"高原期",之后,发展速度骤然减缓。所以,她认为5岁是幼儿发散性思维的转折期。而且,她还发现,随着年龄的增长,男孩子在发散性思维独特性上的优势逐渐开始显露[①]。

总之,幼儿随着年龄的不断增长,知识经验的日益丰富,心理发展渐趋成熟,其创造力发展也随之发生相应的变化。具体表现在:第一,幼儿创造活动类型和范围有了变化;第二,幼儿创造的目的性和指向性不断增强,即幼儿从无目的创造向有一定目的、解决问题式的创造过渡;第三,幼儿的创造产品由仅具有个人价值和意义逐步向具有社会价值和意义的方向发展[②]。

三、幼儿创造力的发展特点

(一) 好奇心是创造力发展的起点

婴儿从呱呱坠地便有了探究反射,他们会对新异刺激进行定向和关注,这就是最初好奇心的表现。当声音和灯光出现时候,新生儿会马上去寻求声源和光源。通过探究反射,婴儿不断地接触、感受新颖的事物,获得新的知识,形成新的动作技能。随着幼儿期的到来,婴儿的探究从本能的、无意的、被动的向习得的、有意的、主动的方面变化。其中,最主要就是好奇心和求知欲的变化。到了幼儿期,好奇心使幼儿在行为和语言上有许多特殊的表现。行为上,幼儿表现出一种破坏行为。新买回来的玩具,特别是有机械装置的玩具,还没怎么玩,一会就被拆得七零八落了。有的时候,父母和教师都比较难以容忍这样的破坏行为,但是,对幼儿来说,他们是真的很好奇玩具里面能够"滴答滴答"响的是什么,为什么这个"小青蛙"拧一下发条会自己跳起来。他们会不停地追问"为什么"。这种"打破砂锅问到底"的现象正是幼儿好奇心的表现。幼儿正是带着好奇心不断地去探索周围的世界的。

(二) 创造性想象是幼儿创造力发展的重要表现

想象有两种,一种是再造想象,一种是创造性想象。再造想象,是根据某一种物体的图样、图解而形成的用言语描述而在头脑中产生这一事物的新形象(董奇,1993),主要表现为复述、替代。创造性想象则是在再造想象的基础上,对信息进行重新组合和加工而创造出新形象的心理过程,主要表现为改编和编造。

幼儿创造性想象也是随着年龄增长而不断发展的。3岁幼儿主要是再造想象,4岁则向创造性想象转化,5岁时更多地运用创造性想象。例如,以用铅笔盒进行游戏为例。3岁幼儿会将铅笔盒想象成火车来进行象征性游戏,但只是以物代物,是一种再造想象。4岁幼儿可能会打开铅笔盒,在上面再插上一根小棍,以此来替代驾驶员来驾驶"火车"。这个时候,幼儿能够对原来的铅笔盒与小木棍再组合,则是再造想象和创造想象的结合。5岁的幼儿,可能会一边"开火车",一边编造出一些系列开火车的情节以及与火车有关的故事,使游戏大大增强了创造性的成分。

(三) 幼儿的创造力以表达式创造为主

美国创造心理学家泰勒根据创造产品的新颖性、独特性和价值大小的不同,将创造力由低到高分为五个层次:表达式创造、技术性创造、发明式创造、革新式创造和突现式创造。表达式创造是指以自由和兴致为基础,因情景而产生,随兴致而感发,但是却具有某种创意的行为表现。幼儿阶段主要以表达式创造为主。例如,用游戏材料搭建新的建筑物、画图、讲故事、跳舞等。这种创造是一种比较简单的低级的创造,没有什么社会价值和实用价值,但是,创造产品对幼儿本人来说是前所未有的,我们不能否定它的潜在价值。因为创造力是一个水平由低到高的连续体,幼儿的创造力虽然处于低水平,但却是高层次创造力的

---

① 发散性思维有流畅性、变通性与独特性三大品质,王小英(2005)对不同年龄班幼儿在发散思维三种品质上的得分分别进行性别差异检验,发现小班和学前班幼儿在发散思维独特性上的得分均存在着显著的性别差异,在小班时期,女孩发散思维独特性的得分显著高于男孩,到了学前班则发生了逆转,即男孩发散思维独特性的得分显著高于女孩。

② 王小英.幼儿创造力发展的特点及其教育教学对策[J].东北师大学报,2005(2):149—154。

基础。

（四）积极情绪是创造力发展的推动力

对自己的每一个新图画、新拼图、新建筑感到满意的幼儿会觉得创造性活动是非常有趣的。每一次小小的发现、小小的创造，幼儿都会表现出喜悦和兴奋，所以说，积极情绪是幼儿创造力发展的重要因素和推动力，是形成幼儿强烈的创造需要的基础。而且幼儿在创造过程中的行为使得各种新活动的动机得到强化，从根本上改变幼儿的动机和情绪，最终促进幼儿个性的良好发展。

（五）创造力发展过程中充满着矛盾

幼儿在创造力发展过程中充满着一个很大的矛盾，就是来自成人的教育方式与幼儿创造性个性之间的矛盾。成人教给幼儿的往往是需要幼儿掌握的模式化的知识技能和行动方式。但事实上，幼儿在掌握知识和技能过程中总是通过自己对事物的理解来折射新知识、新技能。新的知识会被幼儿创造性地加以改变，成为幼儿自己的新经验，赋予自己的色调与特征。幼儿往往在同化新知识的过程中表现出真正的创造性，他们会向成人提大量的问题，将以前的各种知识现实化，以自己的方式去领会新的知识，同时发现新知识和旧知识之间的关系。幼儿在这个过程中会出现许多教育内容所没有规定的新奇有趣的推测和猜想。这些过程是幼儿即兴的、瞬间产生的，是幼儿以后更大的创造性行为的基础。

四、影响幼儿创造力的因素

影响幼儿创造力的因素包括家庭和幼儿园两个方面。

（一）家庭的影响

家庭作为幼儿最初的环境，对幼儿的创造力发展所产生的影响也最为深刻，这种影响主要包括父母的教养方式、父母的教育行为模式、父母的期待以及父母自身的性格行为特征。

1. 父母的教养方式

在权威型、专制型以及放纵型的家庭教养方式中，权威型的家长对幼儿的创造力有积极的影响。权威型的父母以宽容、民主之心对自己的孩子，给予他们信任和尊重，在宽松民主的氛围下，幼儿更容易出现创造性的行为。专制型的家长容易把幼儿看成自己的命令对象，不允许幼儿与自己有不同的想法，迫使幼儿服从于自己的意见，这种家长很难接受幼儿异想天开的想法与自由自在的探索。放纵型的家长对幼儿过于保护，所以，即使幼儿充满着好奇心和创造性想象，也得依靠自己的眼睛和双手发现新的问题，因为父母的过度保护剥夺了这种机会。可见，专制型与放纵型的家长对幼儿的创造力的发展更多的会产生不利的影响。

我国心理学家董奇（1993）教授认为，与幼儿创造力发展有较高正相关的教养方式应该是在教养过程中能够对规定和限制做出解释，允许孩子参与决策；能够恰当地表达对孩子的期望，运用恰当的奖励手段；能够为孩子提供丰富的有益的刺激材料，并且抽出一定时间与孩子共同游戏与活动。

2. 父母的教育行为模式

格兹尔斯（Getzels，1962）等对高智商儿童和高创造儿童父母的教育行为进行了比较，发现父母不同的教育行为模式对儿童创造力的发展有不同的影响（见表9-2）。

表9-2 高智商儿童和高创造儿童父母的教育行为[①]

内　　容	高智商儿童父母的行为	高创造儿童父母的行为
创造行为	更多的批评	更多的激励
阅读兴趣	重数量，偏学术	数量不拘，范围不限
价值观	重视整洁，礼貌，好学上进	重视兴趣，坦率

对高创造性儿童进行研究，发现他们的父母在教育行为上有以下特征：（1）极力支持和鼓励孩子的兴趣发展；（2）鼓励幼儿积极探索家庭外的事物，参加特定的活动；（3）为孩子制订严密的教育计划，并严格执行；（4）因势利导，激发幼儿的求知欲，培养孩子的多种行为。

---

① 周念丽.学前儿童发展心理学［M］.上海：华东师范大学出版社，2006：186.

3. 父母的期待

父母的期待在促进幼儿创造力发展的过程中扮演着重要的角色。布卢姆(Bloom)对杰出的数学家和作曲家的研究发现,他们的父母从一开始就对孩子寄予很高的期望,并且将这种期望转化为行动,积极参与孩子的活动,为幼儿提供良好的榜样。不过,需要注意的是,如果父母的期望过高,给幼儿带来思想上的压力,有时反而会阻碍幼儿的创造力的发展。

4. 父母自身的性格特征

父母自身的性格特征也会对幼儿的创造力发展起着一定的影响作用。具有较高创造力幼儿的父母一般兴趣爱好广泛、喜欢袒露感情,赋予表达,而很少有驾驭孩子的欲望,富有童心。而且这种父母具有民主性、独立性,不会采取强硬的手段加强自己的地位。具有这样的性格特征的父母所培养出的幼儿更具有想象力和创造性。

(二)幼儿园的影响

幼儿园作为幼儿教育的主要机构,对幼儿创造力的发展也是有着非常大的影响的。这种影响主要来自教师对创造性幼儿的识别能力、教师的教学行为模式和教师自身的特征。

1. 教师对具有创造力幼儿的识别能力

教师必须知道所有幼儿在某种程度上都是具有创造力的,某些幼儿在一个领域的创造力比另一个领域的创造力更高,教师对幼儿创造性表现的欣赏和鼓励能够激发幼儿更多的表现性行为,如果教师能用适当的方法正确地识别具有创造力的幼儿,那么幼儿在创造性发展中将会受益匪浅。

如何识别具有创造力的幼儿呢?教师可以从三个方面去关注。首先,给幼儿足够的时间让他们用喜欢的材料去操作,然后仔细观察哪些幼儿能够不断探索,用出人意料的方法利用这些材料。其次,向幼儿提问时,允许他们自由表达自己的观点和思想。可以仔细观察幼儿回答问题的情况,哪些幼儿对提出的问题往往只有一种回答,哪些幼儿常常会说出许多不同的答案,提出新颖的观点和解决问题的方法。此外,还可以在画画或者续编故事的任务中观察幼儿的创造力,观察哪些幼儿能够在续编故事和画画中加入更多想象的成分等。

也就是说,当一个幼儿在表现出创造力的同时,他是灵活的、独特的、自信的以及具有冒险精神的,他能赋予情景以新的意义,能较长时间地干一些事情,思想活跃,能对一个问题提出许多可能的答案(Meysky et al.,1983)。

2. 教师的教学行为模式

促进幼儿创造力的教师教学行为模式有:(1)鼓励幼儿在幼儿园或者家里利用普通材料、废弃材料等进行创造性的想象,自制玩具,进行"发明";(2)通过角色游戏、讲故事等方式激发幼儿的创造性思维,在角色游戏中,幼儿会产生许多新奇的想法,运用不寻常的方法解决问题;(3)借助音乐、绘画、舞蹈激发幼儿的创造性欲望;(4)让幼儿掌握各种语言表达形式,或者运用他自己发明的词汇表达想法和情感,促进幼儿养成创造性思考的习惯。

3. 教师自身的性格特征

创造型教师的自身特征与幼儿的创造力密切相关。热情开朗、乐观自信、有幽默感、兴趣广泛、积极参与各种活动的教师与幼儿的创造性行为显著相关。教师自身具有这些特征,也会比较欣赏和认可具有这些特征的幼儿,会有意识地培养幼儿的创造性品质。

第四节 幼儿智力与创造力发展的指导策略

一、传统视角下幼儿智力发展的差异性

传统视角下幼儿智力发展的差异主要体现在智商分数上,根据智商分数的不同,将幼儿分为正常幼儿、超常幼儿与智力落后的幼儿。这里主要介绍超常幼儿与智力落后的幼儿。

(一)超常幼儿

1. 超常幼儿的表现

超常幼儿通常是指在某一或更多领域有不同寻常的能力或潜能,需要接受特殊的教育服务来开发他的

全部潜质。有天赋的幼儿会在一个或多个领域中展现出突出的成就或潜质。有些教育机构主要依据普通的智力测试来判定超常幼儿,通常将智商125分到130分作为分界点。但一些专家认为普通的智力测试并不能体现出幼儿特殊领域的天赋,比如创造性、艺术能力和领导才能与智力测验的得分不一定显著相关。

超常幼儿部分源于遗传因素,但相关研究也发现环境因素可能也有重要作用(Clark,1997;A. W. Gottfried et al.,1994)。比如,智力超常幼儿更可能是长子或独生子,因为他们通常比其他孩子能得到父母更多的关注和培养。在一项研究中,许多超常幼儿在18个月大的时候就开始出现超常的认知和语言能力。

虽然超常幼儿在他们特有的实力和天赋方面彼此各不相同,但一般来说,他们学习知识更快,在完成任务的注意和工作方法上更为灵活,比同龄人更早地进入抽象思维,有很好的社交能力和超出一般的感情承受力。我国心理研究者近年来的研究发现,在幼儿阶段超常幼儿通常具有以下特征。

(1)具有旺盛的求知欲和浓厚的学习兴趣。

(2)具有敏锐的感知觉能力。视觉和听觉的辨别能力突出,空间知觉也明显优于同龄常态幼儿。

(3)观察力强。观察事物较为全面、细致、准确。

(4)思维敏捷、理解力强,有一定的独创性。

(5)注意力集中。他们注意面广,又能高度集中注意力,诱人的外部事物也常常不能使他们分心。

(6)记忆能力强。记得又快又准,而且保持时间长。记忆容量大于一般的普通幼儿。

(7)想象力丰富,富有创造性。

(8)语言发展超前。语言理解与表达能力发展较快。

(9)有进取心、坚持性与意志力。不甘落后、不怕困难、敢于挑战、勇于坚持,有不达目的不罢休的坚强意志。

(10)有较强的动手操作能力。

2. 超常幼儿的教育

幼儿教师可以在很多方面培养天才幼儿的特殊能力和特殊天赋。比如可以为超常幼儿提供适合他能力水平的任务,或者为这些有相似兴趣和能力的孩子组成学习小组,鼓励他们合作完成一项特殊任务。另外,还可以为有天赋的幼儿提供独立学习的机会。许多有天赋的幼儿有很强的学习能力,让他们独立学习感兴趣的事情可能更适合他们的发展,教师可以单独授予他们一些学习方法以便有效利用时间和资源。

(二)智力落后幼儿

1. 智力落后幼儿的表现

智力落后幼儿在许多发面都发展迟缓,主要有以下特征。

(1)智力水平显著低于一般智力的平均水平,智力落后幼儿在传统的智力测验中表现较差,他们的智力分数通常不超过65或70分。

(2)有适应性行为困难。智力落后幼儿操作智力很低,不会处理日常生活中的活动。社会智力也很低,不会恰当处理自己在社会环境中的表现。

(3)智力落后幼儿经常在信息加工的多个方面,比如注意力、工作记忆和学习策略等方面表现出障碍。他们对于自己如何学习很少有元认知的思考,也难以将学到的新知识加以迁移和运用。

智力落后通常是由于非正常的基因条件引起。例如,大部分患唐氏综合征的幼儿可能会延迟认知发展。有时,智力落后也会有家族性遗传。此外,智力落后还有一部分原因是非遗传性生物原因导致的,比如妊娠期严重营养不良、难产时缺氧、童年早期铅中毒、家庭环境气氛冷漠、家庭贫困以及缺乏必要的刺激也有可能造成智力落后。

2. 智力落后幼儿的教育

在幼儿园教育中,对于智力落后的幼儿,教师可以采取以下适当的教育方式。

(1)根据幼儿当前的能力给予循序渐进的指导,比如较慢地转移话题、经常性地重复观点以及提供大量的练习新任务的机会,这些幼儿需要一些成功的经验来增强自信心。

(2)教师可以提供适合他们的适宜的、丰富的材料来促进他们认知的发展。

(3)教师可以使用诸如"准备好"、"看"、"听"这样的词语来使幼儿集中注意力,也可以教幼儿一些简单的具体的记忆方法。智力落后并不一定是终身障碍,对于环境引起的智力落后教师应该积极地指导。

二、多元智力视角下幼儿智力的个体差异

在多元智力视角下,幼儿的个体差异更多地不再是体现在智商分数上,而是体现在不同的智力类

型中。

研究发现,幼儿的智力结构表现出极大的差异,幼儿在不同领域的能力不一样,每名幼儿都有相对的智力强项和弱项,幼儿在一个领域弱并不代表在其他领域也弱。此外,不同的智力结构影响了其在不同领域的行为方式,不同智力结构的幼儿解决同一问题的方式不同,同一智力的呈现方式在幼儿身上也会有不同的表现①。

(一) 智力的不同组合会使每个幼儿的智力呈现出独特的表现方式

传统观念认为幼儿的行为表现具有个体特征,会持续一贯地、不随地域而变化。研究发现,大多数幼儿在不同领域的活动中表现出不完全相同的行为方式。比如,一名幼儿只在她擅长的讲故事中表现出沉思、专注的行为,而在其他不擅长的领域中表现出容易冲动。幼儿在其强项活动中比较容易表现出积极的行为方式,比如专注、认真、自信、坚持、注意细节、反思等。而在弱项领域表现出的行为方式则是不愿意参加活动、注意力分散、冲动等。此外,幼儿的行为方式有时会有利于他们解决问题,有时也会阻碍他们的表现以及认知的互动。比如在一次活动中,要求幼儿计算上下公车的乘客数量,但是这一名幼儿却更多地关注汽车模型的细节,忽视了任务目的,过分注意细节的特点也会妨碍其对活动的投入与完成情况。

所以,幼儿教师在观察幼儿因领域而异的能力差异时,也要关注幼儿在不同领域的行为方式上的差异。有时候幼儿所遇到的学习困难并不都是学习内容的难度影响,而是被其自身行为方式所妨碍。

(二) 不同智力结构的幼儿解决同一问题的方式存在差异

由于幼儿智力的强项和弱项不同,因此在解决问题时往往借助自己的强项。比如,有幼儿被老师评为"在数学领域表现较为机械","在10以内的加减运算速度较慢,对加减运算的互逆关系不理解"。但是他却

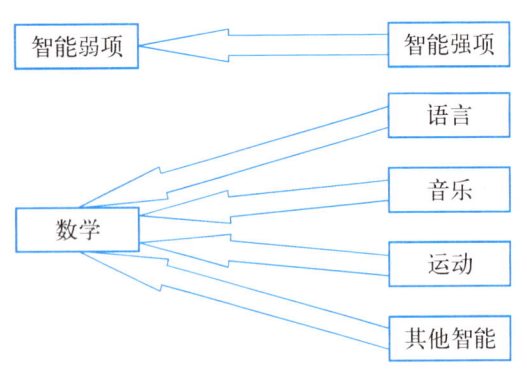

图9-5 智能强项与弱项关系图②

能凭借自己在语言领域的优势来解决数学领域的问题。他会通过编故事的方式进行数学运算,加入故事的情节,他也成功地完成了算数任务。还有一名幼儿,他在运动领域是强项,但在数学领域较弱,数的加减、数的组合,老师讲了很多遍,他还是会出错。但是,在某一棋类游戏中,他却能正确地把骰子的点数相加,并根据骰子点数的总和来移动棋子。

以上两名幼儿在数学领域都是弱项,但是却通过语言和运动方面的优势,通过"编故事"和"动作模仿"完成了该领域的活动。如果幼儿教师能够在教学中具体了解幼儿智力结构的特点,关注幼儿完成同一任务时的差异,那么教师的指导就能在幼儿弱项与强项之间建立一座桥梁,这样呈现在幼儿面前的学习同一任务的途径就是多种多样的,就可以帮助幼儿借助强项的通道进行弱项的学习(见图9-5)。

(三) 同一种智力的呈现方式在不同幼儿身上会不同

研究发现,同一智力的呈现方式在不同幼儿身上会有不同。比如,在传统的观念中,社会能力强往往被认为是能主动号召、主动交往、领导能力强。但是,有些幼儿社会性发展较好却是以其他不同的方式呈现出来。

案例9-1

贝贝被教师和家长公认为在社会领域是弱项,因为"她在人际关系理解方面不成熟,与同伴交往较为被动,平时较多与熟悉的人交谈,对成人较为依恋"。但是在"教室模型"的评估活动中,她对班级各种动态和各种关系非常清楚,她能够把"人偶(代表班级里的其他幼儿)"摆放到教室里他们喜欢玩的区域,一边摆放一边还自言自语:"格格喜欢这里,他总是喜欢简单一点的地方,乐乐(很认真地

① 李季湄,方钧君,刘晓燕.关于幼儿学习的个体差异的初步研究——从多元智能的视角[J].学前教育研究,2004(5):22—25.
② 图片来源:李季湄,方钧君,刘晓燕.关于幼儿学习的个体差异的初步研究——从多元智能的视角[J].学前教育研究,2004(5):24.

想)他总是跑来跑去,我也不知道他喜欢哪个地方,我想,他应该喜欢这个地方。"很多孩子在摆放乐乐这个好动的孩子的时候都不确定,然后随意发配,但是该幼儿却盯着乐乐的照片,歪着脑袋想了好一会,才把他放到益智区,然后拍了拍手,舒了一口气。此外,她还能快速而准确地把小朋友分群,知道哪些幼儿喜欢独处,哪些幼儿更喜欢与同伴相处,而且在描述时她还能提供一些细节,在对同伴的认识上显示出不同寻常的敏锐和兴趣。比如,她说:"梦梦和佳佳很好,他们以前是好朋友,后来佳佳和小燕子在一起了,我也不知道他们现在是不是好朋友了。"还有,当被问到"谁来当今天的小老师,为什么选他?"的时候,许多幼儿都以"他是我好朋友"作为理由。但是她的回答却是:"我选阿卿,我觉得其他小朋友不合适。阿卿很懂道理,我们不懂的他都懂,他很聪明的,他能管好小朋友。"显然,她的回答中既包含了对自己能力的认识、对别的小朋友在此能力方面的欣赏,还包含对老师这一角色的认识。由她的语言中可以发现,她对于社会角色和社会关系有非常深入的理解和认识。

(资料来源:李季湄,方钧君,刘晓燕.关于幼儿学习的个体差异的初步研究——从多元智能的视角[J].学前教育研究,2004(5):22—25.)

由此可见,幼儿教师需要对幼儿有充分的观察才能真正了解孩子的智力结构以及不同智力的体现,才能根据幼儿的个体差异给予最适合的教育策略。

三、促进幼儿创造力发展的有效策略

(一)教师成为创造性的教师

创造性的种子需要经过创造性的教师进行科学的培育才能很好地生长。想要培养创造性的幼儿,教师必须具有如下条件。

首先,教师要有一定的创造性。富有创造性的教师要具备一定的创造性思维,能够发现普通人注意不到的、容易忽略的问题和现象,能够打破常规、接受新观念,具有民主、包容和探索性的人格品质。

其次,更喜欢创造性的幼儿。喜欢创造性的幼儿更会发现这类幼儿的创造性的想法与表现,更会鼓励孩子的创造。教师应该从幼儿的语言、行为、作品等多个方面发现他们的创造性品质,并进行及时的鼓励和赞许。

再次,教师要具有一定的创造性的教育意识。教师要具有创造性的愿望、动机、意图,这些是培养幼儿创造性的基础。比如,教师要相信每个孩子都是具有创造性的,要强烈地意识到教育的目的不是培养储存知识的机器,而是培养创造性的人才,要不断地转变观念,有意识地培养幼儿的创造力。

(二)营造有利于幼儿创造力发展的心理环境

幼儿只有在具有充满安全感和自由感的氛围中才能迸发出更多的能量和创造性,才有可能成为具有创造性的幼儿。

首先,要保护幼儿的好奇心。幼儿对周围的大自然充满了新鲜和好奇,他们在环境中积极地活动,运用各种感官探索周围的一切事物,思考各种问题,积累多样经验。教师和家长不能因为幼儿活泼、好动、好问等天性而斥责他们"不懂规矩""多手多嘴",并对他们做出种种禁止和限制,而应该善待他们的好奇心,热情地鼓励和引导他们,只有这样才能激发幼儿求知的兴趣和动力。

其次,还要允许幼儿根据自己的思维解决问题,允许幼儿时常的"犯错"行为。有些幼儿会为了探索时钟为什么会走而将新买的钟全部拆开;有些幼儿还会怕金鱼感冒而向金鱼缸里倒热水。对幼儿的错误成人应该采取开明和容忍的态度,引导他们从错误中学习,给他们进一步探索的自由。

再次,教师和家长还需要鼓励幼儿与众不同的想象。成人应该不断挖掘幼儿创新潜能,鼓励幼儿发表不同的观点和独立的见解,允许幼儿标新立异、别出心裁、与众不同。

案例9-2 "花儿为什么会开"

有一天,幼儿园的老师问一群孩子:"花儿为什么开?"

幼儿A:"花儿睡醒了,它想看看太阳。"

幼儿 B："花儿一伸懒腰,就把花骨朵给顶开了。"

幼儿 C："花朵想跟小朋友比一比,看看哪一个穿的衣服更漂亮。"

幼儿 D："花儿想看一看,有没有小朋友把它摘走。"

幼儿 E："花朵也有耳朵,它想出来听一听,小朋友在唱什么歌。"

年轻的幼儿园老师深深地被感动了,因为老师原先准备的答案十分简单,简单得有几分枯燥——"因为天气变暖和了!"

(资料来源:张永红.学前儿童发展心理学[M].北京:高等教育出版社,2011:177.)

(三)通过创造性的教育活动促进幼儿的创造力发展

1. 充分利用五大领域的教育教学活动

健康、社会、科学、语言、艺术五大领域的活动中蕴含着诸多开发幼儿创造力的因素。

体育活动中培养幼儿坚韧、勇敢、顽强、坚持的意志品质,这些是创造性人格的重要特征。此外,体育活动中各种动作的发展与动作的替代也能发展幼儿的创造性思维。

在科学教育中,教师可以通过鼓励幼儿的探索活动培养幼儿的好奇心与探索精神,以及善于观察事物和现象的变化,敏感捕获新信息的能力。还可以对物体的性质、功能、关系等进行发散性思维的训练。并且,教师还可以鼓励幼儿通过探索进行"小发明"的尝试。

在语言活动中,可以通过字词扩散、创编故事、谜语等来发展幼儿的想象力和创造力。续编故事的结尾、改编故事、创编故事对于促进幼儿创造性的发展具有非常积极的作用。

在艺术领域中,开发幼儿创造性潜能的方法有许多,比如:为歌曲创编新词或者改编歌词、根据音乐自编舞蹈、自编歌曲、为打击乐创编节奏、主题画、故事画、意愿画等。

在社会领域中,教师可以结合日常生活中的教育活动发展幼儿的创造性思维。每逢重大节日,教师可以组织幼儿进行节目创编、道具制作、环境布置、礼物制作、表演游戏等活动,鼓励幼儿在这些活动中发挥想象力,发展创造性。

案例 9-3　　　　　　　**促进幼儿创造力发展的活动设计**

活动主题:园林里的漏窗(大班)

活动目标:

1. 欣赏园林中的漏窗,感受由各种线条构成的图案的美。

2. 初步了解漏窗借景透光的功能,并尝试用绘画的方法来设计漏窗,体验创作的乐趣。

活动准备:

1. ppt 课件《园林里的漏窗》。

2. 开有圆形、方形、长方形、六角、八边等形状窗洞的半成品操作材料、白色记号笔人手一份。

3. 设计成长廊的作品展示板。

活动过程:

1. 出示园林图片,引出课题。

(1)引导幼儿观察图片,说说这是什么地方?

(2)教师:这是在全世界都非常有名的苏州园林,是我们苏州人的骄傲!

在美丽的园林里,有亭子、有假山、有池塘、有长廊,还有长廊墙上一扇扇美丽的漏窗。

2. 播放 ppt 课件,欣赏园林里的漏窗。

(1)教师提问,引导幼儿观察。

① 这些漏窗和我们平时的窗子有什么不一样?

② 它们都有哪些形状?

③ 中间的花纹和图案有什么不同?是由哪些线条构成的?

④ 你喜欢哪扇漏窗?为什么?

（2）教师小结。

园林里的漏窗有各种形状，它和我们常见的窗子不一样，它的窗洞里有着各种线条构成的图案和花纹，是苏州园林里独有的风景。

（3）教师提问，引导幼儿讨论：为什么园林里要建造漏窗？它有什么用？

（4）教师借助课件，帮助幼儿了解漏窗有借景和透光两大功能，其自身也有一定的装饰性。

3. 幼儿尝试设计漏窗。

（1）教师出示"黑乎乎的长廊"，激发幼儿创作的愿望。

（2）介绍材料，了解操作过程。

（3）提出要求，幼儿操作。

① 想一想，用什么线条来设计花纹或图案，想好了再开始画。

② 线条相互之间要有连接，不宜太密集。

③ 记号笔用完后盖紧笔帽，放进笔筒。

4. 欣赏作品并讲评。

（1）你最喜欢哪个漏窗，喜欢它什么地方？说说理由。

（2）找找有没有哪个漏窗有问题，我们一起来帮助他。

5. 继续欣赏形状奇特、图案丰富的漏窗。

（1）播放 ppt，欣赏更多形状奇特、图案丰富的漏窗。

（2）教师小结：漏窗让黑乎乎的长廊有了光亮，让我们能看到窗外的风景，它有各种形状、有好看的花纹，它让我们的园林变得更美丽、更有趣。

（3）活动结束，幼儿带着作品回活动室。

6. 活动延伸：

（1）用幼儿作品布置活动室。

（2）在区角中投放材料，指导幼儿尝试用多种材料设计各种各样的漏窗，如：彩泥、皱纸等。

（本活动设计由苏州市虹桥幼儿园吴影老师提供）

2. 开展有效的游戏活动

游戏是幼儿的基本活动。在游戏中，幼儿进入假想的世界，能够获得巨大的发展。20 世纪 70 年代之后，许多心理学家将焦点放在了游戏与儿童创造力的发展上。创造力是游戏与认知发展之间最大的链接，因为游戏与创造力都具有新奇、想象、象征等特点，自发的、自由的游戏是孕育创造性的母体，是幼儿创造性的来源。在游戏中，幼儿可以摆脱现实世界的束缚，尽情地想象与探索，他们在一个极其轻松的环境下不断地尝试新玩法。

例如，在角色游戏中，对于扮演什么角儿、角色如何行动、游戏如何进行等，都需要幼儿自己去想象、去创造。角色游戏十分强调想象和创造的运用，它是发展幼儿主动性和创造性的最佳手段之一。

表演游戏是幼儿按照童话故事中的情节，通过模仿和想象来扮演一定的角色，从而进行创造性的表演。表演游戏对幼儿具有很强的感染力，能够培养幼儿对文学艺术的兴趣和才能，对幼儿创造力的发展也具有非常重要的促进作用。

结构游戏是利用积木、沙、土等材料进行建构的游戏。在结构游戏中，幼儿将依稀零散无意义的材料构造成某个有意义的物体的过程实质上就是创造的过程。结构材料设备简单、变化多端、易于开展，能够引起丰富的联想和幻想，是幼儿发挥想象与创造力的最佳载体。

教师作为幼儿游戏的指导者和支持者，应该为幼儿创设更多的游戏机会，并且鼓励幼儿自己提出主题、构思游戏情节、选择材料、分配角色、组织游戏。教师以游戏中某一角色的身份加入游戏，进行隐蔽指导，能够更深入地推动游戏的发展。

3. 探索综合性创造活动

对幼儿创造性人格以及创造性能力的培养，应该采取整合性方式，应该探索与建构全方位、立体化的促进幼儿创造潜能发展的理论框架与操作体系。王小英老师的团队曾依据幼儿活泼好动、热衷游戏、喜好听故事的心理特点，开展了"以文学作品为依托，以表演游戏为主线"的综合性创造活动，涉及语言、社

会、美术、音乐、游戏等领域及活动的有机联合行动,取得了显著的成果,极大地促进了幼儿创造力的发展。

4．进行专项思维训练

发散性思维是创造思维的核心,教师和成人可以对幼儿进行发散性思维的训练,可以从物体的材料、功能、结构、形态、组合及事物的因果、关系等多个方面为发散点,对幼儿进行灵活、新颖的发散性思维训练。例如,可以提出以下问题启发幼儿思考：生活中有哪些东西是红色的、绿色的? 生活中哪些东西是圆形的、方形的? 水、纸、笔等有哪些特殊的用途? 什么东西变小了更可爱,变大了更好玩? 如果天上没有了太阳会发生什么事? 你希望未来的房子是什么样的? 你希望未来开的车子是什么样的? 住在月亮上会是什么样子的? 等。

（四）幼儿教师在发展幼儿创造力过程中应该注意的问题

1．面向全体幼儿

每个人都具有创造的潜力,创造教育的任务是面向全体幼儿,开发每一个幼儿的创造潜能。所以,幼儿教师要为每个幼儿提供适宜的环境和机会,促进每个孩子的创造力在不同水平上得到发展。

2．尊重个体差异

幼儿的发散性思维存在很大的个体差异。因此,幼儿教师应该在教育活动中注意观察幼儿个体差异的表现,为幼儿创设一个丰富多样、多层次、多选择的自由的环境,使幼儿的创造性获得最佳的发展。

3．抓住关键期

研究发现,进入大班,幼儿的注意稳定性明显增加,创造想象加快发展,并且经过一段时间的系统教育,知识经验有了一定的积累,这些条件都为幼儿发散性思维能力的发展奠定了良好的基础。教师应该抓住幼儿创造力发展的关键期,利用各种方法与策略促进幼儿创造力的发展。

4．提供宽松自由的精神环境

宽松自由的精神环境是创造力发展的前提与保证。幼儿教师在各种各样的教育活动中,首先应该创设自由宽松的精神环境,鼓励幼儿勇于探索,并且充分发表自己的见解与意见。

5．不断帮助幼儿积累知识和经验

一定的知识与经验是进行创造性活动必不可少的条件,是创造性的基础。知识与经验的丰富程度与思维发散的量和类具有极其密切的关系,为发散性思维提供了重组、加工的原材料。教师应该采取有效的措施,丰富幼儿的生活经验,并且在教给他们最基本的知识、最关键能力的同时,还应该引导幼儿应用已有的知识和经验自我发挥、自我创造。

- **本章小结** -

本章主要介绍了幼儿智力与创造力的发展特点与规律。智力是一种适应环境的能力、学习的能力、抽象思维和推理能力、问题解决和决策能力。加德纳提出的多元智力理论对早期教育有重要的启示作用。智力可以通过智力测验进行测量。影响智力的因素有遗传,也有环境。幼儿的智力结构表现出极大的差异。创造力与智力有密切的关系,是智力发展的一种表现形式。当幼儿能创造出一种表达自己思维的方式和能发现新问题时,就说明幼儿有创造力。创造力的萌发时期是幼儿期,随着年龄的增长不断发展。教育者应依据幼儿智力与创造力发展的特点与规律,从家庭教育和幼儿园教育两个方面入手,科学引导和教育,促进幼儿智力与创造力的发展。

通过本章内容的学习,学生能够理解幼儿智力与创造力的发展特点与规律,明确幼儿智力发展中存在的个体差异。在此基础上,能够理解并掌握促进幼儿智力与创造力发展的有效策略。

▶ 思考与练习

1. 常见的智力理论有哪些?
2. 什么是多元智力理论? 多元智力理论对幼儿教育的启示是什么?
3. 影响幼儿智力的因素有哪些?
4. 幼儿创造力发展的年龄特征、规律及特点是什么?
5. 影响幼儿创造力发展的因素有哪些?
6. 阐释多元智力理论下的幼儿个体差异的表现。

7. 如何培养幼儿的创造力?

▶ 自己做研究

"儿童多元智力评估核查表"是由美国教育家托马斯·阿姆斯特朗(Thomas Armstrong)博士根据加德纳"多元智力理论"设计的多元智力评估方法。选择任意一名幼儿,请该名幼儿的教师或者家长填写多元智力核查表。针对该名幼儿的具体情况,根据多元智力评估核查表(见表9-3),观察和分析幼儿智力的强项和弱项。

操作过程:

1. 如果表中所列项目与孩子的实际情况相符,就在右边选择对应的"是",不符就选择"否"。

2. 根据各种智力评估分别统计"是"和"否"的数量。根据每种智力获得"是"的多少排列,得到"是"最多的就表明该幼儿可能在这方面很擅长,得到"否"最多的就表明该幼儿在此项智力上较弱,需要你重视。

3. 根据多元智力强弱项的分析结果,对如何更好地促进该名幼儿的智力发展提出建议。

表9-3　儿童多元智力评估核查表①

语　言　智　力	是	否
1. 写作能力高于同龄儿童 2. 善于编写难以置信的故事或善于讲故事和笑话 3. 善于记住人名、地名、日期或一些琐事 4. 喜欢文字游戏 5. 喜欢看书 6. 书写正确(如果是学前儿童,拼写能力高于同龄儿童) 7. 喜欢顺口溜、双关语、绕口令等语言游戏 8. 喜欢听口述语言(如故事、广播、故事录音带等) 9. 在同龄儿童中词汇丰富 10. 与人交流,善用语言		
逻辑数学智力	是	否
1. 对于如何做事会问很多问题 2. 快速心算(如果是学前儿童,数学概念高于同龄儿童) 3. 喜欢数学课(如果是学前儿童,喜欢数学及其他与数学有关的课程或食物) 4. 对计算机游戏感兴趣(如果没有接触过计算机,喜欢其他数学或算数游戏) 5. 喜欢象棋或其他策略游戏 6. 喜欢逻辑难题或智力难题(如果是学前儿童,喜欢听《爱丽丝漫游仙境》之类的故事) 7. 喜欢把事物分类或等分 8. 喜欢做有高度思考过程的实验 9. 思考方式比同龄儿童更抽象化、概括化 10. 比同龄儿童对因果关系更有概念		
空　间　智　力	是	否
1. 可以说出清楚的视觉表象 2. 阅读地图、图标比文字更容易(如果是学前儿童,更喜欢看而不是阅读) 3. 比同龄儿童更喜欢想入非非 4. 喜欢艺术活动 5. 图画比同龄儿童画得好 6. 喜欢看电影、幻灯片或其他视觉上的表演 7. 喜欢拼图、走迷宫或类似的游戏 8. 制作有趣的立体模型 9. 阅读时从图中而不是文字中获取更多信息 10. 爱在书本、纸张或其他东西上涂鸦		

---

① 张永红主编.学前儿童发展心理学[M].北京:高等教育出版社,2011:182.

运动操作智力	是	否
1. 擅长一种或多种体育活动(如果是学前儿童,身体技能超过同龄儿童) 2. 如长时间坐在一个地方会扭动、敲打或烦躁不安 3. 善于模仿他人的动作、语言等 4. 喜欢拆散,然后再组装物品 5. 喜欢触摸所见的物体 6. 喜欢跑、跳、摔跤或类似的活动(如年龄稍大,会有所节制,而表现出拍打朋友、翻跳椅子等动作) 7. 表现出手工技能(如木工、缝纫、机械等),其他方面的动作协调性好 8. 戏剧性地表现自己 9. 在思考与工作时传达不同肢体感觉 10. 有喜欢黏土后其他用手触摸的经历(如手指画等)		

音　乐　智　力	是	否
1. 在音乐走调或出错时告诉你 2. 记得歌曲的旋律 3. 嗓音好 4. 弹奏一种乐器或参加合唱团(如果是学前儿童,喜欢玩打击乐器或参加合唱团) 5. 在讲话或做动作时很有节奏感 6. 无意识地自己哼唱 7. 做事时在桌上打节拍 8. 对外界噪声很敏感 9. 喜欢听音乐 10. 爱唱课堂上学来的歌曲		

人　际　智　力	是	否
1. 爱与同伴交流 2. 似乎是天生的领袖 3. 给有问题的朋友提建议 4. 在校外似乎很聪明 5. 是俱乐部、委员或其他成员(如果是学前儿童,经常是群体的一部分) 6. 喜欢非正式地教导其他孩子 7. 喜欢与其他孩子一起玩游戏 8. 有两三个好朋友 9. 关心他人 10. 他人愿让其陪伴		

内　省　智　力	是	否
1. 独立性好,意志坚定 2. 清楚了解自己的优缺点 3. 可以独处玩耍或学习 4. 生活和学习方式与众不同 5. 不善谈自己的兴趣爱好 6. 自我目标明确 7. 喜欢独立工作而不是合作 8. 准确表达自己的感受 9. 能从生活的成功或失败中学习 10. 拥有高度的自尊		

第十章 幼儿情绪情感的发展

 **知识结构**

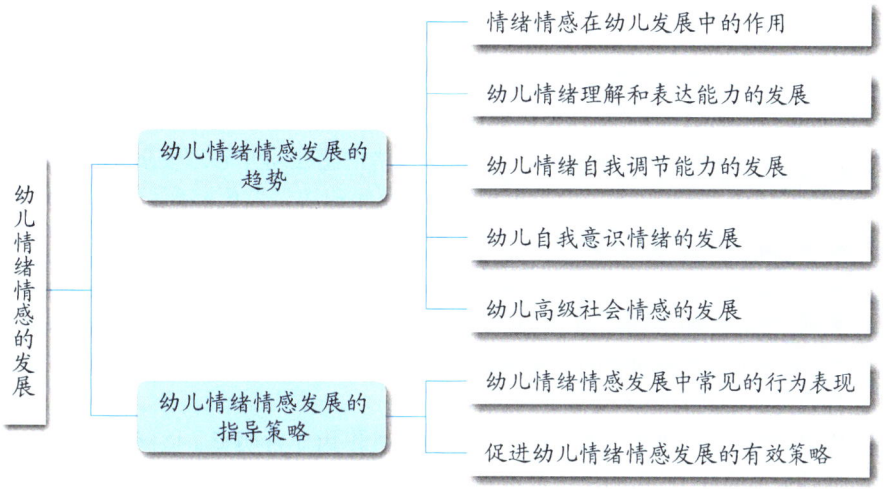

幼儿情绪情感的发展
- 幼儿情绪情感发展的趋势
  - 情绪情感在幼儿发展中的作用
  - 幼儿情绪理解和表达能力的发展
  - 幼儿情绪自我调节能力的发展
  - 幼儿自我意识情绪的发展
  - 幼儿高级社会情感的发展
- 幼儿情绪情感发展的指导策略
  - 幼儿情绪情感发展中常见的行为表现
  - 促进幼儿情绪情感发展的有效策略

引入

公园的沙坑里，几个五六岁的孩子在玩：用铲子铲沙装进桶里、装到车上；用铲子、用手挖洞；把桶端得高高的往下倒沙子；推着车在沙坑里"搞运输"……孩子们玩得不亦乐乎，家长们坐在旁边的凳子上聊天，时不时地看看孩子。一个"瘦高男孩"伸手拽"红衣服男孩"跟前的卡车，"红衣服男孩"赶紧把卡车摁住，并用愤怒的眼神看着瘦高男孩，"瘦高男孩"开始让步，用恳求的语气说："我可以玩一玩你的车吗？""红衣服男孩"脸上的表情稍有松弛，但还是看着"瘦高男孩"没说话，"瘦高男孩"进一步恳求："你让我玩玩我会很高兴，我就玩一会儿！""红衣服男孩"稍做思索后松手了，并换一种轻松并略带愉悦的表情说："好吧，给你玩吧！"

相比婴儿来说，幼儿的情绪情感有哪些方面的发展？怎样才能培养幼儿良好情绪情感呢？本章将介绍幼儿情绪情感的发展趋势及幼儿情绪情感发展的指导策略。

 **第一节　幼儿情绪情感发展的趋势**

幼儿期情绪和情感发展的总趋势是情绪和情感的内容不断丰富、深刻性不断增强、稳定性不断提高。本节从情绪和情感在幼儿发展中的作用、情绪的理解与表达能力、情绪的自我调节能力、自我意识的情绪和高级社会情感的发展几方面来阐述。

一、情绪情感在幼儿发展中的作用

案例 10 - 1

一场大雨之后,中(二)班一个在窗台下玩耍的小男孩无意中发现了有只蜗牛从花坛里爬了出来,他感到很惊奇,就叫其他幼儿来看,随即有好多孩子跑过来看,他们也发现了好多好多的蜗牛,于是在院子里抓了很多蜗牛,回到教室里还一直围着蜗牛观察、讨论:蜗牛住在哪里呀? 蜗牛吃什么? 蜗牛会不会咬人? 蜗牛的壳重不重? 等等。到吃饭时间了,老师让他们把蜗牛扔掉,结果谁也不肯,一个个爱不释手。于是老师用纸折了一个"房子",让他们把蜗牛都放进去,并答应他们吃完饭可以把蜗牛带回家去。这一天,孩子们吃饭都特别快。

上述案例中,幼儿因为发现并抓到蜗牛而兴奋不已,教师面对幼儿对蜗牛的爱不释手,没有强制幼儿扔掉蜗牛,而是顺应幼儿情绪情感的特点,允许他们将蜗牛带回家,这个决定使幼儿在进餐时心情愉快,吃饭表现比往常都好。这是良好情绪作用的结果,也表明情绪情感在幼儿心理发展中的重要作用。近年来,人们已经发现,对幼儿心理发展的研究,不能只重视研究幼儿的认识发展问题,也应该重视研究他们情绪情感发展的问题。因为情绪情感在幼儿发展中起着非常重要的作用。具体包括以下几个方面。

(一)情绪情感对幼儿心理活动的动机作用

不少心理学家都承认情绪情感在儿童心理活动中的动机作用,认为情绪情感不只是认知活动的伴随现象或副现象,情绪情感在心理活动中的作用是其他心理过程所不能代替的,它是人的认识和行为的唤起者和组织者。这种作用在幼儿身上体现得更为突出。

在日常生活中,情绪情感对幼儿心理活动和行为的动机作用非常明显:情绪直接指导着幼儿的行为,愉快的情绪往往使他们愿意学习,不愉快的情绪则容易导致各种消极行为。比如,某幼儿园小班训练刚入园的幼儿早上来园时问老师"早上好",下午离园时和老师说"再见"。结果许多孩子先学会说"再见",而问"早上好"则较晚才学会,其主要原因是由于孩子早上不愿意和父母分离,缺乏向老师问早的良好情绪和动机,下午则愿意立即随父母回家。所以赶快说"再见"。可见,虽然同样是学说话,在不同情绪影响下,学习效果并不相同。

到了幼儿晚期,情绪情感对行为的动机作用仍然相当明显。幼儿园经常出现这样的情况:大班幼儿对老师指定的图画内容不感兴趣,他愿意按自己的意愿去画画。老师检查时,问他画的树叶在哪里,他说:"(风)都刮跑了。"叫他画司机,他说:"都吃饭去了。"可见,强制会使幼儿产生不良情绪,而适合幼儿需要的措施,则使他们产生良好的情绪从而表现出积极的行动。上述案例中由"蜗牛"激起的认知活动和"孩子吃饭特别快"的行为就充分体现了情绪的动机作用。

(二)情绪情感对幼儿认知发展的作用

情绪情感和认知是密切联系的,它们之间的相互作用在幼儿心理过程中也有明显的表现。幼儿的情绪情感随着认知的发展而分化和发展,与此同时,情绪情感对幼儿的认知活动及其发展起着激发、促进作用或抑制、减弱作用。

幼儿认知过程的一个重要特点是以无意性为主,而"无意性"的主要特点之一,就是受自身情绪左右。

不少实验研究证明了情绪对幼儿认知发展的作用。在一项实验中,研究者指导幼儿想象一件令他们高兴或伤心的事情以诱导出他们积极或消极的情绪,在此基础上学习形状辨别,结果发现积极情绪幼儿的学习成绩明显高于消极情绪幼儿的成绩(Masters,Barden & Ford,1979)。孟昭兰有关幼儿的不同情绪状态对其智力操作的研究表明,情绪状态对幼儿智力操作有不同的影响:痛苦、惧怕和愤怒均导致幼儿较差的操作效果,而兴趣和愉快的相互作用则为幼儿的智力活动提供了最佳的情绪背景①。

(三)情绪情感对幼儿交往发展的作用

情绪之所以能够成为交往的工具,是因为情绪有信号作用,能够向别人提供多种信息。情绪往往不是

---

① 孟昭兰,J. J. Campos. 幼儿不同情绪状态对其智力操作的影响[J]. 心理学报,1984(3):231—239.

单向的表达，而大多数是有沟通对象的。例如，两三岁的孩子就知道，爸爸在家的时候不哭，奶奶在的时候哭，"哭给奶奶听的"。因为他（她）知道爸爸在的时候哭不能达到自己期望的目的，只能带来爸爸的拒绝甚至是训斥，而奶奶在的时候哭则可以使奶奶向其妥协，满足其需要或要求。情绪作为信息交流工具的特点是具有感染性。在幼儿期，情绪的感染作用尤为突出，对幼儿的情绪感染，往往比语言的作用要大。

情绪表达的出现早于言语表达，婴幼儿主要通过面部表情及肢体活动来表达情绪；在言语发生后，则通过言语活动和表情动作一起来表达情绪。

儿童在掌握语言之前，主要以面部表情作为交际的工具。在幼儿期，表情仍然是一种重要的交流工具，其作用不亚于语言。幼儿常常用表情代替语言回答成人的问题或用表情辅助自己的语言表述。

（四）情绪情感对幼儿个性形成的作用

幼儿情绪情感发展的趋势之一是情绪情感发展日趋稳定。大约 5 岁以后，情绪情感的发展开始进入系统化阶段。幼儿的情绪已经比较高度的社会化，他们对情绪的调节能力也有所提高，加之幼儿总是受着特定的环境和教育的影响，这些影响经常以系统化的刺激作用于幼儿，幼儿也逐渐形成了系统化的、稳定的情绪反应。例如，某些成人经常对幼儿抚爱，总是使幼儿的精神需要得到满足，因而引起了良好的情绪反应；另一些成人对幼儿总是过多的厉声指责，总是不能满足幼儿的精神需要，于是引起幼儿不愉快的情绪反应。这样，经过日久的重复，幼儿便对不同的人形成不同的情感态度。同样，由于成人长期潜移默化的感染和影响，幼儿形成了对事物的比较稳定的情感态度。

据研究，情绪在不同人身上有不同的阈限。有些幼儿经常处于某种情绪体验的低阈中，他们在和其他幼儿或成人交往时，不可避免地形成某些特有的情绪反应，情绪过程日益稳定化，逐渐变成情绪品质。例如，一时的焦虑，可以称为焦虑状态，而经常出现稳定的焦虑状态，则逐渐形成焦虑品质。情绪的品质特征，是个性的性格特征的组成部分。当情绪与认知相互作用而形成一定倾向时，就形成了基本的个性结构，如所谓内向或外向的个性、主动或被动的个性、进取型或压抑型的个性特征等。儿童早期情绪发展影响到他早期的智力发展和个性特征的形成，甚至影响到日后以至成人后的行为。早期的情绪损伤，则可能导致怪僻性格和异常行为。

二、幼儿情绪理解能力和表达能力的发展

随着认知与语言能力的发展，幼儿对别人情绪的认知与理解能力有了很大提高。2～3 岁的婴儿已经认识到情绪与愿望满足的关系；4～5 岁的幼儿能认识到情绪与信念、期望的关系，已能正确判断各种基本情绪的产生原因，这些原因往往是可以觉察的外部条件。如亮亮今天很高兴，因为妈妈给他买了奥特曼玩具；蕾蕾今天可伤心了，她的"喜羊羊"玩具被弄脏了。这时的幼儿也能认识到，由于人的情绪不同，可能会产生不同的行为表现。如一个愤怒的幼儿可能会打人，而一个心情愉悦的幼儿则更可能表现出谦让和分享行为。随着社会交往的增加和语言能力的增强，幼儿也学会了更多描述情绪的词语，如高兴、喜欢、爱、开心、害怕、难受、讨厌等，并经常用这些词语来表达自己和他人的情绪体验。幼儿还能用各种情绪性语言去安慰别人，如"别哭了，我们都愿意和你玩！"

虽然幼儿发展了明显的情绪理解能力，但我们也不能过高估计其水平，毕竟他们的情绪理解能力受各种条件影响还是很有限的。如他们只能注意到一种突出的情绪信息，只能根据别人的表情、外显行为表现去理解别人的情绪，对于一些复杂的内心体验以及相互矛盾的情绪线索如满脸泪水的笑容他们很难理解。

幼儿情绪的理解能力和表达能力，尤其是情绪表达能力已表现出明显的个体差异，这与他们的遗传素质、认知能力及生活经历，特别是与同伴的交往经验不断丰富有关。

三、幼儿情绪自我调节能力的发展

情绪调控是指个体运用一定的策略管理和改变自己或他人情绪的过程。情绪调控的发展是学前儿童社会情绪发展的核心成分。幼儿情绪调控可以通过外在力量进行，也可以自我调控；可以调控别人，也可以调控自己。这里重点介绍幼儿情绪自我调节能力的发展。

根据维果斯基的高级心理机能社会起源论，儿童对情绪的调节也经历了一个由外部调节转化到内部自我调节的过程。虽然有研究认为 18～24 个月的婴儿已经开始运用简单的策略有意控制那些让他们感觉不舒服的人和物，但该阶段的婴儿并未进入到真正的自我意识水平，且能够操作的策略也非常有限。

进入幼儿期，随着幼儿语言能力的增强，社会交往经验的扩大和交往欲望的加强，他们对情绪的自我

图 10-1 "什么时候才能吃?"

调节能力逐渐加强。3~4 岁的幼儿已经能够运用口语表达的方式使用各种策略来调节自己的情绪(见图 10-1),如他们知道当外部刺激引起不愉快的情绪时,可以控制身体的感官,阻断刺激的输入,如看到电视中的恐怖镜头感到害怕时,他们会闭上眼睛、捂住耳朵喊"我不看,我不看!";他们还会自我安慰,如动画片中的结局不愉快——小兔子被大灰狼抓走了,他们会安慰自己"肯定猎人把大灰狼打死、小兔子得救了",以缓解自己悲伤的情绪;他们也会主动改变行动的方向以躲避不愉快的刺激,如苗苗的玩具被一个小朋友弄坏,苗苗会说:"你坏,我不跟你玩了。"

研究发现,幼儿已经能够运用多种策略来应对同伴间的冲突情境。通过比较不同策略的使用情况发现,幼儿使用最多的情绪自我调节策略是建构性策略,其次是回避或情绪释放策略,最后是破坏性策略。这表明幼儿在面对同伴间的冲突情景时,更愿意采用积极的活动来改变环境从而降低紧张情绪,而较少采用破坏物品或伤害他人的消极方式来缓解自己的情绪。比如,同时搭积木的两个幼儿轩轩和宗宗,都想要用一块三角形的积木做房顶而发生争抢,持续几秒钟后轩轩松手了,并重新挑拣了一块半圆形的做房顶,并高兴地让宗宗看他搭的"蒙古包",轩轩使用的就是建构性策略;如果这个时候轩轩因为不高兴不再和宗宗一起玩了,则属于回避性策略;如果轩轩因为没抢到积木而哭了,则属于情绪释放策略;如果轩轩因为没抢到积木就把自己和宗宗已经搭好的积木全部推倒,或攻击宗宗,就属于破坏性策略。

案例 10-2

某幼儿园中班的自由活动时间,斌斌在专心地玩插塑片,坐在旁边的浩浩却在"欺负"斌斌:捏他的脸,在脖子上搔痒痒,推他的椅子,拿他的插塑片。开始斌斌总是边玩边把浩浩的手移开,脸上有些不耐烦的表情,但始终没有翻脸。后来竟然干脆和浩浩"打闹"起来:互相搔痒痒、互相推,甚至椅子翻了插塑片掉到地上还在开心地笑着。

研究也发现,在压力情境下,幼儿使用频率最高的策略是寻求社会支持。幼儿较多采用积极策略来应对各种压力情境,与成人对他们的期望以及他们的自我意识发展有关,他们希望通过自己的力量来控制压力情境,以消除自己的消极情绪,使自己的行为符合社会期望。随着年龄的增加,在老师的教育之下,他们不愿意花费更多的时间去面对同伴的冲突,而是选择避开冲突,去寻找更有乐趣的事情。

很多理论和研究认为,幼儿情绪调控的发展与个体的认知发展和社会性发展有关联,在某种程度上,认知理解和认知期望决定了情绪反应。不同个体对同样的情绪唤醒会出现不同的解释,如同样面对黑暗,有的幼儿认为会有鬼怪出现进而引发比较严重的恐惧情绪;而有的幼儿却是因为什么也看不到而焦急。幼儿表征能力和信息加工能力的提高,促进了情绪的理解和适应性的应对能力,使幼儿的情绪控制能力得到了发展。情绪的社会化过程不仅是个体内部的加工过程,更多出现在社会互动的情境中,各种社会人际交往中形成的互动经验也为他们提供了支持、榜样和指导,使他们知道如何和别人相处。儿童情感调控个体差异的社会化方面的研究发现,学前儿童在情感调控中所表现出的个体差异,除了某种生物学原因之外,还应该有社会因素的影响——养育者与儿童之间的人际互动可能是形成个体差异的重要原因。父母影响儿童情绪的社会能力发展主要体现在三个方面:父母对儿童情绪的反应、父母与孩子间关于情绪的谈话以及父母本身关于情绪的表达。

四、幼儿自我意识情绪的发展

婴儿在两岁左右出现自我意识的情绪,这是情绪发展的重要里程碑之一。幼儿自我意识的情绪包括两类:一类是对自我的肯定,当幼儿的行为达到特定的目标时,幼儿就会体验到骄傲、自豪;另一类是对自我的否定,当幼儿知觉到自己的行为不符合标准和目标时,就会体验到羞愧和内疚。这两种消极情绪的行

为表现是不同的：羞愧的儿童希望自己能够躲起来或消失；而内疚的儿童则表现为试图纠正先前的行为。产生自我意识的情绪有两个条件：一是自我的发展；二是对社会行为准则的理解和掌握以及运用这些行为准则进行自我评价的能力。这两方面的发展都有一定的过程。幼儿随着自我的进一步发展和对社会准则的不断掌握，自我意识的情绪也在不断发展。社会行为规则的理解和掌握是一个逐渐积累的过程，幼儿期对规则的理解和掌握还非常有限，所以幼儿期自我意识情绪的产生往往出现在成人在场时：当幼儿做了一件错事如把玩具撒到地上，老师看见了，他才会表现出羞愧；当幼儿做了一件好事如把自己的玩具让给别的小朋友玩，老师夸奖时，他才会感觉到得意和自豪。

幼儿掌握社会行为准则是一个渐进的过程，在这个过程中，幼儿需要通过各种日常生活事例，从成人那儿得到反馈信息，才能逐渐懂得在什么情况下表现出骄傲和自豪、什么情况下体验到羞愧和内疚。父母对幼儿行为的反应影响幼儿自我意识情绪的表达。研究表明（Alessandri&Lewis,1996），4～5岁幼儿在解决各类难题成功或失败时的反应在很大程度上取决于母亲对他们成绩的反应。那些在幼儿失败后给予严厉指责的母亲，其子女在失败后表现出较高水平的羞愧，但很少在成功后感到骄傲；那些倾向在幼儿成功时给予积极反应的母亲，其子女在成功后会感觉更骄傲，而在未达到预期目标时则表现出更少的羞愧。因此，成人要通过各种生活事件帮助幼儿掌握和理解各种行为规范和准则，一旦掌握了这些准则，成人不在场时也能激发起幼儿这种自我意识的情绪，达到自我教育的目的。当然更应该注意，成人在对幼儿进行评价时，一定要准确把握社会规则，并做到因人而异。

五、幼儿高级社会情感的发展

在与社会需要相联系产生的情感中，我们通常把道德感、理智感、美感合起来叫作高级社会情感。这些高级社会情感的发展对幼儿个性的形成和发展有着重要意义。

（一）幼儿道德感的发展

道德感就是从社会道德准则出发，对自己或他人的思想、行为是否符合道德需要而产生的情感体验。如上所述，由于幼儿期儿童还没有掌握和理解系统的社会行为准则，所以在此基础上所产生的道德体验也会依赖成人的评价。幼儿的自我意识情绪就是道德感的重要组成部分。

自我意识情绪在幼儿2岁时开始发展。进入幼儿园后，在老师和集体生活的要求下，幼儿逐渐掌握了各种行为规则，道德感有了进一步的发展。小班幼儿的道德感主要是指向个别行为的，往往由成人对行为的直接评价所引起；中班幼儿比较明显地掌握了一些概括化的道德标准，他们可以因为自己在行为中遵守了教师的要求而产生快感。同时他们不但关心自己的行为是否符合道德标准，而且关心别人的行为是否符合道德标准，这时他们开始把自己或别人的言行与体现规则的榜样作对比，并作出评价，产生相应的情绪体验。中班幼儿喜欢"告状"就是道德感发展的一个表现。大班幼儿的道德感进一步发展和复杂化，他们的道德感不仅表现在对具体行为的是非体验上，还表现在对更广泛的观念体验上。如大班幼儿开始形成爱小朋友、爱幼儿园、爱家乡等情感体验。

在幼儿道德感的发展中，研究最多的是移情。移情是指个体在觉察他人的情绪反应时所体验到与他人相似的情绪反应。移情是情绪理解和情绪表达的交互作用，因为移情既是对他人情绪的意识，又是与别人的情绪产生共鸣。移情是基本的道德感，也是亲社会行为产生的基础。移情包括两个成分：认知成分和情绪成分。认知成分指个体具备认识和区分别人的情绪以及推测别人想法的能力，婴儿已经表现出这种能力，如1岁以内的婴儿就能对直视他的不同面部表情做出不同的反应，再大一些的婴儿就能用拥抱、送玩具、送食品（见图10-2）等方式安慰对方。情绪成分指个体具备在理解别

图10-2 "你吃吧！"

人情绪的基础上能体验到与其相似的情绪反应的能力。对别人情绪的确认和理解是社会认知的核心，有重要的社会意义，它也是移情的核心成分。

移情根植于个体的早期发展中。新生儿听到别的孩子的哭声也会哭，这也许是最原始的移情的表现。面对面的交流，婴儿和照料者的情绪上的"连接"是移情和关注他人的基础。真正的移情要在儿童的自我

意识发展起来才出现。今井(1974)的研究结果是：3 岁幼儿已有一定的移情能力,特别是对"快乐"所产生的移情已经确立,但对"悲哀"、"愤怒"的情绪在理解上还有困难;从 3 岁到小学一年级,移情能力随年龄增长而提高(这说明幼儿在认知上并非完全的自我中心化,已经能从他人的立场上考虑问题)。幼儿的移情作用更多表现为用语言去安慰别人,并经常伴随着亲社会行为,如主动去帮助别人。

幼儿移情的发展首先取决于幼儿的认知和言语发展水平,发展水平高的幼儿容易做出移情反应;其次也受个人经验的影响,如幼儿对同性别同年龄的小伙伴更容易表现出移情,因为他们之间有更多相似的经验;再次,家长的教养方式也对幼儿的移情发展起重要作用。如果家长对待幼儿有爱心,能敏感、及时地对他们需要做出反应,并鼓励他们克服消极的情绪,那么幼儿对别人的消极情绪如苦恼、恐惧也能做出移情反应;反之,如果家长经常打骂、虐待幼儿,这种幼儿也不会发展对别人的同情心。国外曾有过一项研究,比较受过虐待和未受过虐待的儿童的行为表现,发现前者很少对别人做出移情反应,当他们看到小伙伴苦恼和伤心的时候,非但不去安慰他,反而会恐吓和殴打他(Klimes-Dougan & Kistner,1990)。

(二) 幼儿理智感的发展

理智感是人在认知活动中产生的情感体验。它与人的求知欲、认识问题的兴趣、解决问题的需要等是否得到满足相联系。

那么,个体从什么时候就开始表现出理智感呢? 幼儿时期的理智感又是如何表现的呢? 布鲁纳认为,婴儿生来就有一种好奇的内驱力;巴甫洛夫(Parlov)认为,儿童生来就有一种不学而能的探究力——这是"这是什么"的反射表现,即探究反射。

进入幼儿期后,随着幼儿活动能力的增强,活动范围的扩大,幼儿会感受到越来越多认识上的喜悦。三四岁的幼儿在成人的指导下完成一幅房子的拼图时,会高兴得手舞足蹈;五六岁的幼儿会长时间迷恋一些创造性的活动,如用积木搭各种造型、用泥沙修城堡等。这些活动不仅使幼儿体验到由活动成果带来的积极情感,如自豪、满足、欣喜,而且这种积极情感又成为促使幼儿进一步完成新的、更为复杂的认识活动的强化物,促使幼儿不断地、愉快地进行探索活动。

幼儿理智感的突出表现形式是好奇心。幼儿特别喜欢问成人"是什么"和"为什么"的问题(见图 10 - 3),据皮亚杰对学前儿童言语的分析,其中有 15% 是属于疑问性质的,在新奇或不适应的情况下,为了补足知识上的缺陷,问题所占的比例就更大,因此有人把幼儿期称作疑问期。

图 10 - 3 "这是什么?"

幼儿好奇心的另一种表现形式是与动作相联系的"破坏"行为。崭新的玩具刚买回家,一眨眼的工夫就被幼儿拆得支离破碎;家长刚嘱咐幼儿别把手机掉地上,会摔坏的,转眼幼儿就有意把手机推地上了;买来的泥塑鸭子被幼儿泡到水里变泥汤了……这些行为令家长特别恼火,甚至冲动地痛打孩子。当家长明白孩子为什么会这么做时,就自觉地会换另一种态度对待孩子了:孩子只想知道机器猫为什么会走、手机摔坏是什么样子的、泥鸭子是怎么游泳的。大人的训斥只能泯灭幼儿认知世界的热情。成人的正确态度是创造条件,鼓励幼儿大胆探索。幼儿这种认识事物的强烈兴趣,不仅使他们获得更多的知识,而且也进一步推动了理智感的发展。

幼儿为好奇心驱使,对周围一切事物都感兴趣,但是他们自己的思索并不多,提出的问题也都是些极为表面的现象,而且常常轻信成人的答案。成人对待孩子的这种提问态度要热情,对于"为什么"一类的问题要尽量引导孩子去思考之后再给予答案,这样才可以既满足他们的好奇心,也将他们的好奇心引向更高的层次。

(三) 幼儿美感的发展

美感是人们对美好事物进行审美后所产生的一种愉悦体验。大自然的景色、绘画作品中的各种形象、优美的音乐旋律、文学作品中的艺术形象以及现实生活中具有美好心灵的人都能拨动人的心弦,使人产生种种美的体验。

美感与幼儿认知能力的发展密不可分。2～3 岁的婴儿还不会区分艺术作品的形象与真实的对象,往往把两者视为同一。幼儿开始能把两者区分开来,以后还会把它们加以比较,做出评价。

幼儿的美感与道德感常常联系在一起,并以道德感代替美感。凡是与他们道德感相一致的艺术作品或艺术表演,不管艺术水平如何,总是美的、喜欢的;而与他们的道德感不一致的艺术作品或艺术表演,不管艺术水平如何,幼儿就会认为是丑的且不喜欢。

幼儿初期的美感往往是对某一具体对象直接感知而产生的体验,如鲜艳的色彩、明快的节奏、崭新的服装等能引起他们愉快的体验;幼儿中后期,逐渐从各个具体事物之间的关系上体验美感,如色彩之间的协调、音调之间的和谐等方面体验到美。

幼儿美感的发展与幼儿园艺术教育不可分割。幼儿园的音乐、美工、语言等教学活动,多媒体课件的运用,看电视、参观游览等课外活动,画画、歌舞、朗诵、角色游戏等艺术实践,都是发展幼儿美感的有效途径。在适当的教育条件下,大班幼儿对美的标准已经有了进一步理解,美感由感性向理性发展。

第二节 幼儿情绪情感发展的指导策略

《3～6岁儿童学习与发展指南》对幼儿的情绪情感目标主要从能经常保持愉快而稳定的情绪和具有一定的情绪调控能力两方面提出了要求;同时也提出了相应的教育建议:即营造温暖、轻松的心理环境,让幼儿形成安全感和信赖感;帮助幼儿学会恰当表达和调控情绪。幼儿园应该以《指南》为依据,精心组织教育活动,促进幼儿情绪情感的健康发展。

一、幼儿情绪情感发展中常见的行为表现

(一)害怕一些特殊的"东西"

由于幼儿丰富、生动的想象力且想象与现实容易混淆,所以他们会害怕魔鬼、怪兽、黑暗、雷声和闪电等。父母应该尽量避免让他们看书中或电视里的恐怖故事,并逐渐给他们讲一些科学知识如雷声、闪电是怎么形成的,多让他们认识一些奇特的动物,晚上睡觉时可以给他们开一盏小灯,在他们产生恐惧、害怕情绪时直接为他们提供情绪上的抚慰,如抱一抱、拍一拍、柔声细语地和他们说话等,使他们产生安全感而逐渐平复消极情绪,直到幼儿能将自己的想象和事物的真实状态区分开来。

有些幼儿的害怕是与父母不当的教养方式有关,尤其是父母过度保护和过度限制他们的行为,使他们对原来不害怕的对象和活动产生不应有的害怕和恐惧。如幼儿在爬高、抓毛毛虫或者和小狗玩耍时,母亲突然大声吓唬和尖叫(其实成人自己感到害怕),使幼儿产生条件反射,自己以后也不敢再接触这些物体或事情。针对这一类的害怕,一方面要指导父母认识到这种做法的消极作用,使父母明确什么是真正的危险;另一方面,已经形成的不必要的害怕,可以通过对抗性条件作用、榜样示范法或认知疗法等消除。

所谓对抗性条件作用,是把一些能唤起害怕情绪反应的刺激与愉快的活动同时并存,最后以愉快活动所产生的积极情绪克服由害怕刺激引起的消极反应。如恐惧输液的幼儿可以在每次输液时给他讲故事、探讨他感兴趣的话题等,慢慢地对输液的恐惧就会被父母愉快的陪伴和适当地满足其他需要带来的愉悦所取代。

按照社会学习理论家班杜拉(Bandura)的观点,儿童可以通过对榜样行为的观察学习而消除原有的一些害怕。如让一个怕狗的孩子在一种愉快的情境中看另一个与他年龄相仿的孩子与狗愉快地玩耍,可以改善甚至消除他对狗的害怕。

认知疗法的提出是基于最基本的心理学理论,即情绪和行为是在认识的基础上产生的这一理论观点而提出的。要改变不合理的情绪和行为,首先就要改变不合理的认识。如幼儿害怕黑暗中的影子,可以通过开灯、让他看清有什么东西,然后再关灯,让他知道是什么东西的投影,从而消除他的害怕反应。

(二)过分腼腆

一些幼儿因为长期由单一且胆怯、害羞的抚养者抚养,缺乏社会认知能力和社会交往经验,比如,不了解别人的意图、不知道如何回应别人发起的交往信息,更不会有主动交往的愿望,显得过分腼腆,不能适应社会。对于这些幼儿的发展指导,首先要做抚养者的工作,让他们意识到自己的性格对幼儿形成的消极影响,并使他们意识到要想让自己的孩子发展得好,就必须带孩子一起进行社会交往,改善自己的行为表现。在此基础上,尽早将幼儿送到社会抚养机构,让幼儿多与同伴交往,同伴之间的相互作用会帮助他们提高社会交往的技能,有时候同伴的鼓励和强化优于成人的指导。

（三）沮丧

沮丧通常是由无法控制外界的环境，尤其是一些消极不利的事情而感到缺乏效能感引起的。沮丧的幼儿看起来很伤心，他们自己也觉得很伤心，爱哭，感到孤独和悲观。这些幼儿的伤心、无助，多与家庭的破裂、找不到自己在集体中的位置有关。家庭和社会都应该多给予他们关心，多和他们沟通，及时发现他们的困惑，并在他们的理解水平上给予解释和开导；教给他们一些具体技能，提高他们解决日常生活问题的能力和信心；在他们遇到困难或遭遇失败时给予鼓励和安慰，提升他们的自我效能感。

二、促进幼儿情绪情感发展的有效策略

积极的情绪情感是个体心理健康的重要标志，是个体适应现代社会复杂人际关系的重要条件。因此，我们必须重视并采取科学措施促进幼儿情绪情感的发展。

（一）家庭中对幼儿情绪情感的促进

案例 10－3

今天，爸爸妈妈带5岁的图图到野外采蘑菇，一起去玩的还有另外两家，只是今天就图图一个小朋友。由于路程有点远，图图有点累，加之下车时，她喜欢的饮料洒了，图图来到饭桌上就开始哭闹。爸爸妈妈和叔叔阿姨一起哄，但图图反而越哭越来劲。妈妈说："图图有点累啦，饮料洒了也不高兴，可以哭一会儿，但就一会儿，然后咱们吃饭，吃完饭回家；如果不听话的话，妈妈以后就不带你出来采蘑菇啦！咱们今天玩得多高兴啊！"妈妈抱着图图，图图还在哭，只是哭声越来越小了。又过了一会儿，图图只剩下抽泣啦。"妈妈趁机问图图：你是想让爸爸抱着吃饭还是妈妈抱着吃？"图图说要爸爸抱着，爸爸疼爱地接过图图来，问她想吃什么……

上述案例中图图的妈妈在处理图图的烦躁哭闹时采用了比较有效的策略，5岁的图图适当地控制了自己的情绪。

在幼儿情绪情感的发展中，家长一方面要经常和他们谈论有关的情绪情感，提高他们对情绪情感的理解和表达能力；另一方面，也要教会他们控制不良情绪情感的一些策略，增强他们控制不良情绪情感的意识，以经常保持愉快情绪。

1. 父母要创造和谐、幸福的家庭生活

幼儿期的生活仍以家庭为重心。和谐、幸福的家庭生活对幼儿产生积极的情绪作用很大。因为幼儿的情绪易受感染、模仿性强，因此，成人的情绪示范非常重要。如果成人经常表现得热情、愉悦，看待事情乐观，遇到烦恼时能适当控制情绪并通过积极渠道疏解，则幼儿也会受到感染表现出更多积极情绪，相反亦然。父母积极的情绪表达能使家庭和谐、幸福。反过来，和谐、幸福的家庭生活也容易使父母和幼儿更多地表现积极情绪。

2. 父母要多与幼儿谈论情绪感受

幼儿情绪的发展主要表现为情绪的表达、情绪的理解和情绪的控制。父母多与幼儿进行口头谈话，可以促进情绪的发展。如，在幼儿对别人复杂情绪的表现感到困惑时，父母可以通过口头谈话帮助幼儿理解别人现在的感受是怎样；在幼儿情绪表达不符合社会规则时，父母可以直接用语言告诉他应该怎么控制自己的情绪。

3. 父母要敏感于幼儿的情绪反应

案例 10－4

"爷爷，看看我的新衬衫！"4岁的埃伦叫着，她正在参加一年一度的家庭聚会。"这上面有三只熊，还有他们的房子，还有……"

埃伦的声音渐渐变小，因为她发现所有人的眼睛都在关注她1岁的表弟戴维，小表弟正在跨出他有生以来的第一步。当小戴维摇摇晃晃地迈步向前时，所有的大人都在欢笑着鼓励他。没有人，

包括最喜欢她的爷爷,注意埃伦和她的新衬衫。

埃伦感到很痛苦,又很妒忌。她转身走进房间。她把毯子盖在头上,手臂伸出外面。她从毯子缝里窥视外面的情况,然后又披着毯子回到起居室。这时,她看到爷爷正为戴维指路。"我来了,讨厌鬼。"说着,埃伦故意撞倒戴维,戴维哭了起来。

取下毯子,埃伦很快看到妈妈不快的表情:"妈妈,我看不见他,毯子遮住了我的脸。"埃伦辩解着说。

（资料来源：[美]劳拉·E·贝克著,吴颖等译.儿童发展(第五版)[M].南京：江苏教育出版社,2002：607.）

父母对幼儿的情绪反应敏感、热情,幼儿就会有被关注、被重视的安全感,否则,幼儿会感觉父母不关心自己、不喜欢自己,从而失去积极上进心,而变得孤僻、怯懦或攻击性强、仇视社会。上述案例中的埃伦就是因为被忽视而妒忌有意撞倒了小表弟。

家庭中培养幼儿的情绪自制力要注意以下几点：第一,给幼儿自己做决定的机会,家长不要什么事都强迫幼儿;第二,当幼儿的顾问而不是指挥,遇到事情时和幼儿一起讨论该怎么做;第三,让幼儿有机会为家庭做事情,如扫地、择菜、擦桌子、摆碗筷等,培养他的家庭责任心和自豪感。幼儿真正的快乐来源是感觉到可以自主和感受到自己能力的增强。

（二）幼儿园对幼儿情绪情感的促进

1. 安排合理的作息制度和符合幼儿兴趣的活动

根据幼儿的身心特点制定合理的作息制度,不仅有利于幼儿的身体健康和良好行为习惯的形成,而且这种有规律的生活也有助于幼儿情绪的稳定。与此同时,幼儿园的活动安排也应该丰富多彩,符合幼儿的身心特点,如运用游戏的方式组织各种活动,这样的活动可以激发幼儿的兴趣,使幼儿沉浸在快乐的情绪中。

2. 幼儿教师应保持愉悦的情绪和教育的热情

情绪具有感染性,对于年幼儿童尤其如此。作为一名有责任心、有爱心的幼儿教师,在与幼儿相处的过程中应该一直保持教育的热情,把快乐情绪带进教室、带到幼儿中间,这样不仅有利于幼儿经常处于积极的情绪状态中,而且有利于提升幼儿的认知效率。有研究认为,积极情绪下更容易记住快乐的事情,长此以往就容易形成乐观的性格。在活动中假如有幼儿犯了错误或幼儿之间发生了冲突,教师也一定要注意保持心平气和的态度进行引导,而不要大声训斥甚至体罚幼儿,以给幼儿起到榜样作用。

3. 通过文学作品培养幼儿的高级情感

文学作品具有很强的感染力,为幼儿所喜爱。选择适合幼儿年龄特征的、优秀的儿童文学作品,可以有效地培养幼儿的高级情感。在文学作品的学习中,教师不仅可以通过讲故事的形式对幼儿进行教育,也可以让幼儿进行角色表演,从而更好地体验其中的情感。下面这个活动案例就是针对幼儿大班如何利用文学作品来教会幼儿表达自己的情感的。

案例 10 - 5　　　　促进幼儿情感发展的教育活动设计与评析

活动主题：亲爱的小鱼——学会表达爱的情感(大班)

活动目标：

1. 引导幼儿初步感受《亲爱的小鱼》故事中猫对鱼的关爱之情。

2. 鼓励幼儿尝试用语言、表情、动作等行为表达爱父母的情感。

活动准备：

《亲爱的小鱼》故事绘本、亲子活动图片、音乐《爱我你就抱抱我》。

活动过程：

1. 猜想猫和小鱼在一起发生的故事。(提问：小朋友和爸爸妈妈是怎样表达爱的？猫和小鱼在一起会发生什么样的爱的故事?)

2. 感受和理解《亲爱的小鱼》故事中猫和小鱼相互关爱的内容与情节。(讨论:小猫爱小鱼吗?故事中的小猫是如何爱小鱼的?)

3. 知道爱是要表达出来,并让对方感受得到。(联想:你与家人是怎样互相关心和爱护的?鼓励幼儿用动作、语言、表情、行为、作品、礼物等多种方式来表现。)

活动延伸:

利用区域活动时间,组织幼儿情境表演《亲爱的小鱼》,请小朋友扮演猫和小鱼,表现它们之间互相关爱的内容和情节。

建议:

1. 家长和幼儿一同讲述《亲爱的小鱼》绘本故事,合作表演故事。

2. 家长和幼儿共同汇集生活中有关爱的小故事,创编《爱的故事》小书。

3. 教师、家长带动幼儿努力尝试用各种方式关爱对方。

评析:

爱是一个亘古不变的话题,也是密切亲子关系的决定性因素,如何学会表达爱的情感,养成自我表达的良好习惯,对于亲子的沟通和理解至关重要。活动主题——学会表达爱的情感,借助于故事《亲爱的小鱼》这个脍炙人口的故事,紧紧抓住了大班幼儿喜欢小动物的心理特点,通过猫和小鱼之间发生的有趣的动作、表情、行动等故事形象与内容情节,让幼儿直观地感受到家庭成员互相关爱的美好和甜蜜,初步懂得要学会向家长表达自己的爱,学会感恩家长对自己的关心和爱护。活动延伸以及教育建议能更好地将活动主题渗透在幼儿的日常生活行为中,有利于活动目标的落实。

(本活动设计由太原市康乐幼儿园白肖静老师提供)

4. 帮助幼儿克服不良情绪

影响幼儿情绪的因素很多,如幼儿要求没有得到满足、成人不良情绪下对幼儿的粗暴态度、幼儿之间冲突等,都会造成幼儿的不良情绪。老师和家长都应该关注幼儿的这些不良情绪并适当给予安抚或疏导。如果是不合理的要求未被满足引起的气愤,可以先冷落,等他情绪平静下来再给他解释原因;如果是受了委屈,可以给予安抚和别的补偿,使他情绪尽快好转。幼儿园教室或活动室在比较僻静的角落要开辟一个小空间,供情绪不良的幼儿适当地发泄一下情绪,不要让幼小的心灵受到压抑。下面提供一个帮助幼儿面对不良情绪的活动设计。

案例 10 - 6　　　　　促进幼儿情感发展的教育活动设计与评析

活动主题:《小甜心和小苦恼》——知道调节情绪(大班)

活动目标:

1. 引导幼儿懂得用适宜方式表达不良情绪。

2. 帮助幼儿找到造成不良情绪的原因,并努力化解。

活动准备:

《小甜心和小苦恼》故事内容及图片、快乐歌音乐、口哨与小狗音乐。

活动过程:

1. 观察了解情境表演中人物的表情变化。(提问:发生了什么事情?表情有什么变化?讨论:你喜欢哪个表情?为什么?)

2. 体会故事情节中情绪快乐的好处。(提问:你喜欢什么样的小苦恼,为什么?你有哪些办法让小苦恼变得快乐呢?)

3. 寻找转移情绪的方法。(提问:有什么办法可以让自己心情好起来?尝试体验运用玩、诉说、听音乐等方法激发幼儿积极快乐的情绪情感。)

活动延伸:

利用游戏时间,组织幼儿玩音乐游戏,为幼儿获得快乐、伤心、生气等不同情绪体验提供机会和

条件,让幼儿切实感受到快乐情绪的好处。

建议:

1. 选择让小朋友能心情平静和快乐的音乐,提供给幼儿及家长使用。

2. 设计表情图,投放在活动区,鼓励和引导幼儿玩表情游戏。

评析:

促进幼儿身心健康发展是幼儿阶段的首要任务,愉快的情绪是幼儿身心健康的重要标志之一。活动主题——知道调节情绪,所设计的活动目标是幼儿健康教育的重要成分,促进幼儿情绪情感的发展也是幼儿园教育的一个难点。这个教育活动通过《小甜心和小苦恼》故事内容,激发了幼儿正确认识生活中自己经常遇到的问题和现象——开心和生气,通过小甜心和小苦恼这一对小朋友的对比,让幼儿认识到开心和生气两种不同情绪的不同后果,对幼儿起到强烈的震撼作用。活动延伸以及教育建议能加深幼儿对于情绪的丰富体验,有助于促进幼儿积极调节情绪,懂得自觉保持愉快情绪。

(本活动设计由太原市康乐幼儿园白肖静老师提供)

本章小结

本章重点介绍了幼儿情绪情感在幼儿发展中的作用;幼儿情绪的理解能力、表达能力、自我控制能力和自我意识的情绪发展的特点及幼儿高级情感的发展特点;指出幼儿情绪发展中的一些常见问题,并从家庭和幼儿园两个方面提出了培养幼儿健康情绪情感的指导策略。

学习本章内容后,学生能够理解情绪情感在幼儿发展中的作用;重点掌握幼儿情绪理解和表达能力的发展特点;幼儿情绪的自我控制能力的发展特点;幼儿自我意识情绪和高级情感的发展特点,并能在理解的基础上掌握幼儿情绪发展中常见的行为表现及促进幼儿情绪发展的家庭和幼儿园两方面的策略。

思考与练习

1. 幼儿情绪理解能力和表达能力发展水平如何? 教育者应该如何促进其发展?

2. 教育者应如何对待幼儿自我意识情绪的发展?

3. 幼儿高级情感的发展有什么特点?

4. 教育者应该如何促进幼儿情绪情感的自我教育?

5. 教师和家长应该如何对待幼儿的"人来疯"?

自己做研究

请你对幼儿情绪自我调节策略进行观察与分析。

情绪控制能力对儿童社会性的发展和自我成长具有极其重要的作用。有这样一种说法:只要一个人的智商达到中等,那么,他的成功就不取决于智商,而是取决于情商。而情商最核心的能力是情绪控制能力。研究发现,幼儿已经能够运用多种策略来应对同伴间的冲突情境。通过比较不同策略的使用情况发现,幼儿使用最多的情绪自我调节策略是建构性策略,其次是回避或情绪释放策略,最后是破坏性策略。那么小、中、大班的幼儿在面临同伴间的冲突情境时,经常使用的自我调控策略有没有差异呢? 分别使用哪些策略呢? 请同学们以组为单位进行观察、记录和分析。具体要求如下。

观察目的:了解被观察幼儿的冲突解决策略,比较不同年龄幼儿解决水平的差异,分析其影响因素,并尝试提出改善策略。

观察对象:某幼儿园小、中、大班幼儿。

观察方法:自然情境下的非参与式直接观察,叙述性记录。具体做法如下:每6～7人为一组,每组选一所幼儿园小、中、大各一个班作为观察对象。先做两天的预备观察,通过班内讨论确定观察指标、记录方法。选幼儿自由活动的时间如早上刚入园、午饭以前或下午家长接孩子前半小时,2～3名同学同时进一个班,连续观察一周,记录孩子之间冲突时采用的策略。在一个班上的同学各自独立做记录,记录尽量详细,

包括幼儿冲突发生前的背景资料、冲突起因、冲突的经过、平息过程、冲突持续的时间、造成的后果和幼儿采用的策略等。每次观察结束后,观察同一个班的同学要交流观察记录,以确保记录的准确性和完整性。

观察记录:采用事件取样法,填写观察记录表(见表10-1)。

结果分析:对观察记录材料进行整理与分析,以组为单位撰写幼儿冲突解决策略的调查报告,并在班内进行交流。

表 10-1 幼儿冲突解决策略观察记录表

幼儿园名称:　　　　　　　班级:　　　　　　观察者:

背景资料(包括幼儿进行的活动、教师的活动等)		
冲突起因		
冲突的经过	说话内容	
	行为表现	
	情绪表现	
平息过程	有无外力参与	
	结果如何	
持续时间		
后果如何		
采用的策略		

第十一章 幼儿个性的发展

 知识结构

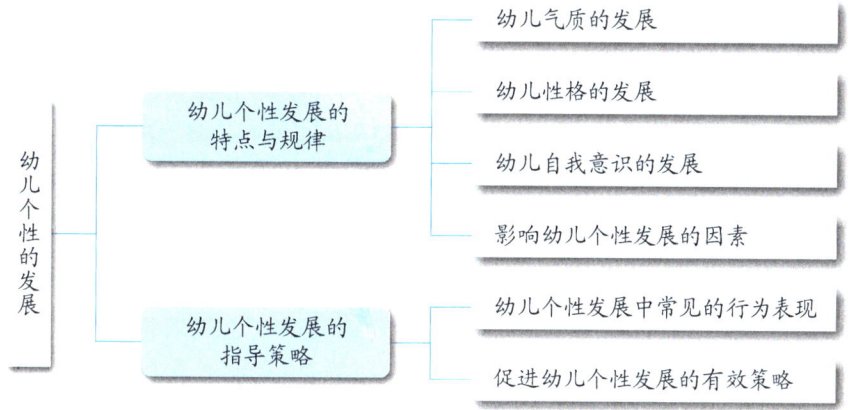

引入

　　丽丽是个安静内向的孩子,她的胆子很小,但很乖巧,她不喜欢活动,反应较为迟缓,但她做事很专注,情绪稳定,坚持性较好。她的同伴丁丁则是个活跃外向的孩子,他活泼好动,表现欲强,做事敢想敢干,但容易冲动,缺乏毅力和耐心,他喜欢各种活动量大的游戏。佳佳是个敏感、胆小的小女孩,上课从不主动举手发言,下课也很少和小朋友一起玩,但是她很细心,富有爱心,幼儿园里的一只小猫走丢了,她难过了好几天。

　　上述幼儿各自不同的行为表现,反映了幼儿个性的独特性和差异性。生活中,每个幼儿也都有其典型的个性化特征。那么,幼儿的个性是如何产生和发展的?教育者又如何进行科学的引导和教育,促进幼儿的个性健康发展呢?让我们带着这些问题进入本章的学习吧。

第一节　幼儿个性发展的特点与规律

　　个性是一个人全部心理活动的总和,它是个体比较稳定的、典型的、具有一定倾向性的心理特征,是个体各种心理过程和心理成分的独特结合。

　　从个性的构成来看,它是一个复杂的、多侧面的、多层次的动力结构系统,主要包括个性倾向性、个性心理特征、自我意识、心理过程和心理状态等组成部分,它们共同构成一个稳定的、具有一定倾向性的、统一的整体,并随着各心理成分的变化以及与外界环境的交互作用中逐渐发展,表现出个体在个性方面的典型的差异性。

　　每个人都有其独特的个性,个体的个性是在其各种心理过程、各种心理成分发生发展的基础上形成

的。3岁以前的婴儿由于各种心理过程还没有完全产生和发展起来,还不能组成有机的心理活动系统,因此还没有形成具有一定稳定性和倾向性的个性。幼儿期(3~6岁)是个性开始形成的时期,这一时期的幼儿,各种心理成分均有不同程度的表现并有机结合,开始明显出现了个性所具有的各种特点,特别是自我意识和性格等个性心理特征已经初步发展起来,而气质则是幼儿个性发展的生物基础。幼儿的个性是在遗传带来的气质类型特点的基础上,在与环境的交互作用中,逐渐发展并表现出自己的最初个性倾向性。在幼儿期个性初步形成阶段,本节主要探讨个性的三个重要方面:气质、性格和自我意识的发展。

一、幼儿气质的发展

(一)幼儿气质发展概述

1. 气质的概念

日常生活中,我们常常可以听到这样的评价:"某某气质好"。这里讲的"气质"和心理学上讲的气质并不是一个概念。而当我们说某人开朗、乐观,另一个人精力充沛、行为活跃,还有人安静、稳重,或者某人性情急躁,易暴怒时,这就是气质(temperament)——因人而异的稳定的情绪反应品质和强度、活动水平、注意力以及情绪的自我调节[①]。

在心理学的研究中,气质是指个体出生时就具有的,相对稳定的和具有一定倾向性的心理活动的动力特征。主要表现在心理活动的强度、速度、稳定性、灵活性和指向性等方面。尤其是在情绪发生的快慢、情绪体验的强弱、情绪状态的稳定性和情绪变化的灵活性以及情绪反应的指向性等方面表现比较明显。这些相对稳定的心理活动的动力特征相互联系,相互作用,使人的活动带有某种色彩,形成个人独特的风格。

气质在本质上是由于每个人天生的生理上的差异而产生的行为方式上的不同特点。如,有的人性情急躁,易发脾气,有的人动作灵活,适应性强,有的人沉着冷静、遇事三思而后行,有的人则行动缓慢,对人对事多疑虑、敏感,这些生活中看到的个体身上表现出来的特征,实际上是人的各自不同的气质类型的反映。

2. 气质的生理基础

气质是个体与生俱来的、稳定的心理特征,它是高级神经活动类型的外在表现。因此,气质和人的生理解剖特点有紧密联系,尤其是与个体的神经系统的活动特点有着直接的关系。现代心理学认为,高级神经活动类型是气质的生理基础。

关于神经系统类型的概念,最早是由巴甫洛夫提出的。他的高级神经活动类型学说是有关气质生理机制学说中最有代表性,也最具影响力的一种理论。巴甫洛夫指出,大脑皮质的神经过程(兴奋或抑制)具有三个基本特征:强度、平衡性和灵活性。

(1)神经过程的强度。这是指神经过程兴奋和抑制的强度,即神经细胞所能承担的刺激量,以及神经细胞工作的持久性。

(2)神经过程的平衡性。这是指兴奋和抑制两种神经过程之间强度的对比。如果兴奋强于抑制或抑制强于兴奋,都是神经过程不平衡性的表现。

(3)神经过程的灵活性。这是指神经系统的两种神经过程转换的速度。

根据神经过程的强度、平衡性和灵活性等三种基本特征的结合不同,可以形成四种高级神经活动类型。其中三种是强型,一种是弱型(见表11-1)。

表11-1 高级神经活动类型及特征[②]

神经类型	强 度	平衡性	灵活性	行 为 特 点
兴奋型	强	不平衡		攻击性强,易兴奋,不宜约束,不可抑制
活泼型	强	平 衡	灵 活	活泼好动,反应灵活,好交际
安静型	强	平 衡	不灵活	安静、坚定、迟缓、有节制、不好交际
弱 型	弱			胆小畏缩,消极防御反应强

---

① [美]劳拉·E·贝克著,吴颖等译. 儿童发展(第五版)[M]. 南京:江苏教育出版社,2002:571.
② 黄希庭. 心理学导论[M]. 北京:人民教育出版社,1991:649.

兴奋型：是强而不平衡的类型。其特征是容易形成积极（兴奋性）条件反射，但难以形成消极（抑制性）条件反射。因此，这类幼儿的行为特点是：攻击性强，易兴奋，不宜约束，不可抑制。

活泼型：是强而平衡又灵活的类型。这类幼儿的行为特点是：活泼好动，反应灵活，好交际。

安静型：是强而平衡，但不灵活的类型。这类幼儿的行为特点是：安静、坚定、迟缓、有节制、不好交际。

弱型：神经活动的兴奋性和抑制性都很弱。外来刺激对这种神经活动类型的幼儿来说大多都是过强，因而使他的精力迅速消耗，难以形成条件反射。这类幼儿的行为特点是：胆小畏缩，消极防御反应强。

个体在出生时就具有遗传所带来的上述四种高级神经活动类型的影响，由此，使个体在出生时就具有某种典型的气质类型。

3. 幼儿气质类型的典型特征及表现

气质类型是指表现在个体身上的一类共同的或相似的心理活动特性的典型结合。由于在气质定义、内容和生理特点等问题上存在着各种不同的理论或流派，对气质的类型划分也各不相同。比较典型的关于幼儿气质类型及其表现的划分方式有以下两种。

（1）传统的四类型气质说。传统的气质类型是从古希腊气质类型四重说发展而来的，这一学说将气质分为多血质、胆汁质、黏液质、抑郁质等四种类型。巴甫洛夫发现的四种高级神经活动类型，与传统的类型相吻合。

多血质：相当于神经活动强而平衡的活泼性。这类气质的幼儿热情、有活力，适应强，喜欢交际，精神愉快，机智灵活，注意力易转移，情绪易改变，喜欢参与各种活动，但不够耐心。

胆汁质：相当于神经活动强而不平衡型。这种气质的幼儿兴奋性高，精力旺盛，情绪起伏波动大。

黏液质：相当于神经活动强而平衡的安静型。这种气质的幼儿平静，有耐力，注意力集中，但不够灵活，注意力不易转移，缺乏激情。

抑郁质：相当于神经活动弱型。这种气质的幼儿沉静，易相处，但比较敏感，易受挫折、孤独、行动缓慢。

（2）巴斯和普洛明（Buss & Plomin）的活动特点说。巴斯和普洛明在20世纪70年代用情绪性、活动性、社会性和冲动性四种维度描述幼儿的气质，从而区分出活动型、情绪型、社交型和冲动型四种气质类型。

活动型：这种气质类型的幼儿总是爱活动，喜欢接受新任务。表现为坐不住，闲不住，喜欢探索新事物，乐于参与各种活动。

情绪型：这类幼儿的觉醒程度高，反应强度大。表现为容易激动，难与他人相处，情绪反应强烈。

社交型：这类幼儿渴望与他人建立亲密关系。表现为容易受教育的影响，与同伴相处很融洽。

冲动型：这类幼儿缺乏抑制力。表现为经常坐立不安，注意力分散，厌烦等待，行动冲动。

关于幼儿气质类型的划分及其特征，目前还缺乏一个统一的、能为人们所共同接受的理论，上述每一种气质类型说都有其独特的观点和合理性。相对来讲，传统的气质类型说在生活中为更多的人熟知并被广泛应用。

（二）幼儿气质的特点

1. 遗传性

气质具有生物遗传性，它是以个体的神经活动类型特点为生理基础，在出生后即表现出来的，具有"天赋性"的个体动力特征，它使幼儿在出生时便具有自身所特有的行为表现风格，表现出明显的气质上的差异。而这些差异最初来自幼儿生理反应上的差异，如，神经系统反应的强度、阈限、活动水平、节律等，这表明生物因素在气质发展中起着重要的作用，气质的发展具有遗传性。例如，有的幼儿出生时就比较活跃，对事物感到好奇，并作出探究反应；有的幼儿出生时则比较安静、不太活动，容易安抚等，这些都是幼儿最初的气质类型差异的反映。

2. 稳定性

在人的个性心理特征中，气质是最早出现，也是最稳定的。因为气质和幼儿的生理特点关系最直接。一个孩子在出生时已经具备某种气质特点，这些特点在整个幼儿期是相对稳定的，他所表现出的敏感性、社会交往能力、害羞程度等气质倾向甚至会保持到其成年以后。许多研究的结果支持这一观点。例如，美国学者托马斯和切斯于20世纪50年代开始，对141名被试从新生儿到成人阶段做了跟踪研究，研究结果表明：气质特征是相当稳定的，属于难适应环境的孩子长大入学后也表现出较多的行为问题，而缓慢适应

环境的孩子在童年中期其退缩行为有所加强①。

3. 可塑性

幼儿的气质特征虽然具有稳定性,但也并不是恒定不变的,某些气质特征受环境影响会发生一定程度的变化,气质发展具有可塑性。气质和儿童的生理特点关系最直接,随着儿童高级神经活动的不断成熟和完善,以及身处某种特定的环境并不断地与环境发生交互作用的过程中,气质在一定程度上是可变的。成人也可以通过有目的的创设某种特定的情景,采取有效的教育方式与手段,在幼儿原有气质特征的基础上,对其进行有意识地教育和引导,从而使其气质特征中诸如害羞、社交退缩等行为加以改进。托马斯和切斯的气质发展问题追踪研究结果也证明,气质虽然具有相当的稳定性,但也不是一成不变的,其中有一个观点认为,父母的教育实践对孩子气质类型的塑造起着重要的作用。

4. 个体差异性

气质是个体与生俱来的、稳定的心理特征。受高级神经活动类型差异的制约,幼儿自出生时就表现出气质方面的差异,这种与生俱来的气质差异又反过来影响着后天人们对待儿童的方式与态度。此外,儿童的性别、家庭结构、家庭经济地位以及父母的教养观念、行为等也对儿童的发展产生不同的影响。这些因素使得幼儿之间原先存在的先天差异在后天环境的影响下进一步扩大化,幼儿之间的气质差异表现得更加明显。有经验的教师能够发现幼儿的气质特征,找出具有各种气质类型的幼儿,并依据其气质特点,分析其心理活动和行为倾向,对其加以有效地引导和教育。

总之,气质无所谓好坏之分,各种类型的气质都有其积极和消极的方面,正确的教育都能够引导其发展成为良好的个性特征。同时,由于气质一定程度上是先天形成的,要想完全改变幼儿的气质类型很难,只能在先天遗传的气质特点的基础上加以适当的引导和改善。另外,在实际生活中纯粹属于某种气质类型的人是极少的,大多数人的气质属于几种气质类型的混合型,或介于某两种气质类型之间,成人不可轻易断定一个幼儿属于某种气质类型,以免引起教育上的失误。教育的目的不是设法改变幼儿原有的气质,而是要克服气质的缺点,发展它的优点,使幼儿在原有的气质的基础上建立优良的个性特征。

二、幼儿性格的发展

(一)幼儿性格概述

1. 性格的概念

性格是个性中最重要的心理特征。它表现在对客观现实的稳定态度和惯常的行为方式中。性格是决定个人对待现实的态度和行为方式的稳定的心理特征。儿童在幼小时期,就对现实表现出不同的态度,就有不同的行为举止。

2. 性格与气质的关系

性格和气质有紧密关系,两者相互渗透,相互制约。不同气质类型可以形成相同的性格特征,相同气质特征也可以形成不同的性格特点。

气质主要受神经系统基本活动特性的影响,这些特性是出生时已经具备的。性格则主要受后天环境的影响,在出生头几年逐渐形成。因此气质对性格的形成有着重要的影响作用。比如,抑郁质的儿童比胆汁质的儿童更容易形成自制、细心的性格特征,而胆汁质的儿童则比抑郁质的儿童更容易形成果断、乐观的性格特征。同时,气质使性格涂上其特有的色彩。比如,同是努力上进的性格,多血质者总是热情洋溢,黏液质者则不动声色,从容不迫。

性格对气质的制约作用,表现在性格形成过程中会在一定程度上掩盖或改造某些气质特点。例如,易冲动的幼儿在环境和教育的影响下可以建立许多抑制性条件反射,逐渐养成自律和自我约束的习惯,从外表看,也不像不可抑制的气质类型。不过,年龄越小的幼儿,气质掩蔽的情况越少。另外,不论人的气质属于哪一种类型,代表人的个性的本质的还是他的性格特征。

3. 幼儿期是性格的初步形成期

幼儿的性格是其在先天气质类型特点的基础上与周围环境相互作用过程中形成的。两岁左右,随着各心理过程、心理状态和自我意识的发展,出现了最初性格的萌芽。整个幼儿期,是儿童性格的初步形成期,在此时期形成的性格特点,对儿童将来的性格发展具有奠基作用。幼儿期性格的初步形成主要表现在

---

① 方富熹、方格.儿童发展心理学[M].北京:人民教育出版社,2005:260.

以下两个方面。

第一,幼儿的性格开始表现出明显的个体差异。幼儿自出生起,不断受到社会生活的影响和教育的熏陶,在参加各种活动的同时,开始了性格塑造的过程。到幼儿期,性格的轮廓初步显现出来,幼儿不论对人、对己或对事、对物都表现出一定的态度和相应的行为方式,他们已初步形成性格特征,表现出明显的个别差异。这种差异表现在幼儿行为的各方面,它使幼儿在不同的场合、不同方面的行为都显示出较强的一致性,也使幼儿表现出区别于其他幼儿的典型特征。

第二,幼儿期的性格只是开始形成,还没有完全稳固定型。在外界环境和教育的影响下,以及幼儿自身与环境的相互作用中,性格将继续发展,直至 18 岁左右,性格才会基本定型。

4. 幼儿性格特征的稳定性与变化

幼儿性格发展的稳定性与变化,主要受环境的影响。周围环境,特别是成人的态度,使幼儿形成某种性格特征,比如,男孩的攻击性,女孩的依赖性等,而幼儿初步形成的性格特征又反过来影响周围成人,比如,要求成人屈从于他的攻击性或依赖性,由此形成幼儿性格与周围环境相互的循环性影响,使最初形成的性格特性不断得到加强而逐渐稳固。同时,也不可否认,在外界环境的影响下,幼儿的性格可能发生变化。尤其是在环境和教育条件发生重大变化时,幼儿的性格也发生变化。许多事例反复证明,性格是随外界环境和教育的影响而产生和变化的。因此,成人必须重视对幼儿性格的培养。

拓展阅读 11-1　　　幼儿性格稳定性与变化的相关研究

幼儿期的性格已经开始形成,出现了相对的稳定性。关于幼儿期性格特征对后来性格的影响,即幼儿期性格特征的稳定性和变化问题,曾有过一些长期追踪研究,所得结果不完全一致。例如,卡根等(Kagan and Moss,1922,1964)报告,对 36 名男婴和 35 名女婴追踪至成年的研究表明,攻击性的性格特征,在男性发展比较稳定,从童年到成年表现相似,而在女性则不稳定,变化较大。被动和依赖性的特征,则在女性比较稳定。坚持性的特征,在 3~6 岁女孩,已发展到青春期的 2/3,即在幼儿期已基本稳定(Bloom,B. S. 1964)。

邹晓燕(1987)的追踪研究发现,4 岁到 6 岁幼儿坚持性的个人特征已趋向稳定。4 岁幼儿在不同动机、不同任务、不同环境下的活动中,坚持性在群体中所处地位基本不变。同一批被试在 4 岁时参加初测,到 6 岁时参加复测,两次测验的结果表明,幼儿坚持性水平在群体中的地位基本不变,也就是说,一些幼儿,在各种不同条件下,坚持性总是比较强,而坚持性较差的幼儿,也总是比别人差。值得注意的是,该研究追踪的 2 年内,被试儿童的生活环境有较大变化,其中有的幼儿曾从一个幼儿园转到另一幼儿园,有的进入过学前班,全部被试儿童在复试时都已分别进入不同的小学,但在同一测验条件下,其坚持性特点变化不大。

(资料来源:陈帼眉.学前心理学[M].北京:人民教育出版社,2003:375.)

(二)幼儿性格发展的特点

个性的独特性和典型性是辩证统一的。每个幼儿固然有个人独特的性格,而相同年龄的幼儿又有一些共同的性格特点。年龄越小,性格的共同性越明显。因为性格是在生活实践中形成的。年龄越大,人与人之间生活经验的差异越大,由此导致的性格差异也越大。幼儿由于受生活时间与生理发育的限制,其生活经历的共同性很大,性格的共同性也很多,幼儿最突出的性格特点具体如下。

1. 活泼好动

婴儿期的孩子就已表现出好动的特点,到幼儿期表现得更加活泼好动。可以说,活泼好动是幼儿的天性,也是幼儿期性格的最明显的特征之一,不论是何种类型的幼儿都有此共性,只是表现的程度不同。幼儿总是不停地做各种动作,不停地变换活动方式。在一般情况下,幼儿并不因为自己的不断活动感到疲劳,而往往由于活动过于单调和枯燥而厌倦。健康的幼儿如果在活动方面得到满足,他们总是情绪愉快。即使是那些非常内向、羞怯的幼儿,在家里或者与熟悉的小伙伴玩耍时,也会自然流露和表现出活泼好动的天性。

幼儿好动,是和他身体发育的特点有紧密关系的。首先,幼儿好动与其身体运动系统的发育成熟程度

有关。由于儿童身体的大肌肉群发育较早,幼儿期的孩子可以进行走、跑、爬、跳等各种身体动作,这为幼儿的好动提供了物质基础。同时,幼儿的肌肉收缩力差,长时间保持同一种姿势,就会使有关肌肉群负担过重,各种活动交替,可使骨骼肌肉各部位有张有弛,这就使幼儿必须经常处于活动状态。其次,幼儿活动主要依靠大脑高级神经系统的调节。幼儿大脑的发育还不够成熟,大脑皮质的兴奋过程大于抑制过程,因此,不能长时间使某些部分神经细胞处于抑制状态。

在幼儿期,好动的性格特征与其他品质相结合,则逐渐形成幼儿之间的性格差异。例如,好动的特征本身,使幼儿较易形成勤快、好劳动的良好性格倾向。幼儿喜欢跑跑跳跳,参加各种力所能及的活动,在成人指导下做事,他感到自豪。但是如果成人对幼儿自己做事的限制和干涉过多,或经常包办代替,则在幼儿期可能形成懒惰的性格倾向。

2. 喜欢交往

儿童进入幼儿期后,在行为方面最明显的特征之一是喜欢和同龄或年龄相近的小伙伴交往。对于大多数孩子来说,同伴之间可以不经他人介绍就会很快熟悉起来,并一起做游戏。相关研究也证明,3岁以后,儿童游戏中的社会性成分逐渐加强,个体游戏减少,与同伴有联系、合作性游戏增多。对那些被拒绝和被忽视的幼儿的研究也发现,虽然他们表面上很少和同伴交往,但他们对没有同伴玩耍,会感到更加孤独。也就是说,对于所有幼儿来说,他们都希望有同伴共同活动,并被他人接纳。

3. 好奇、好问

幼儿的好奇心很强,他们对新事物非常感兴趣,什么都想看看、摸摸。幼儿的好奇心往往表现在探索行为和提出问题。好问,则是幼儿好奇心的一种突出表现。由于对世界充满好奇,幼儿总是喜欢提出各种问题,"这是什么?""那是什么?""这是为什么?""那是为什么?",他们常常围绕一个问题不断地追问,可谓"打破砂锅问到底"。

幼儿好奇、好问的原因,和他们的知识经验贫乏有关。好奇心是定向反应的一种,是一种认识兴趣。表现为要求了解自己所不知道的事物,即新奇或矛盾的事物。初次接触的事物使幼儿产生好奇心,由于知识经验贫乏,对幼儿来说,新奇事物数量较多,也驱使他们不断地提出问题,并试图去探索和解决问题。

幼儿好奇、好问的心理特征,如果得到成人的正确引导,很容易发展成为勤奋好学,进取心强的良好性格特征。反之,如果指责或约束过多,甚至对幼儿的提问采取冷漠或讥讽的态度,则会扼杀良好性格特征的幼芽。

4. 好模仿

模仿性强是幼儿期的典型特点,3～4岁幼儿表现尤为突出。实际上,3岁前的孩子已经会模仿,但常常受能力的限制,模仿的对象较少。3～4岁幼儿的模仿现象显得较多,且模仿对象呈现多元化,他们模仿的对象可以是成人,也可以是同伴。对成人的模仿更多的是对教师或父母行为的模仿。这一方面是由于3～4岁幼儿的动作和认识能力比以前有所提高,另一方面也是由于他们主要是模仿一些表面现象。再大一些的幼儿的模仿,则已开始逐渐内化。

幼儿好模仿的特点和他们的心理活动受暗示性有关。幼儿往往没有主见,常常随外界环境影响而改变自己的意见,受暗示性强。陈鹤琴在《儿童心理之研究》一书中论述儿童模仿问题时,谈到了儿童对暗示的感受性。他认为,暗示分为内外两种,由外界刺激引起的动作叫外暗示,由自己内部引起的动作刺激叫内暗示。他指出,儿童易受暗示,比如画中妇人本来并没有戴帽子,如果问:"那个妇人戴什么帽子?"儿童会答:"黑帽子。"儿童常常重复别人所说的末一句话末一个字,也属于这种现象。陈鹤琴指出,还有一种"消极暗示",比如孩子跌了跤,母亲去把他抱起来,说:"不要哭。"孩子立即哭起来。老师组织教学活动时,如果老师说:"不要看窗外。"孩子就去看窗外。

幼儿好模仿的特点可以作为一种教育手段,获得良好的成效。成人应注意培养幼儿的认知分化能力和辨别是非的能力,加强他们的自信心和独立性,将会使幼儿形成善于学习正确榜样而不去模仿不良行为的性格特点和习惯。否则,其性格将向受暗示性强和缺乏自信心的方向发展。

5. 好冲动

幼儿性格在情绪方面的表现就是情绪不稳定,好冲动。在日常生活中,幼儿往往由于某种外来的刺激而非常兴奋,情绪冲动。

幼儿情绪的冲动性与其大脑和神经系统的活动特点有关。由于幼儿的大脑皮质的兴奋容易扩散,大脑皮质对皮下中枢的控制能力发展不足,幼儿不能自主调控自己的情绪,表现出情绪容易受外界情境的影

响而发生变化,情绪易冲动。与好冲动的特征相联系的是幼儿缺乏深思熟虑。比如幼儿喜爱做事,但做事时急于完成任务,常常比较马虎,粗心大意,不太关注活动的质量。又如幼儿常常从情绪出发提出问题,为提问而提问,并非经过认真思考。

幼儿情绪不稳定,好冲动的特点,常常被认为是天真幼稚,其优点是对人真诚、坦率、不虚伪。在此基础上,如果得到成人正确诱导和培养,幼儿将会养成既善于思考和处理问题,又胸怀坦荡的性格特征。

幼儿期形成的性格特点,将对孩子日后的性格发展具有奠基作用。幼儿正处于性格的初步形成时期,此时期幼儿的性格虽然有共同性,但每个幼儿仍都有其各自的性格特征,表现出幼儿之间的性格差异。比如,同属活泼好动,有的幼儿相对好静一些;同属受暗示性强,有的幼儿又相对有主见;同属好冲动,有的幼儿开始掌握了初步的行为规范,学会了初步自我控制,如不随便要东西,不抢别人的玩具,学会等待等,而有的幼儿则不能自我控制,当要求得不到满足时就哭闹不止。同时,幼儿的性格具有很大的可塑性,如果在此时期加强引导与教育,可以使幼儿的性格朝着积极的方向发展。

三、幼儿自我意识的发展

婴儿期的一个重要发展是出现了主观的对自我的认识,从而使自我与周围世界的人、物区分开。进入幼儿期以后,由于语言、表象等信号功能的发展,以及外界环境和教育的影响,幼儿的自我意识有了进一步发展。幼儿自我意识的发展,主要表现在自我认识(包括自我概念和自我评价)、自我体验和自我调节等三种形式的发展。韩进之等人的研究[①]表明,幼儿自我意识各因素发展的总趋势是随年龄的增长而提升的(见图 11 - 1)。

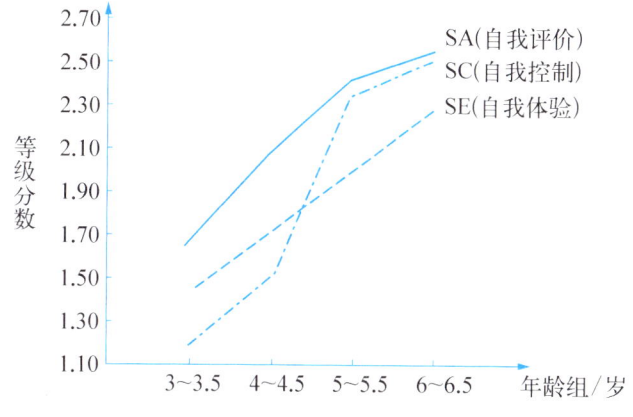

图 11 - 1　学前儿童自我意识各因素的发展趋势图

(一)自我认识的发展

幼儿自我认识发展主要体现在两个方面,即自我概念的发展和自我评价的发展。

1. 自我概念的发展

自我概念是指个体对自身存在的体验,它包括个体通过经验、反省和他人的反馈,逐步加深对自身的了解。

幼儿自我概念的发展主要表现在对其内心活动认识的发展。幼儿对自己内心活动的意识,比对自己身体和动作的意识更为困难。因为自己的身体是看得见、摸得着的,自己的行动也是具体可见的,而对内心活动的意识则要求幼儿的思维要达到一定的发展水平。

从 3 岁左右开始,幼儿出现对自己内心活动的意识。比如,幼儿开始意识到"愿意"和"应该"的区别。以前他只知道"我愿意"怎样做就怎样做,现在,开始懂得了什么是"应该做的","愿意"要服从"应该"。比如,一个幼儿想独自占有活动区的积木玩具,但是他知道这样做是不应该的,于是他会表现出和其他幼儿共同分享玩积木,而不表现出独占的行为。

4 岁以后,幼儿开始比较清楚地意识到自己的认识活动、语言、情感和行为。他们开始知道怎样去注意、观察、记忆和思维。比如,在幼儿园教育活动中,老师说"注意了"他们就知道用眼睛看着老师,双手停止活动等。他们也比较清楚地意识到假象和真实的区别,意识到正确与错误的想法和行为的区别。有时故意做错事坏事,是为了引起成人的注意,同成人开玩笑。有时话说错了以后,马上脸红、低头等。

但是,幼儿往往只能意识到心理活动的结果,而不能意识到心理活动的过程。他能做出判断,但不知道判断是如何得出来的。因此往往知其然而不知所以然。在许多思维实验中,都反映了这种情况。比如,他们能区别有生命和无生命的东西,但说不出论据。

掌握"我"字是自我意识形成的主要标志。儿童从知道自己的名字发展到知道"我",意味着从行动中实际地成为主体,发展到意识了自己是各种行动和心理活动的主体。

---

① 林崇德主编.发展心理学[M].北京:人民教育出版社,1995:242.

案例 11－1

  点点是个可爱的小男孩,今年三岁了。点点的妈妈明显地感受到点点长大了。以前,每次出门点点总是愿意让妈妈牵着或抱着他,现在,每当妈妈要牵着他去玩时,他总是表现出不情愿,而是喜欢围着妈妈活蹦乱跳地跑来跑去,即使跌倒了也乐呵呵的。以前吃橘子他喜欢乖乖地坐在小凳子上看着妈妈给他剥皮喂他吃,现在喜欢说:"我会,我自己剥。"在家里也不像以前,每天缠着妈妈陪他玩耍,而是喜欢自顾自地做他自己喜欢的事情,还喜欢像个小大人似的表达自己的意见。妈妈接他离园的时候,问他:"喜欢上幼儿园吗? 喜欢幼儿园的什么? 有没有你不喜欢的?"点点回答:"喜欢,幼儿园的饭好吃,积木好玩,有好多积木。不喜欢和玲玲玩,她不讲卫生,老师批评她,我们都不喜欢她。"

  从点点的成长变化和他与妈妈的对话中,可以看出点点的自我概念的发展。他开始意识到自己的主体性,喜欢独立地尝试做一些事情。能逐渐认识自己的独特性,知道自己和别人有什么不同,开始用语言描述自己独特的观点、情绪和态度,这意味着幼儿开始认识自我独特的心理特征。家长要利用这个时机,逐步培养幼儿的动手能力和自我意识,鼓励幼儿自己动手做事,培养幼儿的自理能力。

2. 自我评价的发展

  自我评价是自我认识的一个方面。它可以包括三种形式:掌握别人对自己的评价;社会性比较,即从与别人比较中对自己作出评价;自我检验,或狭义的自我评价。自我评价大约从 2～3 岁左右开始出现。幼儿自我评价的发展与幼儿认知及情感的发展密切联系着,其特点如下。

  第一,主要依赖成人的评价。幼儿还没有独立的自我评价。他们的自我评价常常依赖于成人对他的评价。特别是幼儿初期。幼儿往往不加考虑地轻信成人对自己的评价,自我评价只是成人评价的简单重复。例如,他们评价自己是(或不是)好孩子,因为"老师说我是(或不是)好孩子"。问一个幼儿"你是不是班上最乖的孩子?"答"不是。因为老师经常批评我,说我不是乖孩子。"

  幼儿晚期,开始出现独立的评价。幼儿对成人对他的评价逐渐持有批判的态度。如果成人对他的评价不符合他的实际情况,幼儿会提出质疑或申辩,甚至表示反感。例如,大班选值日生,军军和丁丁等好几个小朋友都举手自荐,老师最后确定让军军当值日生,丁丁回家后失望地给妈妈说:"军军今天做游戏的时候都说脏话了,老师还让他当值日生,真不公平。"在孩子的心目中,值日生应该选表现最好的小朋友。因此,教师对幼儿的评价必须客观、公正,不可褒扬过高,也不可随意贬损,要注意自己评价对幼儿的影响。

  第二,常常带有主观情绪性。幼儿的自我评价容易受个人情绪的影响而带有较大的主观性,他们往往不从具体事实出发,而从情绪出发进行自我评价。在一个实验里,让幼儿对自己的绘画和泥工作品同别人的作品作比较性评价。当幼儿知道比较的对方是老师的作品时,尽管那些作品比自己的质量差,幼儿总是评价自己的作品不如对方。而当幼儿对自己的作品和小朋友的作品相比较时,则总是评价自己的作品比别人的好。这一实验结果充分说明了幼儿自我评价的主观性。

  幼儿一般都过高评价自己。随着年龄增长,自我评价逐渐趋于客观,同时,对自己的过高评价趋于隐蔽。例如,有的大班幼儿想说自己好,又不好意思,于是说:"我不知道我做得怎么样。"或者说:"我不说。"在良好的教育下,幼儿末期逐渐能够对自己作出正确的评价,有的幼儿则出现谦虚的评价。

  第三,受认识水平影响很大。幼儿的自我评价受整体思维、认知发展水平的影响很大,这突出表现在以下三方面。

  首先,幼儿的自我评价一般比较笼统,较多只从某个方面或局部对自己进行评价,以后逐渐向比较具体、细致的方向发展,作出比较全面的评价。

  其次,最初往往较多局限于对外部行为的评价,后来逐渐出现对内心品质的评价。如,小班幼儿说自己是好孩子,因为"我吃饭吃得好,睡觉好",或者"我听老师话"。而中、大班幼儿就可以说一些品质内容,

比如，因为"自己和小朋友友好、分享"或者"因为自己爱劳动、有礼貌、有爱心"等。

最后，从只有评价没有论据，发展到有论据的评价。幼儿初期常常作了评价后说不出依据，幼儿中期逐渐意识到评价应该有依据，并逐渐能给出比较明确、清楚的依据。

（二）自我体验的发展

幼儿自我体验处于由以生理需要相联系的情绪体验（愉快、愤怒等）向社会性情感体验（委屈、自尊、羞愧感等）不断深化、发展，同时又表现出易受暗示性。这个时期的自我体验仍带有强烈的自我中心特点，以为世界是以"我"而存在的，倾向于以自己主观的想法来解释外界现象。

自我体验发生于 4 岁左右。韩进之等人的研究表明，自我体验在 3 岁幼儿中还不明显，自我体验发展的转折年龄在 4 岁，5～6 岁幼儿大多已表现有情绪体验。

自尊感是自我体验中具有评价意义的情感成分，是与自尊需要相联系的、对自我的态度体验，也是心理健康的重要指标之一。自尊需要得到满足，将会使人感到自信，体验到自我价值，从而产生积极的自我肯定和情绪体验。幼儿在 3 岁左右产生自尊感的萌芽，如犯了错误感到羞愧，怕别人讥笑，不愿被当众训斥等。随着身体、智力、社会技能和自我评价能力的发展，其自尊感也得到发展。韩进之等人的研究表明，幼儿体验到自尊感的分别为：3～3.5 岁 10%，4～4.5 岁 63.33%，5～5.5 岁 83.33%，6～6.5 岁 93.33%。自尊感稳定于学龄初期。

自尊感与幼儿的能力和对自身能力的认识有关，受到父母的教养方式以及对幼儿有重要意义的他人评价的影响，使幼儿自尊感在发展过程中表现出明显的个体差异性。教师和家长要注意发现这种客观存在的差异，对低自尊感的幼儿给予必要的个别教育和帮助，使每个幼儿的个性都能得到健康发展。

（三）自我调节的发展

自我意识的发展必须体现在自我调节或监督上。因为个性发展的核心问题是自觉掌握自己的心理和行为。

自我调节包括许多方面，如启动或制止活动、动作的协调、活动的加强或削弱、活动的转移与变换、心理过程的加速与减缓、积极性的加强与削弱、行为举止的自我监督和矫正等。

为了保证正确的调节自己的行为，必须正确掌握环境的有关信息，比如成人对自己行为的评价，要求同伴对自己行为的反应，以及关于自己个人特点和状态的信息等。因此，自我认识、自我评价和自我调节是相互联系的。

幼儿自我调节能力的发展表现为不但能够根据成人的指示调节自己的行动，而且有自己的独立性。幼儿自我调节能力是逐渐产生和发展的，表现为幼儿开始完全不能自觉调控自己的心理和行为，心理活动在很大程度上受外界刺激与情境特点的直接制约，以后随着生理的发育成熟、在环境教育的作用下，幼儿逐渐能够按照成人的指示和要求调节自己的行为，到幼儿晚期，甚至能够自觉地要求自己调节自己的心理与行为。

总的来说，幼儿自我意识的发展，表现在能够意识到自己的外部行为和内心活动，并且能够恰当地评价和支配自己的认识活动、情感态度和动作行为，并且由此逐渐形成自我满足、自尊心、自信心等性格特征。幼儿自我意识的发展受到其成熟程度的影响而具有典型的年龄阶段特点，表现出自我意识发展方面的共同特点。同时，自我意识在发展过程中也逐渐开始出现个体之间在自我认识、自我评价和自我调控等方面的差异性，具体表现在幼儿在独立性、自尊心、自信心、自制力等方面存在的差异。比如，有的幼儿在自尊心方面比较敏感，对同伴和成人对自己的批评指责容易产生抵触情绪，而有的幼儿则不太在意或容易接受他人对自己的客观的批评指责。有的幼儿对自己充满自信，而有的幼儿则缺乏自信，对自己评价过低。

拓展阅读 11－2　　　自我意识的相关研究

我国一项研究（韩进之等，1990）采用临床法和创设一定情境的行为观察法探查了 3～6 岁幼儿自我意识的发展。研究发现，幼儿自我意识各因素的发展基本上是不同步的：自我评价发生在 3～4 岁

之间,自我体验在 4 岁左右,自我控制在 4～5 岁之间。幼儿自我评价的发展,首先是对遵从性的评价,然后从对自己个别方面的评价发展到多方面的评价。在对行为的评价上,主要是对自己外部行为的评价,但也开始有对内心品质评价的倾向。幼儿已具有一定的道德评价能力。如 4 岁儿童已初步能运用一定的道德规则来评价自己或他人的"好坏"并带一定的情绪性。但幼儿对道德概念的理解还是比较幼稚、笼统和肤浅的;幼儿社会情感的自我体验逐渐丰富,并且有一定的顺序和易受暗示性;幼儿已表现出一定的自控能力,但 3～4 岁幼儿坚持性和自制力都很差,到 5～6 岁才有一定的坚持性和自制力。总的来说,学前儿童的自控能力较差。

(资料来源:方富熹、方格.儿童发展心理学[M].北京:人民教育出版社,2005:368.)

四、影响幼儿个性发展的因素

一个人的个性是在其先天遗传素质和后天的生活环境及实践活动相互作用的过程中形成的。影响幼儿个性形成和发展的因素是多方面的,通常认为,生物基础、家庭环境、幼儿园教育、社会文化环境等是影响幼儿个性发展的主要因素。

(一)生物基础

幼儿的个性不是生来就有的,但是幼儿个性的发生发展却有生物学的根源。具体包括遗传因素和生理成熟因素两方面。

1. 遗传因素影响幼儿个性的形成和发展

首先,气质作为个性的一个重要组成部分,很大程度上由个体的遗传决定的。气质产生的生理基础是人体的高级神经活动类型。气质在个体心理特征方面表现出的稳定性,与遗传所得的神经系统活动的稳定性有紧密联系。幼儿的先天气质差异影响着其个性特征的外在表现。例如,在不利的客观条件下,抑郁质的幼儿容易表现出胆小、退缩等个性特征,胆汁质的幼儿则更容易表现出勇敢、坚强的个性品质。再如,在社会交往方面,多血质的幼儿善于与人交往,而黏液质的幼儿难于与人相识等。随着个体神经系统活动机制不断成熟,气质的生物学基础不断巩固和加强,个体所特有的气质特征表现得更加明显和典型,对个性发展产生持久性的影响。研究表明,神经系统的某些遗传特征可能影响到某些个性品质的形成,加速或延缓某些行为方式的产生和发展。

其次,遗传决定的个体生理特征影响幼儿个性的形成。幼儿的身体形态结构以及内在功能,如身高、体重、体型、外貌以及各系统功能等遗传所得的生理特征,往往会由于社会文化的评价因素与自我意识的作用,对幼儿的独立性、自信心、支配性、自尊感等个性特征的形成与发展产生影响。例如,一些生理存在缺陷的幼儿,由于容易被其同伴讥笑或怜悯,往往倾向于对自己评价过低,易于形成自卑、孤僻等不良个性特征。

2. 生理成熟程度制约着幼儿个性发展的年龄特征和个别差异

生理成熟是指生理发展,即指个体生长发育的水平。它依赖于个体种族遗传的生长程序,有其发展的规律性。当某种生理结构和技能达到一定的成熟水平时,如果环境给予及时的相应刺激,某种个性品质就会形成和发展。因此,生理成熟程度制约着幼儿个性发展的年龄特点,使幼儿的个性发展体现出典型的年龄特征。同时,生理成熟程度在个体间又存在差异性。比如,幼儿语言的发展在遵循一定的发展规律、体现出典型的年龄阶段特征的同时,又存在着幼儿之间在语言发展上的个体差异性,有的幼儿语言发展早些,有的幼儿语言发展晚一些。生理成熟程度带来的幼儿个体间差异,制约着幼儿个性特征的发展。

拓展阅读 11‐3　　　　遗传因素决定性格吗?

以往的心理学家在性格的遗传上做过大量研究。有人对巴赫家族的音乐才能进行调查研究,在 300 多年时间里,这个家族出了 60 位大音乐家,其中 20 人享有盛名,起码说明这个家族中遗传着对音乐偏爱的天性。

　　还有人对18世纪一位叫卡里克库两次结婚的后代分别进行调查发现,他前妻所生后代189人中,只有46人正常,余下143人都有酗酒、犯罪、癫痫或精神病的记录;而他与第二位妻子所生后代496人中几乎没有明显不正常者。

　　当然不能只凭这些调查就肯定说明人的性格、智能等特征就是遗传所决定的,像巴赫后代对音乐的爱好,可能正是音乐家庭环境影响在发挥作用。

　　有趣的是许多学者以双生子性格异同的研究来表明性格与遗传基因的关系。美国明尼苏达大学心理中心的研究指出,双生子即使分开生活,他们的饮食习惯、口味、声音、面部表情、手势动作等性格特征,仍有许多相似之处。两者之间的相似程度用相关系数来表示,很明显同卵双生子的相关系数＞异卵双生子的相关系数＞非双生子同胞兄弟的相关系数。在该研究的双生子中有一对很早就分开的"双生子",后来相遇时发现,他们不仅身高、体重相同,说话的腔调、做事的风格、步态姿势相似,兄弟俩的妻子都叫琳达,后来都离了婚,他们的大孩子都叫佳姆斯·奥伦,兄弟俩都开雪佛莱轿车,都有木工的业余爱好,都喜欢在同一海边度假,都在自家花园的树丛周围修了一圈座椅……这些现象表明性格、爱好、志趣等确实与遗传物质——基因有密切关系。也就是说,遗传在性格形成中起着一定作用。

　　(资料来源:刘新学、唐雪梅主编.学前心理学[M].北京:北京师范大学出版社,2011:217.)

(二)家庭环境

　　家庭是社会的基本单位和社会生活中各种道德观念的集合点,也是幼儿出生后最先接触并长期生活的场所。家庭的各种因素,包括父母教养方式、家庭结构、家庭氛围、家庭经济收入水平和家长的职业等都会对幼儿个性的形成起着重要的作用。

　　首先,家庭中父母对幼儿的教养方式,对其个性的形成与发展起着关键性的作用。决定家庭教养方式的两个基本维度是:控制与情感,它们的不同结合形成了四种典型的家庭教养方式,即权威型、专制型、放纵型和忽视型。这四种教养方式对幼儿个性的形成和发展有着直接的影响作用。研究表明,父母不同的教养方式对幼儿个性的发展产生不同的影响(见表11-2)。

表11-2　父母不同教养方式对幼儿个性发展的影响

教养方式	教养特点	幼儿个性
权威型	高控制,高情感投入	独立、协作、亲切、善交际、机灵、安全、坚韧、有毅力
专制型	高控制,低情感投入	顺从、依赖、不诚实、缺乏自信心和自尊心
放纵型	低控制,高情感投入	任性、骄傲、自私、缺乏独立性、情绪不稳定
忽视型	低控制,低情感投入	嫉妒、情绪不安、创造性差

　　以上是四种典型的家庭教养方式。父母对孩子采取什么样的教养方式取决于父母自身的素质和教育儿童的价值观。现实生活中,更多的家庭教养方式是混合型的。比如,一些家庭父母教养方式是专制型和忽视型相结合,家长平时忙于自己的事情,对孩子放任不管,当发生了行为问题时,就对孩子加以责骂甚至体罚。总之,不同的教养方式体现了不同的亲子交往的特点,这是影响幼儿心理发展的最直接的社会环境,对幼儿个性发展起着重要作用。

　　其次,家庭结构对幼儿个性的发展也有影响。家庭结构主要分为主干家庭、核心家庭和单亲家庭等。这些不同的家庭结构对幼儿个性的发展产生了各自不同的影响。一项关于家庭结构对幼儿个性发展的影响的研究,从幼儿的独立性、自制力、敢为性、合群性、聪慧性、情绪特征、自尊心、文明礼貌和行为习惯九个方面,比较了两代人家庭和三代人家庭的幼儿个性心理发展的差异。若分别从考察的九个方面看,除聪慧性、合群性无显著差异外,其他七种品质均有显著差异,其中独立性、自制力、行为习惯的差异特别显著。从年龄来看,3岁幼儿个性诸品质的差异还不显著,4岁以后差异逐渐显著,并随年龄的增长而扩大[①]。家

---

　　① 转引自姚本先、何军.家庭因素对儿童社会化发展影响的研究综述[J].心理发展与教育,1994(2):44—48.

图 11-2　家庭氛围影响幼儿的人格①

庭结构对幼儿性格发展的影响,最终取决于家庭教育的质量。

最后,家庭氛围也影响幼儿个性的形成和发展(见图11-2)。例如,家庭成员互助互爱、民主团结、和睦相处,则有助于幼儿良好个性特征的形成。反之,家庭生活气氛紧张,家庭成员经常发生矛盾冲突,则容易导致幼儿不良个性特征的形成。

此外,家庭的政治经济地位、父母的文化素养、幼儿出生顺序等因素也潜移默化地影响着幼儿个性特征的形成与发展。

拓展阅读 11-4　　　　孩子们从生活中学习

如果一个孩子生活在批评之中,他就学会了谴责。

如果一个孩子生活在敌意之中,他就学会了争斗。

如果一个孩子生活在恐惧之中,他就学会了忧虑。

如果一个孩子生活在嫉妒之中,他就学会了嫉妒。

如果一个孩子生活在耻辱之中,他就学会了负罪感。

如果一个孩子生活在鼓励之中,他就学会了自信。

如果一个孩子生活在忍耐之中,他就学会了耐心。

如果一个孩子生活在表扬之中,他就学会了感激。

如果一个孩子生活在接受之中,他就学会了爱。

如果一个孩子生活在认可之中,他就学会了自爱。

如果一个孩子生活在承认之中,他就学会了要有一个目标。

如果一个孩子生活在分享之中,他就学会了慷慨。

如果一个孩子生活在诚实和正直之中,他就学会了什么是真理和公平。

如果一个孩子生活在安全之中,他就学会了相信自己和周围的人。

如果一个孩子生活在友爱之中,他就学会了这世界是生活的好地方。

——多萝茜·洛·诺尔特

([新西兰]戈登·德莱顿、珍妮特·沃斯著,顾瑞荣等译.学习的革命.上海:上海三联书店,1998:76.)

(三)幼儿园教育

幼儿进入幼儿园后,影响其个性发展的环境因素变得更为丰富,除了家庭对其影响,幼儿园中的教育要求、幼儿园教师以及幼儿同伴等都影响着幼儿个性的发展。

首先,幼儿园的教育目标、内容、教育方式方法等影响着幼儿个性的形成;其次,幼儿园教师的人格魅力、教育水平以及由此构成的师幼关系等对幼儿个性的发展有着重要作用(见图11-3);最后,幼儿同伴关系是影响幼儿个性发展的重要因素。例如,在教师的教育下,幼儿的一些消极的个性特征逐渐得到改正,甚至完全消失。如胆汁质幼儿的急躁、任性和抑郁质幼儿的孤独、畏怯等会逐渐改变。此外,由于成人的积极引导,幼儿行动的敏捷性、注意的稳定性等积极的气质特征逐渐巩固和发展。

图 11-3　教师的教育方式影响幼儿个性发展

---

① 图片来源:[美]罗伯特·费尔德曼、黄希庭著,黄希庭等译.心理学与我们.人民邮电出版社,2008:文前彩页.

（四）社会文化环境

个体都是在某种社会文化环境下成长起来的，不同的社会文化环境影响下，人们的价值观念、风俗习惯、情感表达方式、家庭成员关系定位，以及教育方式都各有差异，这些差异对幼儿个性的形成和发展产生深刻的影响。

一项关于中美两国不同文化环境对儿童个性影响的研究认为：首先在父母对子女感情表达方式上，中国父母较含蓄、间接，他们对孩子的爱更多表现在行动中；而美国父母对子女爱的表达是直接和热烈的；其次，在家庭成员关系的定位上存在区别，中国父母视家庭为一个整体，在这一整体中，长幼有序，家庭成员互相依赖，感情上互相支持；而美国父母则对子女灌输不同的观念，他们在家庭中更强调民主、平等、注重发展孩子的独立个性，而不是对父母的依赖关系。最后，在教育方式上，中国父母给孩子更多的呵护，而美国父母更倾向教育孩子要承担责任，培养他们的独立性。例如，一个小孩子走路时摔倒了，中国父母就会马上跑上前去抱他、哄他，而美国父母如果发现孩子无事，就会让孩子自己爬起来，学会独立和承担责任[①]。由此可见，不同的社会文化背景下成长起来的幼儿，其个性必然受到该社会文化背景的深刻影响。

第二节　幼儿个性发展的指导策略

幼儿期只是个性形成的初始阶段，个性发展具有较强的可塑性。在这一时期，如果成人对幼儿的个性发展给予正确引导和培养，将使幼儿形成良好的个性品质，对其未来的发展起到重要的影响。《幼儿园教育指导纲要》（试行）中也明确指出："幼儿园教育应尊重幼儿的人格和权利，尊重幼儿身心发展的规律和学习特点，以游戏为基本活动，保教并重，关注个体差异，促进每个幼儿富有个性的发展"。因此，教育者应该重视幼儿的个性发展，关注幼儿个性发展中容易出现的问题，正确引导幼儿形成良好的个性品质。

一、幼儿个性发展中常见的行为表现

良好的个性品质是促进幼儿身心健康发展的重要因素。幼儿期是个性的形成的关键时期。这一时期，外界不良环境和成人不恰当的教育方式容易使幼儿形成一些不良个性行为。其中常见的行为主要表现为以下四个方面。

（一）任性

任性是指幼儿凭借自己的主观性情和喜好去做事，或对个人的需求和愿望的实现缺乏克制，而不能考虑和理解他人的感受。任性是一种不良的个性特征，往往表现为不恰当的坚持。如自己想要某个物品就必须要得到；自己想去哪里就必须去，而不考虑其他。美国儿童心理学家威廉·科克（William Coke）指出，幼儿随着生理上的不断发育，开始逐渐接触更多的事物。不管这些事物对自己是否有益或适宜，他们都会凭借自身的兴趣和情绪参与其中，这就是所谓的"任性"。

任性是幼儿个性发展中比较常见的一种个性行为。任性行为的出现与幼儿身心发展特点以及成人对待幼儿的态度和方式等因素有关系。

首先，任性行为与幼儿身心发展特点有关系。一方面，幼儿由于思维发展的局限，认识具有自我中心性特点，往往从自己的角度认识问题，而不能够站在他人角度看待问题，这使得幼儿的行为表现出任性的个性特征。另一方面，幼儿先天的气质差异影响幼儿任性行为的形成。如有的幼儿气质属于较兴奋的类型，情绪表现较强烈，如果成人不注意因势利导，很容易出现任性的行为。此外，幼儿时期自我意识开始形成并发展起来，表现出强烈的独立意识，遇到不顺自己意愿的事情，常常出现心理反抗现象，表现出任性、执拗的个性行为。

其次，任性行为与后天环境中成人对待幼儿的态度和方式有直接关系。也就是说，任性在更多的情况下是后天养成的，主要源于父母对孩子的不尊重、溺爱、娇惯、放任和迁就等不恰当的教育态度和方式。比如，父母的教育方法简单粗暴，造成孩子的逆反心理，不管你说的对不对，他都不愿接受，从而埋下了任性的种子。如果父母对孩子提出的不合理的要求，无原则地迁就或一味地满足，也容易使幼儿形成任性蛮横的个性行为。任性行为在独生子女和隔代教育幼儿中比较常见。主要是由于这些家庭中的父母或祖辈往往比较娇

① 方富熹、方格.儿童发展心理学[M].北京：人民教育出版社，2005：390.

宠、溺爱孩子，或者由于缺乏科学的教养观念而不懂得如何尊重孩子，导致幼儿形成任性的个性特征。

改善幼儿任性行为，关键在于改善教养者的教养态度和方式。父母要做到根据孩子的气质类型和身心发展特点采取相应的教育措施，能够做到尊重孩子又不迁就孩子，让孩子学会理解他人并接受不同意见，形成幼儿关心理解他人的良好个性特征。同时，要创造机会带孩子多接触同龄人，让幼儿在同伴交往中淡化过强的自我意识，使幼儿既有鲜明的个性又不至于任意妄为。

拓展阅读 11 - 5　　　　如何避免孩子养成任性行为

培养孩子既有个性又不任性，关键在于父母的教育方法是否科学合理。那么，父母该怎么做呢？

1. 明确告诉孩子该做什么

父母在教育孩子时，既要尊重孩子的选择，满足孩子的合理需求，以使其有更充分的发展空间，同时，还要对孩子有适度的约束，在一些问题上态度要明确，直接告诉孩子该做什么，而不能一味地迁就孩子。比如，面对孩子的不合理要求，父母应尽量使用"很晚了，该睡觉了"、"天凉了，要多穿一件衣服"这样表示明确意思的话，而不使用"宝宝乖，睡觉好不好?"、"今天加一件衣服，行不行?"等让孩子选择的语言。这样有利于提高孩子的是非辨别能力，减少任性行为的发生。

2. 转移注意力

当孩子任性的时候，可以利用孩子易于被其他新鲜的事物所吸引的心理特点，把孩子的注意力从他坚持要做的事情上转移开，等稍后合适的时机和孩子沟通此次任性的行为，引导从孩子认识到此行为不好，从而逐渐改善孩子的任性行为。

3. 不迁就孩子的无理要求

当孩子因自己的要求得不到满足而使性子时，父母不能妥协，要坚持原则。父母可以采取不予理睬的态度，或不管他怎么哭闹，绝不迁就，让孩子自讨没趣。当孩子停止哭闹或做出让步之后，父母就可以向孩子解释为什么不能这么做的原因，让孩子明白他的不合理要求是不会被父母接受的。

总之，父母在管教任性孩子的时候，一定要尊重他们，用他们听得懂的语言告诉他们为什么不可以这样。成功的父母能够从孩子的角度来看问题，设身处地地体会孩子的想法和感受。为人父母之道，关键在于解读孩子行为背后的含义，用正确的办法化解孩子的任性行为。

（资料来源：佚名. 孩子过于任性如何教育. 新浪亲子网. http：//baby. sina. com. cn/edu/12/1201/2012 - 01 - 12/1005198801. shtml, 2014 - 05 - 09.）

(二) 依赖性

依赖是指幼儿由于从小受到过度保护而未能形成独立生活的能力，从而表现为对父母的强烈的依附性。幼儿对父母的适度依赖性是很正常的，但是过强的依赖性则是不良的个性特征，它对幼儿将来的发展具有不利影响。幼儿的过度依赖表现在两个方面：一是幼儿对父母的过度依恋（见图 11 - 4）；二是幼儿的生活自理能力欠缺。这类幼儿在家庭中通常表现为行动缺乏主动性，较少参与家庭事务，饭来张口，衣来伸手，对父母表现出过分依恋；在幼儿园则表现为自主性较差，生活自理能力欠缺，独立性不强。

依赖性心理的形成主要是由于成人对幼儿的溺爱和庇护等不合理的教养方式造成的，多出现在独生子女和隔代教育的幼儿中。这些家庭中幼儿的父母或祖辈家长通常把全部的爱心倾注在孩子身上，对幼儿过于溺爱，他们对幼儿无微不至的照顾和安排，容易使幼儿生活在大人创设的优越的、安全的、没有困难的环境中，家长为幼儿包办一切，包括应该由他自己完成的劳动和任务。这样的环境中成长起来的幼儿，缺乏必要的生活经验，不能体验参与生活和劳动的乐趣，逐渐致使其生活自理能力欠缺，自信心不足，造成其对父母强烈的依恋心理。

图 11 - 4　幼儿的依赖性行为①

---

①　图片来源：[美] 罗伯特·费尔德曼、黄希庭著，黄希庭等译. 心理学与我们. 人民邮电出版社, 2008：238.

避免幼儿形成对成人的过度依赖,关键是成人要树立正确的儿童观,转变不合理的教养方式。具体做到:采用科学的教养方式,尊重孩子的自主性,鼓励孩子做一些力所能及的事情,如穿脱衣服、整理东西等,使其在参与到实践活动的过程中积累经验,锻炼能力,感受自主能动性,体验成就感,逐渐培养孩子的独立性。这样才能避免幼儿对家长的过度依赖,使其顺利适应社会生活,促进其健康发展。

(三)社会退缩

社会退缩是指在同伴或他人在场的情境下,幼儿不能参与同伴交往或游戏活动,而且这种行为不是暂时的,具有跨时间情境的一致性,即无论在陌生环境还是熟悉环境均表现出一贯的孤独行为[①]。在幼儿生活中社会退缩主要表现为孤僻、胆怯、害羞、忧郁、冷漠等一系列心理特征。具有这种个性特征的幼儿,常常不愿主动与人交往,宁愿自己独自玩耍,如独自玩玩具、安静地看图书等,也不愿意与同伴一起玩,遇到陌生人会赶紧躲避。已有研究表明,幼儿的社会退缩行为具有中等程度的稳定性,对幼儿的发展具有不同程度的负面影响[②]。

案例 11 - 2

彤彤是一个5岁半的小女孩,在幼儿园上大班。她文静、内向、胆小、性情孤僻、不合群,这与她的家庭环境有紧密的关系。彤彤自出生后一直和奶奶生活在一起,奶奶很少带她出去玩,更难与其他幼儿交朋友。到三岁半上幼儿园时,父母将她接回家一起生活,但是父母关系不和谐,妈妈脾气急躁,她只要不顺着妈妈的意,就会受到责备和打骂。父亲性格内向,不太爱讲话,也很少与彤彤亲密交流。逐渐地,彤彤变得退缩、胆小、孤僻。在幼儿园里,显得很文静,她语言表达很好,对音乐很感兴趣。但是她从来不主动和其他幼儿交往,有时她想加入同伴们的游戏行列,但是却不敢主动加入,也没有人主动邀请她,每一次都是在老师的帮助下加入游戏。

形成幼儿社会退缩行为的原因是多方面的,主要包括以下几个方面。

首先,幼儿的社会退缩行为与遗传有一定的关系,其中气质因素的影响比较突出。如凯根等人关于气质的研究认为,幼儿退缩行为最早表现为行为抑制——胆小、谨慎,在社会和非社会情境下是以生理特征为基础的,这些行为抑制的幼儿与那些非抑制的幼儿相比,行为唤起的感觉阈限低,即行为不容易被唤起,表现为平时不爱活动,对新鲜事物不感兴趣,缺乏热情和好奇心。

其次,幼儿社会退缩行为的形成受父母教养方式的影响。父母教养方式对子女的影响是多方面的,反映在社会退缩行为上,有两种教养方式不可取,即专制型和溺爱型。专制型教养方式主要表现为过度控制孩子的行为,对孩子态度专横、粗暴。当孩子犯错误时,总是批评、指责。这会导致孩子做事情时总是小心翼翼,没有自信,进而形成焦虑、退缩、紧张等性格特征。如案例中彤彤的妈妈的教育方式就是专制型的,孩子稍不顺己意,就训斥打骂,这就很容易使彤彤形成胆小怯懦的性格。溺爱型教养方式表现为对孩子过度保护和疼爱,使其缺少独立性,遇到事情时倾向于退缩。

最后,同伴关系影响幼儿社会退缩行为的形成。具有社会退缩行为的幼儿通常很少主动参与同伴间的交往活动,因而缺少交往经验,社交技能差,导致被更多的同伴忽视和孤立。于是,他们表现出更少的活动参与性和更多的孤独感,进而强化了其社会退缩行为。如案例中彤彤从小与奶奶生活,很少与同伴接触,在家中也缺少交流对象,使其缺乏相关交往经验,到幼儿园变得更加胆怯内向。

社会退缩的个性特征,不利于幼儿社会性的发展。要改善这一个性特征,要求家长要改变自己的教育方式。不要对孩子提过多要求,尊重孩子的个人想法;支持孩子按照自己的意愿行动,失败了给予安慰和鼓励,成功了要表达喜悦和为之自豪的心情;多陪伴孩子参加各种活动,开阔孩子视野,培养他们乐观开朗的个性品质。

(四)逆反心理

逆反心理指的是人们彼此之间为了维护自尊,而对对方的要求采取相反的态度和言行的一种心理状

---

① 叶平枝.儿童社会退缩的概念、分型及干预研究述评[J].学前教育研究,2005(11):22—24.

② Robin. K. H. & Coplan, R. J. (2004) Paying Attention to and Not Neglecting Social Withdrawal and Social Isolation[J]. Merrill-Palmer Quarterly,50(4):506-534.

态。逆反心理产生的心理结果是：支持采取一种行动,却说服对方采取相反的行动。

逆反心理是幼儿个性发展中比较普遍的一种心理现象。调查数据显示,80%的幼儿有逆反行为,其中4～5岁幼儿行为问题尤为严重,发生率已达到12%～20%,而且呈上升趋势。幼儿阶段的逆反心理主要表现为对待成人的教育行为,尤其是在成人对其进行批评教育时,产生对抗情绪和行为。这种对抗多见于言语的冲突、顶撞以及教育活动的不配合。

幼儿期逆反心理产生的原因是多方面的。一方面,逆反心理反映了幼儿自我意识的发展,幼儿开始认识到自己和周围人与物的区别,逐渐认识并深化自己的内心活动,并坚持自己的认识,而不再被动地认同成人的观点。另一方面,幼儿自控力差,情绪不稳定,易冲动,思维带有片面性与刻板性,如果父母的教育要求和态度不恰当,很容易引起幼儿的逆反心理。比如,父母对孩子的期望不切合实际,或过于严厉,损伤孩子自尊心,或压抑孩子的好奇心,以及反复唠叨,引起幼儿厌烦等,都容易引起幼儿的叛逆心理。

成人如果能正确看待幼儿逆反心理,善于发现幼儿逆反心理中的积极因素,并合理引导,善加利用,就可以培养幼儿的创造性思维,以及开拓进取的良好个性品质。因此,在对幼儿进行教育或批评时要讲究艺术和方法,应该与幼儿保持平等的交流姿态,以保护幼儿的自尊为基点,针对不同的情况采用不同的方法,提倡采用建议、要求的方法坚持正面进行引导教育,尽量避免简单粗暴的指责训斥,从而避免幼儿产生逆反心理,促进幼儿个性健康发展。

二、促进幼儿个性发展的有效策略

尊重幼儿个性差异,注重幼儿个性发展,是教育倡导的基本理念。幼儿期是个性形成和发展的关键期,是形成良好个性特征的重要时期,也是可塑性最强的时期,这一阶段个性的形成和发展直接影响着个体将来成熟个性特征。因此,成人应该正确认识幼儿个性发展的规律与特点,充分了解并正视幼儿间的个性差异,积极采取科学的教育策略,促进幼儿个性健康发展。

(一)幼儿园教育的指导策略

幼儿园作为有目的、有计划地对幼儿实施系统影响的教育机构,是影响幼儿个性发展的重要社会环境,它对幼儿个性的发展具有导向作用。幼儿园教师应依据幼儿身心发展的特点,注重幼儿个体间的差异,实施有针对性的教育,并能抓住教育中的契机,促进每一个幼儿个性健康、和谐发展。

1. 教师应树立科学的教育观念,重视幼儿个性培养

首先,尊重幼儿的主体性,确立幼儿的主体性是个性化教育的前提。

其次,实施个别化教学,这是个性化教育的基本措施,只有对幼儿实施个别化教学,才能充分挖掘幼儿个体的潜能,最大限度地促进每个幼儿个体素质的发展。

最后,关注幼儿发展的独特性,独特性是幼儿个性化教育的必要产物。幼儿的个性差异既是教育的前提,也是教育的结果。承认并发展幼儿个性差异,是个性化教育的重要内容。

2. 创设宽松、民主、和谐的幼儿园精神环境

首先,创设良好的师幼关系。融洽和谐的师幼关系,能让幼儿更乐于接受教师的影响,从而在教师的引导和教育下发展健康的个性。

其次,要构建友爱互助的同伴关系。幼儿只有与和他生活在一起的同伴进行感情交流与合作,才能变得乐观、开朗、充满活力,从而主动参与各项游戏和学习活动。正常的人际交往也是保持人精神和心理健康的基本需要。

再次,教师应注意尊重每个幼儿的人格,与幼儿平等相处。教师在与幼儿相处时,应该尽量与幼儿平视,注意倾听幼儿说话,保护幼儿的自尊心,使幼儿在心理上感受到安全和放松,让幼儿生活在宽松、民主、和谐的氛围中。在这样的精神环境下,幼儿可以充分地表达自己的愿望和能力,表现出积极、主动、活泼愉快的情绪,使幼儿形成勇敢、坚定、自信、有主见等开拓性的个性特征。

3. 集体教育活动中关注幼儿个性发展

集体教育活动是幼儿园教育活动中的主要部分,也是对幼儿进行良好个性培养的主要途径。

一方面,教师在集体教育活动中要能够抓住个别化教育契机,关注幼儿个性差异。如,教师根据幼儿的能力差异提供多层次的学习内容及操作材料,根据幼儿的不同表现予以有针对性和个别化的评价与反馈等,从而促进幼儿个性和谐发展。

另一方面,教师可以根据幼儿个性发展的年龄特点,以及在日常生活中观察到的幼儿容易出现的个性

行为问题,设计组织有针对性的集体教育活动,引导幼儿认识自己,体验合作与关爱,形成自我约束、自主性等良好的个性品质。例如,教师可以根据小班幼儿个性发展的年龄特点,组织开展社会领域活动《认识自己》,通过照镜子、自我介绍等有趣的活动,让幼儿认识自己的存在及自己与别人的不同,同时锻炼幼儿大胆地在众人面前表达的能力,并利用延伸活动进一步强化活动目标的达成。这样的活动有利于引导幼儿正确认识自己,体验积极情感,促进其个性健康和谐发展。

案例 11-3　　　促进幼儿个性发展的教育活动设计与评析

活动主题:认识自己(小班)

活动目标:

1. 帮助幼儿认识自己的存在,知道自己的姓名、性别以及自己的形象和别人不一样。

2. 鼓励幼儿大胆地在众人面前讲话。

活动准备:

1. 积木若干,一个布娃娃,一面较大的镜子和许多小镜子。

2. 幼儿现用的帽子、纱巾。

活动过程:

1. 认识我自己(提问:"谁知道我是谁?""谁能告诉老师你是谁?")

2. 我现在在哪里(提问:"小朋友们现在在哪里?""这个时候家里有没有你?")

3. 我和别人不一样(请幼儿站到大镜子前,看看自己长得和别人是不是一样。)

活动延伸:

利用游戏时间,组织幼儿玩"打电话"的游戏,请一个小朋友打电话,其他小朋友接电话,但打电话的小朋友要向接电话的小朋友介绍一下自己,然后轮流打电话。

建议:

1. 让幼儿在日常生活中,互相称呼小朋友的名字。鼓励幼儿主动向别人介绍自己的名字。

2. 偶尔在故事、诗歌或歌曲中用幼儿的名字,代替其中人物的名字,使幼儿对自己的名字很感兴趣,并感到自豪。

评析:自我意识是幼儿个性发展的重要成分,促进幼儿自我意识的发展也是社会性教育的一个难点。《认识自己》这个教育活动设计抓住了小班幼儿自我意识形成的一个重要内容——自我存在,通过照镜子这一有趣的活动,让幼儿认识自己的存在及自己与别人的不同。活动延伸的游戏更能强化活动设计的两个目标。

(资料来源:杨丽珠、吴文菊主编.幼儿社会性发展与教育[M].大连:辽宁师范大学出版社,2000:375.)

4.区域活动中关注幼儿个性发展

区域活动是幼儿自主性活动的一种形式,能弥补集体活动中个别化教育不够充分的缺陷,使幼儿充分展现个人需要、兴趣,在自主活动中开发幼儿的创造力和个人潜能,是一种有效促进幼儿个性发展的活动模式。幼儿园要重视区域活动的教育价值,教师则要敏锐发现幼儿之间的个性差异,创设顺应每个幼儿个性发展需要的区域环境,使幼儿在自主活动中实现富有个性特色的发展(见图11-5)。

5.游戏活动促进幼儿个性发展

游戏活动是适合幼儿年龄特点、深受幼儿喜爱的活动形式,它在给幼儿带来快乐和满足的同时,也能培养幼儿良好的个性品质。例如,有意义的游戏活动可以激发幼儿

图 11-5　在区域活动中发展幼儿个性

的好奇心和求知欲,发展幼儿认识世界的能力,也能提供幼儿之间相互交往的机会,使幼儿体验合作、自

主、坚持、探究等良好的个性特征,培养幼儿活泼开朗的性格。此外,在游戏活动中,幼儿往往暴露出自己的一些不良行为,如争抢玩具、不遵守游戏规则、碰撞别人等,这些都需要教师及时提醒帮助幼儿改正。

6. 一日生活活动中关注幼儿个性发展

幼儿的个性是在日常生活中幼儿与环境交互作用的过程中潜移默化地逐渐形成和发展的。因此,教师要在日常生活中细心观察每个幼儿的兴趣及兴奋点,抓住时机及时教育,利用生活活动,促进幼儿形成良好的个性。例如,来园、离园时提醒幼儿问好和说再见,培养幼儿礼貌行为,如厕、洗手时提醒幼儿不拥挤,养成整洁、有序的生活习惯;午睡时教会幼儿独立穿脱衣服,培养幼儿生活自理能力,养成独立自主的良好个性品质。

(二)家庭教育的指导策略

家庭是幼儿的第一所学校,父母是幼儿的第一任老师,家庭教育是人生最早期的教育。家庭教育对幼儿个性发展起着非常重要的作用,幼儿在个性发展方面存在的问题大多都与其特定的家庭环境有关系。因此,父母要重视家庭环境对幼儿个性发展的影响,树立科学的教养观念,施以正确的教养行为,促进幼儿个性健康发展。具体可以从以下几个方面着手。

1. 理智施爱,爱而不娇

爱孩子是父母的天性,父母的爱给予孩子以亲切感和安全感,是幼儿身心健康和谐发展的内驱力,爱本身就是一种教育。但是,父母对孩子的爱要理智,要做到爱而不娇,使自己的爱对孩子的个性发展起到积极作用。也就是说,父母在爱孩子的同时,要向孩子提出适当的要求。对孩子合理的要求应该给予满足,对孩子提出的不合理的需求,无论怎样强烈和迫切,也不能予以满足,不能一味地迁就、姑息、放任孩子的不合理的要求和做法。否则,容易养成孩子任性、独霸的不良个性。

案例 11 - 4

小班幼儿佳佳是家中的独生女。有一次吃饭,她把最喜欢的番茄炒蛋拖到自己的面前,不准别人吃。妈妈告诉她这么做很没礼貌,她索性甩掉筷子不吃了。本以为打了胜仗的佳佳等着妈妈哄她吃饭,没想到妈妈不仅不理她,还把菜全部吃掉,将她冷落在一边不管。过了一会儿,她见没有转机,就主动跟妈妈道歉,保证以后再也不这样了。这时妈妈耐心地跟佳佳说:"这样做不是一个听话的孩子,很没有礼貌,别人会不喜欢!"然后重新做饭给她吃。这"第一次"的教训不仅让佳佳改掉了任性的坏毛病,而且,从那之后她凡事都会先让着别人。只有不轻易放弃"第一次"的教育,才会杜绝以后的第二次、第三次……

2. 针对幼儿不同的个性因材施教

幼儿之间的个性差异是普遍存在的,出生在不同家庭的幼儿有个性差异,出生在同一家庭的幼儿,甚至是孪生兄弟姐妹之间,也存在着个性差异。幼儿个性差异具体表现为幼儿之间在气质、性格、兴趣、自我意识、能力等方面的个性特征各不相同。这就要求家长对幼儿进行的教育、训练要因人而异,区别情况分别对待,做到从实际出发,有针对性。只有这样,才能促进幼儿个性的健康发展。

3. 家长对待孩子的态度要一致

家长对待孩子的态度要一致,包括三个方面的一致性:一是父母之间在教育孩子时态度保持一致,避免父母之间意见不一,致使孩子无所适从;二是祖辈和父辈之间在对待孩子的态度上保持一致,避免"隔代亲"现象带来的祖辈和父辈家长之间的教育态度不一,致使孩子形成诸多不良的个性;三是父母在教育孩子的态度要求要一以贯之,前后保持一致,避免"朝令夕改",反复无常的教育。家长对孩子的教育态度保持一致,才能为孩子树立良好榜样,发挥家庭教育的积极作用,使孩子养成良好的个性特征。

案例 11 - 5

莎莎是个活泼可爱的小女孩,今年5岁了,她喜欢把自己打扮得漂漂亮亮的。一天早晨一大早起来她就开始"打扮"自己了,她想穿一条夏天的蓬蓬裙,但是妈妈告诉她今天下雪了,必须穿厚一点

的裙子。莎莎和妈妈争执了起来,莎莎一生气把手里的小梳子一扔,气呼呼地看着妈妈。这时候,在一旁的爸爸冲过去横抱着莎莎出了门,他让莎莎在门外好好反省一下,等想清楚了再进门。当时莎莎只穿了一件睡衣,冻得直发抖。妈妈在一旁心急的不得了,但是她没有阻止爸爸的行为,而是拿着一条大大的浴巾,等待着莎莎进屋。过了几分钟,爸爸开了门,看着小莎莎脸上挂着泪珠,但没有委屈的神情,而是懊悔。爸爸把莎莎抱进了屋里,妈妈连忙用浴巾将莎莎裹起来,又给莎莎洗了个热水澡。邻居们都以为莎莎从此就不理爸爸了,但是他们没有想到,莎莎从那天以后,比以往更加黏爸爸妈妈了,莎莎再也没有耍小性子了。在这件事情上,如果小莎莎的妈妈一开始就阻止了爸爸的行为,纵容莎莎的任性,那么后果显然会是不好的。所以,在教育态度上,父母必须保持一致,才能教育好孩子。

4. 尊重幼儿的自尊心和自信心

自尊心与自信心是个体的精神支柱。即使孩子能力差,家长也要发现他的长处,及时给予表扬,不能用打骂或一些较难听的言语来刺激他们,比如"你看人家的小孩多聪明,看你多笨啊!"、"你什么时候才能变懂事!"等。要保护幼儿的自尊心和自信心,使其形成良好的自我意识,这样一旦树立了自信,做任何事都会有自信心。

拓展阅读 11 - 6　　　　　　　教育子女小策略

1. 适当满足孩子的需求,必要时延迟满足

如果父母超前满足孩子的需求,在他们还不需要时,就预先准备好,甚至一些不合理的要求都有求必应,这会让孩子不懂得珍惜。所以,适当满足孩子的需求就显得十分重要,必要时可以延迟满足他的需求,尤其是物质上的需求,让孩子知道来之不易,这样才会珍惜。此外,不合理的要求决不妥协,否则孩子会抓住父母情感上的弱点而要挟父母。

2. 关爱而不溺爱,让孩子学会关心他人

父母在生活上给予孩子必需的关心,但是不要事事包办代替,应从婴幼儿时期起,尽量让孩子做力所能及的事,尤其是自己的事情要他自己做。父母还应该教会孩子学会关心别人,心中有他人。父母不但要爱孩子,更重要的是教育孩子去爱别人。只有这样,孩子才能养成关心人、体贴人的好品德。

3. 平等但不放任,关注但不过分

从小在家中就不能给孩子独特的地位。如果处处庇护、娇宠、姑息、迁就,会使孩子变得骄横任性,不求进取。但是,如果孩子有了缺点、错误,也要给予充分的理解和谅解,帮助他们一起纠正错误。父母应做到该管则管,决不护短、放任,引导孩子明辨是非。此外,对于孩子的关注也不能过分,这样就不会压抑孩子的独立能力,应该让他们从小对自己的事做决定,培养孩子的独立自主意识。

4. 让孩子在实践中去锻炼,经受困难和挫折的磨炼

随着孩子的逐渐成长,要培养他们的独立勇敢精神,家长要敢于放手让孩子在实践中接受锻炼。家长要知道只有在日常生活的摔打中,孩子才能增长才干。只有让孩子在生活中经风雨见世面、碰碰钉子、尝尝苦头、经受困难和挫折,才能培养孩子坚毅的品质和独立勇敢的精神。

5. 让孩子参加必要的劳动,做到生活自理

如果家长包办太多,孩子养成了不爱劳动的不良习惯,他们往往会心安理得地接受家长的照顾,而不能体谅家长的辛苦。让孩子参加一定的家务劳动,学会自己管理自己,十分必要,这是提高下一代素质的需要。父母应根据孩子年龄的大小,交给他们一些力所能及的工作,并逐步让孩子做到生活自理,这样才能增强孩子的责任感,培养他们的勤劳品质。

(资料来源:郑莉君主编.中国家庭教育的关键是什么?——关注孩子的身心健康[M].杭州:浙江大学出版社,2007:329.)

总之,幼儿个性形成是一个复杂而又充满变化的过程,受诸多因素的影响。而幼儿心理健康对其个性发展有着重要的影响。培养幼儿良好的个性,重视个性教育,就是遵循教育规律和幼儿身心特点,敏锐地捕捉幼儿的每一个发展契机,让教育更具有针对性和有效性,以此促进幼儿个性的和谐发展。

- **本章小结** -

本章重点介绍了幼儿气质、性格和自我意识发展的特点与规律,探讨了幼儿个性发展中常见的行为表现与指导策略。幼儿的个性是在遗传带来的气质类型特点的基础上,在与环境的交互作用中,逐渐发展并表现出最初个性倾向性。幼儿期是个性开始形成的时期,也是个性发展的关键期,不恰当的引导和教育容易使幼儿出现任性、依赖性、社会退缩、逆反心理等不良的个性行为特征。教育者应依据幼儿个性发展的特点与规律,针对幼儿个性发展中容易出现的问题,从幼儿园教育和家庭教育两个方面入手,实施科学地引导和教育,促进幼儿个性健康发展。

通过本章内容的学习,学生能够理解幼儿气质、性格和自我意识发展的特点与规律,明确幼儿个性发展中容易出现的行为表现。在此基础上,能够理解并掌握促进幼儿个性健康、和谐发展的有效策略。

▶ **思考与练习**

1. 幼儿气质的特点是什么?
2. 如何理解幼儿性格与气质之间的关系?
3. 幼儿性格发展的年龄特点是什么?
4. 影响幼儿性格发展的因素有哪些?
5. 简述幼儿个性发展中常见的问题行为。
6. 简述促进幼儿个性发展的指导策略。

▶ **自己做研究**

请你对幼儿个性发展中的社会退缩行为进行观察与分析。

社会退缩是幼儿个性发展中容易出现的一种行为表现。具有社会退缩行为的幼儿,由于其行为一般不会给别人增添麻烦,因此很少被人们关注并予以恰当引导,以致其成为幼儿未来发展中出现社会能力发展问题和异常心理的危险因素。请你选择一名个性发展中具有社会退缩行为表现的幼儿作为研究对象,观察并分析该幼儿的社会退缩行为,并撰写观察报告。具体要求如下。

观察目的:了解被观察幼儿的社会退缩行为表现,分析其影响因素,并尝试提出改善策略。

观察对象:个性发展中存在社会退缩行为表现的某一幼儿。

观察方法:自然情境下的非参与式直接观察,叙述性观察法。

观察记录:采用实况详录法,填写观察记录表(见表11-3)。

结果分析:对观察记录材料进行整理与分析,并撰写幼儿社会退缩行为观察报告。

表11-3 幼儿社会退缩行为表现观察记录表

观察对象姓名: 年龄: 性别: 观察者:

观察背景	观察时间	观察地点	客观描述幼儿退缩行为表现及次数 (如孤僻、胆怯、害羞、忧郁、冷漠、不合群等)	反思和判断
集体教育活动中				
区域活动期间				
户外游戏活动时				
一日生活(如入园、如厕、用餐、午睡、盥洗等活动)				
其 他				

第十二章　幼儿社会性的发展

知识结构

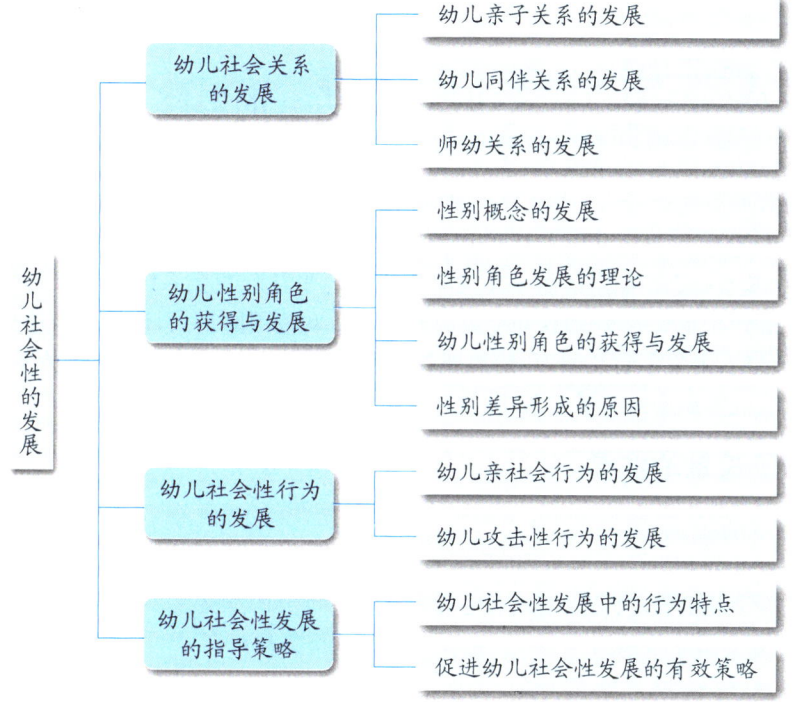

幼儿社会性的发展
- 幼儿社会关系的发展
  - 幼儿亲子关系的发展
  - 幼儿同伴关系的发展
  - 师幼关系的发展
- 幼儿性别角色的获得与发展
  - 性别概念的发展
  - 性别角色发展的理论
  - 幼儿性别角色的获得与发展
  - 性别差异形成的原因
- 幼儿社会性行为的发展
  - 幼儿亲社会行为的发展
  - 幼儿攻击性行为的发展
- 幼儿社会性发展的指导策略
  - 幼儿社会性发展中的行为特点
  - 促进幼儿社会性发展的有效策略

引入

　　幼儿园中,老师带孩子们玩沙。孩子们很兴奋,脱掉鞋子后就迫不及待地跳进沙池,寻找工具玩了起来。

　　凯凯找到一把铲子,天天也同时发现了这把铲子,于是他们就抢了起来,谁也不肯让。僵持了一段时间后,天天停止了争抢,抬头看了看,然后就央求凯凯说:"凯凯,还是给我玩吧,你下次再玩。"凯凯显然也很喜欢这把铲子,他摇摇头对天天说:"不行,我也想玩。"

　　天天看这一招不灵,就更着急了,又对凯凯说:"那这样吧,我们'石头、剪刀、布',谁赢就给谁玩。"凯凯马上就答应了,脸上的表情比刚才轻松多了。天天又补充道:"就来一次,好吗?"听到天天这么说,凯凯点点头同意了。他们开始认真地进行"石头、剪刀、布",第一次两人都伸出剪刀,打平了。两人又开始新一轮的比赛,结果天天输了。

　　天天仍然不甘心,他叫住了拿着玩具准备离去的凯凯,他说:"我们是好朋友嘛,还是一起玩好了。"凯凯想了想,点点头说:"那好吧,我们一起玩吧。"天天脸上终于有了笑容,经过自己的不懈努力,他的愿望最终实现了。

　　活动结束了,凯凯兴冲冲跑到老师面前说:"老师,今天天天和我一起都想玩铲子,后来我们用'石头、剪刀、布'的方法比赛,我赢了,但我还是同意和他一起玩,现在他是我的好朋友。"凯凯的神情自豪而愉悦。

　　(资料来源:陆红梅.读懂孩子　巧妙放手——解决游戏中幼儿交往纠纷的案例分析[J].学前课程研究,2009(9):50—51.)

　　上述案例描述了幼儿在社会性发展过程中时常会发生的情况,天天运用丰富的社会交往策略解决了和凯凯之间的问题。那么影响幼儿社会性发展的关系有哪些? 在这些社会关系中幼儿如何获得解决交往问题的技能呢? 以及成人应该如何指导幼儿社会性的发展? 通过阅读这一章的内容,你可以从中找到解决这些问题的答案。

第一节　幼儿社会关系的发展

　　幼儿社会化过程的实现离不开人与人之间的相互作用。家庭是幼儿最初的生活场所,幼儿的社会性发展首先是在家庭中开始的,通过父母的抚养和教育,幼儿逐渐获得了知识和技能,掌握了各种行为准则和社会规范,从一个基本依靠本能生活的婴儿发展成一个合乎社会角色系统的要求和被社会环境认可和接纳的社会人。随着幼儿年龄的增长,认知能力的提高和活动范围的扩大,他们逐渐地从生理上的断乳期过渡到心理上的断乳期,走进了幼儿园,开始发展着两种崭新的人际关系——同伴关系、师幼关系。本节将分别介绍幼儿社会性发展中的亲子关系、同伴关系和师幼关系。

一、幼儿亲子关系的发展

(一)亲子交往的重要意义

　　亲子交往是指幼儿与其主要抚养人(主要是父母)之间的交往。它是幼儿生活中主要的社会关系,其中父母是影响幼儿社会化的核心因素,对幼儿心理发展具有重要的意义。

1.亲子交往对幼儿情绪情感的稳定和健康发展起着积极的作用

　　关于依恋的许多研究表明,当父母在场,幼儿能更加安静、踏实地完成任务;当幼儿处于紧张、焦虑、恐惧的状态中,父母甚至是父母的声音或者录像,都能使幼儿从这种状态中解放出来。此外,父母对幼儿平时的关怀、温暖、支持和鼓励,有助于幼儿获得和发展积极、愉快的情绪情感,并能帮助幼儿形成对他人的关爱、同情、体贴等感情,同时对幼儿自信心和自尊心的形成具有积极的影响。

2.亲子交往影响幼儿社会认知的发展

　　父母往往代表一定的社会阶层和观念文化,他们不自觉地将自己的教育期望和社会性知识传递给幼儿,影响幼儿的信仰、价值观和行为准则。父母对幼儿行为、态度的影响主要通过两者的人际交往而实现。在交往过程中,一方面父母通过自身行为、言语、态度等特征,为幼儿提供观察和模仿的示范,另一方面父母通过用不同方式回应幼儿行为,以此改变和巩固幼儿的某些具体行为。此外,父母还常根据一定的社会准则、规范向幼儿直接传授有关的知识和技能,促进其认知和社会性的发展。

(二)亲子交往的影响因素

　　亲子间的相互作用并不是孤立存在的,它受着来自亲子双方及周围环境的诸多因素的制约。亲子交往的影响因素不仅仅包括父母的教养方式,父母和幼儿的个性、性格,也包括家庭的经济地位和社会地位等因素。

1.父母教养方式对亲子关系的影响

　　不同父母对幼儿的教养方式是千差万别的,不同的教养方式对幼儿心理发展的影响不同,对亲子关系的影响也不同。父母教育幼儿的观念和方式在促进幼儿社会化的进程中发挥着极为重要的作用。美国著名儿童心理学家麦考比和马丁(Maccoby & Martin)通过研究,将父母教养方式分为四种类型,分别是权威型、专制型、放纵型、忽视型。这四种教养方式会对亲子关系产生不同的影响。

（1）权威型：这种教养方式的父母对待幼儿特点是理性、严格、民主、耐心和爱。父母对幼儿的态度是积极肯定和接纳的，热情地对儿童的要求、愿望和行为进行反应，尊重幼儿的意见和观点，同时向幼儿提出明确的要求并制定规则，与幼儿讨论、解释有关行为规则的含义和意义，坚定地实施规则，对幼儿良好行为表现表示支持和肯定，对不良行为表示不快。这种教养方式对幼儿的心理发展带来许多积极的影响，多数幼儿表现为有较强的独立性和自主性，善于自我控制和解决问题，有较强的自尊和自信，并且喜欢与人交往，对人友好。因此，亲子间关系和谐，父母给予幼儿较多的关爱，幼儿喜爱父母、尊重父母，在发生分歧时，他们能进行讨论、协商，尊重每一个人的意见。

（2）专制型：这种教养方式的父母对幼儿有很高的控制，并提出较高的行为标准，他们对幼儿常常采取拒绝的态度和训斥、惩罚等消极反应，要求幼儿无条件遵守规则，很少考虑幼儿的愿望与需求。当幼儿违反规则或者没有达到要求，父母通常会表示愤怒，采用体罚或其他惩罚方式。父母在提出要求时缺少民主，只考虑到了成人的需要，忽视和抑制了幼儿自主性和独立性。在这种教养方式下的幼儿大多数缺少主动性和探究精神，表现出更多的焦虑、胆小、畏缩、抑郁等负面情绪和行为，自尊感和自信心较低，不善于人际交往。因此，亲子间关系较为紧张，父母对幼儿有较高的要求，过分严厉，幼儿比较害怕父母，对父母的要求言听计从。

（3）放纵型：这种教养方式的父母对幼儿充满了积极肯定的情感，表现出过分的接纳和肯定，缺乏控制。父母很少对幼儿提出要求和制定相关规则，而让其随意支配自己的行为，对幼儿不适宜的行为采取忽视或默许的态度，很少发怒或训斥、纠正幼儿。这种教养方式下的幼儿往往比较容易冲动，当要求做的事情违背自己的意愿时，他们会以哭闹的方式寻求即时的满足，同时缺乏责任心，攻击性较强，在任务面前缺乏恒心和毅力。因此，亲子间关系看似和谐，但幼儿对父母过度依赖，父母给予幼儿过度的爱，多数时候会满足幼儿的要求，幼儿较为任性。

（4）忽视型：这种教养方式的父母对幼儿漠不关心，不对幼儿提出任何行为的要求和控制。父母和幼儿之间缺少交流，不关心幼儿情感和社会性发展的需求。这种教养方式对幼儿的心理发展有很多不利的影响，幼儿具有较强的冲动性和攻击性，不顺从、易发怒、自尊心水平较低，很少为他人考虑，并且容易出现适应性障碍。因此，亲子间关系较为冷漠，父母对幼儿关心较少，幼儿也不会和父母主动沟通，亲子双方相互缺少关注。

2. 父母性格、教育观念及对幼儿的期望

父母的性格、教育观念及对幼儿的期望是影响亲子间互动质量的直接因素。较为开朗的父母所教养的孩子也较为开朗，善于与人相处，与父母能保持较好的关系；较为内向的父母所教养的孩子也较为内向，亲子之间的交流较少，因此亲子关系较为冷淡。

父母对幼儿的期望和教育观会直接影响教养方式，如果父母对子女发展抱有较高期望，则很可能成为专制型父母；而对子女将来不抱太高希望的父母，则可能放任孩子，表现出过分宽容的态度。如果父母认为孩子是"不打不成才"，就容易忽略幼儿发生行为的原因，忽视幼儿的愿望与需求，通常会采用严厉的惩罚来纠正幼儿的"不良行为"；反之，父母能够体察幼儿行为的真正原因，制定合理适宜的要求与规则，帮助幼儿获得个性、情感态度、社会性方面的发展，容易成为权威型父母。

3. 父母的社会经济地位

父母的社会经济地位包括父母的职业、受教育水平和经济收入水平。父母的社会经济地位不同，其教养方式也存在差异。社会经济地位低的父母较多地控制幼儿，对幼儿使用权威，对幼儿的事情武断专横并且经常利用体罚；社会经济地位高的父母敏感性和反应性较高，对幼儿比较民主，能够通过角色转化理解幼儿，并且父母与幼儿语言交流较多，喜欢给幼儿讲道理。

有研究表明，母亲是否参加工作，以及从事什么类型、性质的工作，对其与子女的交往关系乃至幼儿的身心发展都有相当程度的影响。同时研究指出母亲就业一般不会对幼儿发展造成消极影响，这主要是因为决定抚养质量的并不只是父母参与抚养的时间，更重要的是参与的质量。有工作，尤其从事知识性、层次较高工作的母亲，在亲子交往中多采用引导、说理和鼓励的教养方式，亲子关系比较融洽，幼儿发展也比较顺利；相反，母亲没有工作、家庭经济比较紧张，或者母亲从事层次较低的体力工作，母亲在与幼儿交往中容易失去耐心，多采用简单化或训斥、拒绝的教养态度，亲子关系较为紧张，影响幼儿的发展。

4. 幼儿自身的发育水平和发展特点

幼儿的年龄、性别、气质特性及行为方式等都会在不同程度上影响父母对待儿童的态度和行为，并进

一步影响幼儿的心理发展。例如乖巧听话的幼儿,常常能做出积极的行为表现,父母一般对他们充满喜爱,伴有积极的情绪反应,亲子之间的交往较为频繁,父母会给予幼儿更多的注意和关爱;自闭和易攻击他人的幼儿,对父母的教养行为缺乏积极的回应,父母也往往充满抱怨、责备惩罚幼儿,很少为他们提供积极、耐心的指导,亲子关系更容易紧张,父母控制、拒绝较多。幼儿经常表现的行为,不仅会影响父母采取的教养行为,也可能使父母对幼儿产生某些固定的看法,从而影响父母对子女将来发展的期望以及教育方法的运用。

此外,亲子交往还受到除家庭以外的其他因素的影响,例如社区文化、民族传统、风俗习惯,以及幼儿园的要求等。了解上述因素,有助于我们理解父母对幼儿的教养行为,理解父母和幼儿之间的相互交往,协调幼儿发展与父母教养之间的关系,尽可能地为幼儿营造一个良好的、积极的亲子交往环境。

二、幼儿同伴关系的发展

(一)同伴交往的重要意义

同伴关系是幼儿生活中除亲子关系外又一重要的社会关系。同伴交往是指年龄相同或相近的幼儿之间的一种共同活动并相互协作的关系。在同伴关系中,幼儿在生理和心理方面几乎处于相同的水平,他们交往的过程是平等互惠的,因此与同伴的交往使幼儿在更大的范围内体验一种全新的人际关系,这对幼儿社会性的发展无疑具有重要的意义。

1. 同伴交往有利于幼儿学习社会交往技能和策略

在同伴交往中,一方面幼儿会发出社交行为,如微笑、邀请、分享等,尝试练习自己已经学会的社交技能和策略,并根据交往对象的反应做出相应的调整,使已学会的社交技能不断熟练、恰当;另一方面,幼儿在交往中观察其他幼儿的社交行为,学习掌握一些新的社交行为,从而丰富自身的社交行为;同时,在与同伴实际的交往中,幼儿逐渐认识到他人的特征以及自己在他人心中的形象和地位,学会参加与其他人共同活动,学会如何相互合作和如何处理与他人的矛盾。在本章开篇案例中,天天小朋友在解决和凯凯的矛盾中运用了多种社会交往策略。先是争抢,然后用语言进行协商,希望通过"石头、剪刀、布"的方法解决,可是天天输了,他仍然不甘心,又对凯凯说他们是好朋友,希望能在一起玩,最终天天提出的一起玩的建议得到凯凯的同意。天天运用了在生活中获得的社会交往技能解决了和小朋友之间的矛盾,案例中凯凯学习了这种协商的交往技能,最后以自豪的口气告诉老师他和天天一起玩了。幼儿在交往中会观察模仿其他幼儿的社会行为,案例中凯凯在日后的生活中可能会运用观察到的社会交往策略解决与其他幼儿的矛盾。

在同伴交往中,幼儿有着各自不同的生活经验和认知基础,他们在共同活动中会有不同的表现,即使面对同样的玩具,也有不一样的玩法,于是同伴交往为幼儿提供了分享知识经验、互相模仿学习的重要机会。此外,幼儿常常会在一起探索周围环境,物体的多种用途或问题的多种解决方式,这些都有助于幼儿扩展知识,丰富认知,发展自己思考、操作和解决问题的能力。

2. 同伴交往是幼儿积极情感发展的重要途径

同伴关系满足了幼儿所具有的强烈的团体归属感的需要,使他们在情感上得到同伴的支持而产生安全感和责任感,心情愉悦。良好的同伴关系也能成为幼儿的一种情感依赖,对幼儿具有重要的情感支持作用。有实验表明,在陌生情境的实验室中,安排一些幼儿和同伴在一起,另一些则独自一人,观察他们的表现,结果发现:前者比后者更容易安静地、积极主动地探索周围环境、操作玩具。也有研究表明,当幼儿处于困境有危险的情境,或有难题、受人欺负的情境时,同伴的帮助往往是摆脱困境,情绪恢复平静、愉悦的有力途径。

3. 同伴交往可为幼儿自我意识的发展提供有效的基础

同伴交往首先为幼儿进行自我评价提供了标准。4岁左右的幼儿能将自己和同伴作简单的对比,例如,他们常会对其他幼儿说"我比你快"、"我做得比你好"等。幼儿通过这种比较可以进行自我评价,更好地认识自己,这是幼儿最初的社会性比较,它为幼儿形成积极的自我概念打下了基础。同时,在同伴交往中,幼儿可以根据同伴的反应来调节自己的行为。幼儿在交往中发出的不同行为,同伴会用不同的回应,如微笑换来的是同伴的友好与合作,打人招来的则是同伴的拒绝或躲避。从同伴的不同反应中,幼儿既可以了解自己行为的结果与性质,也可以了解是否为他人所接受,并认识到自己哪些行为是同伴厌恶的必须要调节或控制的,从而改进自己的有关行为。因此,同伴交往,尤其是同伴的反馈对幼儿自我意识的发展具有积极的意义。

(二)同伴交往的类型

1. 同伴交往类型的研究方法

研究幼儿同伴交往的类型,一般采用的是"现场提名法",也就是通过同伴对幼儿的提名情况,了解某一幼儿在同伴交往中的地位和受欢迎程度。具体操作过程是在幼儿集体活动的现场,挑选一处既能使幼儿看到班上其他所有同伴,又不会干扰到其他幼儿的地方,逐个问每一个幼儿:"你最喜欢班上哪三名小朋友?"(正提名)和"你最不喜欢班上哪三名小朋友?"(负提名),详细记录幼儿的提名情况。如果某一幼儿被提名为"最喜欢的小朋友",他就在正提名上记1分;如果被提名为"最不喜欢的小朋友",就在负提名上记1分。最后综合全班幼儿的提名,便可对幼儿被同伴接纳程度进行判断,从而得出幼儿社交地位的类型。

2. 同伴交往的类型

庞丽娟(1991)采用上述"现场提名法",对4～6岁幼儿同伴交往的类型进行研究,结果表明,幼儿的同伴交往类型可分为受欢迎型、被拒绝型、被忽视型和一般型四种基本类型[1]。她还对各种类型的基本特征做了比较详细的描述,为我们对各类幼儿采取针对性的教育培养措施提供了心理学依据。

受欢迎型:这一类型的幼儿喜欢与人交往,在交往中积极主动,并经常表现出友好、积极的交往行为,因而受到大多数同伴的接纳、喜爱,在同伴中享有较高的地位,具有较强的影响力。从同伴提名分上看,他们的正提名分很高而负提名分很低。

被拒绝型:这一类型的幼儿也喜欢交往,在交往中活跃、主动,但常常表现出不友好的交往方式,如强行加入其他小朋友的活动、抢夺玩具、大声叫喊、喜欢推打等。由于他们攻击性行为较多,友好行为较少,因而常被多数幼儿排斥、拒绝,在同伴关系中地位低,关系紧张。从同伴提名分上看,他们一般正提名分很低而负提名分很高。

被忽视型:这类型幼儿不喜欢交往,常安静地独处或一人活动,在交往中表现得退缩或畏惧。他们对同伴既很少有友好、合作行为,也很少有不友好、侵犯性行为,因此没有多少同伴喜欢他们,但也没有多少同伴讨厌他们,被大多数同伴所忽视和冷落。这类幼儿的正、负提名分都很低。

一般型:这类幼儿在同伴交往中行为表现一般,既不是特别主动、友好,也不是特别不主动或不友好;同伴有的喜欢他们,有的不喜欢。他们既不被同伴特别的喜爱、接纳,也不被同伴忽视、拒绝,因而在同伴心目中他们的地位一般。从提名分上看,这类幼儿的正、负提名分都有一定的得分,两者都处于居中的水平。

在四种同伴交往的类型中,根据庞丽娟的研究,受欢迎型幼儿约占13.33%,被拒绝型约占14.31%,被忽视型占19.41%,一般型占52.94%。从发展的角度看,在4～6岁范围内,随着幼儿年龄的增长受欢迎的幼儿人数呈增多的趋势,而被拒绝幼儿、被忽视幼儿的人数呈减少趋势。研究还发现,在性别维度上,以上四种类型的分布也不相同,在受欢迎的幼儿中,女孩明显多于男孩;被拒绝的幼儿中,男孩明显多于女孩;而在被忽视的幼儿中,女孩又多于男孩。

上述研究结果应该引起我们的注意,许多学者认为,被拒绝和被忽视的幼儿在与同伴交往中处于不利地位,很少得到同伴的接纳和喜爱,难以与同伴进行合作、交流,这对其社会性和整个心理发展都十分不利。

(三)同伴关系的影响因素

幼儿的同伴交往受许多因素的影响,主要包括家庭环境因素、幼儿园环境因素和幼儿自身因素三个方面。

1. 家庭环境因素

(1) 早期的亲子交往经验为幼儿的同伴交往提供"模型"。父母的言行是幼儿效仿的榜样,他们通过观察,从父母那里学会如何与不同的对象交往,如何处理不同情形。不少心理学家的研究认为,幼儿期的同伴交往行为几乎来自早些时候与父母的交往,幼儿对同伴的态度和行为大多是模仿父母与人交往特征,这种模仿并不是有意的。一般地,热情、权威型的家长培养的幼儿容易形成稳定的依恋,与成人、同伴都能建立良好的关系,在同伴交往中,幼儿拥有足够的安全感,对同伴表现出较多的亲善行为,能运用合适的交往技能解决和同伴之间的矛盾,从而和其他幼儿建立良好的关系;忽视型和放纵型的家长容易培养出有敌意、有攻击行为的幼儿,这一部分幼儿骄横,在社会交往中多表现出攻击行为,用粗暴的行为方式解决和其

---

① 周念丽.学前儿童发展心理学[M].上海:华东师范大学出版社.2006:251—252.

他幼儿的矛盾,不被同伴接纳和喜欢;专制型的家长培养出的幼儿容易对同伴表现出焦虑、攻击和喜怒无常,这一类幼儿在交往中缺乏安全感,不善于交往,缺乏社会交往技能,即使在少有的社会交往活动中也会表现出攻击行为或者逃避行为,也不被同伴所喜爱和接纳。

(2)家庭的居住环境影响同伴交往。现代社会的住宅大多是单元结构,独门独户,甚至住了好几年的邻居也相互不认识,这使幼儿的活动空间大大缩小,失去和其他同伴一起玩耍的机会和场地。随着物质生活条件的改善,家庭中提供给幼儿个人游戏的玩具增加,同时也增加了幼儿独自一人玩的时间。这些因素导致幼儿在社会性游戏方面所花时间大大减少,和同伴交往的机会越来越少,以致许多幼儿不会和同伴交往,甚至不想和同伴一起玩。

案例 12 - 1

小虎是一个中班的孩子,爸爸妈妈的工作较为特殊,他们一家居住在距离城市十公里的地方,周围没有其他人家。小虎平时只能和爸爸妈妈,以及他们单位的几位成年人玩,但是大多数的时间周围的成人都在忙于工作。小虎的性格内向,喜欢自己和自己说话,并害怕和别人说话;在幼儿园中害怕和小朋友交往,对其他幼儿的善意邀请,他或者躲开或者用不友善的行为回应其他小朋友,班里逐渐没有小朋友喜欢和他玩了。

小虎的表现可能是性格本身的原因,但是在幼儿园中害怕与其他幼儿交往,主要是由于缺少同伴交往经验、技巧,不善于与同伴交往的原因所致。这就是居住环境对幼儿同伴交往的不良影响,由于平时和其他幼儿接触的太少,使小虎缺少同伴交往的经验,不会和其他幼儿相处。

2. 幼儿园环境因素

(1)教师对待幼儿的态度影响幼儿的同伴关系。幼儿进入幼儿园后,教师是继父母之后的又一个权威,其对幼儿同伴交往会产生很大的影响。在日常教育活动中,教师经常通过表扬或批评的方法,对幼儿的行为进行评价,如果某幼儿经常受到表扬,他在集体中的地位无形中就提高了,经常受到批评的幼儿在集体中的地位便会降低,这直接影响到幼儿在集体中的受欢迎程度。除此之外,教师对幼儿行为问题的处理方式和对幼儿的信任程度,也会影响幼儿在同伴中的社会地位和受欢迎程度。比如,教师常常委托自己信任的幼儿协助自己完成某项任务,久而久之,教师对幼儿所表现出的喜爱会影响幼儿在同伴中的地位和受欢迎程度。或者是教师对攻击行为较多的幼儿采取孤立和冷落的做法,使这类幼儿在同伴中的地位越来越低,逐渐处于集体的边缘。因此,教师对幼儿的评价要公正、客观,给所有的幼儿以信任和鼓励,使幼儿在同伴交往中得到健康发展,建立起良好的同伴关系。

(2)游戏活动是影响幼儿同伴交往的重要途径。游戏活动是幼儿同伴交往的重要途径,游戏的材料、场地以及游戏的性质都会影响幼儿的同伴交往。幼儿在游戏中最初的交往活动往往是从使用材料开始的,当幼儿想知道游戏材料的使用方式时,就会产生交流;当一种游戏材料较少,很多幼儿想使用同一种材料时,彼此之间就会进行协商;当游戏缺少某种材料时,幼儿要共同讨论并合作寻找替代物等。例如,幼儿园中,圆圆正在玩可爱的洋娃娃,萱萱看见,被洋娃娃所吸引也想玩,并试图去拿。这时圆圆面临着两种选择,要么放弃洋娃娃给萱萱玩,要么自己继续玩。无论哪一种选择,都会使圆圆和萱萱发生交往,可能表现为分享、轮流,也可能发生冲突和争抢。在这交往过程中,圆圆和萱萱都能感受到双方玩洋娃娃的愿望,都不得不注意对方的情感要求和反应,并调整自己的行为,使玩洋娃娃这一活动能够顺利进行。

游戏场地为幼儿游戏中的交往活动提供了空间。场地过于狭窄,幼儿之间容易发生争夺、攻击等消极的交往行为;场地太过宽敞,又会使幼儿之间交流减少,积极的交往行为发生较少。游戏的性质对幼儿同伴交往的主要影响表现在,自由游戏中,不同交往类型的幼儿表现出交往行为上的巨大差异,而在表演游戏或角色游戏中,即使是不受同伴欢迎的幼儿也能与同伴进行一定的配合、协作,因为活动情境本身已规定了同伴间的合作关系,对幼儿的行为提出了许多制约性。

3. 幼儿自身因素

幼儿身心方面的特征,一方面制约着同伴对他的态度和接纳程度,另一方面也决定着他们自身在交往

中的行为方式。幼儿的气质、情感、能力、性格等个性、情感特征,影响着他们对同伴态度和交往中的行为特征。对同伴交往关系影响最大的是其在交往中的积极主动性、交往行为及交往技能。在同伴关系中,有些幼儿之所以被大多数幼儿拒绝,是因为这些幼儿积极友好的亲社会行为较少、攻击性行为较多;有些幼儿在交往中缺乏主动性、在同伴群体中消极、退缩,因此被同伴所忽视;受欢迎的幼儿在交往中有更多积极性和主动性,多表现友好行为,所以在同伴心目中的地位较高,受到同伴的欢迎。

拓展阅读 12 - 1

　　行为特征是幼儿社会能力的重要体现,幼儿之所以具有不同的同伴地位,主要因为幼儿具有明显的不同的行为特征。下表为我们呈现的是受欢迎、被拒绝和被忽视三类幼儿的行为表现。

受欢迎幼儿、被拒绝幼儿、被忽视幼儿的行为特征

受欢迎幼儿	被拒绝幼儿	被忽视幼儿
积极、快乐的性情	许多破坏行为	害羞
外表吸引人	好争论和反社会	攻击少,并对他人的攻击表现退缩
有许多双向交往	极度活跃	反社会行为少
高水平的合作游戏	说话过多	不敢于自我表现
愿意分享	反复试图社会接近	许多单独活动
能坚持交往	合作游戏少,不愿意分享	逃避双向交往,花较多时间和群体在一起
被看作好领导	许多单独活动	
缺乏攻击性	不适当的行为	

　　(资料来源:Schaffer. Social Development[M]. 1997:320. 转引自张文新. 儿童社会性发展[M]. 北京:北京师范大学出版社,1999:153.)

　　同伴交往的影响因素是多方面的,除上述因素以外,幼儿的姓名、长相、体型、出生顺序以及在集体中姓名排序等都会影响幼儿对同伴的态度和交往方式。总之,同伴交往对幼儿的发展有着极其重要的作用,这已成为发展心理学家的共识。早期同伴关系不良不仅影响幼儿时期的发展,对孩子一生的发展都极其重要。教育者要促进幼儿同伴交往向积极的方向发展,帮助幼儿建立良好的同伴关系。

三、师幼关系的发展

(一) 师幼交往的重要意义

　　随着幼儿进入幼儿园,教师逐渐成为幼儿交往的重要对象,幼儿与教师的接触日益增多,教师对幼儿的影响也日益增大,师幼的相互交往成为幼儿社会生活的另一重要内容。

　　教师可以通过直接教导、言行榜样等与幼儿交往,使幼儿学习一定的社会道德规范、行为准则、集体生活要求、文化知识以及与他人交往的基本规则。在与教师的交往中,幼儿练习着多种社会行为与社会技能,并依据教师的不同反馈,调整自己的行为。比如,一名幼儿帮助了另一名幼儿,教师用鼓励的眼神看了他或者摸了摸他的头,会增加他的帮助行为。同时,因为幼儿的整体心理水平较低,易受暗示或引导,教师在幼儿心目中的"权威"、"神圣"的地位,对幼儿的发展起着极为重要的作用。

　　同时良好的师幼关系也会给教师的教育教学提供反馈信息,教师能够根据与幼儿交往的情况、幼儿的行为表现判断自己的教育教学是否合理,改进不合理的教育行为。这一方面能更好地促进师幼之间的交往,另一方面能够促进教师自身的专业发展。

(二) 师幼关系的类型

　　师幼交往是影响幼儿发展的重要因素,国内学者姜勇、庞丽娟[1](2004)在综合前人研究的基础上,提

----

① 姜勇、庞丽娟. 幼儿园师幼交往类型的研究[J]. 心理科学,2004,27(5):1120—1123.

出师幼交往的六项分类指标：师幼交往的目的，即教师在交往中关注哪些重要方面；师幼交往的内容，即师幼交往主要从哪些方面来展开；师幼交往的情感性，即教师在交往中能否积极地投入自身的情感，并注意与幼儿的情感互动；师幼交往的宽容性，即教师对幼儿的理解与宽容程度；交往中教师的发现意识，即教师在与幼儿交往互动中能否发现幼儿的优点与长处，向幼儿学习；师幼交往的方式，即教师在师幼交往中是否能合理运用丰富的表情与动作。并以此为依据，对 105 名教师用观察、访谈、问卷的方法进行调查，对幼儿与教师的交往进行因素分析与聚类分析，较深入地揭示了幼儿园师幼交往的四种类型。

严厉型：这类交往中，教师缺乏对幼儿的情感支持，通常比较冷漠，而批评、惩罚较多。

民主型：这类交往中，教师更重视幼儿的全面发展，并能充分理解与尊重幼儿的兴趣与需要。

开放学习型：在交往中，教师重视幼儿知识的获得，经常采用鼓励幼儿自主探索、自我发现的方法。

灌输型：在交往中，教师也注重知识的传授，很少根据幼儿实际的情况调整教育活动，在集体教育活动中总是教师说的多，幼儿自主探索的少[①]。

（三）师幼关系的影响因素

1. 幼儿自身特征

幼儿自身特征对师幼关系有很大影响，其包括性别、性格特征、气质类型、行为、相貌等。就性别而言，女孩有较少的行为问题，与教师发生冲突或矛盾的机会少，因此与教师的互动更为积极。从行为角度来看，消极行为多的幼儿与教师交往的冲突较多；胆怯、焦虑的幼儿与教师交往时表现出更多的依赖性；行为积极的幼儿与教师的互动更为积极，关系较为密切。长相也是影响师幼交往的一个因素，一般来说，长相较为可爱、漂亮的幼儿更容易受到教师的喜爱，和教师有更多的交往机会，因此关系较为密切。

2. 教师自身特点

教师的个性特征、自我认识、期望、儿童观、教育行为方式、管理风格等都会对师幼互动产生一定的影响。例如，如教师期望对幼儿心理发展有直接、深远的影响，对年龄越小的孩子，教师期望的影响越大，教师对幼儿期望不同，会直接造成不同的幼儿发展，并表现明显差异，幼儿很容易成为教师期望的那一类孩子。教师不同的领导方式与态度会形成不同的师幼之间的交往，专制型、放任型和民主型的教师对幼儿态度不一样，师幼互动也不同，其中容易与幼儿形成较好关系的是民主型教师。教师行为更会直接影响与幼儿的互动，比如常常批评幼儿的教师与幼儿的互动往往比较消极。

3. 师幼交往时空和频率的影响

从时空上说，师幼交往的时间越多、范围越大、空间越广，越有利于师幼相互的交流、沟通和了解。其中幼儿的座位位置对师幼互动有很大影响，空间距离离教师越近的幼儿，有更多的机会和教师发生互动，有利于师幼关系的发展。从频率上说，师幼交往次数越多，了解越深刻，容易形成良好的师幼关系。例如，座位离教师近的幼儿，教师和他互动较多，教师更容易了解这些幼儿，幼儿也更容易和教师亲近，因此这些幼儿和教师的关系较好。

此外，亲子关系也会影响到师幼关系的发展，有较好亲子关系的幼儿在师幼互动时拥有更多的安全感和自主感。师幼交往的层次和方向（单向、双向）也会影响师幼互动的性质和效果。同时，社会文化、幼儿园管理体制、规章制度等宏观因素也会对教师和幼儿的互动产生潜在而又十分重要的影响。

第二节　幼儿性别角色的获得与发展

儿童一生下来就被分别纳入已经划分好的两个性别范畴内。性别是儿童最早掌握并用于对他人进行分类的社会范畴之一，儿童在成长过程中，逐渐地获得了他（她）所生活的那个社会所认为的适合于男女两性不同的价值、动机、性格特征、情绪反应、言语举止和态度。儿童是如何获得性别角色的？儿童的性别差异究竟表现在哪些方面？这些差异是如何造成的？双性化人格是不是更有利于儿童的社会适应呢？这些是本节重点要讨论的。

---

① 姜勇，庞丽娟.幼儿园师幼交往类型的研究[J].心理科学，2004，27(5)：1120—1123.

一、性别概念的发展

儿童性别概念主要包括三个成分:性别认同、性别稳定性和性别恒常性。性别认同是儿童对自己和他人性别的正确标定;性别稳定性是儿童对人一生性别保持不变的认识;性别恒常性是对人的性别不因其外表(如发型、衣着)和活动的改变而改变的认识。每个成分在儿童年龄上的表现又是不同的,见表12-1。

表 12-1　儿童性别概念发展的顺序 [①]

步　骤	年龄(岁)	测　验　问　题	特　　点
性别认同	1.5~2	你是个男孩还是女孩?	正确地把自己和他人认作男性或女性。
性别稳定性	3~4	你长大后是当妈妈还是当爸爸?	理解人一生性别保持不变。
性别恒常性	6~7	如果一个男孩穿上女孩的衣服,他会是一个女孩吗?	意识到性别不依赖于外表。

(一)性别认同

性别认同是儿童对自己和他人在生理特征上属于某一种性别的理解和接受。在生命的初期,儿童不知道自己的性别,大约到2岁左右,儿童开始获得最初的性别认同,但是水平很低。汤普逊(Thompson)曾做过一项研究,他在实验中向2~3岁的儿童提供一些具有明显特征的玩具娃娃和杂志图片,要求儿童按照性别对图片分类,同时向儿童提出一些问题,问儿童自己是什么性别,自己的性别与哪些图片上的一样,然后给儿童拍一张照片,让儿童把自己的照片归为某一类人。如果被试的成绩能达到75%的正确反应率,即认为其性别认同出现。结果发现,大部分儿童已有性别认同,但是认同水平低。

在性别认同所依据的线索方面,儿童与成人是有差异的。成人在确定他人性别时首先依据生殖器官,其次是身体的轮廓等线索,最后是服饰特点;儿童则是先依据头发的长短,其次是服饰的特点,最后是生理特点来确定人的性别。

儿童性别认同的发展影响其性别行为。谢弗(Schaffer)的研究发现,能够进行性别认同的儿童的性别行为显著地多于不能进行性别认同的儿童。性别认同早(27个月以前)的儿童对性别的认知好于性别认同晚的儿童。

(二)性别稳定性

性别稳定性是儿童对自己的性别不随其年龄、情境等的变化而改变这一特征的认识。一般在3~4岁时就具有性别稳定性。斯莱比和弗雷(Slabey&Frey)在研究儿童性别认知稳定性发生的年龄时,向儿童提问:"当你是个婴儿时,你是个男孩还是个女孩?""当你长大后你是当妈妈还是当爸爸?",用这些问题判断儿童性别认知稳定性。研究结果表明,直到4岁儿童才能对以上问题作出正确回答,并认识到一个人的性别在一生中是稳定不变的。

贝姆(Bem)设计了这样一个实验来研究儿童性别认同的发展。他首先给3~5岁的儿童看一张裸体幼男和裸体幼女的照片,了解儿童对性器官的认识情况;然后给儿童看刚才照片上幼男和幼女穿了衣服的照片。有的照片上儿童穿上与性别相符的衣服,有的则是穿了与性别相反的衣服。他发现在看过前后两种照片的孩子中有40%的儿童能正确辨认出穿上男孩裤子的女孩或穿上女孩裙子的男孩照片;在认识性器官差异的幼儿中有60%能正确回答这个问题,而在无法认识性器官差异的儿童中仅10%能正确回答。研究表明了,儿童认识性器官有助于性别稳定性的发展。

(三)性别恒常性

性别恒常性是指儿童对一个人不管外表发生什么变化,而其性别保持不变的认识。例如获得性别守恒性的儿童能够知道自己无论穿什么衣服、留什么样的发型,自己的性别都保持不变。科尔伯格(Kohlberg)认为,性别恒常性是儿童性别认识发展中的一个重要里程碑。

艾莫勒西(Emmerich,1976)等人对几千名4~7岁的社会处境不利儿童的性别恒常性进行过系统且有

---

① 资料来源:Schaffer. Social Development. 1996:187. 转引自张文新. 儿童社会性发展[M]. 北京:北京师范大学出版社,1999:428.

图 12-1 艾莫勒西性别恒常性
图片样例

开创性的研究。这项研究中,研究者向儿童呈现一些男孩和女孩的图片(见图12-1)。

把这些图片从颈部切开,这样通过把身体部分和头部图片进行组合,可以向被试呈现不同的图片形象。实验开始时首先向被试呈现一个完整的男孩或女孩图片,然后再向被试呈现把男孩的头部和一个女孩的身体组合在一起的图片,或者相反,一个女孩的头部移到男孩的身体上的图片,通过这些操作考察儿童的性别恒常性的发展。

实验开始后,实验者首先向被试呈现一个完整的女孩图片,告诉被试"这个女孩叫珍妮",然后依次指着图片问被试如下问题。

"如果珍妮想成为一个男孩,她能吗?"

"如果珍妮玩了卡车和男孩的东西,她会怎么样? 她会是男孩还是女孩?"

"如果珍妮穿上男孩的衣服(像图片上的样子),她会怎么样? 她会是一个男孩还是女孩?"

"如果珍妮把头发剪短了(像图片上的样子),她会是一个男孩还是女孩?"

"如果珍妮把头发剪短了,并且穿上男孩的衣服(像图片上这样),她会是一个男孩还是女孩?"

完成上述测验后,再用一个男孩图片为材料重复上述程序。在每一步骤都要求被试说出为什么他们认为图片中的人物仍然是男孩或女孩,或者为什么不再是男孩或女孩了。实验结果发现,只有大约24%的被试达到了性别恒常性。

儿童通常在5~7岁期间开始表现性别恒常性,这正是儿童对液体和面积等物理特性开始守恒的年龄。5~7岁儿童首先对自己的认识产生了性别恒常性,然后才能应用到他人身上,发展顺序大致表现为:自身的性别恒常性→与自己相同性别他人的性别恒常性→异性他人的性别恒常性。

总的来说,儿童性别认同、性别稳定性与恒常性的关系具有三方面的特征:一是性别认同的产生早于性别稳定性;二是性别恒常性出现最晚,儿童所处的生活情境对其性别恒常性的发展影响不大;三是大约在9岁左右,儿童开始能够用语言解释性别的稳定性和恒常性。

二、性别角色发展的理论

性别角色的发展是儿童社会化发展中的一个重要方面,关于儿童性别角色发展及其成因这一问题,不同研究者提出了不同的理论解释,主要有生物学的解释、社会学习理论、认知发展理论、性别图式理论等。其中生物学的理论和社会学习理论受到认同较多,在此主要介绍这两种理论。

(一) 生物学的理论

传统理论认为,男女两性之间的性别差异和性别角色发展主要是由遗传因素决定的。毋庸置疑,在遗传上有性别差异的存在,男女之间存在生物学上的差异,而且他们在社会行为方面所表现出的明显差异也与遗传因素有关。如对双胞胎人格特质遗传性方面的研究,以及荷尔蒙与人格特质的相关研究等一系列的研究结果表明,男女在控制和攻击性行为方面的性别差异主要是由性激素的差异引起的。染色体的差异使得女性表现出与男性不同的人格特质,如女性的压抑、焦虑水平较高。心理学家试图用脑的半球优势差异解释性别差异。男女脑组织的差异,主要与个体的成熟速度有关。发育较早的女孩,左右半脑侧化的程度较低,表现出较好的语言能力;发育较慢的男孩,左右半脑侧化的程度较高,表现出较好视觉空间能力。

近期的生物社会模型理论则融合了生物和社会环境两方面的因素来解释性别差异问题。该理论承认社会文化模型对性别差异的解释是合理的,但又主张性别差异是由生物及与进化有关的因素导致的。根据此模型,儿童性别的正常发展是得益于生物和社会因素这两方面的融合。在性别角色发展中遗传和环境的交互作用并不只存在于生物社会模型中,事实上,它也体现在认知发展和社会学习理论中,只不过这两方面在几种理论中所占的比例不同。

（二）社会学习理论

社会学习理论认为性别角色主要是儿童习得的行为方式,这种行为方式是通过经验所获得的。根据这个理论,无论儿童性别角色中的性别刻板印象,还是性别角色规范,都是儿童在生活环境中由成人,特别是父母和教师塑造而成的。例如,小男孩更可能以传统的男性行为方式行动,因为他们的这种行为方式会受到社会的赞许,而当他们显示出女性的行为方式或偏好时,就会受到社会的否定。他们也对环境中的榜样进行模仿,如父母、同伴、电视上的主人公等,因为他们能够表现出与性别相关的行为。而且,儿童通过学习来预测别人将对他们的行为产生怎样的反应,他们就能够逐渐地把有关的适当或不适当的性别角色行为的标准内化,然后自我调节这些行为来服从这些标准。

社会学习理论的儿童性别角色发展观有一定的研究依据。朗格劳易斯和唐斯(Langlois&Downs,1980)的实验证明父母在儿童性别角色形成中的作用。为了考察父母对儿童的适合性别的行为和不适合性别的行为的反应,实验者在为男孩和女孩准备了一些适合其性别的玩具。为女孩准备的玩具包括:一个洋娃娃屋,里面有家具,一个大炉子,炉子上有锅;化妆柜里放着裙子、帽子、钱包、鞋子和小镜子。为男孩准备的玩具是游行的士兵、枪、战车、高速公路、一套牛仔衣服、帽子等。实验开始后告诉男孩按男孩的方式玩玩具,告诉女孩按女孩的方式玩玩具。然后让这些被试的父亲、母亲和一些与被试同性别的同伴进入房间观看儿童玩玩具。然后实验者记录被试父母和同伴对被试适合性别和不适合性别的行为所作出的积极的和消极的反应。父母积极的反应包括加入到被试的玩耍中、帮忙、对被试的活动表现出兴趣和赞许等;消极的反应包括干扰被试的活动、对被试的活动表现出厌恶和不赞许。研究结果表明,儿童的父母,尤其是父母对儿童玩不适合自己性别的玩具表现出强烈的否定性反应。而且他们对男孩的异性别行为的否定反应显著高于对女孩异性别行为的反应,而母亲对女儿的异性别行为的消极反应则显著高于对儿子的异性别行为的消极反应。

社会学习理论的性别角色发展观虽然取得了一定的实验支持,但儿童的性别角色并非单纯的环境影响和模仿学习所决定的,生物学的因素以及儿童对自己性别的认知在其性别角色的社会学习中也起着重要的作用。

三、幼儿性别角色的获得与发展

（一）性别角色知识的获得

性别角色是被社会认可的男性和女性在社会上的一种地位,也是社会对男性和女性在行为方式和态度上期望的总称。相对于以生物学特征划分的性别,性别角色实质上是一种社会性划分,生物学的性别是扮演社会性别角色的基础,但个体能否扮演好适合自己性别的性别角色,这与个体对性别及性别角色的认识及意愿有关。

性别角色知识是个体关于男性和女性各自适宜的行为方式和活动的认识。幼儿性别知识发生和发展的研究通常采用的方法是向幼儿列举一些典型的男性或女性的行为活动,如打架、做饭、玩玩具枪、玩洋娃娃等,让幼儿说出哪些活动是适合男孩干的,哪些活动是适合于女孩干的(见图12-2),以此考察幼儿性别角色知识的发展。例如,库恩(Kuhn,1978)[2]曾进行过一项有趣的实验,考察幼儿性别角色出现的年龄。在实验中,他们向幼儿宣读一些表

图12-2 幼儿的性别角色[1]

述,诸如"我很强壮","当我长大后我要开飞机"等。同时向被试提供两个洋娃娃,一个男孩,一个女孩,要求幼儿挑出上面的话是哪个娃娃说的。实验者发现,幼儿早在2岁就初步形成了一些性别角色知识。

2岁时幼儿就能把男女的照片和他们的附属物品归类,而且能够准确地指出属于男性附属物的照片和属于女性附属物的照片,这两项任务通常被用来评价幼儿的性别角色知识。幼儿在3岁时才能把传统性

① 图片来源:[美]罗伯特·费尔德曼、黄希庭著,黄希庭等译.心理学与我们[M].北京:人民邮电出版社,2008:文前彩页.
② 张文新.儿童社会性发展[M].北京:北京师范大学出版社,1999:434.

别类型的玩具准确地归类。4岁时能把特定的颜色与男性(蓝、棕、栗色)和女性(粉红、淡紫色)联系在一起,这种区分法与成人一样。5岁时有关传统性别类型的社会行为才出现,5岁前,幼儿很少把攻击、专制、善良或情绪性这样的行为特质准确地赋予男性和女性,这种分类的准确性在幼儿时期是逐渐形成并发展的。

幼儿关于性别角色知识的发展,是随着年龄的增长,通过幼儿的观察、社会因素的影响而逐渐增加的,到童年中期儿童的性别角色知识已经相当稳定。有关研究表明,幼儿性别角色知识的发展表现出"U"形发展趋势,即年龄较小的儿童对性别角色的行为规定看成是绝对服从社会的要求,不能认可与性别不相一致的行为,这种情形在幼儿和小学低年级学生身上表现明显。随着儿童年龄的增长,儿童能认识到社会对男女两性的行为规定是可以变通的,此时儿童对固有的性别角色行为的认识有所变化,特别是认为如果在某种特殊情况下,做出一点不相宜的行为是可以理解的。

(二)性别角色双性化

男性和女性特征是有严格区别的,性别角色的划分一直都有男性化和女性化之分。但近年来,人们对人的全面发展和人的社会适应给予了更多的关注,表现在儿童的性别化发展上,有些心理学者认为,严格的对性别角色进行界定对人的发展具有制约性,如果打破性别角色行为的界限,将有利于人的发展。因此,双性化的概念应运而生。

图12-3 兼具两性特征的儿童[①]

双性化是指由生理差异造成的两性心理特征兼具或统一的状态,简单地说就是个体同时具有男性气质和女性气质的心理两性化特征。从20世纪70年代起,以贝姆为代表的一些心理学家公然宣称,要使个体从文化强加的男性化、女性化限制中解放出来,从个体刻板的性别形象束缚中解放出来。这也就是说,人可以不按照性别发展其心理行为特征,而是发展两性都具有的心理行为特征,既有男性的特征,又有女性的特征:既独立又合作,既果断又沉稳,既敏感又豁达,既自信又谨慎,既热情又成熟(见图12-3)。

许多研究证明既有男子气,又有女子气的双性化个体是存在的,而且认为双性化个体要比性别类型化个体更健康,更具有适应性。为了证实这一点,贝姆设计了独立性和照顾婴儿的两个实验情境用来测试男性化、女性化以及双性化的适应性。结果证明,双性化个体要比男性化和女性化个体更具有灵活性、适应性。男性化和双性化个体在独立性测验中比女性化个体强;女性化和双性化个体在照顾婴儿的测验中得分比男性化个体高。

我国学者方俊明(1996)使用改进的贝姆性度量表(BSRI)和人格性度量表(PAQ),测试出人有男性化(HL)、女性化(LH)和两性化(HH)三种主要的人格类型。指出具有两性化人格的个体结合了男性与女性心理素质的优点,在爱好、行为、习惯、学习、就业等方面都有更好的可塑性和适应内外环境的能力。两性化人格比单纯的男性化、女性化人格的个体有更高的自尊水平,能构成更为理想的心理健康模式。

总的来说,双性化是一个十分理想的人的个性发展模式。这种双性化发展的思想,由于没有严格的性别角色限定,人的发展必定更加全面、完善,人在实际社会中也能更灵活、更有效地应对各种情景,并做出更令人满意的反应。但是在儿童的社会和个性发展中,完全脱离性别因素也是不现实的,生物的性别特征、社会文化背景的影响必然会带来心理和行为发展的差异。

四、性别差异形成的原因

男女儿童之间存在着性别差异已经是不争的事实,他们之间到底存在哪些差异以及造成这些差异的原因是什么,这一直是发展心理学研究者关注的问题。

(一)性别差异的表现

发展心理学关于性别差异研究的重点是男女幼儿心理发展的差异,主要涉及幼儿在认知、个性及社会性发展三个方面的差异。

---

① 图片来源:〔美〕罗伯特·费尔德曼、黄希庭著,黄希庭等译.心理学与我们[M].北京:人民邮电出版社,2008:文前彩页.

1. 认知方面的性别差异

我国的一些研究表明，男女两性认知方面的差异在学龄前表现的并不明显，尤其是乳婴儿时期，几乎没有什么差异。幼儿时期女孩的智力略优于男孩，但不显著。从学龄期起智力上明显出现性别差异，女孩智力优于男孩，但这种优势到了青春发育期开始有所下降。当男性青春高峰期到来时，男性的智力开始逐渐优于女性，并且随年龄的增长这种优势越见明显。男女两性认知差异的年龄倾向反映了男女儿童在认知差异总体上的平衡性，其中女性的智力发展较为均匀。

男孩和女孩在认知方面有不同的优势领域。首先表现在语言能力，女孩在语言能力上占有优势，特别是在词汇、阅读理解和语言创造性等方面。造成这种差异的原因，一是生物因素，女性掌管语言能力的大脑左半部皮层比男性的稍大一些；二是社会因素，社会上都认为语言阅读是女性学科，父母对女孩这方面的要求更高。但并不意味着男女儿童之间的语言能力差异都是女孩优于男孩，女孩可能在语言表达的清晰性、流畅性、情感性等方面优于男孩，而在语言表达的逻辑性和缜密性上，男孩要优于女孩。

2. 个性与社会性方面的性别差异

首先表现在女孩顺从和依赖行为更多。学龄前期开始，女孩比男孩要更顺从成人和同龄人的命令，女孩更频繁地从成人那里寻求帮助和信息。这种行为模式，与儿童活动的环境和活动的时间有关，也与父母对儿童的性别期待有关。从早期开始，女孩子就被鼓励多在家中活动，因此她们学龄前在成人身边度过了更多的时光；而男孩多被成人很少参与或者根本不在场的活动所吸引，喜欢独自操作活动材料。结果，男孩和女孩表现出不同的社会行为，在成人参与的活动中，女孩顺从以及力求获得帮助的行为出现得更多；在独自操作的活动中，男孩领导、决策能力以及创造性地使用材料出现的更多。

其次，幼儿在游戏和选择同伴时也存在性别差异。男女儿童在选择玩具和游戏时有着不同的偏好，男孩通常喜欢玩枪、汽车、积木等玩具和建构性游戏，而女孩则偏好洋娃娃和其他柔软动物，更多的喜欢角色游戏。

在社会性游戏中，儿童在选择游戏伙伴时绝大多数情况下会选择和自己性别相同的儿童作为游戏的伙伴，同时，在游戏中儿童对同性别的儿童做出的亲社会行为显著多于对异性同伴，这些特征三岁儿童已表现得很明显。我国的张文新等学者(1998)采用录像观察法考察了我国幼儿园大班儿童自然情境中儿童游戏活动同伴交往的性别差异，发现在儿童的社会性游戏中，男孩游戏伙伴的平均人数多于女孩游戏伙伴的平均人数。无论是男孩还是女孩，其同性别的游戏伙伴都显著多于异性的游戏伙伴。

攻击性行为的性别差异受到更多研究者的关注。总的来说，男孩比女孩更容易表现出攻击行为。从学龄前期开始，他们就进行更多身体上和口头上的攻击；到青少年期，他们参与反社会行为和暴力犯罪的可能性比女孩要高出十倍。麦考比和杰克琳对这一个问题的研究文献进行分析，发现6岁以下儿童的攻击性已存在明显的性别差异，男孩的攻击性显著地高于女孩，这种差异既存在于言语攻击方面，也存在于身体攻击之中。

国外有研究将攻击性行为分为公开性和关系性攻击行为。按照这一分类，克里克和格瑞皮特(Crick & Grotpeter)认为经常散布谣言以及有社会排他性的女孩子同经常进行攻击的男孩子一样多。男孩子主要通过身体上和口头上的攻击直接表达他们的敌对性，而女孩则使用间接的攻击形式，如散布谣言、说其他儿童的坏话等，通过这些方式来破坏另一个人的同伴关系。大多数的研究注重身体上和口头上的攻击，忽视了间接性的关系攻击，当考虑到这两个攻击类型时，女孩和男孩一样爱攻击。

拓展阅读 12 - 2

劳拉·E·贝克在综合现有研究成果的基础上，总结了男孩和女孩在心理能力和个性特征上的差异。表12-2中所列的主要研究结果处于小到中等的范围，在心理学研究的重要程度中具有相当的代表性。

表 12 - 2 与性别相关的心理和个性差异

特　性	性　别　差　异
语言能力	女孩显示出更快的早期语言发展;上学期间,在阅读和写作上优于男孩。
空间能力	童年中期男孩在空间能力上比女孩好,而且该差异将延续一生。
数学能力	在青年期,男孩在数学推理测验上就比女孩好,这种差异尤其在成绩优异的学生中显著,有更多的男生在数学上格外好。
学校成绩	在小学,女孩的所有学校科目成绩都比男生好,以后这个差异逐渐减少。在小学高年级,男孩开始在数学上显出优势。
成就动机	成就动机在性别上的差异是与任务类型相关的。男孩认为自己有更高期望的是在"男性"成就领域(如数学、体育、机械技能)方面的成功。女孩具有高期望并且有更高标准的是在"女性"领域,如英语和艺术。
情绪敏感性	女孩是更有效的信息传递者和接受者,并且她们的移情和同情心在"自陈量表"中有较高的成绩。女孩亲社会行为方面的优势在亲切及体贴方面表现得最好,而在帮助行为方面很少。
恐惧、懦弱和焦虑	女孩比男孩更胆怯、害怕。在生命的第一年就有这个现象。学校中,女孩更担心失败并努力去避免,相反,男孩更愿冒险。这种差异反映在他们整个童年和青年期较高的受伤率上。
温顺和依赖	对大人和同伴的指示,女孩显得更顺从。她们更倾向于向大人求助,在人格测验中她们的得分更高。相反,男孩的支配性和独断性更高。
活动水平	男孩比女孩更高。
抑郁	青少年期的女孩子比男孩子更可能表现出抑郁的症状。
攻击性	男孩表现出更强的身体和语言攻击性,但是在童年期这种差异较小。青年期到来,男孩明显的攻击性增多。而女孩在涉及社会疏离的敌意上表现出更多间接方式。青年期男孩更可能有反社会行为和暴力犯罪。
发展问题	很多发展问题在男孩中更为普遍,包括说话和语言能力障碍,阅读障碍,诸如多动等行为问题,敌意行为,情感和社会不成熟性。男孩在出生时就比女孩更倾向于基因异常、身体残疾和智力低下。

(资料来源:[美]劳拉·E·贝克著,吴颖等译.儿童发展(第五版)[M].南京:江苏教育出版社,2002:757.)

(二)影响性别差异的因素

男女在认知、个性及社会性等多方面都存在着性别差异,其影响因素主要概括为生物因素和社会因素这两方面。下面将详细介绍这两方面如何影响性别差异的形成。

1. 生物因素

生物因素是影响性别差异的生理基础,已有大量研究证明,两性在遗传、解剖和激素等方面的不同,首先导致了两种性别在行为上的差异。

(1)荷尔蒙的影响。雄性激素即男性荷尔蒙,雌激素和孕激素即是女性荷尔蒙。男性荷尔蒙和女性荷尔蒙在男婴和女婴、青少年和成人那里以不同的浓度存在。激素水平会导致儿童更多的兴奋、生气或焦虑,这在某些环境下使攻击性出现的可能性增加。研究表明,雄性激素较高的男孩支配性更强,当受到同龄人的挑衅时,他们更可能以攻击的方式进行回应,这也可以说明男孩的攻击性行为比女孩更多。

(2)大脑单侧化功能的影响。人类大脑两半球在功能上存在差异,一般认为右半球对空间信息加工具有更多的能力,左半球对语言信息加工具有更多的能力,随着年龄的增长,脑功能日渐专门化、单侧化。

大脑发育成熟前,尤其在学龄前,男女儿童智力活动在大脑两半球上的反应部位存在差异。有科学研究发现,男婴和女婴在听音乐或听童话故事时用脑的部位恰好相反。女孩的反应部位在脑的左半球,男孩的反应部位在大脑的右半球,在大脑成熟后,这种差异便消失了。在大脑成熟过程中,男女儿童脑的发育情况也是不同的,一般来说,女孩的大脑左半球神经细胞的生长和髓鞘化的实现比男孩早,而男孩的大脑右半球神经细胞的成长和髓鞘化的完成比女孩快,直到青春期,这种差别趋向平衡。这些结论正好可以解释男女儿童在认知方面的差异,也正因为如此,女孩说话、阅读都比男孩早,语言能力较强,但男孩的理

解能力较深刻。

2. 社会因素

(1)成人的影响。父母和老师是儿童性别角色的引导者,性别行为学习模仿的榜样。成人由于性别认知观念的作用,对男孩更注重其作为社会成员应具有的男性品质的培养,如获得成功、刚毅、勇敢、情绪控制等;对女孩则注重女性成员的行为,如礼貌、温柔、细致、安静等,成人对女孩也会给予更多呵护。因此,成人关于性别认知的教育观念会影响男女儿童的性别行为的差异。

同时,成人本身的性别化特征及其在教育活动中对儿童表现出的性别行为的肯定与否定,也会影响儿童的性别行为差异的发展。比如男性具有阳刚、果断、坚强的特征,女性具有温和、仔细、规矩的特征,会使儿童有意或者无意模仿与自己相同性别成人的行为特征,这也是男女儿童性别行为差异的一个重要因素。

(2)同伴的影响。同伴可以加强性别角色的认识,巩固性别行为。儿童同伴的选择与兴趣有关,同性同伴在一起活动时间更多,交往更为密切,相互作用影响更大,相同的兴趣活动本身也就促进了性别化行为的发展。同时,在活动中,同伴的性别化倾向,尤其是略大一些儿童的性别化行为会成为儿童学习的榜样,影响了男女儿童性别行为的差异。

(3)媒体的影响。主要是指电视对儿童性别行为的影响,电视节目中男女的性别行为,通常渗透和反映了社会的性别角色价值观,儿童在长期观看电视节目的过程中,会模仿学习这些行为,并且将这些角色价值观逐渐内化为自己认知,与其他教育环境形成认知的共同作用,形成对性别角色的固定看法,并表现出与自己性别相适应的性别行为。

第三节 幼儿社会性行为的发展

幼儿在人际交往的过程中表现出的态度、语言和行为反应都是社会性行为。幼儿的社会性行为在交往中产生,并通过社会性行为实现与他人的相互交往。社会性行为,根据其动机和目的,可以分为亲社会行为和攻击性社会行为两大类。本节将重点分析亲社会行为和攻击性社会行为的发展、影响因素以及亲社会行为的培养策略。

一、幼儿亲社会行为的发展

(一)亲社会行为的特点

亲社会行为又叫亲善行为,是指一个人帮助或者打算帮助他人,做有益于他人的事的行为和倾向。幼儿的亲社会行为主要有同情、关心、分享、合作、谦让、帮助、抚慰、援助、捐款等。亲社会行为可能是由利他主义所引起的,利他主义是指关心他人利益,而不考虑自己利益的思想。幼儿的亲社会行为可能是单纯利他的,如因同情或道德观念而引起的利他行为;也可能是既利己也利他的行为,如利他是为了获得某种奖励,或父母老师的赞扬等。无论幼儿有着何种行为动机,只要做出的行为是善意的都是亲社会行为,这是幼儿形成良好人际关系的前提,受到人类社会的积极肯定和支持。

幼儿在两岁前就出现了一些简单的亲社会行为,如安慰、分享、同情等。两岁以后,随着生活范围和交往经验的增多,幼儿的亲社会行为进一步发展,他们逐渐能够根据一些不太明显的细微变化来识别他人的情绪体验,推断他人的处境,并做出相应的抚慰或帮助行为。例如一名幼儿很喜欢的小狗丢了,来到幼儿园时很伤心,很少言语,也不像往常一样和其他幼儿一起游戏,其他幼儿很快能发现他的异样,会关切地问:"你怎么了?"或者"你为什么不和我们玩?",当得知他们家狗丢了,会安慰他:"不要难过了,你们家的狗一定可以找回来的",或者是"要不我们帮你一起找吧",也有幼儿会把自己手中的食物或者玩具给他,并邀请他参加游戏。

幼儿的亲社会行为总是指向一定对象的。王美芳、庞维国[①]对幼儿在幼儿园的亲社会行为进行观察发现,幼儿在幼儿园的亲社会行为大多是指向同伴的,指向教师和无明确指向对象的亲社会行为较少。研究认为,幼儿的亲社会行为主要发生在自由活动的时间,自由活动时,基本上是和同伴交往,他们之间地位平等、能力接近、兴趣一致,因此他们有机会、有能力做出指向同伴的亲社会行为;在和教师交往中,幼儿一般

---

① 周念丽.学前儿童发展心理学[M].上海:华东师范大学出版社,2006:238.

处在接受教育的地位,更多表现出遵从行为,较少有机会做出亲社会行为。

幼儿亲社会行为在行为分布上也是有差异的。研究表明,幼儿的亲社会行为中,发生频率最多的是合作行为,而其他类型的亲社会行为发生的频率相对低。大班幼儿的合作行为所占比例明显高于中班和小班。幼儿合作行为的增多,主要与幼儿之间合作性规则游戏增多有关。

(二)亲社会行为的影响因素

1. 社会认知

幼儿社会认知对其社会行为具有重要的调节功能,亲社会行为的发生不仅涉及知觉、推理、问题解决和行为决策等一系列基本的认知过程,而且与个体认知能力尤其是社会认知能力的发展有着直接的关系。

(1)社会观点采择。社会观点采择是指对特定情境中他人的思想、感情、需要等心理状态的猜测、分析及理解。幼儿的观点采择能力与幼儿的亲社会行为之间呈正相关,如一名幼儿具有较高水平的观点采择能力,能更容易理解别人的痛苦处境,更有可能做出帮助别人、有利于他人的行为。但是,幼儿的社会观点采择能力并不能决定亲社会行为的出现,因为认知和理解只能表明幼儿已经了解他人的心理状态,是否能做出亲社会行为还要受到很多因素的影响,如是否有能力、是否愿意等。

(2)社会规范认知。幼儿的亲社会行为不仅与幼儿的社会认知能力发展水平相联系,还受到社会规范和社会期望的调节与引导。影响幼儿亲社会行为的社会规范主要包括三种:社会责任规范认知、相互性规范认知和应得性规范认知。

社会责任规范:是指认识到做出某种亲社会行为是一种社会责任,应该帮助需要帮助的人,如帮助弱小,关爱老人等。这种认知是在幼儿社会化过程中由幼儿的父母、教师或者其他和幼儿相关的成人传授给幼儿的。幼儿一旦获得这种认知,在适宜的机会更容易做出亲社会行为,如助人、分享、合作等,这种认知幼儿一般要到小学中年级时才能真正获得。

相互性规范:是指要帮助那些帮助过自己的人,以互惠互利为特征的社会生活中人际交往的规范的一种认知。这种认知是幼儿在社会生活中通过观察和在社会互动的实践中逐渐形成的,其形成时间比较早,3~6岁已经有所感知和理解。

应得性规范:是指帮助那些应该得到帮助的人。幼儿获得这种认知后会认为,亲社会行为不是指向所有人,不仅要指向需要者,更应该指向应得者,应得者得到的是合适而不过分的帮助。如教师给幼儿分糖果,一个幼儿有了一个糖果还想要第二个,教师不应该给他;而另一个幼儿,因为自己的那一个糖果不小心被其他小朋友撞到地上了,教师就应该给他第二个。幼儿在4~5岁时在食物和物品的分享上开始有了这样的认识,随着年龄的增长和认知能力的提高,这种认知会不断深刻。

2. 移情

移情包含着两个认知成分和一个情感成分。两个认知成分是辨认和命名他人情绪状态的能力和采纳他人观点的能力;一个情感成分是情绪反应能力,即产生某种相似情绪的能力。移情在生命的头两年就会出现,且具有普遍性,如果幼儿看到另一个幼儿跌倒哭了,自己也会跟着哭起来,这是一种原始的移情。随着幼儿社会化的发展,移情也会随之发展。

移情是幼儿利他行为和亲社会行为的一个重要中介因素,他通过使个体的亲社会行为建立在自愿的基础上而成为助人行为的重要动力。幼儿在产生了和别人一样的痛苦情感时,更愿意做出某种行为帮助别人减轻痛苦。通过移情训练可以促进幼儿的移情能力的发展,进而促进幼儿利他行为的发展。

3. 社会学习

模仿是社会学习的重要途径,幼儿经常会通过模仿他人的行为而进行学习。这种学习具有潜移默化的性质,是在成人不知不觉,幼儿无意识的过程中发生的。因此,成人可以为幼儿树立各种积极行为的榜样,促进幼儿亲社会行为的发展。榜样形象可以是儿童故事中的形象,幼儿生活中的同伴,也可以是成人,幼儿把榜样在具体情境中体现的助人原则、规范与自己的行为相对照,增加自己行为和榜样的相似性,促进了自身亲社会行为的发展。

(三)亲社会行为的培养

亲社会行为的发展对幼儿社会化的发展具有重要意义,因此可以选择一些适合幼儿心理特点并切实可行的方法来促进幼儿亲社会行为的发展。根据前人的研究资料,提出以下几种方法。

1. 移情训练法

移情训练法是为了提高幼儿善于体察他人情绪、理解他人情感,从而与之产生共鸣的训练方法。通过

移情，幼儿可以体验他人的情感，感受他人的需要，想象某一行为可能对他人带来的后果，进而促发幼儿的积极行为。

移情训练的具体方法有：听故事、引导理解、续编故事、角色扮演等。其中角色扮演和角色游戏相似，是让幼儿根据一定的情节，扮演某个特定角色，并通过言语、行为、动作、表情等表现该角色的特征，从中体验在具体情境中该角色的心理感受，进而在现实生活中遇到类似情况时也能做出恰当的反应。例如教师给幼儿讲了《小红帽》的故事，然后让幼儿进行角色扮演，让幼儿在扮演"小红帽"这一角色时，体会到听妈妈的话很重要。通过扮演小红帽，在以后的日常生活中幼儿有了故事中"小红帽"这一角色的警醒，能主动听妈妈的话。

2. 行为训练法

幼儿的自身行为的控制能力较差，在实际情境中，虽然有的幼儿能够说出正确的做法是什么，但在交往过程中表现的却是另一种行为。因此，要对幼儿进行行为训练，使幼儿在练习中巩固有利于交往顺利进行的亲社会行为，以便在真实情境中促发幼儿的亲社会行为。

行为训练最好是在日常生活的真实情境中持之以恒的、大量的、反复的进行。例如分享和谦让，教师要有意设置情景，在自由游戏时，为 3 名幼儿提供 2 辆小汽车；在幼儿园吃水果时，给 5 名幼儿 3 个橘子，让幼儿自己解决这些矛盾。当幼儿处理这些问题时表现出较多的亲社会行为，教师应给予精神奖励进行强化，如口头表扬、抚摸幼儿的头表示肯定等。

3. 榜样示范法

榜样学习是幼儿获得和发展亲社会行为的重要途径。对榜样模仿问题研究最突出的是美国心理学家班杜拉的社会学习，班杜拉认为，人在社会环境中进行学习从而形成自身的人格特征。因此，设置一定的社会情境，树立一定的榜样，使幼儿有意无意间进行模仿，可以促进幼儿社会性和品德的发展。继班杜拉之后大量研究表明，让幼儿接触利他行为的榜样可以增加他的利他行为；成人的利他主义榜样有助于幼儿做出相应的助人行为。

这些方法在培养幼儿的亲社会行为上各有其独特的作用，作为家长和教育工作者，在培养幼儿亲社会行为的过程中，应根据活动的内容，教育的目的以及幼儿的身心发展特点综合选择各种方法，使之互为补充。

二、幼儿攻击性行为的发展

（一）攻击性行为的定义及分类

攻击性行为是一种以伤害他人或事物、获取某种物体（座位、机会、权利等）为目的，并形成外部伤害的一种社会性行为。

关于攻击性行为的分类现在普遍采纳的是哈吐普（Hartup）[①]的分类，他将幼儿攻击性行为分为敌意性攻击和工具性攻击。所谓敌意性攻击是以幼儿以伤害他人为目的的行为，如身体伤害、言语伤害、情感伤害等；工具性攻击是幼儿为了获得某个物品做出的抢夺、推搡等动作而伤害到他人，这一类攻击本身不是为了给受攻击者造成身心伤害，攻击被作为一种手段或工具，用以达到伤害以外的目的。攻击性行为的具体表现有三种：一是身体攻击，如打、咬、踢、掐等；二是言语攻击，如大声叫嚷别人的绰号、贬低别人、责骂别人；三是权利侵犯，如使用暴力抢走别人的物品或破坏别人的所属物等。

（二）攻击性行为的发展

从攻击性行为发生和发展来看，1 岁左右的婴儿已经出现了工具性攻击行为，2 岁左右时表现出一些明显的冲突，如打、推、踢、咬、扔东西等，其中绝大多数冲突是为了争夺玩具、食物或座位而发生的。

从发生频率来看，4 岁之前，幼儿攻击性行为的数量是不断增多的，4 岁时达到顶峰，4 岁之后会逐渐减少。减少的原因可能是成人常常会阻止攻击性行为的发生，并积极鼓励幼儿做出友好、分享、谦让等亲社会行为；也可能是幼儿的社会认知的发展，认识到并不是任何情况的冲突都需要用攻击行为来解决，其他的一些手段可能更有利于问题的解决和达到目的。

从攻击行为的具体表现方式来看，幼儿较多采用的攻击行为是推、拉、踢、咬、抓、打等，有时还会用整个身体去挤撞他人。随着语言能力的发展，幼儿从中班开始逐渐增加了言语攻击，如当和其他幼儿发生冲

---

① 张文新.儿童社会性发展[M].北京：北京师范大学出版社，1999：361.

突，幼儿常会说："你怎么这么讨厌"、"你烦人"等，这种言语性的攻击在人际冲突中表现得越来越多，而肢体动作上的攻击则逐渐减少。

从攻击行为的性质来看，幼儿的攻击性行为主要以工具性攻击为主，他们常常为了玩具、食物、活动空间等争吵、打架。随着年龄的增长，幼儿偶尔会表现出敌意性的攻击行为，如有时故意对自己不喜欢的小朋友或成人说难听的话，或者是故意损坏他人的物品。但总的来说，幼儿的攻击性行为较少以人为中心，更多的是以物为中心发生矛盾和冲突。

从攻击行为的性别差异上来说，男孩的攻击性行为比女孩多，他们容易在受到攻击后采取报复的行为，而女孩在受攻击时一般会哭泣、退让，或向老师报告，较少采用报复行为回击对方。

（三）攻击性行为的影响因素

幼儿攻击性行为受诸多因素的影响，主要是生物因素、社会因素和幼儿自身的认知水平三个方面。

1. 生物因素

影响攻击性行为的生物因素首先就是激素水平，一般男性的雄激素水平普遍高于女性，雄激素水平越高，越容易引发攻击性行为。在关于动物的研究中发现，雄性动物在受到威胁或被激怒时，比雌性更容易发生攻击性行为。人类中男性的雄性激素水平高于女性，这在一定程度上可以解释男性和女性攻击行为的差异。

在幼儿园中，男幼儿的攻击行为明显多于女幼儿。例如游戏活动中，幼儿因争夺玩具出现矛盾，一般地男幼儿会用推、搡、踢等肢体攻击争抢玩具，发生行为冲突；而女幼儿会用语言进行协商、等待或者放弃这一玩具，去玩其他玩具，很少发生行为冲突。男女幼儿的行为受到激素水平的影响而出现差异。

2. 社会因素

生物因素总是通过与环境的相互作用影响着幼儿的社会性行为，这些环境主要包括家庭、同伴和媒体的影响。

（1）家庭环境。家庭中成人对幼儿的态度和方式对幼儿的攻击性行为会有直接的影响。首先是父母对待幼儿攻击性行为的不恰当反应会促进其攻击性行为的发展，如父母默认、放任、口头表扬幼儿的攻击性行为，会促进幼儿攻击性行为数量和方式的增多。其次，父母对幼儿不恰当的惩罚，也会发展幼儿的攻击性行为。对幼儿不良行为进行惩罚是必要的，恰当的惩罚会使幼儿对其攻击性行为产生焦虑，能有效抑制幼儿攻击性行为的再次发生，但父母不恰当的惩罚会产生消极作用，如父母不问缘由，就用粗暴的手段惩罚幼儿，这种惩罚本身就具有攻击性，幼儿可能会用同样的手段攻击他人。此外，家庭不良的情感气氛，也会促发幼儿的攻击性行为。如父母经常吵架打闹，对幼儿拒绝冷淡，这会让幼儿感受不到家庭中的温暖，没有情感寄托，常常会感到焦虑、抑郁、愤怒、悲伤等，这些不良的情绪很容易导致幼儿的攻击性行为，尤其是男孩。

（2）同伴交往。同伴交往对幼儿攻击性行为的影响主要有两方面。一是在同伴交往过程中自己攻击的直接效果，如果攻击他人达到了自己想要的目的，攻击性行为则会发展；如果攻击没有作用，不仅没有达

到目的，还使同伴讨厌自己，攻击性行为则会得到抑制。二是在同伴交往中对同伴攻击性行为的观察学习，如果同伴所做出的攻击行为是有效的，并且受到成人的赞许，幼儿会积极模仿；如果同伴的攻击行为受到了惩罚，幼儿就不会学习。所以攻击在实践中的运用的结果和别人的攻击结果是影响幼儿攻击性行为的最主要因素，因此成人应指导幼儿运用攻击以外的方式解决社会问题，并且多在生活中树立积极的行为榜样。

（3）电视等媒体的影响。电视作为重要的媒体，已经深入千家万户，看电视已成为幼儿一项重要的生活内容，除电视以外还有网络、书籍、报纸、杂志等都对幼儿的社会行为的性质和具体形式有重要的影响。其中，电视和幼儿攻击性行为的关系已经引起社会普遍的关注（见图12-4）。

图 12-4　暴力电视节目可引起儿童对攻击行为的模仿[①]

[①]　图片来源：[美]罗伯特·费尔德曼、黄希庭著，黄希庭等译. 心理学与我们[M]. 北京：人民邮电出版社，2008：文前彩页.

班杜拉的社会学习理论认为,通过观看电影或电视上的暴力行为,即使是年幼的儿童也会习得攻击他人的种种方式。约瑟夫森(W. D. Josephson)的研究结果也表明,大众媒体中的暴力情节,与那些攻击倾向较弱的人相比,更多地助长本来就有强烈攻击倾向的人的攻击行为。而且与没有接触大众媒体中暴力或攻击情节的被试相比,接触到暴力节目或攻击情节的被试表现出更高程度的攻击行为[①]。例如,下述案例中电视节目"奥特曼",其内容中有较多的奥特曼与怪兽的打斗情节,幼儿在观看这样的电视节目时,容易模仿其中的暴力行为而出现攻击性行为。

案例 12 - 2

　　幼儿园中,许多男孩都崇拜"奥特曼"这一动画形象。男孩子们在一起玩的时候也总是模拟动画片中的情景,玩着玩着就真打了起来。一个小男孩总是欺负其他小朋友,他一边念着:"我是奥特曼,你们都是怪兽,我要把你们都消灭!",一边冲到小朋友面前就给小朋友一拳。《奥特曼》这部动画片中多打斗场面,幼儿善于模仿,在无意识中就模仿了"奥特曼"的"英雄"行为,在现实生活中易攻击其他幼儿。

　　美国、英国、澳大利亚、波兰等国的心理学家的调查和实验发现,现在的电视节目,包括故事片和动画片里,有许多反映人与人之间互相仇恨、报复、争抢、打斗的情节和画面,这些暴力内容使幼儿在潜移默化的影响下,攻击性行为不断增多。幼儿不仅从这些电视节目中观察学习到各种具体的攻击性行为,并且在生活中,将攻击性行为作为解决与他人矛盾的主要手段。

3. 认知因素

影响幼儿攻击性行为的认知因素主要包括两方面。一是幼儿对攻击性行为本身的认识,如幼儿认识到攻击行为能使自己获得想要的物品,则会发展其攻击性行为;如果幼儿认识到攻击性行为会给别人带去痛苦和伤心,是不应该的行为,其攻击性行为会受到一定的抑制。如果幼儿认为抢到别的小朋友心爱的小汽车,自己就拥有了小汽车,这样就会促使幼儿出现攻击性行为;如果幼儿认识到抢别的小朋友的小汽车,会使那个小朋友伤心,自己也将受到老师的惩罚,就会抑制自己的攻击行为。二是对情境信息的识别,这主要是指对正在发生的事件的理解和对他人情绪感受的识别,幼儿经常会因为误解别人行为的动机而造成攻击性行为的反应。例如,幼儿琪琪玩皮球时不小心砸到了航航,如果航航认为琪琪故意用皮球砸自己,就会采用报复的行为,捡起球砸向琪琪,这会引起这两名幼儿的冲突;如果航航能理解皮球是琪琪在玩的时候不小心砸到了自己,或者认为琪琪的皮球砸到自己是想要和自己一起玩,那么琪琪和航航不仅不会发生冲突,还会在一起玩皮球。

第四节　幼儿社会性发展的指导策略

　　幼儿社会领域的学习与发展过程是幼儿社会性不断完善并奠定健全人格基础的过程,主要包括人际交往与社会适应。幼儿阶段是社会性发展的关键时期,良好的人际关系和社会适应能力对幼儿身心健康发展具有重要影响。幼儿在与成人和同伴交往的过程中,不仅学习如何与人友好相处,也在学习如何看待自己、对待他人,不断发展适应社会生活的能力。幼儿社会性是在日常生活和游戏中通过观察和模仿学习发展起来的,成人应注重自己的言行对幼儿的潜移默化影响。

一、幼儿社会性发展中的行为特点

(一)幼儿的自我中心表现突出

在日常生活、教育中,经常有家长或教师反映幼儿以自我为中心,不能顾及他人的感受。例如,在家中

[①]　余国良、辛自强. 社会性发展心理学[M]. 合肥:安徽教育出版社,2004:345.

幼儿会抢着吃自己喜欢吃的东西,霸占自己喜欢的东西不和他人分享;在集体活动中,幼儿事事按自己意愿办,不愿意谦让,不能和其他幼儿平等相处。成人经常认为幼儿是自私的,以自我为中心,这实际上是由幼儿的认知发展水平所导致的,自我中心是幼儿在发展过程中必经的一个心理发展阶段。所谓自我中心是幼儿不能从他人的角度来考虑问题,只能从自己的角度观察和考虑问题,并相信自己和他人的想法是一致的。皮亚杰认为自我中心是前运算阶段的一个主要特点,但也是最严重的缺陷。他认为自我中心主义导致了前运算阶段思维的僵化和非逻辑的特点。年幼的儿童的思维进程都是从他们自己的观点出发,以至于他们不会适应来自自然或社会世界反馈的反应。幼儿期正处于前运算阶段,是自我中心主义正在发展的阶段,在这一时期,幼儿往往只注意自己主观的观点,无法接受别人的观点,也不能将自己的观点与别人的观点协调。

因此,幼儿的心理发展特点决定其在日常生活中所表现出的自我中心,家长和教师不能完全认为幼儿的自我中心是自私自利的表现,而是要通过对幼儿心理发展特点的了解,理解其行为背后的深层原因,采用适宜的方法引导幼儿的社会行为发展。

(二)幼儿的社会交往技能简单

家长不正确的教育理念及方式使幼儿在家中享有"特殊待遇",人人让着他,这使幼儿形成任何事都是先我而后他人的观念。进入幼儿园后,幼儿会将在家中的行为方式运用到幼儿园同伴交往之中,当和其他幼儿交往时,必须要以"我"为中心,如果有不顺自己的心意就感到委屈,以任性的行为对抗。

幼儿间的交往冲突是十分正常的,争夺玩具、相互追跑、扭打都是常见现象,幼儿可以通过交往中的冲突了解其他幼儿,了解物我关系,这使幼儿能客观、独立地看问题。但在实际生活中,较为强势的幼儿通常会以粗暴的行为方式抢夺玩具,缺少合作和分享意识;而相对较为软弱的幼儿在交往中通常会退缩,或者依赖家长和教师,在不能获得玩具时就向老师告状,请求成人解决同伴交往中的冲突。

拓展阅读 12-3　　　　　　　　　**"男孩女性化"**

2010 年 1 月 19 日,搜狐发布一条标题为"中国男孩女性化日益严重,专家呼吁性别教育"的新闻,在这之前也有类似的新闻。这说明"男孩女性化"是一个已经存在的问题。2010 年 1 月出版的《拯救男孩》一书,披露了当下正在发生的,让家长、教师和公众深感震惊的一些事实和数据。本书的作者、中国青少年研究中心副主任孙云晓说:"我们往往关注女孩的平等受教育权,而无意之中忽视了男孩,男孩成为一个被人遗忘的群体,其危机不断恶化而不为人所关注。"他在书中分析造成这种现象的原因主要是:首先从家庭教育来说,父教缺席、母教溺爱是男孩女性化的两大主因;二是流行文化,主要指商业运作所塑造出"男不男女不女"的榜样形象。"性别形成的主要机制是模仿,男孩从小生活在一个相对女性化的环境中,在家里缺少爸爸这个男性榜样,在幼儿园和小学,缺少男教师的榜样,在社会上视一些"男不男女不女"的娱乐明星为榜样,这对于性别形成过程中的男孩是有危害作用的。"

或许我们多数人认为幼儿园中教师性别对男幼儿的性别定型化有着重要的影响作用,女教师过多会导致男孩女性化。但实际上,教师在儿童性别角色形成的过程中并不起到消极的影响。女教师关于性别特征的认识,和男教师相同。这说明,在判断是否男孩女性化的标准上,女教师有着清晰的界定,即男女教师的性别期待是相同的。另外,女教师对于儿童的男孩女性化现象也是非常关注,并会有意识地去给予男孩明确的性别定义,鼓励和给予女性化的男孩子一定的与性别角色相符的行为。

(资料来源:梁勇.小学中高年级男孩女性化倾向的研究[J].阜阳师范学院学报(社会科学版),2006(4):96—98.)

二、促进幼儿社会性发展的有效策略

社会性发展是幼儿心理发展的重要方面。心理与教育的许多研究都表明,幼儿个体社会性的发展与其将来社会性交往、行为、情绪情感、人格、社会适应性以及学业成就、智力发展等密切相关。影响幼儿期

社会性发展的主要环境是家庭和幼儿园,其中主要是家长和教师对幼儿的影响。因此,促进幼儿社会性发展的指导策略主要围绕家长和教师提出的。

(一)家长正确引导促进幼儿社会性发展

1. 采用适合幼儿发展的教养方式

国外研究已经证明权威型教养方式是大多数人认同的儿童教养方式,这种教养方式有利于儿童社会性的发展。鲍姆林德在研究中发现,在权威型教养方式下长大的儿童发展的特别好,心理学家暗示这些儿童心情愉悦、快乐,面临新的挑战时显得信心十足,并有足够的自控能力来抑制自己的破坏性行为。

受传统文化影响,中国父母对儿童较为严格,严厉型教养方式较多。我国具有强调父母权威和子女顺从的社会传统,我国父母以严厉为特点的教养方式,称为严格型更为合适,这种严格要求接近于民主而非严厉。中国的这种父母教养方式和儿童发展之间的关系可能不同于西方,严格型的父母教养方式在中国并没有导致比西方国家更多的儿童在社会性发展方面出现问题,这是因为中国的社会文化背景是以社会价值取向为主流,父母的责任是培养孩子成为社会需要的人,严格型教养方式特别有利于家庭权威的形成和儿童对社会行为规范的内化。

因此,父母并不能直接断定哪一种教养方式更好,而要根据文化背景、实际情况选用适合的教养方式。一般来说,父母在教养幼儿时一方面要给其自主决策的机会,但仍要宏观把握局面,这对幼儿具有支持和保护作用;另一方面,父母要基于幼儿的发展水平提出相适应的要求,不能娇惯幼儿,耐心、合理地处理幼儿发展过程中的问题,并给出言语行为指导。

2. 营造良好的家庭氛围

家庭氛围是家庭成员间互动形成的人际关系和心理氛围,以及家庭成员的道德观念、价值取向、审美情趣等,是家庭中占优势的一般态度和感受①。家庭氛围会直接影响着家庭中每个家庭成员的心理,对幼儿心理的发展尤其具有重要的意义。

不同的教养方式随之就会带来相应的家庭氛围。权威型教养方式的家庭一般是民主的和谐的、快乐的;而对于专制型的教养方式,其家庭一般是烦闷的、消沉的。良好的家庭氛围能促使幼儿活泼聪明,乐于助人、积极进取,具有健康的心理和健全的人格,在人际交往中表现出更多积极的社会行为;在烦闷、消沉的家庭中生活的成员则很难摆脱不悦的阴影,幼儿情绪受到干扰,不喜欢与人交往,缺少社会交往技能,更容易表现出消极的社会行为。

家庭中的父母感情不仅是构成和谐家庭氛围的重要因素,也会影响到幼儿的心理发展。父母感情和睦的家庭,幼儿有足够的安全感,乐于与人交往,并拥有较丰富的社会交往技能;而父母感情不和的家庭中,幼儿更多表现出自信心不足,不善于与人交往,喜欢独处,处事冷漠,攻击性行为较多。

因此,家长要努力营造安全、和谐、平等的家庭氛围,在言语、行为上要与人为善,给幼儿树立正面的榜样,潜移默化地促进幼儿社会性的发展。

拓展阅读12-4   如何正确对待家里的"小霸王"

经常有父母抱怨幼儿在家中就像"小霸王",什么都要听他的,什么事情都要按照他的意愿去做,要不就又哭又闹,为此伤透脑筋,在这里介绍一些具体的教育方法,让家长用合理的方法应对幼儿的霸道。

1. 家长对幼儿表现得越在乎,幼儿便越霸道,因此,面对幼儿的骄横家长一定不能百依百顺,要果断地不理睬,即使幼儿哭闹也不理睬,在情急下应采用此办法。

2. 采用行为治疗的办法,使幼儿慢慢养成好习惯。如果幼儿的行为不端正,父母要设法引发他们的良好行为,例如当幼儿偶尔做出正确的行为,家长可以抱抱孩子,或者和他一起玩游戏进行表扬。在引导幼儿行为时多加鼓励不能打骂。

3. 发泄幼儿的多余精力。幼儿总是充满活力,面对霸道的孩子应该让他们消耗掉多余的精力,家长可以安排幼儿做一些有趣的事情,或通过各种亲子游戏使幼儿逐渐平静。

---

① 徐燕.浅谈家庭教养方式、家庭氛围对青少年成长的影响[J].综合管理,2009(6):224—226.

4. 让幼儿有爱心，懂得照顾。可以饲养小动物，在幼儿与动物接触的过程中，慢慢地学会照顾小动物，这种霸气也能逐渐减少。

5. 加强幼儿与同龄人之间的沟通。教育幼儿善待朋友，幼儿的生活环境圈会影响了他的性格，大环境中长大的幼儿往往没有那么霸气。家长也不妨带幼儿参加一些同伴之间的聚会、生日活动等，让幼儿感受愉悦的氛围建立好人际关系。

（资料来源：宋宁，陈世锦，潘月俊. 儿童心理解读[M]. 南京：江苏科学技术出版社，2003：247—249.）

（二）教师采用适宜方法促进幼儿社会性发展

1. 直接教导

直接教导是教师按照社会性发展的目标，运用阐明规范、解释规则、提出要求及行为过程的言语与动作指导等方法，对幼儿直接进行认知、情感、行为方面的指导。这是教师指导幼儿社会性发展的一个最基本的策略，为幼儿教师所普遍地运用。它既体现在教师有意识组织、实施的教育活动中，也广泛反映在教师对幼儿日常行为、交往的指导上。例如教师可以根据中班幼儿在开展桌面游戏时合作意识淡薄这一现象，通过设计相应的教学活动，让幼儿体验合作的快乐，引导幼儿学会合作。

案例 12 - 3　　　　促进幼儿社会性发展的教育活动设计与评析

活动主题：我合作，我快乐（中班）

活动目标：

1. 幼儿在游戏中发现，多人合作才能在最短的时间内更快地完成任务。

2. 通过游戏，知道先协商后分工的合作方法，感受合作的重要，体验合作的快乐。

活动准备：

大箱子、10 筐连接玩具、一个秒表、统计表、音乐、视频、PPT。

活动重点、难点：

通过游戏，知道先协商后分工的合作方法；让幼儿在游戏中感受合作的重要。

活动过程：

1. 情景导入，初识合作

创设搬箱子情境，发现合作。（提问：一个人搬箱子和多人合作搬箱子有什么不一样？）

说说生活中合作。（一个人完成不了的事情通过多人合作可以更快、更省时间，你们做哪些事情需要合作来完成呢？）

2. 实践感受，体会合作

教师提出游戏任务：（每组幼儿合作在规定时间内将连接玩具连成一条长蛇。）

统计游戏结果：（完成任务的小组用了什么好方法？）

教师小结：

3. 视频回放，感悟合作

观看幼儿现场操作视频，知道先协商、后分工的合作方法。

运用先协商后分工的合作方法进行连接长蛇比赛，感受合作的重要。

教师小结：

4. 迁移经验，感受合作重要

观察图片，说说合作的重要。（提问：他们在合作完成什么事情呢？为什么要合作呢？）

教师总结：

评析：引导幼儿在解决问题的过程中感受合作的重要，学习合作方法，体验合作的快乐是幼儿社会性发展中的重要内容。《我合作，我快乐》这节教学活动，正是引导幼儿通过游戏，发现先协商、后

分工的合作方法,并运用这一方法,在观看视频、图片中深刻感受合作在生活中的重要,真正地体验到合作的快乐。

(本案例由兰州市城市学院幼儿园刘巧燕老师提供)

　　幼儿因年幼、缺乏社会知识经验,心理、行为整体水平差,分辨是非能力弱,头脑中尚有一些不正确的认识。而正确的社会认知是其积极社会行为产生的前提和基础。因此,要促进幼儿的社会性发展,首先就要通过直接教导对其进行大量的正确社会规范、行为方式的认知上的教育,教师要从言语上向幼儿解释什么样的行为是正确的,什么行为是不正确的,应当如何做和为什么应当这样做等。

　　其次,教师还要直接向幼儿提出具体行为要求。对幼儿进行一般社会规范认识的教导是教师的责任之一,但仅有这种教导并不能保证幼儿就能产生相应的社会性行为,教师还必须帮助幼儿把一般性的社会规范认知与自己的行为联系起来,帮助幼儿在规则和自己行为间建立联系,懂得应以规则约束自己的行为。

　　最后,通过直接教导教师不仅教给幼儿是非、对错的观念,更要帮助幼儿建立自己的行为标准、约束自己的行为。例如,教师不仅要教给幼儿应该关心人、帮助人,更要注意在日常生活中实际指导幼儿行为,真正要求幼儿做到这一点。在直接教导中,教师对幼儿进行社会认知教育和实际的行为要求是非常重要的两个方面。

案例 12-4　　　　　　　　请你说句对不起

　　早餐之后,林一要搬小椅子到桌子后面的矮柜边看图书,不小心碰到了旁边的小朋友,林一若无其事地打算继续走过去,我看到了对林一说:"快点和小朋友说对不起。"林一紧紧地闭着小嘴,瞪大了眼睛看着我,却什么都不说。我想可能是我的措辞没有让他接受,因此我使语调听起来更温柔,也更清晰地解释了他为什么要向小朋友道歉:"你碰到了小朋友,你要和小朋友说对不起。"林一依旧什么都不说,眼里这时已有了泪花,仿佛要是我再说一遍他的眼泪就会掉下来,我意识到这并不是最佳的教育时机,就先让他搬着小椅子去看图书。看到林一不开心的样子我也郁闷起来:怎么才能让他对小朋友说出"对不起"这句话呢? 什么时候他能说出来呢? 这时,我想起林一每天早晨入园时都会抱着姥姥或者妈妈的脖子大声地哭喊,但是早操之后,就会特别开心地与小朋友一起游戏嬉闹,瞬间就会从一个畏缩害怕的小朋友变成一个活泼好动爱说爱笑的小孩儿。这么一想我就不着急了。

　　果然,到了喝水的环节,林一又开开心心地去排队接水,我在他旁边试探着用聊天的语气问心情已经明显转好的林一:"你刚才在搬小椅子的时候是不是碰到小朋友了?"他并没有反感而是直接回答:"是。"我接着问:"那你应该对小朋友说什么呢?"他开始不说话了,看着我,我立即安慰他:"没关系的,林一,老师并不责怪你,但是碰到小朋友应该要和他说'对不起'才有礼貌,才会招人喜欢。"他听后沉默了,直接去接水了。

　　等到下午户外活动时,李昂不小心碰到了林一,在我的提示下李昂对林一说了对不起,我意识到这是对林一进行教育的时机,因此我问林一:"不小心碰到了小朋友应该说什么?"林一和其他小朋友一起告诉我要说对不起,我看着林一:"那你早上的时候碰到了于菘,你应该和他说什么?"林一毫不犹豫地说:"对不起。"在我的提示下终于向于菘做了迟来的道歉。

　　(资料来源:马静,李玉翠.幼儿教师教育随笔:"请你说句对不起".中国幼儿教师网.http://www.yejs.com.cn/Jswa/article/id/45643.htm,2013-10-18.)

2. 树立榜样

　　在幼儿社会性发展中,教师作为幼教机构中幼儿主要的交往者和教育者,以及其在幼儿心目中的神圣、权威地位,是幼儿观察学习的重要对象。教师的每一日常行为都可能对幼儿的社会性行为产生重要影响。

　　教师的榜样示范作用主要体现在行为与情感两个方面。一方面作为幼儿生活中重要成人的教师,其一言一行都可能成为幼儿的模仿对象。一个待人友善,关心、帮助别人的教师在无形中为幼儿树立了正面

榜样,吸引着幼儿表现出同样的积极行为;而待人苛刻、自私、粗暴的教师则为幼儿树立负面榜样,不利于幼儿积极的社会性行为发展。另一方面教师在情感方面的榜样作用也会影响幼儿。有的教师会在幼儿生病时会关切、询问;在幼儿心里难过时表示同情、抚慰;能为他人着想,这些会对幼儿的情感与行为起着潜移默化的影响。由于教师日常言行、情感态度对幼儿产生着潜在而巨大的影响,因此教师要清楚地意识到榜样的重要作用,自觉地利用树立榜样这一策略,为促进幼儿社会性发展发挥更有意义、深刻、全方位的影响。

3. 强化

强化指教师借助表情、动作、言语、物品等,向幼儿传递对其特定行为的肯定或否定信息,以达到控制幼儿行为的目的。在日常教育活动中,口头表扬、批评等言语强化,微笑或不悦等表情强化,点头或摇头等动作强化使用是最频繁的,尤以言语强化最为常用。

言语强化是十分重要的途径。但在幼儿社会性发展中,其效用发挥得如何往往还需要依赖于教师的正确运用。例如,在进行言语强化时应当抓住时机,注重语气、语调等,善于有效运用正、负强化相结合等。最为重要的是,教师应注意重点强调幼儿的行为,突出强化一定行为所带来的积极、愉快情感或消极、不愉快结果。这样言语强化才能起到更有效、全面的作用,不仅强化了做出该行为的幼儿本人,同时也强化了其他幼儿,达到更理想的教育效果。

教师的体态语言的强化,主要指教师运用自己的动作、表情、眼神、姿式等变化来表达对幼儿行为的肯定或否定性信息。如果运用得当,体态语言的强化在幼儿社会性教育中非常有用。当某一幼儿招惹、攻击其他幼儿时,教师用生气、威严的目光注视该幼儿,同时坚决地摇摇头,并表示伤心,或者用手势制止幼儿的招惹、攻击行为,比大声训斥或惩罚幼儿的方式更有效得多;而当幼儿做出友好、分享行为时,教师向该幼儿点头、微笑、竖起大拇指,或用手轻轻拍抚其肩、头等,能使幼儿因得到教师的赞赏及因此带来的愉快更愿发出类似的行为。教师经常用这样的身体语言动作与幼儿交流,不仅能使幼儿得到正确、适宜、长效、深刻的行为强化,同时,还有助于幼儿逐渐学会注意、体会别人的情绪、情感,有助于其社会情感认知的培养,促使幼儿发出更多积极的社会性行为。

教师的强化一方面为幼儿提供反馈,帮助幼儿将适宜的行为纳入社会规范及相应行为标准体系之中;另一方面教师通过决定对幼儿特定行为的强化与否,以及强化性质、频度、强度,来调整幼儿相应行为的动机强度,以改变特定行为将来发生的频率。

4. 创设环境

20世纪70年代末,布朗芬布伦纳(Bronfenbrenner)提出了人类发展的生态学观点,强调指出了环境对于个体行为、心理发展的重要影响作用。近年来,国内外研究进一步表明物质与心理环境对儿童心理行为存在潜在的影响。

物质环境主要指教师对活动室空间的安排、布置,活动材料的选择与提供等方面,其对幼儿社会交往活动、社会性行为、规则的遵守等发挥着积极或消极作用。一般来说,整洁优美、井然有序的物质环境会在一定程度上安定幼儿的情绪,增加幼儿行为的秩序性,有助于社会性规范的遵从;相反,杂乱无章的物质环境则可能使幼儿浮躁不安,易发生争吵、冲突。同时,空间分隔方式、空间密度也是影响幼儿社会性行为的重要环境因素,恰当的空间分隔方式、合适的空间密度能有效地促进社会性交往、减少攻击等不良行为;而空间密度过小将减少幼儿交往的动机,空间密度过大则可能增加人际摩擦,都不利于幼儿社会性行为的培养。

心理环境主要指教师通过自身与他人、与幼儿的交往行为、交往态度以及对幼儿交往的引导等所营造的心理氛围。心理环境主要通过影响幼儿的情绪情感、态度倾向、行为方式等反应特征而对其社会性发展发挥作用。庞丽娟等人(1997)采用支持性和秩序性两个指标,对当前幼儿园班级心理环境进行的研究发现,在具有不同支持性、秩序性特征的心理环境下,幼儿社会性行为的发展存在着明显差异。在充满关爱、鼓励,同时也强调积极的规则与纪律的支持性、秩序性并具的心理环境下,幼儿的责任感、合作行为、相互支持与帮助等积极行为、品质得到促进;在温情代替纪律的单纯支持性环境下,幼儿的行为常规差、缺乏自觉性与自控力;而在单纯强调秩序,但较少支持、鼓励的心理环境下,幼儿虽有良好的规范,但更多发生缺乏同情心、缺乏合作性、胆小怯懦、退缩呆板、缺乏自主性等不良问题;在秩序性、支持性均低的情况下,幼儿处于放任自流的状态,其社会性发展水平最低。

因此,教师要有意地创设合适的物质和心理环境,这将对幼儿社会性品质与行为的发展起着不可忽视

的影响作用。教师必须给予更多的有意关注,更好地利用环境对幼儿社会性发展的作用。

案例 12−5

幼儿园教师总是为幼儿的"调皮"所烦恼。班级的幼儿总是在班里相互追逐打闹;用积木或雪花片组成"枪"、"剑"相互攻击。幼儿的这些行为让老师每天都在忙于维持秩序,解决纠纷。下面我们通过创设环境为教师提供解决这些问题的方案。

方案一:教师用桌子、小椅子或书架这些便于移动的物体,对大块的活动空间进行分隔,例如,用书架将活动空间分为两半,再用桌子划分每一个小空间,老师将活动材料投放到每一个空间中。这样幼儿不仅失去可以跑动和相互打闹的场地,还会对每一个小空间感兴趣,能较为安静地进行活动。

方案二:明细区域活动的划分,在班级中创设不同区域,将好动的区域和好静的分开。例如建构区可以和角色扮演区挨得近一些,图书区和美工区可以挨得近一些,但是不能将建构区和图书区设置得太近,这样会影响幼儿的活动。同时,教师应给幼儿规定活动时不能超出每个活动区的区域。

上述四种策略,在实际的教育过程中常常是有机结合在一起、共同发挥影响作用的。教师要树立科学、正确的幼儿社会性发展观、教育观,掌握正确的教育方法,与幼儿积极交往,有意识地利用各种途径和策略促进幼儿社会性的发展。

(三)家园共育

幼儿园、家庭与社区合作,共同担负起幼儿社会性教育的重任,是现代社会对幼儿教育提出的客观要求,也是实现幼儿教育目标的重要保证。家、园、社区教育各有特色、各有专长,应该互相联系、互相补充,这是促进幼儿社会性发展的重要策略。《3~6岁儿童学习与发展指南》中也提到要家庭、幼儿园和社会应共同努力,为幼儿创设温暖关爱的家庭和集体生活氛围,建立良好的亲子关系和师生关系,让幼儿在积极健康的人际关系中建立安全感和信任感,发展自信和自尊,在良好的社会环境及文化的熏陶中学会遵守规则,建立基本的认同感和归属感。

一方面,教师可以借助与家长的直接交谈,通过家教园地、家长联系本、开放日、家长会等形式进行家园合作。在与家长的交流中,教师应利用自己的特殊身份、专业知识和丰富经验帮助家长形成正确的教育观念、态度,引导家长掌握科学、恰当的方式方法;介绍当前幼儿教育目标、内容、问题,使家庭要求与幼儿园教育达成一致;同时,教师也应有目的、有意识地引导有消极教育观念的家长,使他们逐渐改变不正确的观念、方式,逐步接受、形成积极的教育观念,从而减少或消除幼儿园与家庭间在教育观念、教育实践行为中可能存在的不一致的情况。

另一方面,幼儿园要定期向家长开放,邀请家长来幼儿园参与教育教学活动或参观,把幼儿园的教育情况向家长公开,使家长不仅了解幼儿园的工作,也了解幼儿在园情况;多组织一些亲子活动邀请家长参加,比如,亲子游戏活动、亲子运动会等。同时家长也要通过多种渠道,比如与教师面谈、电话、家园联系册、家长联系园地等多种方式,将幼儿在家的情况向教师反馈,帮助教师了解幼儿。通过多种活动,形成对幼儿教育的一致性、系统性,全面关注幼儿社会性的发展,做到及时预防、有效指导。

案例 12−6　我更想成为爸爸的儿子——男孩子身上的"男性气概"

片段一:明明已经上中班了,但每天来园时要妈妈怀里哭上一阵子。常常妈妈走后,他一个人躲在角落里暗自哭泣,不愿意参加活动。这种状态有时会持续一整天,这让妈妈和老师都很头疼。在与妈妈的交谈中,教师了解到,明明一生下来就由妈妈和姥姥负责照料。爸爸起初是因为工作忙,无法参与到育儿过程中去,后来明明也不愿意和他在一起玩了。所以,明明从小就特别黏妈妈,所有的活动都要在妈妈陪伴下才能顺利进行。每当妈妈要求爸爸和孩子一起玩时,爸爸也总是一副不情愿的样子。因为,爸爸也找不到合适的方式和孩子一起玩。每当必须要陪伴明明一起游戏的时候,爸爸只好让明明独自玩,自己则躲到一旁玩电脑、看手机。

片段二：4岁的轩轩在幼儿园里特别喜欢出其不意地攻击别人,班里的老师每天都能听到来自其他孩子的告状声。老师注意到,轩轩的这些行为表面上看似乎并不完全来自家庭。轩轩的爸爸性格温和,待人谦和且不善言辞。妈妈性格活泼开朗,也没有打骂孩子的行为。轩轩最亲近的人是从小陪伴他长大的外祖父母。外祖父母特别溺爱轩轩,对轩轩的各种物质需要都给予满足。轩轩爸爸工作繁忙,几乎从没照料过孩子,更谈不上和孩子一起游戏了。轩轩一出生,就由外祖母照料,即使是家长会,也总是外公出席。轩轩说:"我最喜欢的人是爸爸妈妈,可最喜欢我的人不是爸爸妈妈,是外公外婆。"他曾经告诉老师,爸爸妈妈连给他擦鼻涕都嫌脏。

片段三:自从升中班后,妈妈发现,阳阳好像一下子长大了。情绪积极,行为也有很大改善,原来磨蹭、拖延的毛病改了不少。妈妈觉得,这一定和爸爸有关。以前,阳阳不怎么喜欢爸爸,爸爸也懒得陪阳阳玩,妈妈有时会当着阳阳的面批评他。之后,爸爸越发不愿意照顾阳阳,阳阳也越来越不喜欢他了。意识到问题后,阳阳妈决定改变策略,利用一切机会建立父子连接通道。比如爸爸买了本《泰晤士世界史》,妈妈就在孩子面前夸奖爸爸,说他懂的历史知识比妈妈多,建议爸爸讲给阳阳听。阳阳爸喜欢下围棋,妈妈就多次表达钦佩之意,于是,爸爸主动提出要教阳阳下围棋。爸爸尝到了和孩子游戏的快乐后,主动开始和阳阳一起玩各种男性喜欢的游戏,如打仗、拼装器械、组装汽车等。很快,阳阳越来越喜欢单独和爸爸一起玩了,爸爸的吸引力很快超过了妈妈。爸爸成了阳阳的榜样。

教育建议:

养育孩子不只是女性的专属。孩子一出生,父亲就应当积极地参与到孩子的养育过程中,和孩子建立起亲密的父子关系。因为男孩子人格的形成,受父亲的影响最大。他们通常会通过观察与模仿,将父亲的人格与行为模式记录在自己大脑中。父亲身上的男性特质对男孩子成长的影响更大。孩子出生前,夫妻可以一起商议分工。爸爸除了可运用自己的男性优势参与到教育中,同样也可以用自己的方式哄孩子睡觉、给他洗澡、讲故事等。父子感情融洽,爸爸的理性、冷静、热情、宽容等特质才能和妈妈的感性、细腻、温柔产生对比。

提倡"父子时间"。建议每天或每周,都可选择一个爸爸和孩子独处的时间。他们可以商量做他们想做的事情,如去军博看展览、去机场看飞机、去公园看风景、去爸爸同事家玩等。对妈妈而言,这也是一段绝好的放松时间。父子关系比母子关系的建立要复杂些,因为没有那么多天然的亲近感。妈妈应该学会放手,多留些交往的机会给爸爸。妈妈也可学会示弱,让爸爸更受孩子的尊重。

对于男孩子而言,他们骨子里更需要父亲扮演带有权威感的、有力量的、强调责任与规则的社会角色。因此,强调规则、有条件接纳孩子的合理要求应是父亲参与教育的重要原则。当孩子们在不断体会到"我想要"就能获得满足的本能快乐之后,逐渐体会到"我能要"背后的符合规则的现实带给他的更大满足,他的人格将会完成一次巨变!

(资料来源:胡华.我更想成为爸爸的儿子——男孩子身上的"男性气概".中国幼儿教师网. http://www.yejs.com.cn/Jswa/article/id/40851.htm.)

本章小结

本章首先介绍了幼儿社会性发展中的三种重要关系,即亲子关系、同伴关系和师幼关系的发展,它们是幼儿社会化发展进程中的重要途径,使幼儿实现了从自然人向社会人的转变。其次介绍了幼儿性别角色的获得与发展,探讨了幼儿性别角色的获得与发展的规律,以及性别差异的形成及其原因。再次介绍了幼儿亲社会性行为和攻击性行为的形成及其影响因素。在此基础上,分析了幼儿社会性发展中常见的行为表现,并探讨促进幼儿社会性发展的主要策略。

通过本章内容的学习,学生能够正确认识亲子关系、同伴关系和师幼关系,理解幼儿性别角色的获得与发展特点,掌握幼儿亲社会行为和攻击性行为的形成与影响因素,明确幼儿社会性发展中的行为特点。在此基础上,能够理解并掌握促进幼儿社会性发展的有效策略。

▶ **思考与练习**

1. 亲子交往对幼儿心理发展有什么重要意义？请结合实例具体分析。
2. 幼儿同伴交往主要存在哪几种类型？影响幼儿同伴交往的因素主要有哪些？
3. 幼儿社会性行为有哪些？如何培养幼儿亲社会行为？
4. 学习本章后，你认为如何应对幼儿的攻击性行为？
5. 你认为幼儿社会性发展当中还存在什么问题，作为幼儿教师该如何解决？

▶ **自己做研究**

请你运用"同伴提名法"对幼儿的同伴交往类型进行分析。

研究目的：采用"同伴提名法"探究在集体中同伴交往的类型，根据正提名分和负提名分，划分处于不同社交地位的幼儿，进一步分析不同交往类型的特点，并提出相应的教育策略。

研究对象：用随机取样的方法选取幼儿园某大班的全体幼儿为研究对象。

研究方法：运用同伴提名法，对幼儿进行个别施测。

研究步骤：第一步，准备选取大班级幼儿的花名册，每位施测者一份，以便记录幼儿的回答。

第二步，在幼儿集体活动的现场，挑选一处既能使幼儿看到班上其他所有同伴，又不会干扰到其他幼儿活动的地方，逐一问每一个幼儿：你最喜欢和班里哪三名小朋友一起玩？(正提名)你最不喜欢和班上哪三名小朋友一起玩？(负提名)并在正提名的名字后面记1分，在负提名的名字后面记—1分。

第三步，综合全班幼儿的正提名分和负提名分，计算每一位幼儿被提名的分数，判断幼儿在集体中被接纳的程度，可以划分出处于不同社交地位的幼儿。先将某大班幼儿各自所得的正提名分和负提名分分别转换为标准分数，然后按表12－3中的分类标准确定其类型。

研究结果：分析同伴交往类型的特点，并提出相应的教育策略。

表12－3 同伴交往类型分类标准

同伴交往类型	正提名标准分	负提名标准分
受欢迎型	1.0	0
被拒绝型	0	1.0
被忽视型	—0.5	—0.5
一般型	上述分类所剩幼儿	

第十三章　幼儿道德的发展

知识结构

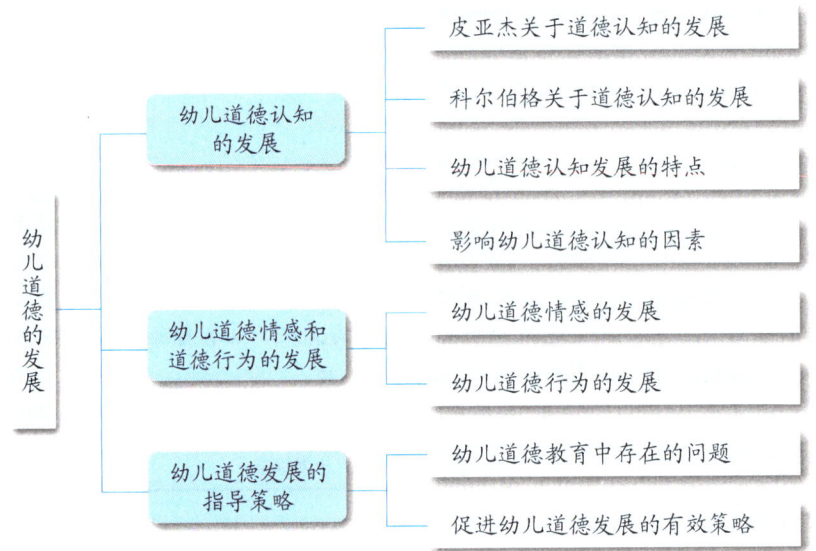

幼儿道德的发展
- 幼儿道德认知的发展
  - 皮亚杰关于道德认知的发展
  - 科尔伯格关于道德认知的发展
  - 幼儿道德认知发展的特点
  - 影响幼儿道德认知的因素
- 幼儿道德情感和道德行为的发展
  - 幼儿道德情感的发展
  - 幼儿道德行为的发展
- 幼儿道德发展的指导策略
  - 幼儿道德教育中存在的问题
  - 促进幼儿道德发展的有效策略

引入

　　在班级中的"自然角"放着一个仓鼠笼,里面有两只仓鼠,教师提醒幼儿不要碰笼子里的仓鼠。有一天,一名叫郝君的孩子听到一只仓鼠在痛苦的呻吟,于是他走到笼子边,摸了摸那只仓鼠,看看它怎么样了。他的同学凯文警告他说:"我要把这件事告诉老师,老师不让我们这么做。"然后,老师把所有的事情都看在眼里,提醒凯文,郝君靠近笼子只是出于好意,希望可以帮助小动物。

　　（资料来源：[新加坡]陈允成等著,何洁等译.教育心理学：实践者—研究者之路：亚洲版[M].上海：上海人民出版社,2007：70.）

　　从上述案例中可以看到郝君和凯文对教师制定的规则反应不相同,皮亚杰和科尔伯格会认为这是由于他们处于道德发展和推理的不同水平而导致的,皮亚杰和科尔伯格会如何解释和描述这种差异呢? 幼儿的道德发展有哪些水平呢? 在道德认知、道德情感和道德行为上具体又有什么表现呢? 在这一章中将解决这些问题,并从中获得关于幼儿道德发展的科学认识。

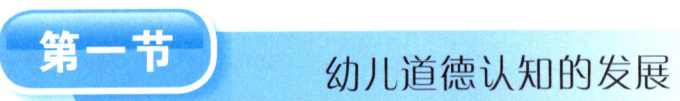

第一节　幼儿道德认知的发展

　　幼儿的道德认知主要是指幼儿对是非、善恶的行为准则的认识,以及如何处理这种关系的规范和准则

的认识。开篇案例中，由于幼儿道德认知发展处于不同的阶段，幼儿对于郝君靠近笼子有不同的认识。道德认知发展水平较低的幼儿会认为郝君靠近笼子是不对的，因为老师不让靠近；道德认知发展水平较高的幼儿倾向于赞同郝君的做法。本节将重点讨论皮亚杰和科尔伯格关于道德认知发展阶段的研究。

一、皮亚杰关于道德认知的发展

在心理学文献中，一般认为瑞士的皮亚杰是首位有计划、有系统地研究道德判断问题的心理学家。皮亚杰在 1932 年出版的《儿童道德的判断》是发展心理学研究儿童道德发展的里程碑，为儿童道德发展的认知研究奠定了坚实的基础。

（一）皮亚杰的研究方法及内容

皮亚杰在研究儿童道德发展的课题中采用了他独创的临床研究法（谈话法）。具体的操作是通过观察和实验向儿童提出一些事先设计好的问题，然后分析儿童所作的回答，尤其是错误的回答，从中找出规律性的东西。皮亚杰和他的同事用这种方法研究儿童道德发展，主要集中在以下三个方面。

1. 研究儿童规则意识和规则实践的发展

皮亚杰和他的同事通过观察 20 名 4～12、13 岁不同年龄的儿童在玩弹子游戏时的行为表现和与儿童交谈进行这一研究。结果发现，儿童的规则意识和规则执行都有其各自的发展阶段。儿童规则意识的发展一般会经历三个阶段。

第一阶段：儿童认为规则并不是必须遵守的运动规则。儿童常常把自己认定的规则与成人教的社会规则混在一起，因此在游戏当中并没有真正遵守游戏的规则，而是按照自己认定的玩法进行游戏。

第二阶段：儿童认为规则是强制性的，是要绝对尊重和遵守的。儿童认为规则是外加的、绝对不能变的东西。年幼的儿童与大年龄儿童一起玩时并不了解为什么要有规则，只是因为年龄大的儿童强迫他们遵守，因此年幼儿童会按照年龄大的儿童的提醒遵守规则，并在心中认定规则是必须要遵守并不能够改变的。

第三阶段：儿童认为规则是彼此同意的合理规则。儿童不再把规则看成是不可更改的，只要在游戏中维持双方对等的原则，在与游戏同伴商定下重新约定，对规则可以做一些改变。规则是由儿童自己商定的，是可变的，一旦确定了规则，参加游戏的人就有义务遵守。

与规则意识相对应的是儿童对规则执行的发展，主要有四个阶段。

第一阶段：是单纯的个人运动规则阶段。儿童只凭个人的意愿和习惯进行弹子游戏，与规则意识的第一阶段相对应。

第二阶段：是以我自为中心、向大年龄儿童模仿的阶段。儿童模仿大年龄儿童做游戏，但不找游戏同伴，只顾自己单独玩，或即使与别的儿童一起玩，但并不想要胜过对方。这表明游戏还不具有社会的意义，与规则认识的第一阶段末、第二阶段相对应。

第三阶段：是初期协作阶段。儿童在游戏中可以相互协作，也会努力想要胜过对方，相互监督，要求双方在对等条件下进行游戏。这时的游戏已经带有明显的社会目的，但儿童在游戏时仍然常常不遵守规则，互相争吵。这一阶段与规则认识的第二阶段相对应。

第四阶段：是规则确定化。儿童已经在规则上取得完全一致，即使在游戏过程中有些争执，也会利用丰富的规则知识对规则重新约定，能够符合所有参加游戏者的意愿，并都能够严格遵守规则。这一阶段与规则认识的第三阶段相对应。

2. 关于儿童过失和说谎的道德判断的发展

皮亚杰为了更准确地研究儿童的道德判断的性质，他与他的同事采用简洁的对偶故事法，设计了许多包含道德价值内容的对偶故事来研究儿童的道德判断。

在研究儿童对过失行为的判断时，向儿童叙述了诸如下面这样的对偶故事，然后要求儿童说出评定的理由。

A. 一个叫约翰的小男孩，听到妈妈叫他吃饭，就去开吃饭房间的门。他不知道门外有一张椅子，椅子上放着一只盘子，盘子内有 15 只杯子。结果约翰打开门，撞倒了椅子，打碎了 15 只杯子。

B. 有一个男孩名叫亨利，一天，他妈妈外出，他想拿碗橱里的果酱吃。他爬上椅子伸手去拿，因为果酱放得太高，他的手够不着，结果在拿果酱时，碰翻了一只杯子，掉到地上碎了。

当研究者问不同年龄的儿童 A 和 B 中的儿童谁更坏一点,不同年龄段的儿童评定不同。5 岁以下的儿童没有办法做出比较;6~7 岁的儿童认为 A 儿童更坏一些,A 儿童打破了 15 个杯子,B 儿童只打破了一个杯子,因此 A 儿童比 B 儿童坏。他们根据打破杯子的数量多少作出道德判断,即根据个体的行为在客观上造成的后果作出判断;10~12 岁的儿童认为 B 儿童更坏一些,A 儿童是因为开门时不知道有杯子在门后无意中打碎的,B 儿童则是趁妈妈不在时偷东西而打碎杯子的。这时的儿童已注意行为的动机和意图,即从行为的主观责任去作出判断。

下面这个案例是皮亚杰研究儿童关于说谎行为的反应。

A. 甲儿童在回家的路上碰到了一条狗,非常害怕。他跑回家,告诉妈妈,他碰到一条像牛一样大的狗。

B. 乙儿童放学回家,告诉妈妈说老师给他了一个好分数。事实上老师既没有给他高分数,也没有给他低分数。可是他这么一说,妈妈很高兴,表扬了他。

儿童对于这个问题的评定与过失问题一样,低年龄儿童说甲更坏些,因为那么大的狗是不可能有的事,他们根据儿童所说的话跟客观现实性相差的程度大小来评定谎言的严重性,而不看是否有意欺骗的程度;年龄大一些的儿童则认为乙更坏一些,因为甲即使说了这样的话也不算说谎,而乙是故意地在说谎,他们是根据行为的动机进行判断。

从儿童对对偶故事的是非评定中可以看出,儿童的道德认识是随着年龄的增长而逐渐发展的——从根据行为的后果判断到依据行为的动机判断。

3. 儿童公正观念的研究

皮亚杰通过对儿童惩罚的态度来考察儿童的公正观念的发展。他和同事有意设计一些故事,并让故事中的孩子犯错误,然后询问儿童应不应该惩罚故事中的孩子,以及要怎么样处理。结果被询问儿童都认为应该给犯错误的孩子惩罚才是公正的,只是在对惩罚的程度上有不同的看法。年龄越小的儿童越偏向给予较为严厉的惩罚,皮亚杰认为这是抵罪的惩罚;而年龄越大的儿童,要求惩罚要符合过失,运用补偿性的惩罚,这才是公平的惩罚。这表明随着年龄的增长,儿童对事物的看法更立足于公正。

(二) 儿童道德判断发展的阶段

皮亚杰用对偶故事考察了儿童对规则的认识和执行情况、对过失和说谎的道德判断、儿童的公正观念等方面的问题,总结儿童发展的总体情况,概括出儿童道德认识发展的三个阶段。

1. 前道德阶段

此阶段大约出现在 4~5 岁以前。儿童正处于前运算阶段思维时期,在进行道德判断时是以自我为中心的,不能从他人的立场考虑问题,其行为直接受行为的结果所支配。因此,这个年龄段的儿童不能对行为作出一定的判断,随着年龄的增长才能对行为做出一定的判断。处于这一阶段儿童可能会认为不小心打破 15 只杯子的男孩的错误更坏一点,也可能认为因为偷吃果酱而打碎一只杯子的男孩更坏一点,这取决于儿童自己所处的立场。如果儿童有因偷吃东西并弄坏东西被家长惩罚,会认为偷吃果酱打破一只杯子的男孩更坏一点,或儿童因为不小心弄坏了东西而受到家长惩罚,则会认为不小心打破 15 只杯子的男孩更坏一点。

2. 他律道德阶段

此阶段大约出现在 5~9 岁,学前儿童居多数。儿童这时一般倾向于从行为的物质后果来判断其行为的正确与否(打破杯子就是坏事),而不能从行为的动机上进行判断。例如,天天在家玩时,不小心将果汁洒到沙发上,将沙发弄脏了。儿童会认为天天应该要受到严厉的惩罚,而不管他的行为是有意还是无意。天天用果汁弄脏沙发这个结果代表了他坏的程度,而不是他行为的意图或心理状态代表了他坏的程度。

同时,在这个阶段,儿童认为规则是一成不变的,不能进行协商的,他们不理解这些规则是由人们自己创造的,因而必须要遵守规则。例如,与一个 7 岁的儿童谈论每晚睡觉时间这个规则时,儿童每天在十点钟上床睡觉,并认为十点钟睡觉是一个规则。有一天由于遇见一个特殊情况,问儿童能不能把十点钟上床睡觉改为十一点钟睡觉,处于这个阶段的儿童认为睡觉时间是不能变的,如果变了就是不合理的。

3. 自律道德阶段

此阶段出现在 9~10 岁以后,大约相当于小学中年级。此阶段的儿童不再盲目服从权威,开始认识到

道德规范的相对性，认为规则和法则是经过协商制定的、可以变通的。儿童在看待一些行为时，不只是考虑行为的后果，还会考虑行为的动机。12 岁的儿童会认为那些由积极的动机所支配的，但造成损失较大的儿童，比起怀有不良动机只造成小损失的儿童好一些。在打碎杯子的例子中，处于这一阶段的儿童认为虽然约翰打碎了 15 只杯子，但并不是故意的，因此他并不坏；而亨利因为想要偷吃果酱打碎了一只杯子，具有不良的动机，因此他较为坏一些。同时这一阶段的儿童提出的惩罚与所犯的错误更加贴切，而且把错误看作对过失者的一种教训。例如，有这样一个故事，一个小女孩的妈妈安排她去扫地，她没有扫地而是擅自去看电影了。问儿童应当怎样去惩罚她？处于这一阶段的儿童会提议，应该惩罚这个女孩两周不准看电影，并叫她去扫地。

总的来说，皮亚杰认为儿童的道德认识是从他律道德向自律道德转化的过程。所谓的他律道德是根据外在的道德准则所作的判断。儿童只注意行为的外部结果，不考虑行为的动机，他们的是非标准取决于是否服从成人的命令或规定。这是一种受自身之外的价值标准所支配的道德判断。后期儿童的道德判断已能从主观动机出发，用平等、不平等、公道或不公道等新的标准来判断是非，这是一种为儿童自身已具有的主观的价值所支配的道德判断，因而称为自律水平的道德。皮亚杰认为，只有达到这一水平，儿童才算是有了真正意义上的道德。

二、科尔伯格关于道德认知的发展

科尔伯格是皮亚杰道德认知发展理论的追随者，但他又对皮亚杰道德发展理论进一步作了修改、提炼和扩充，在 20 世纪 50 年代提出了自己的儿童发展阶段论。他的研究历时 12 年，涉及世界很多地区，如美国、加拿大、英国、墨西哥、土耳其等国家和地区，他对这些国家的儿童的品质发展进行了较为深入的研究，提出了有其独到之处的理论。

(一) 科尔伯格的研究方法

科尔伯格的道德发展理论比皮亚杰的理论更具有广泛意义，他最主要的研究方法是，用自己编创的道德两难故事来测量儿童的道德推理水平，让儿童在两难推理中做出选择并说明理由。科尔伯格运用的两难故事中，最典型的是海因兹偷药的故事。

> 欧洲有一个妇女患了癌症，生命垂危。医生认为只有一种药材能够救她，就是本城中一位药剂师发明的镭。制造这种药要花很多钱，药剂师索价还要高过成本十倍。他花了 200 元制造镭，而他竟索价 2 000 元。病人的丈夫海因兹到处向熟人借钱，一共才借到 1 000 元，只够医药费的一半。海因兹不得已，只好告诉药剂师，他的妻子快要死了，请求药剂师便宜点卖给他，或者允许他赊欠。但药剂师说："不行！我发明这个药就是为了赚钱。"海因兹走投无路竟撬开药店的门，为妻子偷来了药。

讲完这个故事，主试就向被试提出了一系列的问题：这个丈夫应该这样做吗？为什么应该？为什么不应该？法官该不该判他的刑？为什么？等等。

儿童对科尔伯格所编制的两难故事中的问题既可以作肯定回答，又可作否定回答。科尔伯格真正关心的不是儿童作出哪一种回答，而是儿童回答时的推理过程及提出的理由，根据儿童提出的理由判断儿童道德水平。

(二) 科尔伯格道德认识发展的阶段

科尔伯格经过大量研究描述了儿童从 4 岁到成人的道德推理发展，最终提出道德发展的三个水平：前习俗水平、习俗水平、后习俗水平，每个水平又包括具体的两个发展阶段，见表 13 - 1。

表 13 - 1　科尔伯格道德认识发展阶段及其特点

水　平	阶　段	特　　点
前习俗水平 (4~10 岁)	阶段一 服从与惩罚定向	这种定向是为了逃避惩罚而服从于权威或有权利的人，通常是父母。一个行动是否道德是依据它对身体的后果来确定的。
	阶段二 朴素的快乐主义和工具定向	这一阶段儿童服从于获得奖赏。尽管也有一些报偿的分享，但也是有图谋、为自己服务的，而不是真正意义上的公正、慷慨、同情或怜悯。它很像一种交易："你让我玩四轮车，我就把自行车借给你。""如果让我晚上看电影，我现在就做作业。"

水　平	阶　段	特　　　　点
习俗水平 （10～13岁）	阶段三 好孩子道德定向阶段	这一阶段，能获得赞扬和维持与他人良好的行为就是好的。尽管儿童仍以他人的反应为基础来判断是非，现在他们更关心他人的表扬与批评而不是他人的身体力量。注意遵从朋友或家庭的标准来维持好的名声。开始接受来自他人的社会调解，并依据个人违犯规则时的意图来判断其行为的好坏。
	阶段四 权威性与维持社会秩序定向阶段	这一阶段个体盲目地接受社会习俗和规则，并且认为只要接受了这些社会规则他们就可以免受指责。他们不再只遵从其他个体的标准而是遵从社会秩序。遵从一系列严格规则的行为就被判断是好的。大多数个体都不能超越习俗道德水平。
后习俗水平 （13岁后）	阶段五 契约、个人权利和民主承认的法律定向阶段	这一阶段出现了以前阶段所没有的道德信念的可变性。道德的基础是为了维护社会秩序的一般意见。因为它是一种社会契约，当社会中的人们经过理智的讨论找到符合群体中更多成员利益的替代物时，它是可以修正的。
	阶段六 个体内在良心道德定向阶段	这一阶段个体为避免自责而不是他人的批评，既遵从社会标准也遵从内化的理想。决策的依据是抽象的原则如公正、同情、平等。这种道德是以尊重他人为基础的。达到这一发展水平的人将具有高度个体化的道德信念，它有时是与大多数人所接受的社会秩序相冲突的。

（资料来源：Colby et al. A Longitudinal Study of Moral Judgement. Monographs of the Society for Research in Child Development，1993. 转引自张文新. 儿童社会性发展[M]. 北京：北京师范大学出版社，1999：290.）

　　处于前习俗水平儿童的道德推理的特点是关注个体的行为结果。这个阶段的道德认识由行为所导致的结果所决定的。关于海因兹偷药的故事中，处于阶段一儿童的推理是，如果海因兹因偷药被抓住，那他就是错的；如果没有被抓住，那他就是对的。处于阶段二的儿童仍然根据行为的结果做出道德判断，但是他们更关注反馈，也就是说，他们认为如果违背规则的结果可以得到一些利益，那该行为就是道德的。如果海因兹偷药后留下字条许诺以后报答药店老板，这一阶段的儿童认为海因兹的行为就是对的；如果海因兹的妻子吃了药病好起来的话，海因兹会感到高兴，儿童也会认为他偷药的行为是对的。

　　在习俗水平，儿童内化了规则，或者我们可以把这种规则叫作社会"习俗"。处于阶段三时，儿童可能会认为，因为药店老板很生气，所以海因兹偷药是不对的，也可能因为他病重的妻子有救了，所以海因兹偷药是对的。随着进一步的发展，个体开始基于行为是否与法律冲突来进行道德判断。所以处于阶段四的儿童会认为因为偷窃违反了法律，所以海因兹的行为是不对的。

　　在后习俗水平，儿童从关注具体规则转向关注这些规则中潜在的抽象原则，很少人能够达到这个水平。阶段五中，个体认为规则是得到一致认同的，且基于公正、普遍利益的原则，也就是说，不是因为法律规定，规则才被认为是道德的，而是因为他们反映了普遍利益。所以这个阶段的个体可能非常赞同海因兹，认为他的行为的对的，因为比起违反法律而偷窃，挽救他妻子的生命要更重要。在阶段六，个体根据超越社会规范的普遍、抽象原则来进行道德推理。事实上，具体规范的有效性只是取决于他们与抽象原则的一致程度。

　　科尔伯格认为儿童道德判断的发展都是按顺序经过这几个阶段的，不能超越，只能循序渐进。但在20世纪60年代末到70年代初，科尔伯格所做的许多实验研究发现，该阶段理论与儿童道德判断的实际情况不完全相符，只有少数成人（甚至大学生）达到阶段五，达到阶段六的更是少见。因此，在20世纪70年代末80年代初科尔伯格对其理论进行了修正，增加了一些"过渡阶段"，如在阶段一和阶段二之间存在过渡阶段，阶段二和阶段三之间存在过渡阶段等，但从整体上看，他的基本模型没有变化。

三、幼儿道德认知发展的特点

　　3岁左右的幼儿就已经对某些行为产生了朴素道德意义的认识，他们会感到自己必须做某些事情或不应该做某些事情，开始认识到某些规范的权威型。但总体来说，幼儿期道德认知发展水平很低，他们不仅道德知识不多，而且道德认识也很肤浅，概括能力差。他们只能领会一些初步的、简单的道德认识与要求，这些道德认识往往与自己的直接经验或者和具体事物相联系，他们从直觉的、具体的、表面的、个别的方面去理解和辨别是非，往往理解得很片面。比如，幼儿期的孩子他们认为把玩具让给同伴就是好孩子，认为

英雄就是解放军叔叔等。

幼儿的道德评价能力虽然会随年龄的发展而发展,但在幼儿期评价能力稍显不足。3～4岁幼儿的道德评价带有很大的情绪性和受暗示性,他们常以自己的情绪来评价别人的行为,或将成人对某一事情的评价作为自己评价的依据,而不是以社会客观标准来进行评价。比如,和自己玩得好的小朋友就是好的,不愿意和自己玩的小朋友就是坏的。他们更多地以评价某个人的个别、具体的行为为主,不会分析评价行为的社会意义。4岁开始部分幼儿能运用一定的道德行为规则来评价自己和他人行为的好坏,到5～6岁虽然绝大部分幼儿能够运用一定的道德规则来评价自己和他人的行为,道德评价的独立性有了较大的提高,但是仍未完全摆脱具体形象的特点。

四、影响幼儿道德认知的因素

影响幼儿道德认知的因素是多方面的,主要包括幼儿与同伴的交流、父母的教养方式、教师的教育态度及教育方式、社会文化,以及幼儿自身认知水平等方面。

(一)幼儿与同伴的交流

和同龄人的交流能够促进道德理解,道德推理的成熟度是和同龄人的受欢迎程度、参与社会组织以及担任的工作相互联系[1]。皮亚杰曾指出,同龄人之间的冲突可能会通过让幼儿了解其他人的观点对道德推理起到一定作用。冲突可能是幼儿之间分歧的特征,这些分歧会激发幼儿道德或非道德认知的发展。当幼儿为了解决分歧进行协商和妥协的时候,他们意识到社会生活可以以人们之间的合作为基础。经常的合作会使幼儿与同龄人之间产生友谊,友谊促发幼儿之间的相互作用和亲密感,这会对幼儿道德的发展起重要的作用。

(二)父母的教养方式

父母的教养方式对幼儿各方面的发展有着重要的影响。父母的养育行为会影响幼儿对道德的理解。对幼儿低控制,能够认真听幼儿的问题,并能通过问问题帮助幼儿理解周围事物的父母,鼓励幼儿参与到家庭的决策中,为幼儿营造和谐、幽默的家庭氛围,使幼儿在道德理解方面会取得很大的进步;相比之下,对幼儿高控制、少赞扬、低鼓励,甚至经常训斥、使用威胁或者做出讽刺性评论的父母,他们的孩子在道德认知方面发展较慢。总的来说,能够促进幼儿道德理解的父母是习惯用言语赞扬或鼓励的、理性的和充满慈爱的,并且这些特征能促进家庭生活方式以合作、关爱为主。

(三)教师的教育方式

幼儿园是幼儿道德发展的重要场所,道德教育也一直是幼儿园教育的一项重要教育任务。教师的教育态度及教育方式对幼儿的道德认知发展具有重要的影响作用。教师在对低年龄幼儿进行道德教育时主要通过言语教导、角色游戏和移情训练等方式;对高年龄幼儿进行道德教育,教师多会采用言传身教、观看视频和小组讨论的方式。除此,教师自身的道德认知、道德行为也会在潜移默化中影响幼儿的道德认知。这些教育方式都会在不同程度上推动幼儿的道德认知的发展。

(四)社会文化

一项跨文化研究表明:那些接受先进技术的都市文化人,比起那些非工业化群体的农村人,他们跨越科尔伯格道德认知发展阶段会更迅速并且能进展到更高的级别。小的集体社会中的成员不能达到第四阶段以上,然而发达国家中通过高中及大学教育的青少年和成人可以达到那些阶段。而在农村文化中,道德合作是以人们之间的关系为基础的,通过深入感觉团体责任感,把个人刻画成与社会群体有紧密联系的道德描述是普遍的。例如,一位新几内亚的村庄领导人对于海因兹的两难事件责备了整个社会群体,他说:"如果我是法官,我只会给他轻微的惩罚,因为他向每个人寻求帮助但是没有人帮助他。"[2]

社会文化对幼儿道德的影响还表现在大众文化传媒对幼儿道德认知的影响。最直接表现在电视、广告、图书等对幼儿的影响,电视中、动画片中人物角色是幼儿的榜样,例如我们在幼儿园中经常可以看见男孩儿模仿奥特曼打怪兽的情景,但由于"奥特曼"太多了,有时会引起他们之间的争执或攻击行为的发生。

(五)幼儿自身认知水平

幼儿自身认知发展的水平会影响幼儿道德品质发展,这与皮亚杰的观点相一致。皮亚杰在实验研究

---

① [美]劳拉·E·贝克著,吴颖等译.幼儿发展(第五版)[M].南京:江苏教育出版社,2002:686.
② 同上书:688—689.

的基础上,刻画了与幼儿认知发展阶段相平行的道德发展阶段,他认为思维发展各阶段具有不同的特点,与此相适应的道德发展阶段也具有许多质的不同,具体见表13-2。

表13-2 皮亚杰的认知发展与道德发展平行示意表

认知阶段		认知结构	道德阶段	道德发展
感知运动阶段 (出生到2岁)		用可变反射获取知识 自我中心 客体永久性获得发展	前道德阶段 (出生到3岁)	不能把自己从"别人"中分化出来 随个人需求而活动 出现分化现象,开始依恋监护人
前运算阶段 (2～7岁)	前概念 阶段 (2～4岁)	语言开始 无可逆性与守恒概念 注意单方面 缺乏逻辑	他律道德 阶段 (3～7岁)	服从双亲 无合作 缺乏道德上的自主性 倾向于权威 屈从于惩罚
	直觉阶段 (4～7岁)	可逆过程开始 可逆性或否定性 能守恒 具体对象的重要性		自律开始 相互尊重和合作开始 同辈间平等 注意具体的情境、人和物 开始有公正感
具体运算阶段 (7～12岁)		逻辑思维过程 关心具体事物 理解类和关系的逻辑	自律道德 阶段 (7～12岁)	自律性增强 能与双亲和别人合作 同辈间平等有所发展 公正感更为发展

(资料来源:Lee C. Lee,1974.转引自刘金花.儿童发展心理学[M]上海:华东师范大学出版社,2001:350.)

在培养幼儿道德品质时应按照儿童认知发展的不同水平而采用不同的方式,不能随意超越幼儿认知发展的阶段性。对处于感知运动阶段的幼儿,只能进行行为水平的道德教育,要制止他们不正确的行为,并告诉他们这样是不可以的,比如,制止打小朋友、毁坏玩具等。在前运算阶段,对小、中班的幼儿,多处于他律道德阶段,应采用知识水平的道德教育方式,即以道德规则的传授为主,不仅仅要制止他们不正确的行为,并要告诉他们应该怎么做,而不应该怎样做,以及行为原因;对于大班的幼儿,思维水平进一步发展,有些幼儿已经有了自律道德的萌芽,此时应考虑用一些推理水平的道德教育,可以用角色扮演或者移情训练等的方式理解他人的感受,根据事件进行推理,自己理解道德规则。当幼儿思维水平的发展进入一个新的阶段,道德教育方式也应该增加难度,以适应幼儿的思维发展水平。但是较高水平的道德教育方式不应立即取代较低水平的道德教育方式,中间应有一个过渡时期,使两种水平的道德教育方式共同起作用。

第二节 幼儿道德情感和道德行为的发展

判断幼儿道德品质的发展水平,不仅要看他对道德概念的理解、判断,同时还要考察他的行为表现是否符合道德规范。从某种意义上来说,幼儿是否表现出道德行为比幼儿是否具有道德认识更为重要,因为这是个体道德认识的直接体现。

一、幼儿道德情感的发展

道德情感是幼儿的道德需要是否得到满足时所引起的一种内心体验,它渗透在道德认知和道德行为中,是道德认知的结果,又是道德行为的动力。

(一)国外对羞愧感的研究

羞愧感是个体违背了道德行为时,由于良心受到谴责,内心产生的一种情绪体验。这种情感的产生表明幼儿已经对道德规范具有了一定的认识,并能认识到自己的行为与规范之间的不相符。

原苏联心理学家库尔奇茨卡娅(E. H. Kyiibyhhkar)曾设计实验对儿童的羞愧感进行研究。她设计了四种实验情境,以了解使儿童产生羞愧感的条件,具体如下。

（1）把儿童领进房间，让他玩一些玩具，并且告诉他其中有个玩具是别人的，不能动，当儿童按捺不住，打开了包着玩具的纸或装着这个玩具的盒子时，就把他带出房间，同时观察他的情绪反应。

（2）组织儿童玩"请你猜"的游戏，用手绢蒙住被试的眼睛，让他去找一样东西，找到就发给奖品。若为了找到东西而在手绢下偷看，就把这种行为告诉全体小朋友。

（3）让被试说出一首能从头到尾背出来的歌谣的名字，然后让他当着大家的面，念这首歌谣。当他有什么地方忘记或背错时就说："你不是说全背得出吗?"，然后观察被试的情绪反应。

（4）给小朋友布置任务，回家后用纸做餐巾，作为送给其他小朋友的礼物，为了激发他们的责任感，强调餐巾是急需的，不管谁都要做好。第二天检查任务完成的情况，并注意观察未完成任务儿童情绪反应。

实验结果表明：（1）儿童只有形成了个人自尊感，理解了自己的各种品质，首先是哪些是优良品质，才能认识到自己的过失和错误，才能从道德角度对自己做出评价，才懂得哪些行为会引起成人不好的评价，并为之羞愧；（2）3岁儿童已经出现萌芽状态的羞愧感，这种羞愧感还没有从惧怕中"摆脱"出来，往往与难为情、胆怯交织在一起；（3）学前期儿童已不需要成人的刺激，能自己认识到行为不对而感到羞愧，惧怕感和羞愧感已经分开；（4）小班和中班幼儿只有在成人面前才会感到羞愧，大班幼儿在同伴面前，特别是本班幼儿面前也会感到羞愧；（5）随着年龄的增长，儿童羞愧感外部表现的范围在缩小，对羞愧感的体验加深，儿童会记住产生这种情感的条件，以后在相同的情境中会控制自己的行为。

从库尔奇兹卡娅的研究中可以看到，道德情感的发展是一个从外部控制向内部控制转移的、不断内化的过程，有了这种羞愧感，就可能使幼儿自觉地克制不良的社会性行为。

（二）我国学者的相关研究

国内对幼儿道德情感的研究很少，主要有以下成果。

李长岷和刘邦慧（1991）对幼儿自尊心和自卑感进行过研究，发现3~6岁幼儿的自尊心和自卑感在中等水平上同时发展，自尊心偏中上水平，自卑感偏中下水平。3~4岁时，幼儿的自尊心和自卑感无明显的进展；4~5岁时，自尊心发展到顶点，自卑感降到谷底；5~6岁，两者又向中靠拢。这一发展变化过程中，4~5岁是自尊心和自卑感协调发展的最佳时期。

刘守旗（1988）依据库尔奇兹卡娅的实验方案，对我国3~6岁幼儿进行了道德情感方面的实验研究。结果发现，幼儿已具有羞愧感，它的产生与幼儿气质有关，多血质幼儿最易产生羞愧感，胆汁质幼儿的羞愧感反应强度较大。羞愧感的产生与道德认识、道德评价能力密切相关，6岁的幼儿已具有初步的自律道德。

（三）幼儿道德情感发展的特点

在幼儿期，幼儿的道德情感是与自然情感分不开的，主要是由于某种强烈的情境刺激而引起幼儿的情绪体验，缺少道德认知的因素，因此它是直觉的情绪体验形式。比如，三四岁左右的幼儿常常会因为小朋友不小心碰倒了他的积木而生气，经常会动手打小朋友。随着年龄的增长和教育的影响，幼儿的道德情感逐渐与自然情感分离，其直觉的情绪体验逐渐由具体道德形象所引起的情绪体验所代替，并逐渐占有优势。幼儿的这种变化一方面是受到成熟的影响，另一方面主要是从周围生活以及所受教育中获得不少优秀的道德形象，这些道德形象，如关心他人、热爱劳动等，都可以使幼儿产生良好的情绪体验。因此，可以看出，幼儿道德情感发展的主要特点具有不稳定性、易受感染和易受暗示。

二、幼儿道德行为的发展

幼儿仅有一定的道德认知和道德情感还不够，需要在实际的情境中转化为相应的道德行为，行为又反过来巩固认识，在这种循环往复的过程中，幼儿才能够形成社会所需要的道德品质。幼儿的道德行为是要把自己的行动纳入社会化的轨道，按照社会所要求的道德规范来指导自己的行动。

（一）道德行为的发展阶段

我国学者卢乐珍等人通过对学前儿童的长期观察、调查和实验研究，将我国学前儿童的道德行为发展分为四个阶段。

第一阶段：前道德时期（适应性社会行为期，0~1.5岁）。这一时期的儿童没有稳定的道德认识，相应也就没有有意的道德行为，但是成人对儿童行为的评价将影响到儿童以后的道德行为，尤其是成人对儿童那些具有道德意义的行为的第一次反应最为重要。

第二阶段：萌芽性道德行为发展期（1.5~3岁）。这一阶段儿童的道德认识还十分模糊，不知道行为的具体标准，即使知道也会是局限于自己的生活经验。比如两岁半左右的儿童大部分说不出自己是好孩

子的理由；3岁的儿童则大部分能说出是好孩子的理由，但其理由还只限于孩子的经验，表现是"我听话"、"自己睡觉"等。

第三阶段：情境性道德行为发展期（3～5岁）。这一阶段的儿童，道德认识有了一定的发展，但是表现出片面、肤浅、具体、易受成人暗示等特点，所以道德行为是情境性的，儿童的自觉性较弱。

第四阶段：服从性道德行为发展期（5～7岁）。这一时期儿童有了一定的道德观念，道德评价标准观念化、明确化、复杂化，道德行为主要受权威人士的影响。权威的行为和道德标准成为他们行为的依据，行为不符合权威的要求时，会出现羞愧、恐惧、躲避、忍受惩罚、承认错误、补偿后果及自我批评等行为。

（二）幼儿道德行为发展的特点

言行脱节是幼儿期道德行为发展的最大问题，有时他们从道理上能够理解行为的准则，但是行为上却意识不到，无意识地做了违反准则的行为。这是由于将认识付诸实践时意志力差，而造成言行不一的现象。有心理学家的研究指出幼儿言行不一的重要原因，是口头行为和实际行为这两种行为的动机成分不一致，他们从口头上掌握合乎准则的行为方式，比在真实生活中掌握更容易、更快。

幼儿早期的道德行为动机往往受眼前的事物制约，有时是在成人严格要求的前提下产生的，他们往往不能独立的主动地向自己提出道德行为的动机和目的，这主要是因为他们的社会道德动机还很差。

道德行为和道德行为动机紧密相关，幼儿早期的道德行为主要是在成人的监督和鼓励下表现出来的，并不是靠他们内心的自觉性，而更多的是依靠外部影响来坚持完成自己的道德行为。因此，幼儿期的道德意志都比较薄弱，道德行为的坚持性和自制力都比较差，正因为如此，幼儿的道德行为具有不稳定性，常常随着环境、条件的变化而变化，出现反复。

（三）社会学习理论对道德行为培养的启示

社会学习理论的创始人班杜拉认为社会学习是一种心理加工理论和强化理论综合的过程。

班杜拉对儿童攻击性行为研究较多，他认为攻击性行为的社会化和其他行为是一样的，是一种操作条件作用。下面介绍班杜拉关于攻击行为的一个著名实验，对儿童道德行为的培养与获得有重要的启示。

把66名男女各半的儿童随机分为三组，观看一名成年人攻击玩偶娃娃表现的录像。三组录像结尾对攻击性行为的处理方法不同：第一组是奖赏，录像中另一位成人对攻击者成人给予口头赞赏和糖果奖励；第二组惩罚，第二位成人怒气冲冲地指责攻击者的行为；第三组无强化，成人攻击玩偶后无任何反应，放映结束。然后将三组儿童带到与录像中情境相同的实验中，让他们自由活动十分钟，观察和记录儿童的行为表现。实验结果显示：观看第一组视频的儿童对实验情境中的玩偶娃娃表现出更多的攻击行为；第二组的儿童几乎没有表现出攻击性行为；第三组儿童的攻击性行为表现则处于两者之间。

从上述实验中，首先可以看到替代强化对儿童道德行为培养的作用。替代强化是指观察者自己本身没有受到强化，而是在观察学习中，看到榜样的行为受到强化，这种强化会影响到观察者的行为倾向。在实际生活中，儿童的许多行为并未直接受到强化，而是在观察别人行为时，别人所受到的强化会影响儿童去学习或抑制这种行为。这种过程被称为间接强化或替代强化。如一名儿童看到另一名儿童把自己的物品分给其他小朋友，受到成人的赞赏，他就很可能想尝试一下，将自己的物品也分给其他小朋友；相反，如果他看到这名儿童因为分享自己的物品受到成人斥责，那么儿童就不会学习这种分享行为。因此，成人对是非善恶要有正确的判断，建立正确的价值观念，以便对儿童的行为做出适宜的反应。

其次是观察和模仿榜样，这在儿童道德行为形成中起着相当重要的作用。儿童喜爱模仿，也善于模仿，榜样更具有形象、具体、生动直观的特点，许多用语言无法被儿童所理解的东西，榜样的行动却能轻易地为儿童所接受。儿童的道德行为就是儿童受周围榜样长期的、潜移默化的影响形成的。

班杜拉将这种观察榜样的学习分为注意、保持、运动复现和动机四个过程。注意过程是儿童决定学习什么的过程，这一过程中，观察者的特征、榜样的特征和人际关系的结构特征都会制约注意的对象和注意的品质；保持过程实际上是指对注意对象的观察过程，他可以通过视觉表象完成，也可以是符号记忆；运动复现过程就是把视觉表象在言语编码作用下用运动技能复现榜样的行为；动机过程是儿童复现榜样的推动过程，也就是儿童是否模仿观察到的某一行为的动机过程。这个动机可以是强化、替代强化和自我强化（行为达到自己设定的标准时，以自己能支配的奖励来增强、维持自己的行为）。

班杜拉的社会学习理论为儿童道德行为的培养指明了具体的途径，具有积极的意义。但他否认儿童道德行为发展中认知水平的作用，这也是有局限性的。

第三节　幼儿道德发展的指导策略

一、幼儿道德教育中存在的问题

（一）成人对幼儿说谎行为缺乏正确认识

幼儿"说谎"经常被成人认为是不道德的行为，但是成人对幼儿"说谎"行为是缺乏认识的。由于幼儿认知水平的限制，对事情缺乏判断，幼儿会把心里想的当作事实说出来，说出自己对现实中不存在的东西的一种想象，如"我看见一只漂亮的小狗在天上飞"，"我爸爸有一把手枪"。这种"谎言"是幼儿心里所想的事情的一种期望，但并不是事实。家长应理解幼儿的心里希望和动机，而不是简单责备孩子说假话。从谎言中了解到的情况可以用于帮助幼儿分清现实和希望。

有些时候，幼儿撒谎并不是故意去说谎话，他们需要借口去逃避来自父母和教师的惩罚。比如，当孩子不小心弄坏了东西后，诚实地把经过告诉了妈妈，但是得到的却是妈妈的一顿训斥，这使得孩子以后再遇到同样问题的时候以说谎来躲避严厉的惩罚以保护自己。

父母不当的行为模式也可以诱发孩子的说谎动机。有时家长所谓的权宜之计往往会成为孩子说谎的样板，比如，有人敲门找爸爸，爸爸不愿见，就叫孩子告诉找他的人说："爸爸不在家。"当幼儿以后遇到类似的情景，情急之下也会说谎来解决问题。所以，家长平时应该时刻留心自己的言行，切断孩子说谎的隐性心理动机，为孩子做出诚实的榜样。

父母具有倾向性的话语也会促使幼儿说谎行为的发生。比如，孩子和玩伴打架了，有的母亲会不由自主地鼓励孩子说谎："是不是他先打你？"，"是他先惹你的，对不对？"，"你没有打他，他就哭了，对不对？"，"他头上的包是自己不小心摔的，对不对？"这样的提示绝不会使孩子诚实地说出事实真相，往往这些具有倾向性的问话会使幼儿为了达到自己的某种目的而刺激说谎的行为产生。

总之，幼儿说谎行为的发生有多种原因，有幼儿自身认知发展的问题，也有家长或教师不恰当的教育方式等外部原因。在处理幼儿说谎行为时，家长和教师首先要明白幼儿说谎的动机，探清说谎行为发生的原因，然后再根据事情本身的性质做出应对。

（二）成人缺乏"强化"手段的运用技巧

成人为了增加幼儿某种正确行为的发生频率，通常会采用"强化"的方法。当幼儿遵照一定的道德规范做出行为后，成人用口头表扬或者物质奖励的方式对幼儿进行鼓励；或者当幼儿做错了一件事，成人并不打骂幼儿，而是通过取消幼儿所喜欢的某种活动来规范其行为。但是当"强化"手段运用不恰当时，将不利于幼儿道德品质的发展。例如，当一名幼儿拾金不昧，老师不仅表扬他的这种行为，还给予一定的物质奖励，那么其他的幼儿可能会为了得到教师的表扬和认可，拿着自己的东西或者别人的东西交给老师说是自己捡的，这种情况下，如果教师同样表扬和认可幼儿的这种行为，这样的强化手段不仅没有促进幼儿道德品质的发展，反而会增加幼儿的说谎行为。因此，家长或者教师的"强化"手段要运用及时、具体，不能广泛使用表扬、物质奖励等方式。

（三）幼儿同情心教育的缺失

同情心是一种对他人不幸遭遇或痛苦情绪状态产生共鸣并对其行为表示关心、赞成、支持的情感和由此诱发的"助人为乐"、"伸张正义"的动机与行为。它是一种受多种心理因素制约，包含认知、体验、动机和行为成分的多维度多层次的复杂心理系统[①]。同情心不仅是一种观念，而且是一种行为，是知、情、意、行的有机统一。仅有同情意识、同情观念还不够，真正的同情心还包括同情行为。在幼儿的交往中，同情心缺失在幼儿园中较为常见，例如：卫生间里，班上个头最小的星星不小心将小便弄到裤子上面，看着被自己弄脏的裤子星星不知所措，满眼都是无助。身旁的文文看到了，哈哈大笑起来，并且跑过去叫来几位同伴，用手指着尴尬不已的星星，一群孩子笑得前仰后合……[②]

---

① 李幼穗，韩映红.幼儿同情心发展的心理干预［J］.学前教育研究，2008(10)：77—79.
② 袁丽娟，田红艳.从教师角度谈幼儿同情心的培养——幼儿同情行为缺失现象的思考［J］.教育教学研究，2011(1)：144—145.

在上述案例中,其他幼儿不仅没有安慰和帮助星星,取而代之的是嘲笑他,说明部分幼儿缺少同情心,缺少乐于助人的精神。类似案例在幼儿园中较为常见,我们应该反思幼儿园的教育不仅仅要重视对幼儿进行智力因素的培养,更要重视幼儿情感、社会性等非智力因素的培养。《幼儿园教育指导纲要》中规定的幼儿园社会领域的教育目标之一即:乐意与人交往,学习互助、合作和分享,有同情心。因此,根据幼儿的身心发展特点对幼儿进行同情心的培养很有必要。

同情心缺失不仅仅是幼儿园教育的问题,和家庭教育也息息相关。成年人对幼儿的影响是潜移默化的。一方面在日常生活中成人已经为幼儿做出了"不帮助、不同情"的榜样,幼儿在遇到类似的事情时也不会帮助需要帮助的人。另一方面,幼儿是在以往类似的行为中受到成年人的影响,有过同情心被遏止的体验。比如"妈妈不让","爸爸会打的"等,便是父母的言行在幼儿身上发挥了作用。幼儿即便有扶助需要,也难以违背成人的"教诲"。

二、促进幼儿道德发展的有效策略

培养幼儿良好道德品质主要是指对幼儿进行道德教育,即教育者按一定的社会要求,并根据幼儿身心发展的特点和实际情况,有目的、有计划地对幼儿施加教育影响,为培养年轻一代的良好道德品质打下最初的基础。根据幼儿的年龄特征和道德发展水平,幼儿德育应定位于品德教育,及培养幼儿良好的品德、文明习惯和性格,引导幼儿在与周围成人和同伴的交往过程中,学会如何处理人们之间的相互关系,遵守日常生活中的行为准则,并逐渐培养幼儿良好的行为习惯。

(一) 发挥家庭教育作用

1. 家长树立正确的幼儿德育观

很多家长认为,幼儿年龄小不懂事,即使给他讲道理他也听不懂,等他们长大自然就好了,因此对幼儿表现出的一些不良道德行为不及时加以纠正,忽略道德教育的关键期。

家长应该认识到幼儿期是个体道德发生和发展的重要阶段,个体的思想品德、行为习惯、情感和性格特征,基本上都要在这个时期奠定基础。幼儿年龄小,知识经验缺乏,易受周围环境的暗示和影响,辨别是非的能力较差,又好模仿。因此,幼儿周围人们的思想和道德观念,都会直接或间接对幼儿发生影响和作用。如果这时不加强正确的道德教育和引导,一些不健康的思想很容易乘虚而入,对幼儿的道德发展产生消极作用,甚至还会给以后的教育带来一系列复杂的问题。

因此,家长必须要重视幼儿道德教育,将道德教育有机地渗透在幼儿生活的方方面面,使幼儿德育在幼儿的成长过程中充分发挥其积极的作用,为幼儿日后的发展奠定良好的基础。

2. 树立榜样

研究发现,口头说教对幼儿外显的道德行为没有什么影响。当榜样劝诫他人从善,而自己却贪婪时,幼儿的行为则受榜样具体行动的影响,不受其口头表白的影响。因此,家长在对幼儿进行道德教育时要言传与身教相结合。在日常生活中,家长要注意自己的言语和行为要符合道德规范,为幼儿提供正确的榜样示范作用。要抓住一切可利用的教育机会进行道德教育,例如在街上遇见残疾人在乞讨,家长要鼓励幼儿主动提供帮助;得知邻居生病了,家长要带着幼儿一起去看望等。

3. 提供实践机会

幼儿在社会实践中积极主动的、创造性的亲历实践也是十分重要的。家长要为幼儿创造并提供扮演不同角色的机会,一方面,使幼儿获得了更多的承担社会角色的机会,促进其社会认知的发展,在幼儿与他人相互作用的过程中,想到他人的态度、意识到他人的思想和情感,能设身处地从他人的角度看待问题,这是个体道德发展的一个重要条件。另一方面,促使幼儿道德经验不断充实并结构化,不断消化吸收和调整平衡新的道德经验,从而使个体的道德结构产生新的质变,飞跃到新的发展阶段,这种阶段是幼儿自身组织的新结构化。

幼儿道德品质的培养应以幼儿与他人、社会的互动为基础。家长应该注意丰富幼儿的道德生活,科学地组织幼儿的集体活动,并鼓励幼儿与他人交往,与除家庭和幼儿园以外的社会交往,为幼儿创设更多与其他个体互动的机会。幼儿参加到社会实践活动是幼儿德育教育的有效途径,社会实践活动能够让幼儿体会到工作的辛苦,能培养幼儿热心助人的品德,有利于培养幼儿的同情心和爱心。例如,家长让幼儿成为社区的小小志愿者,为有需要帮助的人提供帮助。首先家长联系同一个社区的幼儿家长,再将幼儿分为2~3人小组完成家长安排的任务。由于幼儿自觉性较差,家长要根据幼儿年龄段安排社区志愿者的任务,

任务可以有：给社区老人表演节目、捡垃圾等。遇到幼儿无法解决的问题时，家长先要引导幼儿，然后再帮助解决。同时，在教育方法上要改变说教式的、成人单向灌输式的、孤立的幼儿德育教育，将有目的、有计划的品德教育寓于生动活泼的积极的各种社会实践活动中，促使幼儿道德品质不断发展。

（二）突出幼儿园教育活动的有效性

1. 有组织的教育活动

幼儿园中有组织的教育活动主要是指集体教育活动。在集体教育活动中，教师要有目的地选择一些合适的道德教育内容，通过各种方式在班级中开展，促进幼儿道德品质的发展。教师在选择教育内容时应围绕幼儿的现实生活，教育只有与生活世界相联系，才会充满活力，道德教育同样不能脱离幼儿的真实生活。幼儿周围的生活蕴含着丰富的道德教育内容，是幼儿树立信念、形成真知的基础，教师要从中有目的地选择一些德育教育内容，关注幼儿的真实生活，从幼儿的生活经验、兴趣和需要出发，使道德教育变得更有意义。有效的道德教育必须围绕着幼儿主题来实施，以幼儿的自觉认同和内化为基础，充分调动幼儿的主动性、积极性和能动性。

教师在开展集体道德教育活动时，应结合幼儿的年龄特征，采取具体、生动的形式。要反对传统、枯燥的形式，空洞的说教，甚至是训斥、恐吓等强行灌输等方式。教育者应结合幼儿道德认识的特点，通过讲故事、说儿歌、看图片、看视频等具体生动的形式，反复给幼儿讲解需要他们掌握的行为准则，深入浅出地讲清行为的要求和其实质含义，同时结合活泼有趣的行为练习活动，如游戏、情景表演等，引导幼儿在认识道德行为的基础上，形成和掌握初步的道德概念，促进幼儿对道德规范的主动内化。例如，语言活动中，教师选择有同伴间互相帮助、向长辈问好等道德教育内容的故事、儿歌进行教学，让幼儿对故事或儿歌内容进行角色扮演，通过游戏行为让幼儿表现出道德行为，内化道德认知；在社会活动中，教师在班级中创设幼儿合作、相互帮助的情境，让幼儿学习使用礼貌用语。进行健康领域的活动时，幼儿通过对身体的认识，在教师引导下能表达对父母的感谢，通过认识事物和衣服等生活必需品的重要作用，表达对劳动者的感谢。

拓展阅读 13 - 1 《3～6岁儿童学习与发展指南》社会领域中有关幼儿园道德教育的建议

1. 教育幼儿诚实守信

（1）对幼儿诚实守信的行为要及时肯定。

（2）允许幼儿犯错误，告诉他们做错了改了就好。不要打骂幼儿，以免他们因害怕惩罚而说谎。

（3）发现幼儿说谎时，要反思是否是自己对幼儿的要求过高过严造成的。如果是，要及时调整自己的行为，同时要严肃地告诉幼儿说谎是不对的，不能解决问题。

（4）经常给幼儿分配一些力所能及的任务，要求他们完成并及时给予表扬，培养他们的责任感和负责的态度。

2. 引导幼儿尊重、关心长辈和身边的其他人，尊重他人的劳动及成果

（1）提醒幼儿关心身边的人，如妈妈累了，知道让她安静地休息一会儿。

（2）给幼儿讲讲父母养育他成长的经历，让幼儿理解和体会父母养育他的辛苦。

（3）结合实际情境，提醒幼儿注意别人的情绪，了解他们的需要，给予适当的关心和帮助。

（4）利用购物、看病等机会，帮助幼儿了解与自己关系密切的社会服务机构及其工作，体会这些机构给大家提供的便利和服务，懂得尊重他们的劳动，珍惜劳动成果。

2. 随机的教育活动

随机的教育活动中的道德教育贯穿于幼儿园一日生活当中的各个环节，不是教师预先组织的。教师要善于观察和发现，抓住一切可利用的机会进行道德教育。例如，课间操时间，大班幼儿排队下楼时，发现小班的幼儿摔倒了，但是没有人去扶，在这时，教师应该要抓住这一机会，教育大班幼儿要帮助别人，尤其要关爱比自己小的小朋友。

随机的教育活动为幼儿提供了更多的实践机会。在一日生活中，教师不仅要对幼儿进行说教，还要通过自己行为影响幼儿，使幼儿在面对相似的情境时也能像老师那样做。例如，有其他班的老师来借东西，

本班教师很大方地把东西借给她,幼儿看到了,在其他幼儿需要帮助的时候也会大方地提供自己的帮助。在这种随机的道德教育下,幼儿在与其他幼儿互动中,实践着自己的道德经验,并自觉地遵守道德规范。

在幼儿园一日活动中,教师随机进行道德教育活动的时间可以有:入园时,幼儿向老师问好,向家长说再见;开饭时间,老师给幼儿盛饭时幼儿对老师说"老师辛苦了",并向教师表示感谢;离园时,幼儿给老师再见;幼儿自由活动期间,教师要注意观察幼儿,对有帮助、分享等行为的幼儿进行表扬,强化其他幼儿的行为;幼儿发生冲突时,教师要帮助幼儿协调,并让幼儿之间相互道歉。随机的教育活动可能发生在幼儿在园的任何时间,教师要注意观察并及时表扬幼儿的道德行为,对幼儿不道德行为及时反馈并给予指导,从而使随机的教育活动成为幼儿形成道德认知,发生道德行为的重要途径。

(三)充分发挥家园共育的优势

《幼儿园教育指导纲要(试行)》在指导要点中指出:"社会学习是一个漫长的积累过程,需要幼儿园、家庭和社会密切合作、协调一致,共同促进幼儿良好社会性品质的形成。"幼儿品德教育是社会教育的重要内容,需要家庭和幼儿园共同的努力。在家园共同实施幼儿品德教育的过程中,幼儿园和家庭要努力发挥各自优势,互相协调,形成品德教育合力。

1. 幼儿园应发挥群体优势,与家庭密切配合,使幼儿形成良好的品德行为

由于现在的家庭都是独生子女家庭,孩子缺少伙伴群体,加上长辈对其娇惯成性,他们大多任性、自私,以自我为中心,造成交往困难,家长对此不知所措。针对这种情况,教师一方面指导家长用一些正确的行为和方法,注重在家庭中对幼儿进行教育和影响,另一方面充分利用幼儿园的群体优势,配合家庭开展一系列相应的活动。比如,利用生活中的道德教育契机,生成主题活动,可以开展《玩具大家玩》《怎样做朋友》《我为生病的朋友做什么》《值日生,真正好》等丰富的主题活动,使幼儿从中学会如何与同伴友好相处,怎样关心他人,为集体做事情等良好的道德品行。在活动中要注重让幼儿在特殊的情境中感受和体验,比如,有小朋友摔倒了,及时把他扶起;小朋友生病了,给他打电话问候;哪位小朋友过生日,大家都为他祝贺并献上自制的生日礼物等,幼儿在这些特殊的情境中良好品德习惯逐渐内化形成。

2. 家庭发挥个别教育优势,与幼儿园协调一致,同步实施品德教育

家庭与幼儿园要加强沟通和联系,实施同步教育,能够使幼儿更快、更有效地养成良好行为习惯。比如,当幼儿上了中班,老师为了培养幼儿主动为他人服务的意识和爱劳动的品质,开始尝试让幼儿做值日,比如擦桌子、摆碗筷、浇花、整理图书等。家长了解了活动计划后,在家里也让幼儿练习做这些事情。教幼儿收拾玩具,如果幼儿不会,家长一遍遍地示范,手把手地教,利用个别教育优势帮助幼儿掌握正确的方法。这样,在家园配合、同步教育下,幼儿能很快形成良好的品德行为习惯。

同时要发挥不同家长不同职业这一优势,组织家长走进幼儿园与教师一道为幼儿开展活动。这可以激发幼儿对各行各业劳动者的热爱之情,教育幼儿尊重成人的劳动,萌发他们为他人服务的意识。在家长走进幼儿园的活动中,警察叔叔来给幼儿讲破案的故事,和幼儿一起玩"警察抓小偷"的游戏;火车上的列车员可以给小朋友讲如何文明乘车,自己的辛勤劳动给人们的生活带来的方便;医生给幼儿讲如何治病救人的故事等。这些活动的开展,极大地激发了幼儿热爱劳动的情感,教师这时可以进一步创设情境或创造机会,让幼儿在实践活动中亲身体验,逐步建立积极的情感态度。

案例 13 - 1   **幼儿家园表现不一致怎么办?**

这是很多家长都会遇到的一个问题。孩子在适应幼儿园生活的过程中,可能会建立一套与在家里完全不同的处事方法。经常有家长说"幼儿在园比在家里表现好",在幼儿园中幼儿喜欢帮小朋友,还经常受到老师的夸奖,可回到家里就成了小霸王,非常任性。为什么孩子在家里和幼儿园里会表现得很不一样?

孩子在家和在园的表现不一致,主要是由于家庭和幼儿园在教育幼儿的教育方式方法上不能保持一致所致。比如,家长的教育方法不当,特别是隔代抚养的幼儿因为父母和祖父母存在教育分歧,幼儿容易养成骄横、自私的性格。但在幼儿园中,如果幼儿表现出自私、任性,不和其他幼儿分享玩具,就会受到其他幼儿的排斥,教师有时也会批评教育幼儿。由于幼儿的荣誉感,使孩子在幼儿园表现好,希望好好表现得到老师和同伴的夸奖。家庭和幼儿园的教育方法截然不同,就造成了孩子在

家和在园的表现不一致,这不利于养成幼儿良好的行为习惯和品行。

　　教育建议:幼儿园是一个小集体,有明确的一日生活常规,幼儿在园受到各种常规的制约,为保持幼儿园和家庭的教育一致性,在家中家长不能无限度满足幼儿的要求,让幼儿随心所欲,把在幼儿园建立起的规矩破坏殆尽。家庭教育和幼儿园教育脱节,容易让孩子养成截然相反的性格,因此要建立有效的家园合作机制。老师在幼儿心目中绝对是权威,家长利用幼儿的心理特点,同教师沟通,如果幼儿在家里表现好了,可以让教师在班级中表扬他,在这种无形的监督下,幼儿在家中会以在幼儿园里的标准要求自己,从而改变家、园不一致的现象。

　　(资料来源:尘埃落定(博主名).宝宝家园表现不一致怎么办?.新浪博客.http://blog.sina.com.cn/s/blog_59dcaa9c0101etr5.html.2013-01-08.引用时有修改.)

　　总之,家长和教育工作者应有意识地选择贴近幼儿的生活,反映幼儿的需要,对幼儿有意义的教育内容和形式,引导他们从自己的世界出发,去观察、感受、探索周围的社会,在学习和生活中有机融合,通过幼儿自己积极主动地构建,获得真正属于他们自己的知识和内在的道德品质。

本章小结

　　本章从道德认知、道德情感、道德行为三方面论述了幼儿道德的发展。重点介绍了皮亚杰和科尔伯格关于道德认知发展阶段的理论,这为我们在实际工作中理解幼儿的道德行为提供了重要的理论依据。皮亚杰揭示出儿童道德判断的发展由他律发展到自律。科尔伯格对皮亚杰的理论进行修正和扩充,把皮亚杰揭示的关于儿童道德判断的他律和自律两种水平扩展为三种水平六个阶段,提出"儿童道德发展的阶段理论"。

　　在幼儿道德教育中的问题主要表现在成人对幼儿"说谎"行为缺乏正确认识,成人缺乏"强化"手段运用技巧,幼儿同情心教育的缺失三方面。因此首要发挥家庭道德教育的作用,同时突出幼儿园教育活动在进行道德教育方面的有效性,以解决上述问题。

思考与练习

　　1.用皮亚杰的理论分析本章开头案例中郝君和凯文的道德发展水平。
　　2.回顾科尔伯格关于儿童道德认知阶段的划分,并分析每一阶段的主要特点。
　　3.试论述道德认知、道德情感和道德行为的关系。
　　4.幼儿道德发展的主要特点是什么?
　　5.如何运用班杜拉的社会学习理论培养幼儿良好的道德行为?

自己做研究

　　请你对幼儿情绪情感发展中产生的羞愧感进行分析研究。

　　羞愧感是一种深刻的社会情感,它与人的个性道德认识有密切的联系。实验研究表明,羞愧感的最初萌芽是与儿童的道德认识联系在一起的,儿童以后发展的全过程,都与这种道德认识分不开。同时,当羞愧感成为个性的一种稳定的品质时,它就会显著地改变儿童的个性结构。

　　研究目的:探索羞愧感在幼儿身上的表现及其对幼儿个性形成的影响。

　　研究方法与步骤:

　　(1)被试选取:选取某幼儿园小、中、大班各10名幼儿,男幼儿、女幼儿各半。

　　(2)研究方法:有目的地观察幼儿的行为、与他们交谈,同时运用一些实验情境,以便引起被试的实际体验。实验情境是非常自然的,与幼儿的年龄特点、过去经验、需要、兴趣、愿望相符合的。

　　(3)研究工具:有目的设计的情境,是为了查明羞愧感产生的条件(幼儿对自己的哪些行为感到羞愧,在哪些人面前羞愧)。

　　情境1:把幼儿领进房间,给他玩一些玩具,并且告诉他,这里面有一个是别人的,不能动。当幼儿按捺不住,打开包着这个玩具的纸或装这个玩具的盒子时,就把他带出房间,同时观察幼儿的情绪反应。

情境2：组织幼儿玩"请你猜"游戏，用小手绢把被试者眼睛蒙住，让他去找放在旁边的一样东西，找到就发给奖品。如果被试者为了得奖，从手绢下面偷看，就把他这种行为告诉全体小朋友。观察被试者这时的情绪反应。

情境3：让被试者说出一首他能从头到尾背出来的歌谣的名字。然后让他当着大家的面念这首歌谣。当他有什么地方忘记或念错了时，问他："你不是说，这首歌谣你全会背吗？"观察被试者对这一问题的情绪反应。

（4）研究过程：研究人员为幼儿设置实验情境，让幼儿进入实验情境，并对幼儿的行为进行观察记录，将观察结果填入"幼儿羞愧感的表现观察记录表"中（见表13-3）。

出现羞愧感的标志是：① 脸发红或有不安动作（如扭过脸去，垂下眼皮，低头，出现下意识的不安动作——手摸衣服，摸鼻子，蒙住脸或抓弄身边的东西等）；② 动作或整个行为发生变化，或出现由于羞愧而引起的一个行为。

（5）结果分析：对观察记录材料进行整理与分析，并撰写幼儿羞愧感发展观察报告。

表 13-3 幼儿羞愧感的表现观察记录表

观察对象姓名：　　　　　年龄：　　　　性别：　　　　观察者：

观察背景	观察时间	观察地点	客观描述幼儿的情绪反应（主要是幼儿的羞愧反应，如脸红、低头等）	反思和判断
情境1				
情境2				
情境3				

主要参考文献

著作类：

［1］Carole Sharman、Wendy Cross、Diana Vennis 著，单敏月、王晓平译. 观察儿童——实践操作指南（第三版）[M]. 上海：华东师范大学出版社，2008.

［2］[美] David R. Shaffe 著，邹泓等译. 发展心理学——儿童与青少年(第六版)[M]. 北京：中国轻工业出版社，2005.

［3］[加] Guy R. Lefrancois 著，王志全，孟祥芝译. 孩子们——儿童心理发展（第九版）[M]. 北京：北京大学出版社，2004.

［4］鲍秀兰. 0～3 岁，儿童最佳的人生开端[M]. 北京：中国妇女出版社，2013.

［5］边玉芳. 儿童心理学[M]. 杭州：浙江教育出版社，2009.

［6］陈帼眉. 学前心理学[M]. 北京：人民教育出版社，2003.

［7］陈帼眉，冯晓霞，庞丽娟. 学前儿童发展心理学[M]. 北京：北京师范大学出版社，2004.

［8］陈允成，理查德·D·帕森斯等著，何洁，徐琳译. 教育心理学[M]. 上海：上海人民出版社，2007.

［9］池瑾，冉亮. 学前儿童发展[M]. 北京：中国社会科学出版社，2007.

［10］戴淑凤. 儿童行为塑造及行为问题矫治[M]. 北京：中国妇女出版社，2009.

［11］[美] 黛安娜·帕帕拉、萨利·奥尔兹、露丝·费尔德曼著，陈福美等译. 孩子的世界：0～3 岁儿童心理百科(第 11 版)[M]. 北京：人民邮电出版社，2011.

［12］[美] 黛安·翠斯特·道治、劳拉·柯克、凯特·海洛曼著，吕素美译. 幼儿园创造性课程[M]. 南京：南京师范大学出版社，2006.

［13］但菲，刘彦华. 婴幼儿心理发展与教育[M]. 北京：人民出版社，2008.

［14］邓静云，朱旗. 新编育儿万事通[M]. 南京：江苏科学技术出版社，2000.

［15］方富熹，方格. 儿童发展心理学[M]. 北京：人民教育出版社，2005.

［16］高月梅，张泓. 幼儿心理学[M]. 杭州：浙江教育出版社，1993.

［17］韩进之. 教育心理学纲要[M]. 北京：人民教育出版社，1989.

［18］侯魏魏. 宝宝这一年：1 岁，安全感建立关键期[M]. 北京：北京理工大学出版社，2012.

［19］黄希庭. 心理学导论[M]. 北京：人民教育出版社，1991.

［20］蒋迪仙. 现代胎教[M]. 上海：上海科学技术文献出版社，2002.

［21］[美] 劳拉·E·贝克著，吴颖等译. 儿童发展（第五版）[M]. 南京：江苏教育出版社，2002.

［22］乐杰. 妇产科学[M]. 北京：人民卫生出版社，2008.

［23］雷雳. 发展心理学[M]. 北京：中国人民大学出版社，2009.

［24］李丹，刘金花. 儿童发展心理学[M]. 上海：华东师范大学出版社，1987.

［25］李红. 幼儿心理学[M]. 北京：人民教育出版社，2007.

［26］李季湄，冯晓霞.《3～6 岁儿童学习与发展指南》解读[M]. 北京：人民教育出版社，2013.

［27］李燕. 学前儿童发展心理学[M]. 上海：华东师范大学出版社，2008.

［28］林崇德. 发展心理学[M]. 北京：人民教育出版社，1995.

［29］林崇德. 发展心理学[M]. 北京：人民教育出版社，2009.

［30］刘金花. 儿童发展心理学（修订版）[M]. 上海：华东师范大学出版社，2001.

［31］刘金花. 儿童发展心理学[M]. 上海：华东师范大学出版社，1997.

［32］刘金花. 儿童发展心理学[M]. 上海：华东师范大学出版社，2006.

［33］刘梅. 儿童发展心理学[M]. 北京：清华大学出版社，2010.

［34］刘文. 幼儿心理健康教育[M]. 北京：中国轻工业出版社，2010.

［35］刘新学，唐雪梅.学前心理学［M］.北京：北京师范大学出版社，2011.

［36］［美］罗伯特·费尔德曼、［中］黄希庭著，黄希庭等译.心理学与我们［M］.北京：人民邮电出版社，2008.

［37］［美］罗伯特·西格勒、玛莎·阿利巴利著，刘电芝等译.儿童思维发展［M］.北京：世界图书出版公司，2006.

［38］孟昭兰.婴儿心理学［M］.北京：北京大学出版社，1997.

［39］潘洪亮.情景　教育　启迪——教育学教学例话集锦［M］.郑州：大象出版社，1999.

［40］［美］萨里特·M·麦克德维特、珍妮·埃利斯·奥姆罗德著，李琪、闻莉等译.儿童发展与教育（上册）［M］.北京：教育科学出版社，2007.

［41］桑标.当代儿童发展心理学［M］.上海：上海教育出版社，2003.

［42］沈德立.发展与教育心理学［M］.沈阳：辽宁大学出版社，1999.

［43］宋宁，陈世锦，潘月俊.儿童心理解读［M］.南京：江苏科学技术出版社，2003.

［44］苏彦捷.发展心理学［M］.北京：高等教育出版社，2012.

［45］汪乃铭，钱峰.学前心理学［M］.上海：复旦大学出版社，2011.

［46］伍新春.儿童发展与教育心理学［M］.北京：高等教育出版社，2004.

［47］杨丽珠.毕生发展心理学［M］.北京：高等教育出版社，2006.

［48］杨丽珠，吴文菊.幼儿社会性发展与教育［M］.大连：辽宁师范大学出版社，2000.

［49］杨业华.普通遗传学［M］.北京：高等教育出版社，2002.

［50］余国良，辛自强.社会性发展心理学［M］.合肥：安徽教育出版社，2004.

［51］［美］詹姆斯·W·范德赞登等著，俞国良等译.人类发展［M］.北京：中国人民大学出版社，2011.

［52］张莉.儿童发展心理学［M］.武汉：华中师范大学出版社，2006.

［53］张文新.儿童社会性发展［M］.北京：北京师范大学出版社，1999.

［54］张永红.学前儿童发展心理学［M］.北京：高等教育出版社，2011.

［55］赵忠心.家庭教育学［M］.北京：人民教育出版社，1994.

［56］郑莉君.中国家庭教育的关键是什么？——关注孩子的身心健康［M］.杭州：浙江大学出版社，2007.

［57］周念丽.学前儿童发展心理学［M］.上海：华东师范大学出版社，2006.

［58］周世华，耿志涛.学前儿童社会教育［M］.北京：高等教育出版社，2011.

［59］朱曼殊.儿童语言发展研究［M］.上海：华东师范大学出版社，1987.

论文类：

［1］陈思.儿童前书写的核心经验和发展阶段［J］.幼儿教育，2012（34）.

［2］陈艳芳，钱文.3～6岁儿童情绪表达规则认知研究［J］.幼儿教育（教育科学），2011（8）.

［3］郭亨贞.抑制与从众：儿童创造性毁灭的分析与反思［J］.教育导刊，2006（4）.

［4］姜静璐.宝宝感觉统合全了解［J］.时尚育儿，2011（9）.

［5］姜勇，庞丽娟.幼儿园师生交往类型的研究［J］.心理科学，2004（5）.

［6］蒋兴丽.走出胎教的误区［J］.中国校外教育，2008（3）.

［7］景艳华.对一个语言发展障碍儿童的研究与分析［J］.心理咨询，2012（1）.

［8］李虹.胎教音乐对胎儿影响的实验研究［J］.心理学报，1994（1）.

［9］李季湄，方钧君等.关于幼儿学习的个体差异的初步研究——从多元智能的视角［J］.学前教育研究，2004（5）.

［10］李幼穗，韩映红.幼儿同情心发展的心理干预［J］.学前教育研究，2008（10）.

［11］李郁清.主体偏移的现代胎教［J］.中国校外教育，2008（3）.

［12］李原.父亲参与教养与幼儿创造力的关系研究［D］.首都师范大学，2011.

［13］梁勇.小学中高年级男孩女性化倾向的研究［J］.阜阳师范学院学报（社会科学版），2006（4）.

［14］刘宝根，高小妹.儿童前阅读核心经验及其发展阶段［J］.幼儿教育，2013（7）.

［15］刘金花等.婴儿自我认知发生的研究［J］.心理科学,1993(6).

［16］刘凌,杨丽珠.婴儿自我认知发生再探［J］.心理学探新,2010(3).

［17］鲁光南.动画片对5～6岁幼儿道德发展影响的研究［D］.海南师范大学,2012.

［18］陆红梅.读懂孩子　巧妙放手——解决游戏中幼儿交往纠纷的案例分析［J］.学前课程研究,2009(9).

［19］孟昭兰,J.J.Campos.幼儿不同情绪状态对其智力操作的影响［J］.心理学报,1984(3).

［20］谬小春,朱曼殊.幼儿对某几种复句的理解［J］.心理科学通讯,1989(6).

［21］潘超.3～6岁幼儿的词汇发展研究［D］.辽宁师范大学,2012.

［22］全脑型体育模式课题组.全脑型体育模式对幼儿运动技能发展影响的研究［J］.教育导刊(幼儿教育),2005(12).

［23］眭文娟.幼儿专注习惯的培养探究［J］.少年儿童研究,2009(6).

［24］王小英.幼儿创造力发展的特点及其教育教学对策［J］.东北师大学报,2005(2).

［25］王晓娟.幼儿同伴合作行为的类型研究［D］.东北师范大学,2006.

［26］王亚鹏,董奇.基于脑的教育——神经科学研究对教育的启示［J］.教育研究,2012(11).

［27］徐光辉.幼儿园教育环境质量和幼儿语言发展水平关系研究［D］.浙江师范大学杭州幼儿师范学院,2011.

［28］徐燕.浅谈家庭教养方式、家庭氛围对青少年成长的影响［J］.综合管理,2009(6).

［29］姚本先,何军.家庭因素对儿童社会化发展影响的研究综述［J］.心理发展与教育,1994(2).

［30］叶平枝.儿童社会退缩的概念、分型及干预研究述评［J］.学前教育研究,2005(11).

［31］袁丽娟,田红艳.从教师角度谈幼儿同情心的培养——幼儿同情行为缺失现象的思考［J］.教育教学研究,2011(1).

［32］张仁俊.幼儿对空间词汇的掌握［J］.心理发展与教育,1986(4).

［33］邹萍,杨丽珠.父母教育观念类型对幼儿个性相关特质发展的影响［J］.心理与行为研究,2005(3).

图书在版编目(CIP)数据

学前儿童发展/王晓丽主编. —上海:复旦大学出版社,2014.7(2024.1重印)
普通高等学校学前教育专业系列教材
ISBN 978-7-309-10676-3

Ⅰ.学…　Ⅱ.王…　Ⅲ.学前教育-教育理论-幼儿师范学校-教材　Ⅳ.G610

中国版本图书馆 CIP 数据核字(2014)第 101172 号

学前儿童发展
Xueqian Ertong Fazhan
王晓丽　主编
责任编辑/孙程姣

复旦大学出版社有限公司出版发行
上海市国权路 579 号　邮编:200433
网址: fupnet@ fudanpress.com　http://www.fudanpress.com
门市零售: 86-21-65102580　　团体订购: 86-21-65104505
出版部电话: 86-21-65642845
常熟市华顺印刷有限公司

开本 890 毫米×1240 毫米　1/16　印张 16.75　字数 538 千字
2014 年 7 月第 1 版
2024 年 1 月第 1 版第 12 次印刷
印数 24 601—26 700

ISBN 978-7-309-10676-3/G・1362
定价: 45.00 元

复旦大学出版社向使用本社《学前儿童发展》作为教材进行教学的教师免费赠送多媒体课件及研究方法应用指南(光盘)。欢迎完整填写下面表格来索取多媒体资料。

教师姓名：＿＿＿＿＿＿＿＿＿＿＿＿＿＿＿＿＿＿

任课课程名称：＿＿＿＿＿＿＿＿＿＿＿＿＿＿＿＿

任课课程学生人数：＿＿＿＿＿＿＿＿＿＿＿＿＿＿

联系电话：(O)＿＿＿＿＿＿＿＿　(H)＿＿＿＿＿＿＿＿手机：＿＿＿＿＿＿＿＿

E-mail 地址：＿＿＿＿＿＿＿＿＿＿＿＿＿＿＿＿＿＿

所在学校名称：＿＿＿＿＿＿＿＿＿＿＿＿＿＿邮政编码：＿＿＿＿＿＿

所在学校地址：＿＿＿＿＿＿＿＿＿＿＿＿＿＿＿＿＿＿

学校电话总机(带区号)：＿＿＿＿＿＿＿＿学校网址：＿＿＿＿＿＿＿＿

系名称：＿＿＿＿＿＿＿＿＿＿＿＿系联系电话：＿＿＿＿＿＿＿＿

每位教师限赠光盘一个。

邮寄光盘地址：＿＿＿＿＿＿＿＿＿＿＿＿＿＿＿＿＿＿

邮政编码：＿＿＿＿＿＿＿＿

请将本页复印完整填写后,剪下邮寄到上海市国权路 579 号

复旦大学出版社学前教育分社　黄乐收

邮政编码：200433　　联系电话：(021)55522880

E-mail：huangle@fudan.edu.cn